职业教育汽车类专业“互联网+”创新教材

汽车机械识图（配习题册）

第2版

AR版

主　编　刘贵森
副主编　张　丹
参　编　王兴娟　刘家军　刘晓倩　赵向阳

机械工业出版社

本书为“职业教育汽车类专业‘互联网+’创新教材”系列之一，为方便读者理解，书中部分视图可用 AR 形式呈现。本书采用任务驱动模式编写，基本内容包括绪论、认识图样、学习用投影法作图、认识组合体视图、学习图样的画法、学习常用结构要素表示法、学习零件图、学习装配图、绘制展开图和识读焊接图。同时本书配有习题册，单独装订附于书后。

本书可作为职业院校汽车大类专业基础课程教材，也可供相关专业技术人员参考。

为方便教学，本书配有电子课件和习题答案，凡选用本书作为授课教材的教师，均可登录 www. cmpedu. com 以教师身份注册、下载课件及习题答案。

图书在版编目（CIP）数据

汽车机械识图：配习题册/刘贵森主编. —2 版. —北京：机械工业出版社，2021. 4（2025. 7 重印）

职业教育汽车类专业“互联网+”创新教材

ISBN 978-7-111-67693-5

Ⅰ. ①汽…　Ⅱ. ①刘…　Ⅲ. ①汽车-机械图-识图-高等职业教育-教材

Ⅳ. ①U462. 1

中国版本图书馆 CIP 数据核字（2021）第 039222 号

机械工业出版社（北京市百万庄大街 22 号　邮政编码 100037）

策划编辑：曹新宇　责任编辑：曹新宇　章承林

责任校对：张　征　封面设计：鞠　杨

责任印制：邓　博

北京中科印刷有限公司印刷

2025 年 7 月第 2 版第 5 次印刷

184mm×260mm · 18. 25 印张 · 441 千字

标准书号：ISBN 978-7-111-67693-5

定价：58. 80 元

电话服务　　网络服务

客服电话：010-88361066　　机　工　官　网：www. cmpbook. com

010-88379833　　机　工　官　博：weibo. com/cmp1952

010-68326294　　金　　书　　网：www. golden-book. com

机工教育服务网：www. cmpedu. com

前　言

为了更好地适应职业院校汽车类专业的教学要求，本书在充分调研各校教学情况、广泛听取教师对第1版教材反馈意见的基础上进行了修订。本书重点着眼于图形的识读、空间想象能力的培养，并严格遵守现行的相关国家标准，结合工作实际，将机械制图的常用知识与技能融入各个项目中，以任务驱动的形式呈现给学生。学生在学习基础知识的同时，通过对实例的分析，可开拓思路并能更好地提升技能。通过任务的训练，让学生具备综合运用所学知识解决生产实际问题的能力。

本书修订后主要有以下特点：

1）保证教材的科学性、规范性和先进性。依据相关专业领域的现行标准，淘汰陈旧过时内容，补充新知识、新技术等内容。

2）突出职业教育特色。为适应技能型人才的培养调整教材内容，使知识点的深度、难度、广度与实际工作需求相匹配。加强实践性教学内容，采用任务驱动模式，使理论知识与技能训练融为一体，做到“做中学，学中做”。

3）图文并茂，重点突出，通俗易懂。以双色印刷来突出学习重点，并配合AR视图生动展现实物，帮助学生更好地理解、学习。

4）配备了AR立体图资源。通过扫描二维码即可观看相应图样的AR立体呈现，易学易懂。

5）增加绪论，把绘图工具使用的相关内容提到前面，符合识图教学规律，便于后续内容的教学。

6）增加关于基本偏差的附录，作为零件图部分学习“极限与配合”内容的必要补充。

本书有配套的习题册，单独装订，附于书后，方便学生课后练习巩固。

本书由刘贵森任主编，张丹任副主编，王兴娟、刘家军、刘晓倩、赵向阳参加编写。

由于编者水平有限，书中难免存在不妥之处，敬请读者批评指正。

编　者

AR 二维码索引

序号	二维码	页码	序号	二维码	页码
1	图 1-14	17	7	图 2-8	37
2	图 1-51	30	8	图 2-24	51
3	图 2-5a	35	9	图 2-28	54
4	图 2-5b	35	10	图 2-34	59
5	图 2-5c	35	11	图 2-35	60
6	图 2-6	35	12	图 2-36	61

（续）

序号	二维码	页码	序号	二维码	页码
13	图 2-37	62	21	图 3-10	72
14	图 2-38	63	22	图 3-17	79
15	图 2-40	64	23	图 3-18	81
16	图 3-1	68	24	图 3-22	84
17	图 3-2	69	25	图 4-1	88
18	图 3-7	72	26	图 4-3	90
19	图 3-8	72	27	图 4-5	91
20	图 3-9	72	28	图 4-7	93

（续）

序号	二维码	页码	序号	二维码	页码
29	图 4-8	95	38	图 6-37	154
30	图 4-17	99	39	图 7-5（阀）	161
31	图 6-5	129	40	图 7-5（手柄）	161
32	图 6-6	129	41	图 7-5（弹簧）	161
33	图 6-7	130	42	图 7-5（挡片）	161
34	图 6-8	131	43	图 7-5（阀体）	161
35	图 6-9	132	44	图 7-5（开口销）	161
36	图 6-10	133	45	图 7-5（放水开关）	161
37	图 6-36	153			

目　录

绪论

【学习目标】

1）了解学习汽车机械识图课程的意义，掌握本课程的学习方法。

2）初步认识零件图和装配图。

3）掌握正确使用和维护绘图工具的方法。

当前，汽车工业迅速发展，汽车保有量大幅度提高，汽车领域先进技术不断涌现，这对汽车专业技术技能人才的数量和素质都提出了更高、更新的要求，汽车机械识图是汽车专业从业人员的必修课程。

汽车机械识图是一门重要的技术基础课，它是研究如何运用正投影基本原理，绘制和识读汽车工程图样的课程。其主要任务是培养学生看图、绘图和空间想象能力，以满足后续的专业课学习及今后从事汽车行业技术工作的需要。

一、本课程的研究对象

根据投影原理、标准或有关规定绘制的，表示工程对象，并有必要的技术要求说明的图称为图样。

图样是工厂组织生产、制造零件和装配机器的依据，是表达设计者设计意图的重要手段。凡是从事工程技术工作的人员都必须具备绘图和识图的本领，即运用正投影基本原理，绘制和识读机械工程图样的能力。

产品或机械设备在设计、制造、检验、安装等过程中所使用的工程图样总称为机械图样。本书所研究的图样主要是汽车机械图样。

工程上常见的图样一般有轴测图、零件图和装配图。

1. 轴测图

图 0-1 所示为支承座轴测图，用一个图形就能表达支承座三个方向的形状，立体感强，但不能反映支承座的真实形状。因此，轴测图可以作为生产图样的辅助性说明。

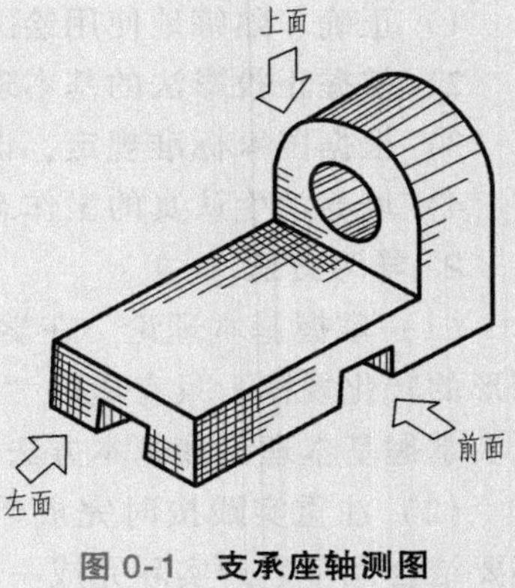

图 0-1　支承座轴测图

2. 零件图

图 0-2 所示为法兰盘零件图。它是表达零件结构形状、

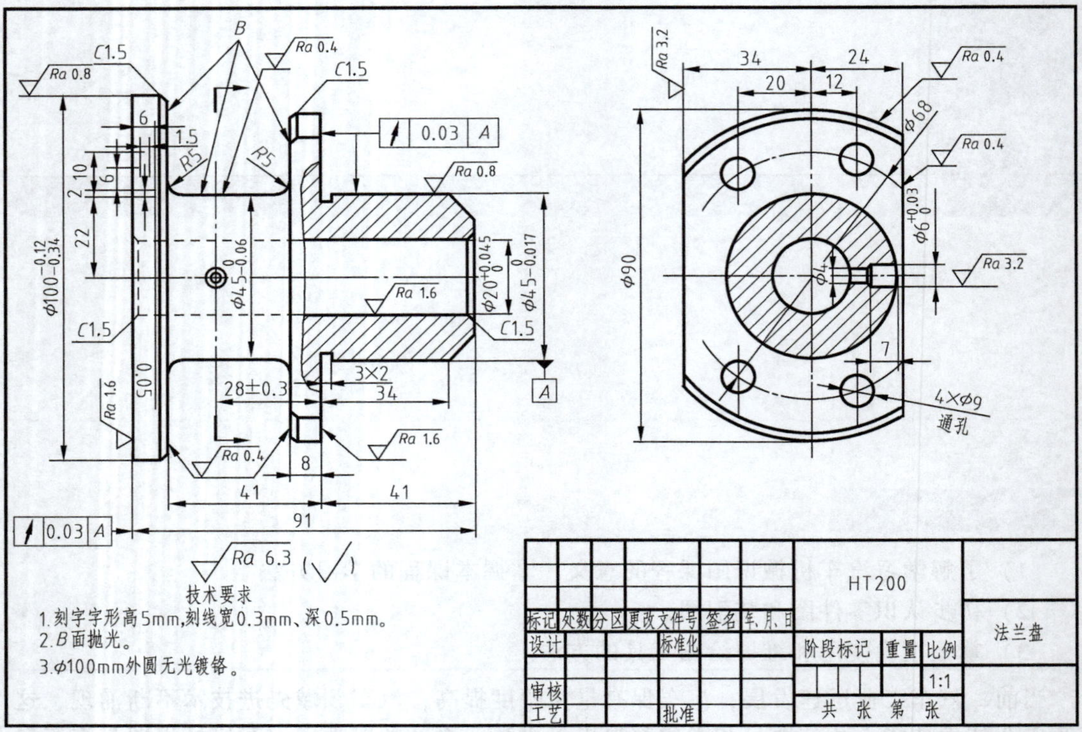

图 0-2　法兰盘零件图

大小、材料和技术要求的图样，是制造和检验零件的依据，是生产的技术文件。它的特点是通过几个视图能够准确、清楚地表达物体的结构形状，且作图简便，容易度量，再注上尺寸、技术要求等，就能满足零件在制造、检验过程中的要求。

3. 装配图

图 0-3 所示为汽车发动机中活塞连杆总成的装配图。它是表达机器或部件的各组成零件之间的连接、装配关系的图样；是表达设计思想、指导生产和进行技术交流的重要技术文件。

二、本课程的任务和学习方法

1. 主要任务

1）正确、熟练地使用绘图工具，掌握绘图技巧。

2）掌握正投影法的基本理论和作图方法。

3）根据国家标准规定，识读中等复杂程度的汽车零件的零件图和汽车部件装配图。

4）培养学生认真的工作态度和严谨细致的工作作风。

2. 学习方法

（1）掌握基本理论　在学习中，注意空间几何关系的分析，掌握汽车零件实物和平面图形的转化规律。只有通过“从空间到平面，再从平面到空间”的反复研究和思考，才能扎实掌握基本理论和基本方法。

（2）注重实践按时完成作业　在学习投影理论的同时，要多绘图、多读图、多想象，还要结合汽车生产实际完成一系列作业。由于本课程的各种训练是通过作业来强化的，因此

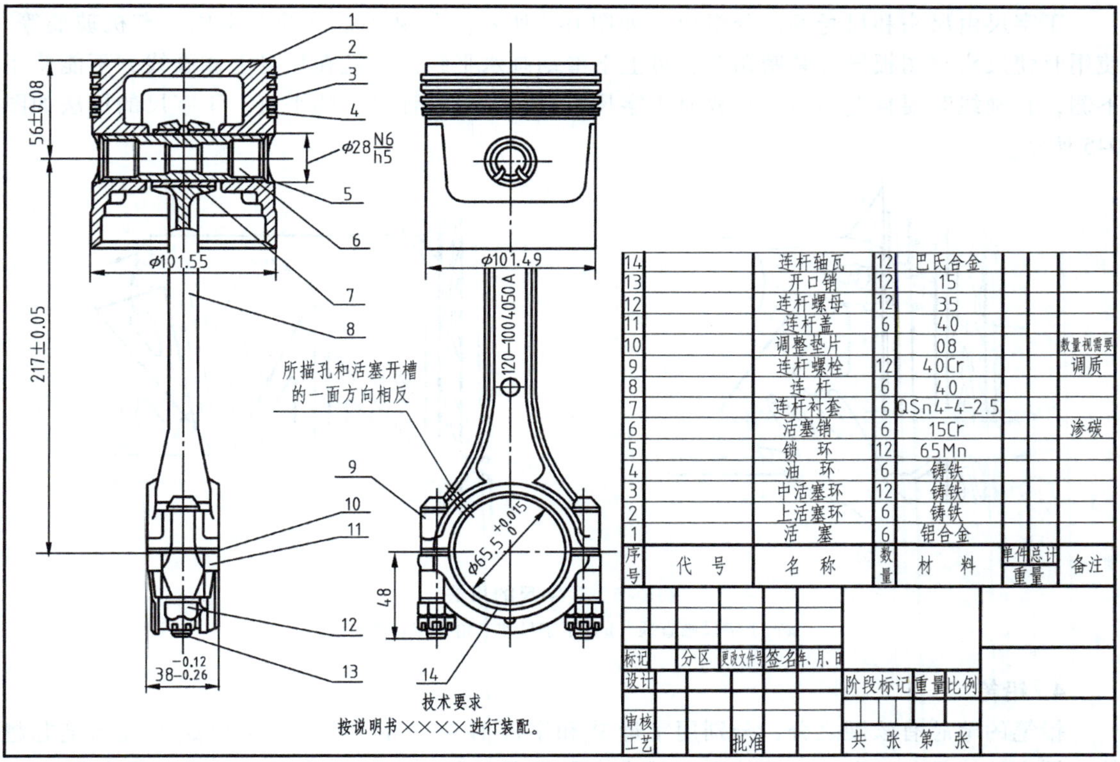

图 0-3　**活塞连杆总成装配图**

要求学生独立、按时完成作业，培养和提高空间想象和思维能力。

(3) 培养严谨的作风　要严格遵守国家标准规定，正确使用绘图工具，并养成认真负责、耐心细致、一丝不苟的优良作风。

三、绘图工具及使用方法

1. 图板

图板一般是用胶合板四周镶有硬木边制成的，如图 0-4 所示。图板板面光滑平整，四条边两两垂直。左侧为工作边，又称导边。使用时要注意避免外力冲击，以防止其破碎或者变形。保存时要保存在阴凉干燥的环境中，以防其受潮、受热变形。

2. 图纸

图纸是专门用来绘制图样的纸张，质地比较坚硬、厚实，用橡皮擦拭不宜起毛，更不能轻易破裂。使用时用胶带固定四个角，水平固定在图板上。图纸要符合国家标准规定的幅面尺寸。图纸如图 0-4 所示。

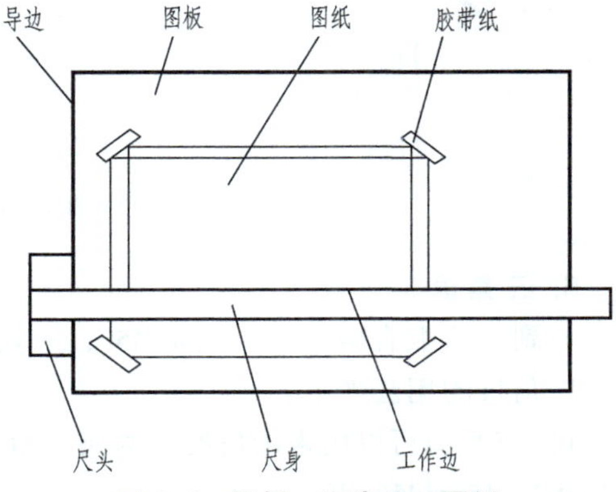

图 0-4　**图板、丁字尺、图纸**

3. 丁字尺

丁字尺由尺头和尺身两部分组成，如图 0-4 所示。其材质常见的有木质和有机玻璃等。使用时使尺头与图板导边紧密贴合，可上下滑动画水平线。只能在尺身上侧画线，不能使用下侧，且画线时要自左向右。存放时丁字尺宜悬挂，以保证尺子的平直。丁字尺的用法如图 0-5 所示。

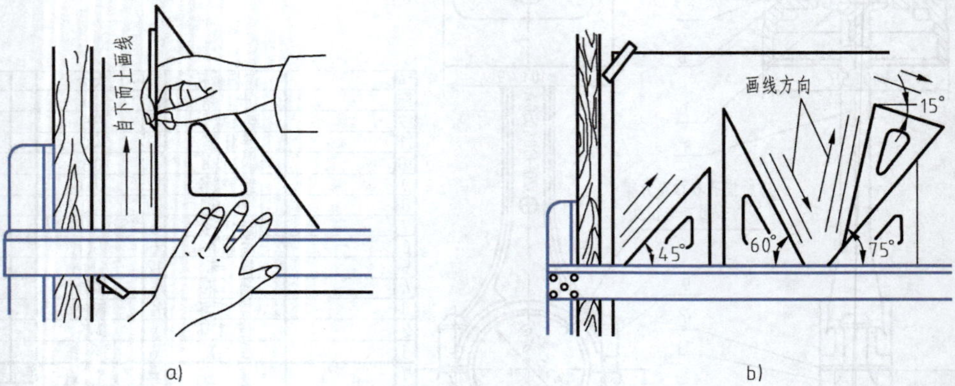

图 0-5　丁字尺的用法

a）丁字尺画直线　b）丁字尺和三角板配合画斜线

4. 铅笔

铅笔的笔芯有软硬之分，分别用字母 B 和字母 H 来表示。B 前的数字越大表示笔芯越软，画出的线颜色越深。H 前的数字越大表示笔芯越硬，画出的线颜色越浅。通常用 H 或者 2H 的铅笔打底稿，用 HB 的铅笔写字，用 B 或者 2B 的铅笔描图。

画底稿的铅笔削成圆锥形，可用砂纸磨铅芯，以达到规定要求；描图的铅笔削成扁铲形，如图 0-6 所示。

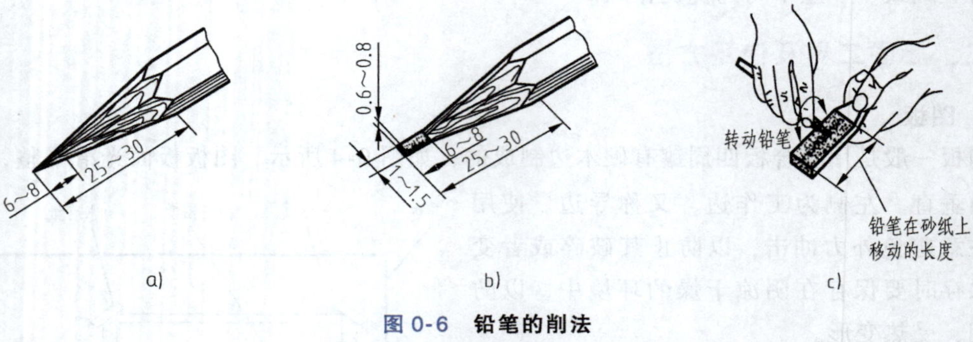

图 0-6　铅笔的削法

a）圆锥形　b）扁铲形　c）磨铅芯

5. 三角板

一副三角板有两块，一块是 45°，一块是 30°（60°）。其材质一般为有机玻璃。

三角板的用法如下：

1）三角板可以用来画角度，两块三角板配合可以画出任意 15°倍数的角度。例如：75°＝45°+30°，15°＝45°−30°。

2）三角板和丁字尺配合可以画垂直线（见图 0-5a）以及与水平线成 45°、60°（30°）、75°（15°）的斜线等（见图 0-5b）。

3）两块三角板配合使用，可以画出已知线的平行线或者垂直线，如图 0-7 所示。

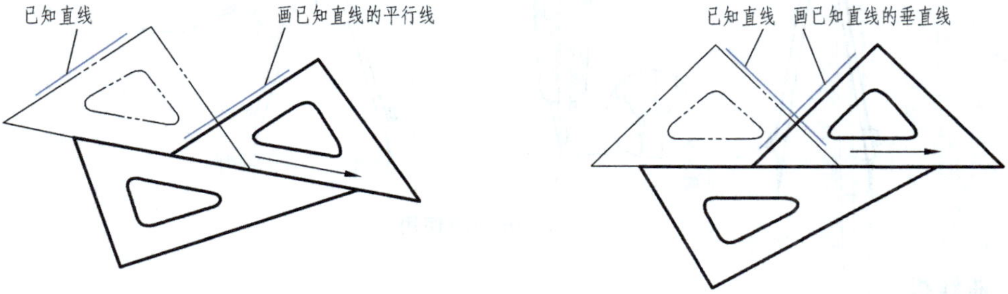

图 0-7　两块三角板配合使用

6. 圆规

圆规是用来画圆或者圆弧的工具，其一脚为固定针尖，另一脚在画图时一般装上铅芯，描图时一般装上扁铲形笔芯，如图 0-8a 所示。

使用圆规时，应将针尖调整得比铅芯稍长，将针尖的一端固定在纸面上，然后按顺时针方向转动圆规，此时，为使画圆过程流畅，圆规要向转动的方向倾斜 30°左右，如图 0-8b 所示。画大圆的时候可接上加长杆，如图 0-8c 所示。

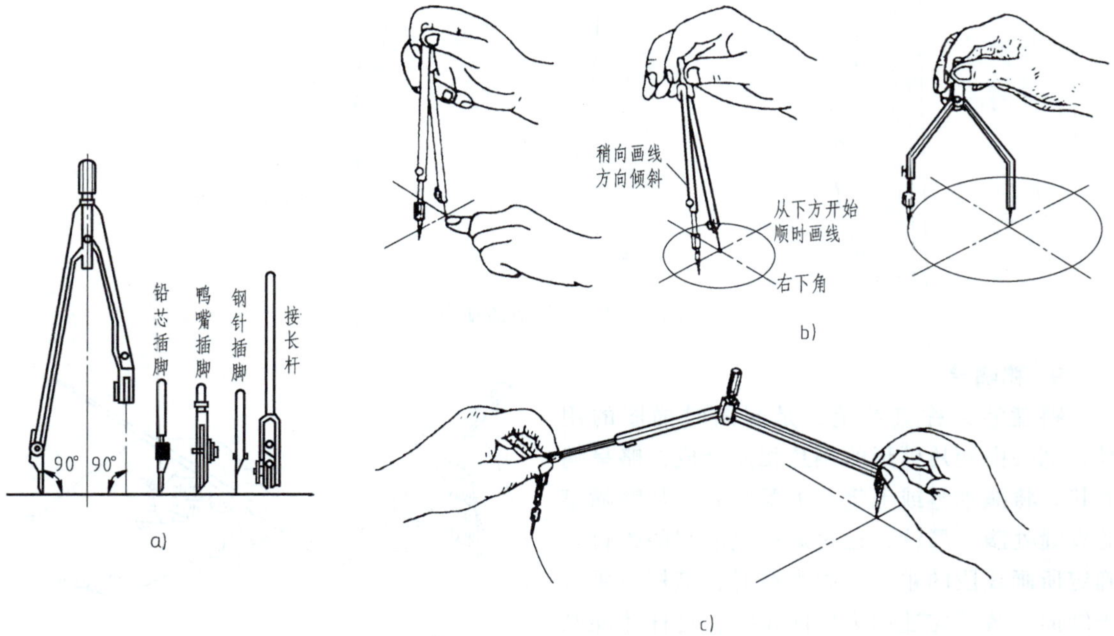

图 0-8　圆规的使用

a）圆规的组成　b）圆规的使用　c）加长杆的使用

7. 分规

分规是用来截取线段、量取尺寸和等分线段或圆弧线的工具。其两脚等长，且均为针尖。分规的使用如图 0-9 所示。

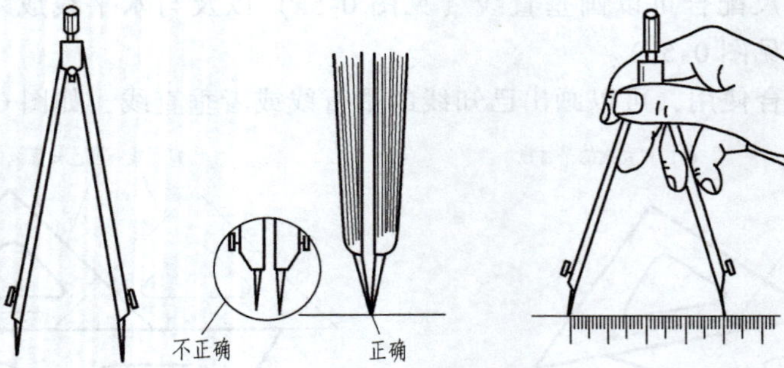

图 0-9 分规的使用

8. 曲线板

曲线板也称云形尺，内外边缘均为圆弧，用来绘制非圆曲线。绘图时为了保证所绘制图线的光滑，可先找出曲线上足够数量的点，徒手将各点依次连成曲线，然后在曲线板上找到与曲线吻合的一段进行描绘。每一段不少于四个吻合点。描绘每一段时至少包含前段曲线的两个点，而在本段后至少要留两个点保证下一段描绘。曲线板的使用如图 0-10 所示。

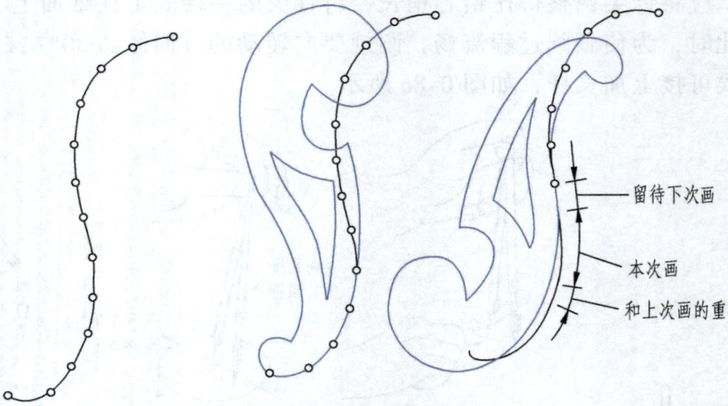

图 0-10 曲线板的使用

9. 鸭嘴笔

鸭嘴笔又称直线笔，是制图时描图的用具，笔头由两片弧形的钢片相向合成，略呈鸭嘴状。将蘸水笔或毛笔蘸上墨汁后，从鸭嘴笔的夹缝处滴入墨汁，通过调整笔前端的螺钉来确定所画线段的粗细。画直线时，笔杆应垂直于纸面，缓慢匀速用力横向拉线，这样才能画出均匀的直线。也可将其接在圆规的末端，用来描圆。鸭嘴笔的使用如图 0-11 所示。

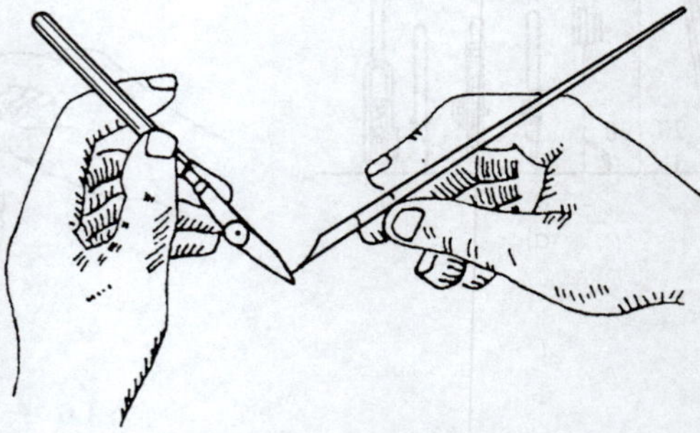

图 0-11 鸭嘴笔的使用

项目一

认 识 图 样

【学习目标】

1）掌握正确使用和维护绘图工具的方法。

2）掌握简单平面图形的画法。

3）掌握国家标准中关于图线、图纸幅面、比例、字体的基本规定和内容。

4）掌握图样的尺寸标注规则，并能正确地标注尺寸。

任务一 学习绘图基本知识

【任务目标】

1）认识图样。

2）掌握各种绘图工具的使用方法。

3）掌握国家标准中关于机械制图的一些规定。

【任务准备】

绘图工具一套，包括图板、丁字尺、三角板、铅笔、橡皮、小刀、图纸、胶带、磨铅芯的砂纸、清洁图纸用的软毛刷。

【实践操作】

一、选择图纸（GB/T 14689—2008）

绘制图样的图纸，在国家标准中分为五种基本幅面，见表 1-1。

本任务中以一张 A4 的图纸为例，由表 1-1 可知，一张 A0 的图纸可以裁成 16 张 A4 的图纸。

表 1-1　图纸幅面尺寸　（单位：mm）

幅面代号	A0	A1	A2	A3	A4
$B\times L$	841×1189	594×841	420×594	297×420	210×297

注：B 代表短边边长，L 代表长边边长。

除了基本幅面，特殊情况下还会用到加长幅面，就是把图纸按照短边的整数倍加长，表示为 A ∗×∗（∗代表数字）。例如，加长幅面 A3×3 表示 $B\times L=420\text{mm}\times 891\text{mm}$ 的图纸。国家标准规定的图纸幅面如图 1-1 所示。

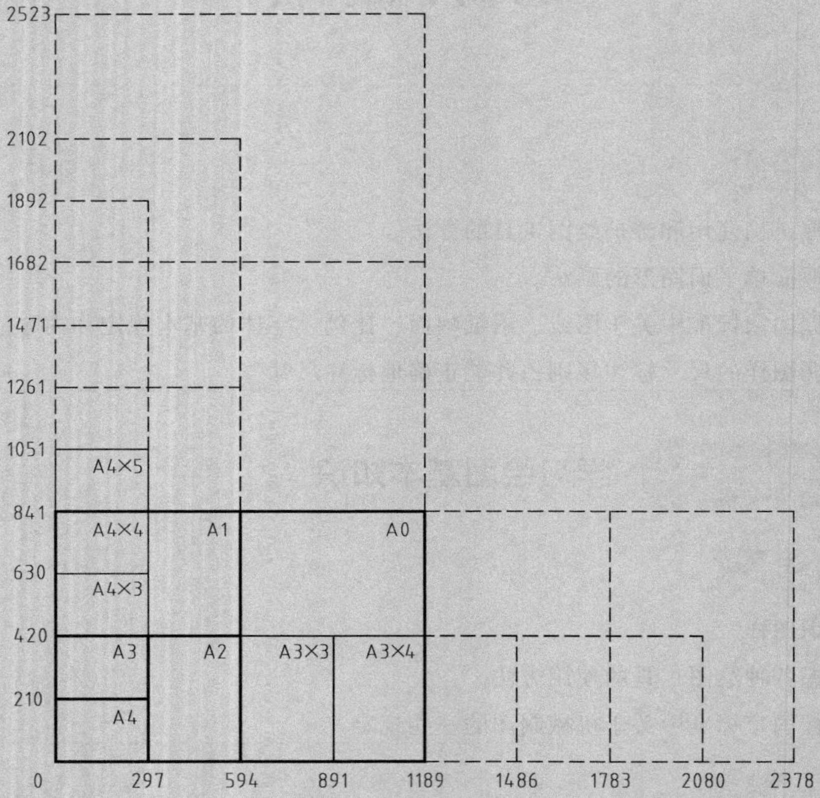

图 1-1　图纸幅面

说明：图 1-1 中单位为 mm，粗实线表示第一选择的基本幅面，细实线表示第二选择的加长幅面，虚线表示第三选择的加长幅面。

二、画图框（GB/T 14689—2008）

画图之前要在图纸上用粗实线画出图框。图框的布局分为四种，如图 1-2 所示，其中 a、c、e 的数值可从表 1-2 中查得。例如，横放留装订边的 A4 图纸（见图 1-2c），可由表 1-2 查得 $a=25\text{mm}$，$c=5\text{mm}$。加长幅面的图框尺寸按比所选用的基本幅面大一号的幅面尺寸确定。

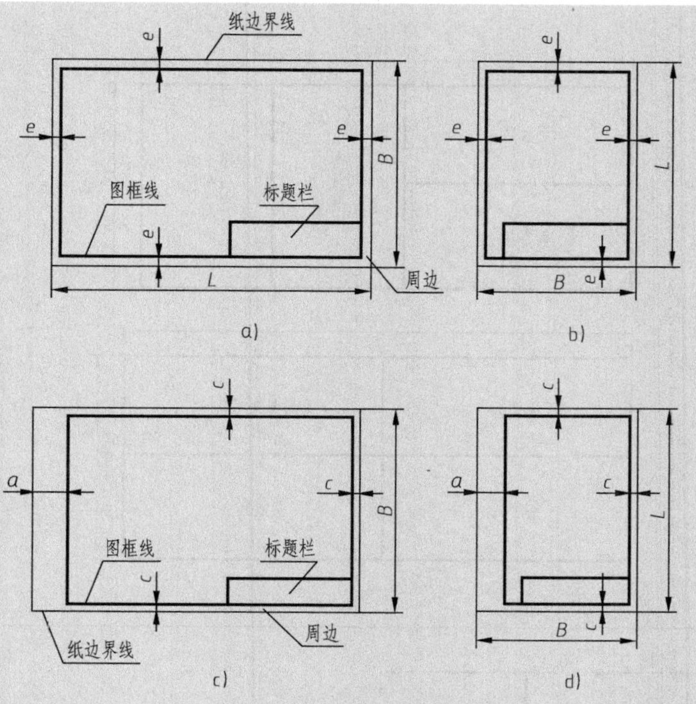

图 1-2　**图框格式**

a）横放不留装订边　b）竖放不留装订边　c）横放留装订边　d）竖放留装订边

表 1-2　图框与纸边的距离　（单位：mm）

<table>
<tr><th>幅面代号</th><th>A0</th><th>A1</th><th>A2</th><th>A3</th><th>A4</th></tr>
<tr><td>a</td><td colspan="5">25</td></tr>
<tr><td>c</td><td colspan="3">10</td><td colspan="2">5</td></tr>
<tr><td>e</td><td colspan="2">20</td><td colspan="3">10</td></tr>
</table>

三、画标题栏（GB/T 10609.1—2008）

标题栏位于图纸的右下角，每张图纸都应该画出标题栏，其尺寸和格式应符合 GB/T 10609.1—2008 的规定，如图 1-3 所示。

四、画方向符号、对中符号、剪切符号和投影符号（GB/T 14689—2008）

1. 方向符号

一般情况下，读图时把标题栏置于图纸的右下角即可，如图 1-2 所示的四种情况。当标题栏的长边置于水平方向并与图纸的长边平行时，构成 X 型图纸，如图 1-2a、c 所示；当标题栏的长边与图纸的长边垂直时，构成 Y 型图纸，如图 1-2b、d 所示。

特殊情况下，要根据方向符号确定读图方向。例如，标题栏不在图纸的右下角，此时应按照方向符号读图。方向符号用细实线绘制，其使用方法如图 1-4 所示。读图摆放图纸时，让三角形的一个角指向读图者。

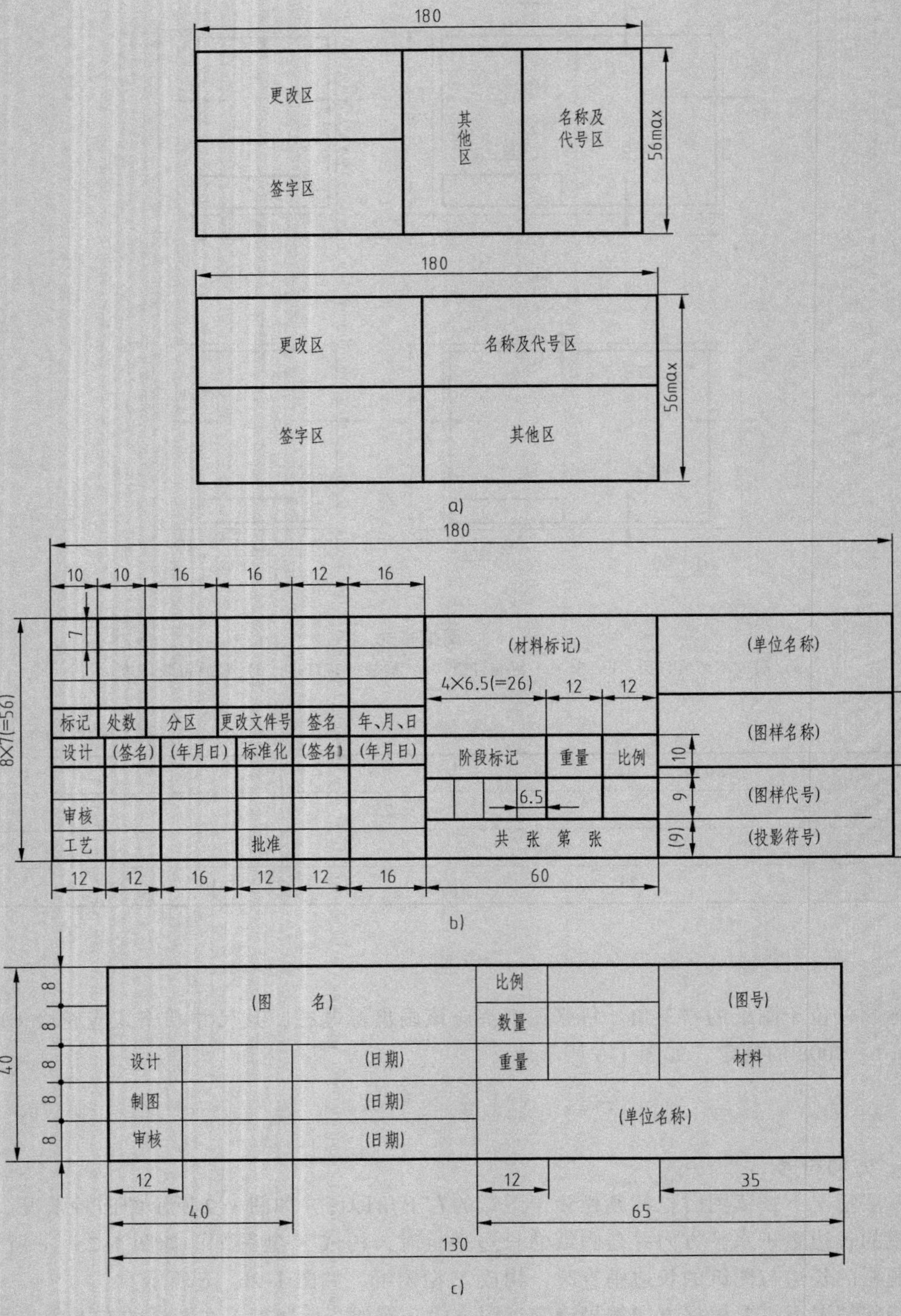

图1-3 标题栏

a）标题栏的分区 b）标题栏的标准格式 c）练习用标题栏

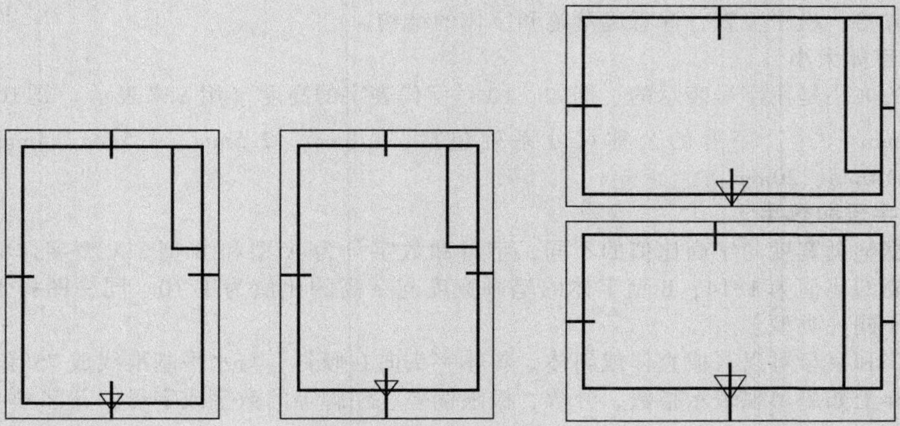

图 1-4　方向符号和对中符号

2. 对中符号

为了方便图样的复制和缩微摄影时的定位，可在图纸的各边中点处画出对中符号。对中符号用粗实线绘制，其长度从图纸边界开始，深入图框内约 5mm，如图 1-4 所示。

3. 剪切符号

为了在复制图样时便于自动剪切，可在图纸的四个角上分别绘制出剪切符号。剪切符号可采用直角边边长为 10mm 的黑色等腰三角形，如图 1-5a 所示，当使用这种符号对某些自动切纸机不适合时，也可将剪切符号画成两条粗线段，线段的线宽为 2mm，长度为 10mm，如图 1-5b 所示。

4. 投影符号

第一角画法的投影识别符号如图 1-6a 所示，第三角画法的投影识别符号如图 1-6b 所示。投影符号一般放在标题栏中名称及代号区的下方。

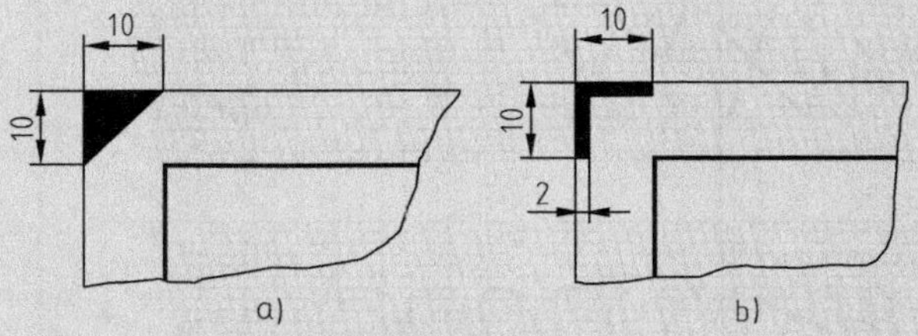

图 1-5　剪切符号

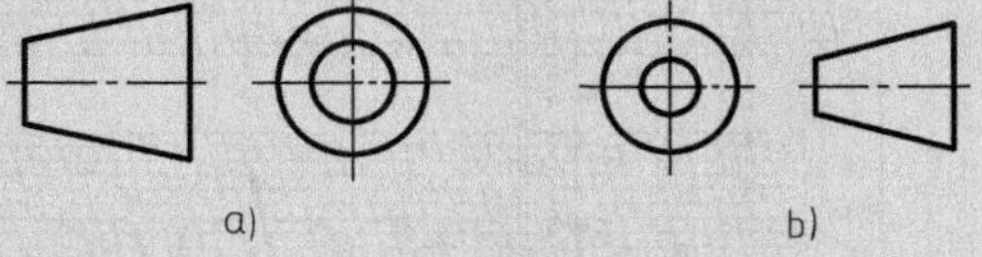

图 1-6　投影符号

对于本任务中的图纸，可以按照标题栏在右下角的方向读图。因此，可以省略方向符号，只需按上述要求画出对中符号。

五、写汉字、数字、字母（GB/T 14691—1993）

机械制图中的字体不是单纯指汉字，还包括数字和字母。

1. 字体要求

和平时所写的汉字不同，图纸上汉字的字体是有严格规定的，应是长的仿宋体。书写时要做到字体工整、笔画清楚、间隔均匀、排列整齐。刚开始可以在方格中练习，书写时要填满方格，横平竖直，注意起落笔和字体的结构。

2. 字体大小

字的大小是用字号表示的。例如，10号字代表字的高度（用 h 来表示）是10mm，字宽为10mm/ $\sqrt{2}$ 。字号的公称尺寸系列包括：1.8mm、2.5mm、3.5mm、5mm、7mm、10mm、14mm、20mm。

3. 字母和数字

根据笔画宽度与字高比值的不同，字母和数字分为A型和B型。A型字体的笔画宽度与字高的比值为1/14，B型字体的笔画宽度与字高的比值为1/10。同一图样上的字体应该属于同一类型。

数字和字母可以写成直体或斜体。斜体字头向右倾斜，与水平基准线成75°角。

图样上如果出现表示指数、分数、极限偏差、注脚等的数字或字母，其字号一般应该小一号。

汉字示例如图1-7所示。

汉字应字体工整笔画清楚排列整齐间隔均匀

院校系专业班级姓名制图审核序号件数名称比例材料重量备注

图1-7　汉字示例

字母示例如图1-8所示。

a)

图1-8　字母示例

a）斜体

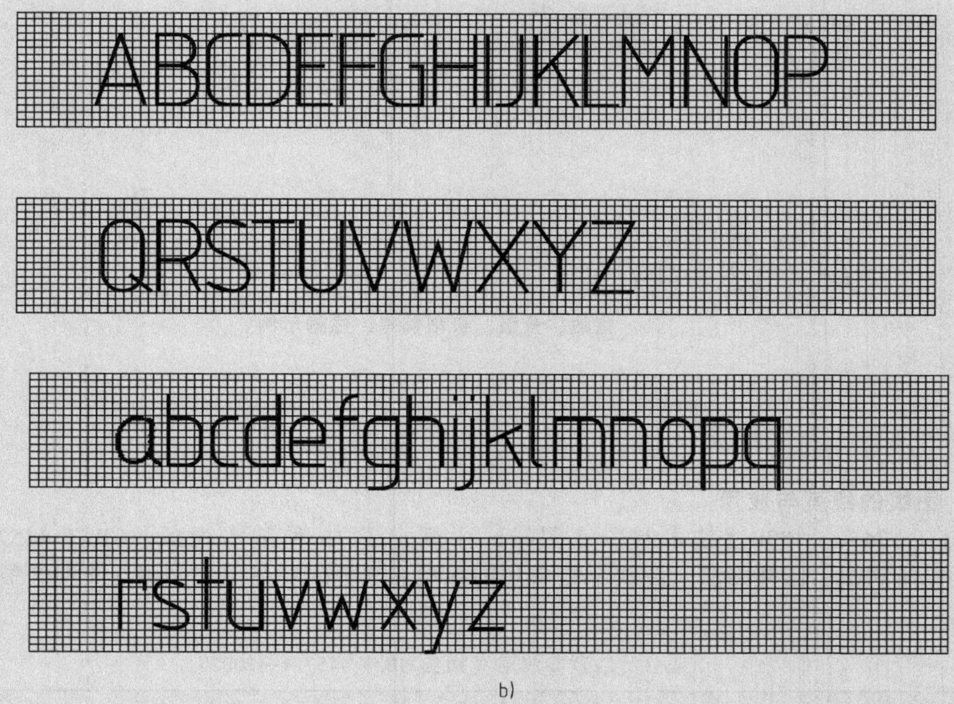

图 1-8　字母示例（续）
b）直体

数字示例如图 1-9 所示。

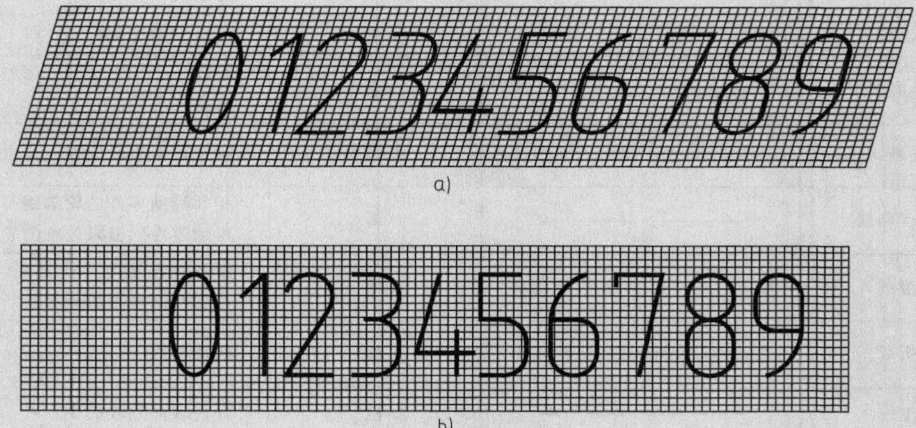

图 1-9　数字示例
a）斜体　b）直体

指数、分数、极限偏差、注脚示例如图 1-10 所示。

本任务规定在图样上写 10 号字，先画出符合 10 号字高度和宽度的方格，然后写符合要求的汉字。

$$10^3 \quad S^{-1} \quad D_1 \quad T_d$$

$$\phi20^{+0.010}_{-0.023} \quad 7^{\circ}{}^{+1^{\circ}}_{-2^{\circ}} \quad \frac{3}{5}$$

图 1-10　指数、分数、极限偏差、注脚示例

六、画图线（GB/T 17450—1998、GB/T 4457.4—2002）

1. 图线的线型与应用

GB/T 17450—1998《技术制图　图线》中规定了 15 种基本线型，GB/T 4457.4—2002《机械制图　图样画法　图线》中常用的线型有 9 种。现在主要介绍这 9 种线型，见表 1-3。

表 1-3　图线的线型与应用（摘自 GB/T 4457.4—2002）

图线名称	图线形式	图线宽度	一般应用举例
粗实线		粗	可见轮廓线
细实线		细	尺寸线及尺寸界线 剖面线 重合断面的轮廓线 过渡线
细虚线		细	不可见轮廓线
细点画线		细	轴线 对称中心线
粗点画线		粗	限定范围表示线
细双点画线		细	相邻辅助零件的轮廓线 可动零件的极限位置的轮廓线
波浪线		细	断裂处边界线 视图与剖视图的分界线
双折线		细	同波浪线
粗虚线		粗	允许表面处理的表示线

2. 图线画法

（1）图线宽度　机械制图中通常采用粗、细两种线宽，它们之间的比例为 2∶1。粗线宽度优先采用 0.5mm、0.7mm。尽量避免线宽小于 0.18mm 的图线，以保证图样清晰、便于复制。粗实线、粗虚线和粗点画线为粗线型，其余均为细线型。同一图样中同类图线的宽度应基本一致。

（2）虚线的画法　虚线由线段和间隔组成，线段长度及间隔大小要适当。同一图样中所有虚线的线段长度及间隔大小应分别保持基本一致。

（3）细点画线的画法　点画线由线段、点及间隔组成，其中的点应为短画（约 1mm）。点画线的两端应超出相应轮廓线 2～5mm，且其首尾两端应为线段，而不是点。用细点画线绘制圆的中心线时，圆心应为线段的交点。当圆直径较小、中心线较短时，允许用细实线代替细点画线，如图 1-11 所示。

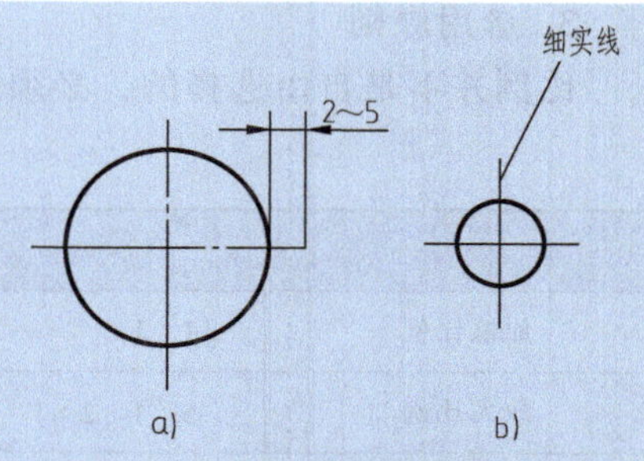

图 1-11　中心线的画法

（4）图线在相交、相接、相切时的画法　为避免歧义与误解，对各种图线在相交、相接、相切时的画法需做出一些规定和要求，画图时要注意，如图 1-12 所示。

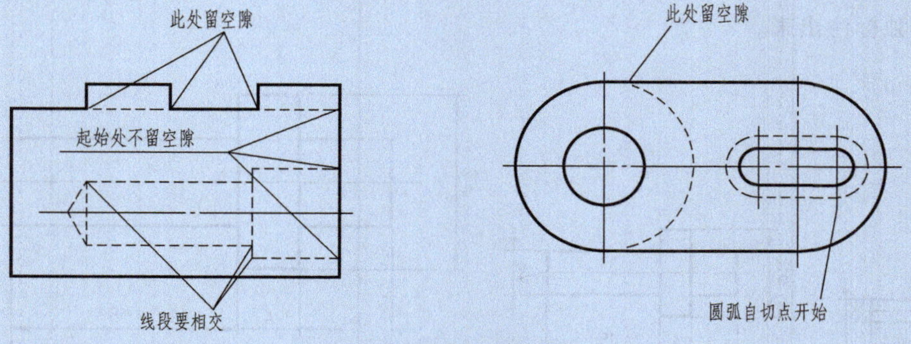

图 1-12　画线时的注意事项

【操作注意事项】

1）分清各种线型，用不同的铅笔画不同的线型。
2）应注意标题栏的线型，且标题栏的各条线之间都有尺寸限制。
3）对中符号为整张图纸的中间而并非图框的中间。
4）书写字体要严格按照标准进行。

【理论知识】

比例（GB/T 14690—1993）

1. 概念

比例是图中图形与其实物相应要素的线性尺寸的比值。

2. 分类

比例分为三类：原值比例、放大比例和缩小比例，应优先选用原值比例。如果零件过大，图纸幅面太小，而零件画得小一点不影响表达效果，则可以采用缩小比例，即图样尺寸比实际物体小；反之，可以采用放大比例。

3. 选用原则

比例并不是自由选择的，必须从表1-4中的比例系列中选择。

表1-4 比例系列

种　类	比　例
原值比例	1 : 1
放大比例	5 : 1　2 : 1　5×10^n : 1　2×10^n : 1　1×10^n : 1
缩小比例	1 : 2　1 : 5　1 : 10　1 : 2×10^n　1 : 5×10^n　1 : 1×10^n

注：n为正整数。

不论图形采用何种比例，在图样上读到的尺寸都是零件的实际尺寸，与选取的比例无关。例如，图1-13a中的比例为缩小比例1 : 2，图1-13b中的比例为原值比例1 : 1，图1-13c中的比例为放大比例2 : 1。同一图样上应选取一致的比例，如果有需要放大或缩小的地方要单独标注出来。

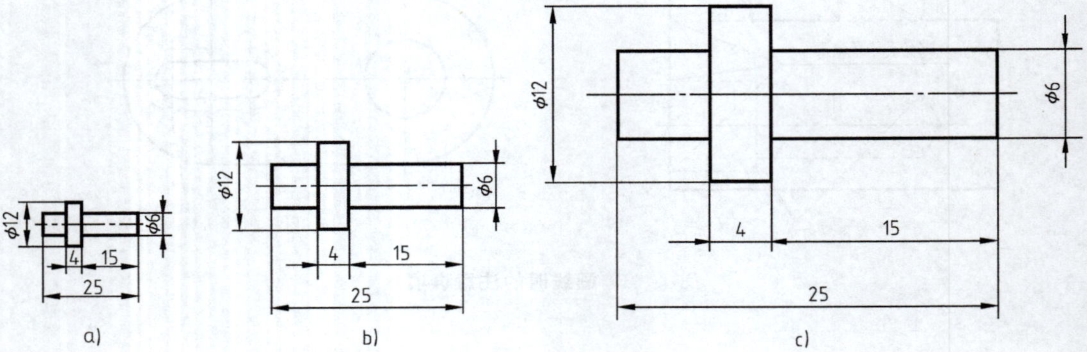

图1-13　不同比例值的效果

a）缩小比例1 : 2　b）原值比例1 : 1　c）放大比例2 : 1

任务二　画手柄的平面图形

观察手柄图样，它是由多种线段组成的，要想画出手柄，需要合理地运用各种绘图工具。

【任务目标】

学会绘制手柄的平面图形。

【任务准备】

图纸、三角板、圆规、橡皮、铅笔。

【实践操作】

绘制如图 1-14 所示的手柄。

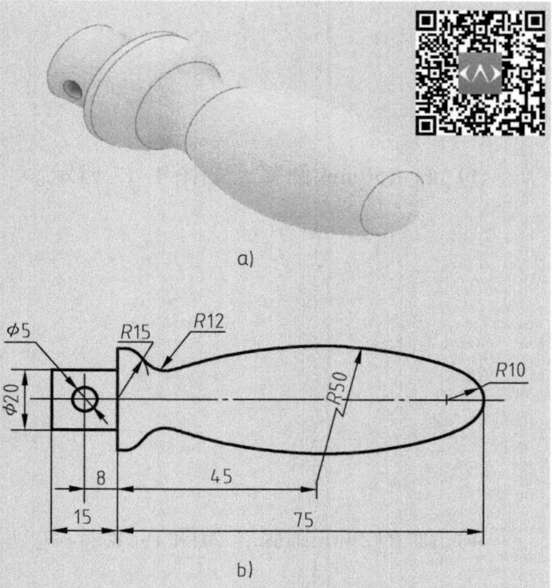

图 1-14　手柄

一、分析图形

手柄轮廓是由直线和曲线组成的。曲线都是整圆的一部分，画图时如果半径已知，只要找到圆心的位置即可；如果半径和圆心均未知，就是连接线段，需要根据圆弧与圆弧连接的画法，画出此条线段。

二、线段分析

1）直线段可以直接画出，已知圆心和半径的圆和圆弧可以直接画出，包括 ϕ5mm、R15mm、R10mm。

2）R50mm 圆弧的半径已知，但圆心未知。从图中分析得到，R50mm 圆弧与 R10mm 圆弧内切，其圆心距离零件左端面（15+45）mm。据此可以画出 R50mm 圆弧。

3）R12mm 圆弧为 R15mm 圆弧和 R50mm 圆弧的连接圆弧，需要在画完 R15mm 圆弧和 R50mm 圆弧之后画出。

三、画图

1）画中心线，如图 1-15 所示。

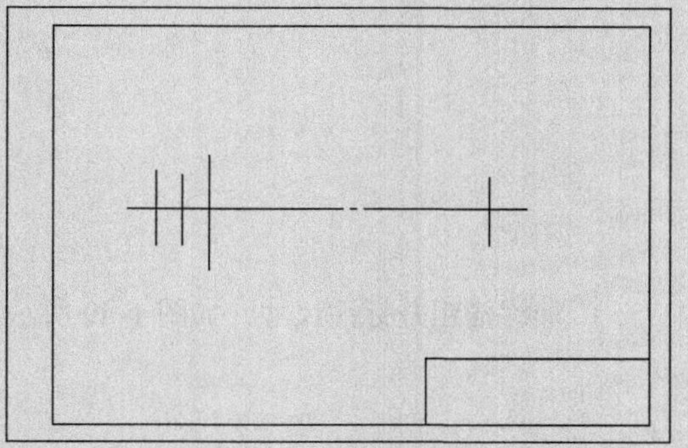

图 1-15　画中心线

2）画已知线段，如图 1-16 所示。

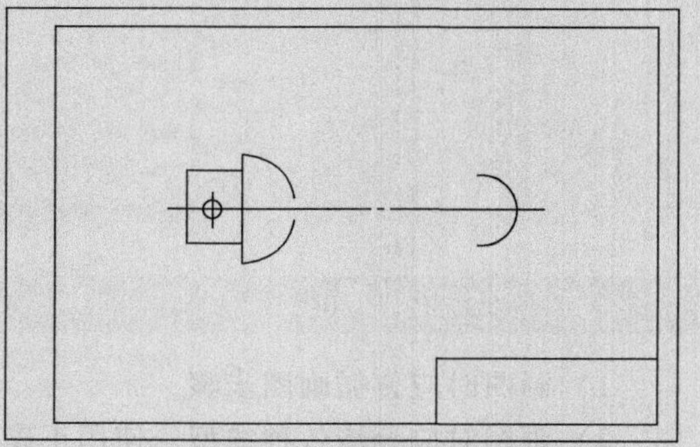

图 1-16　画已知线段

3）画 $R50$mm 圆弧，如图 1-17 所示。

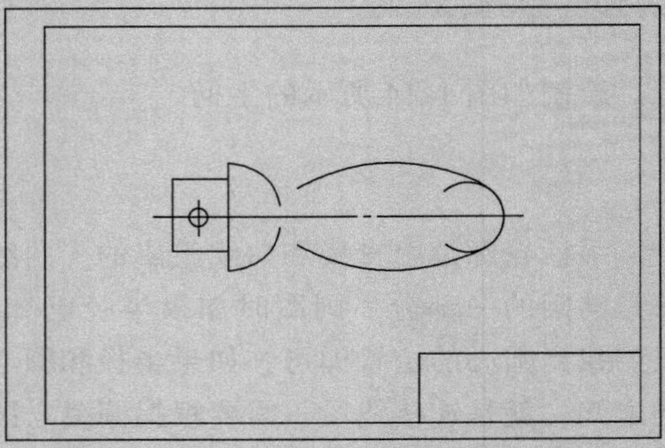

图 1-17　画 $R50$mm 圆弧

4）画 $R12$mm 圆弧，如图 1-18 所示。

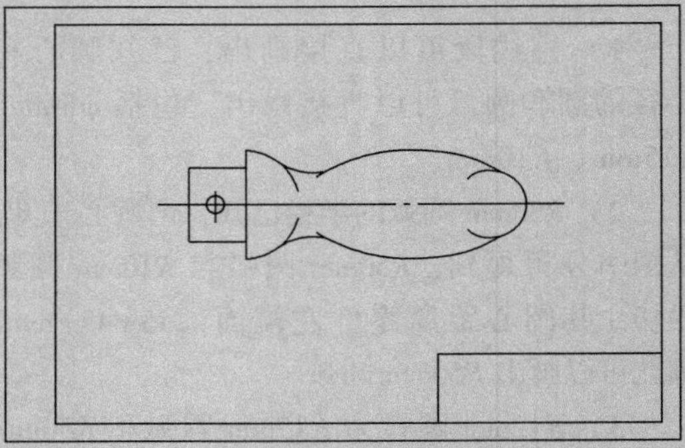

图 1-18　画 $R12$mm 圆弧

5）加深描粗并标注尺寸，如图 1-19 所示。

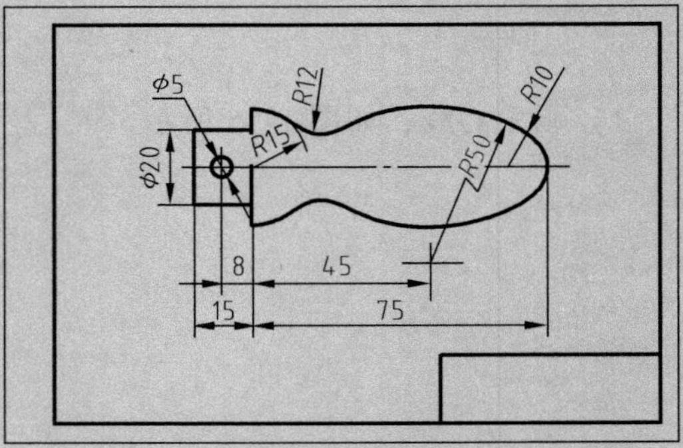

图 1-19　加深描粗

【操作注意事项】

1）画图时应遵循画图步骤。
2）画图时应分清各种线型，使用正确的铅笔。
3）描图时用力要均匀，使粗实线线型均匀。

【理论知识】

一、等分线段

1. 平行线法

如图 1-20 所示，以点 A 为起点作任意直线 AB'，以任意长度为一份，在 AB' 上找到四份，得到 1′、2′、3′、4′四个等分点。连接点 B 和点 4′，并分别过点 1′、2′、3′作 $B4'$ 的平行线，与 AB 相交于点 1、2、3，即可把直线 AB 四等分。

2. 试分法

如图 1-21 所示，用目测法估计 AB 的 1/4 长度，然后用分规进行试分。如果试分四份后还剩余一小段，说明估测的 1/4 长度过短，可以适当加长一份的长度，继续试分，直到正好分为四份为止。

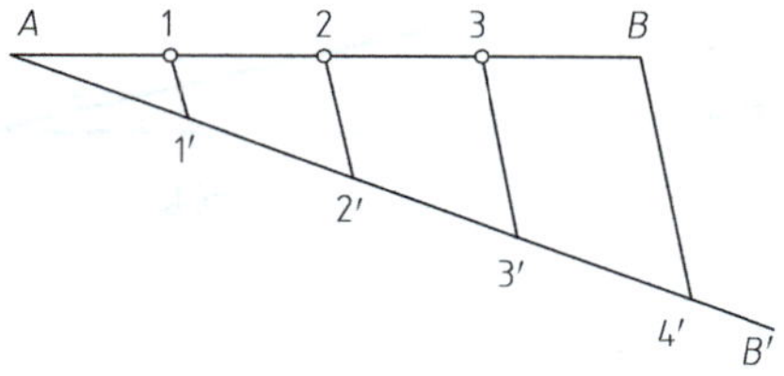

图 1-20 平行线法

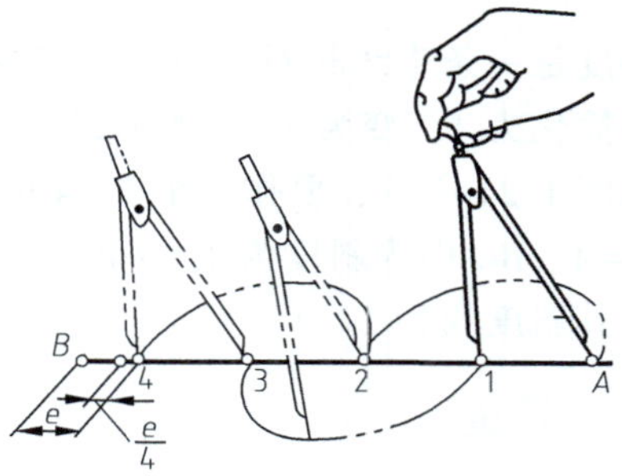

图 1-21 试分法

二、等分圆周及作正多边形

1. 角度法

一个整圆对应于 360°，如果要把圆周六等分，可以把 360°分为六份，一份为 60°，并且可以得到一个正六边形，如图 1-22 所示。同理，可以把一个圆周分为任意份，并得到任意正多边形。

2. 特殊分法

正三角形和正六边形可以用圆规画图得到。

（1）用圆规画正三角形　如图 1-23a 所示，先作圆的中心线，以 R 为半径画正三角形的外接圆。然后以 R 为半径，以竖直中心线和外接圆下边的交点为圆心画圆，与外接圆相交于两点。连接此两点和竖直中心线与外接圆上边的交点，即可得到正三角形。

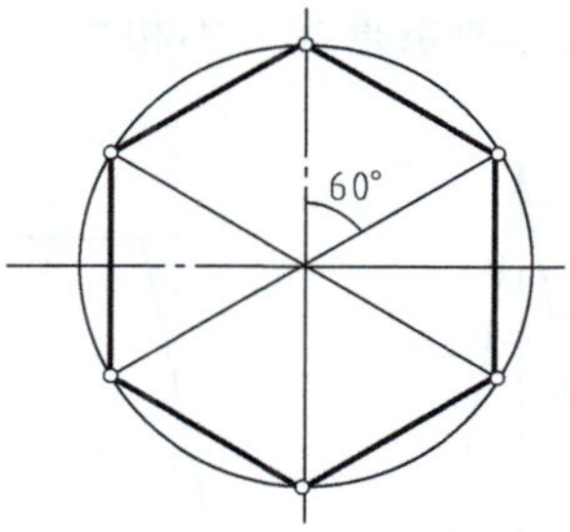

图 1-22 用角度法作正六边形

（2）用圆规画正六边形　如图 1-23b 所示，先作圆的中心线，以 R 为半径画正六边形的外接圆；然后分别以一条中心线与外接圆的两个交点为圆心，以 R 为半径画圆，与外接圆相交于四点。这四个点与画圆的两个圆心即为六边形的六个顶点，连接六点可得到正六边形。同理可以作正十二边形，如图 1-23c 所示。

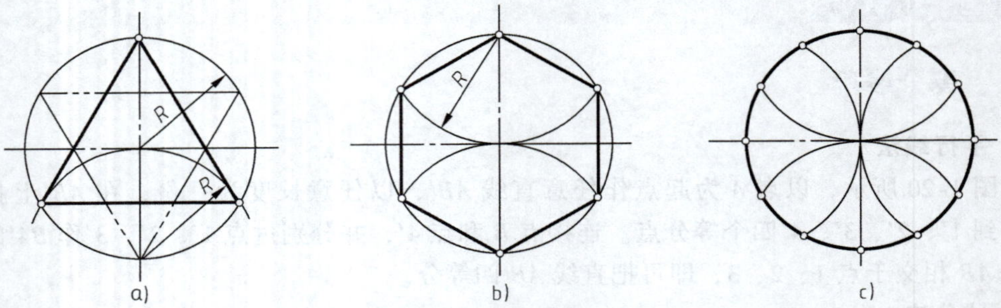

图 1-23 正多边形的作法

a）正三角形的作法 b）正六边形的作法 c）正十二边形的作法

三、斜度

斜度是一条直线相对于另一条直线的倾斜程度，用两条直线夹角的正切来表示。标注时把前项简化为 1，变为 1 : n 的形式。

如图 1-24 所示，要作一个 1 : 4 的斜度，可以取 AB = 1、AC = 4，BC 即为斜度为 1 : 4 的直线。任意作 BC 的平行线，其斜度均为 1 : 4。

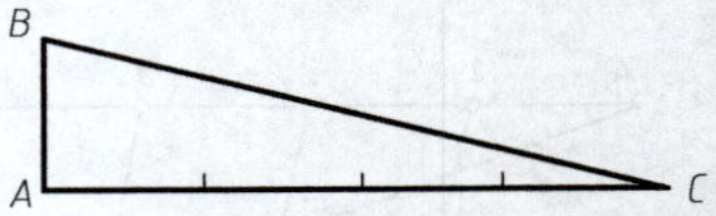

图 1-24 斜度

四、锥度

锥度是指圆锥的底面直径与锥体高度之比；如果是圆台，则为上、下两底圆的直径差与锥台高度之比。如图 1-25a 所示，圆锥的锥度为 1 : 3；如图 1-25b 所示，圆台的锥度为 1 : 3，即 AB : CD = 1 : 3。

五、圆弧连接

1. 两直线之间的圆弧连接

如图 1-26 所示，用半径为 R 的圆弧将两条直线连接起来，其实就是作一条半径为 R 的圆弧与两条直线分别相切。不论两条直线之间的夹角如何，其作图步骤均相同。

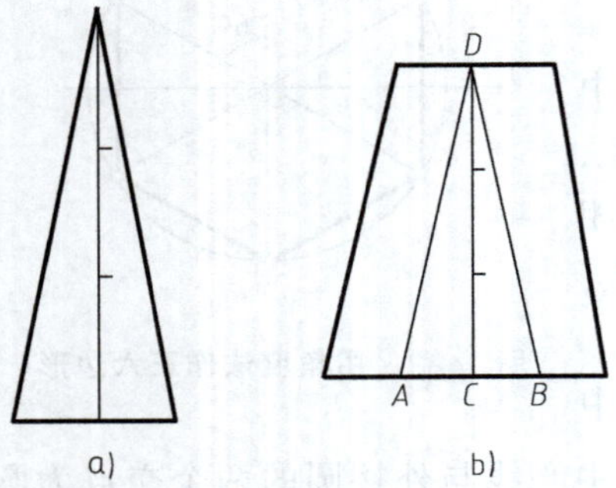

图 1-25 锥度

a）圆锥锥度 b）圆台锥度

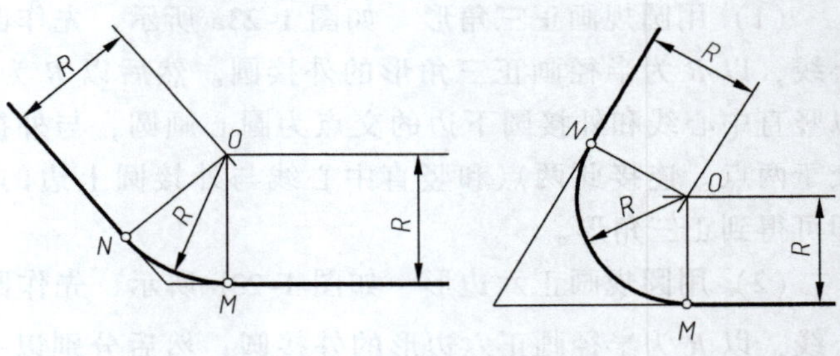

图 1-26 圆弧连接两直线

1）分别作与已知直线距离为 R 的平行线，两平行线相交于点 O，则点 O 即为所要作圆弧的圆心。

2）以 O 为圆心，以 R 为半径画圆弧，即可将两直线相连。

2. 直线与圆弧之间的连接

1）用半径为 R 的圆弧将已知直线和圆弧连接起来，如图 1-27a 所示。

2）以 O_1 为圆心，以 R_1+R 为半径画圆弧，作与已知直线的距离为 R 的平行线。两者相交于点 O，如图 1-27b 所示。

3）连接 OO_1，与已知圆弧相交于点 A，点 A 即为已知圆弧与连接圆弧的切点；过 O 点作已知直线的垂线，垂足为 B，点 B 即为已知直线与连接圆弧的切点，如图 1-27c 所示。

4）以 O 为圆心、R 为半径画圆弧 AB，即可将直线与圆弧相连，如图 1-27d 所示。

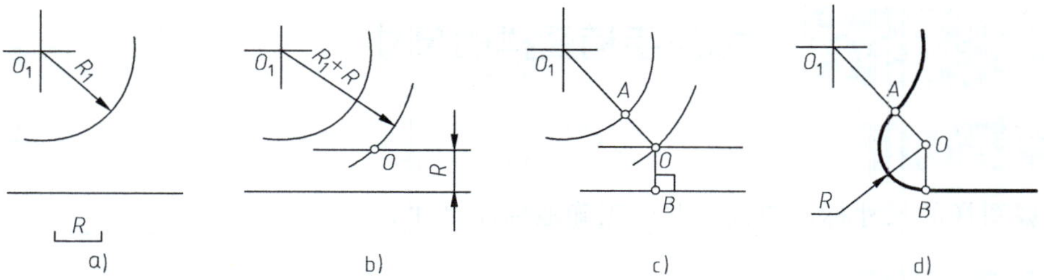

图 1-27　**直线与圆弧之间的连接**

3. 圆弧与圆弧之间的连接

（1）圆弧与圆弧外连接

1）用半径为 R 的圆弧将两已知圆弧连接起来，如图 1-28a 所示。

2）以 O_1 为圆心，以 R_1+R 为半径画圆弧；以 O_2 为圆心，以 R_2+R 为半径画圆弧。两圆弧相交于点 O，如图 1-28b 所示。

3）连接 OO_1 与 OO_2，分别与圆弧相交于 A、B 两点。A、B 两点即为连接圆弧与已知圆弧的切点，如图 1-28c 所示。

4）以 O 为圆心、R 为半径画圆弧 AB，即可将两已知圆弧连接起来，如图 1-28d 所示。

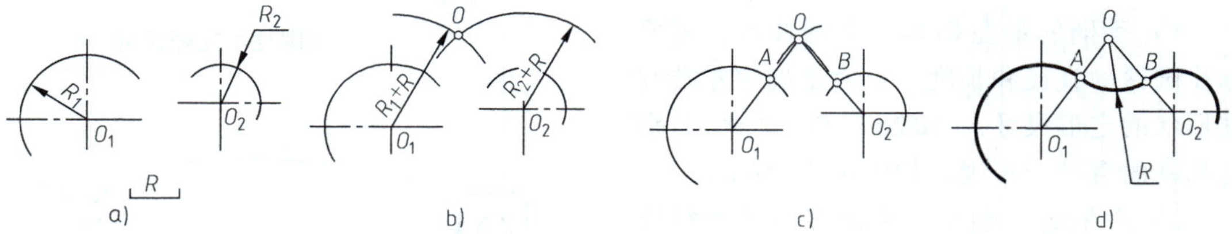

图 1-28　**圆弧与圆弧外连接**

（2）圆弧与圆弧内连接

1）用半径为 R 的圆弧将两已知圆弧连接起来，如图 1-29a 所示。

2）以 O_1 为圆心，以 $R-R_1$ 为半径画圆弧；以 O_2 为圆心，以 $R-R_2$ 为半径画圆弧。两圆弧相交于点 O，如图 1-29b 所示。

3）连接 OO_1 与 OO_2 并延长，分别与圆弧相交于 A、B 两点。A、B 两点即为连接圆弧

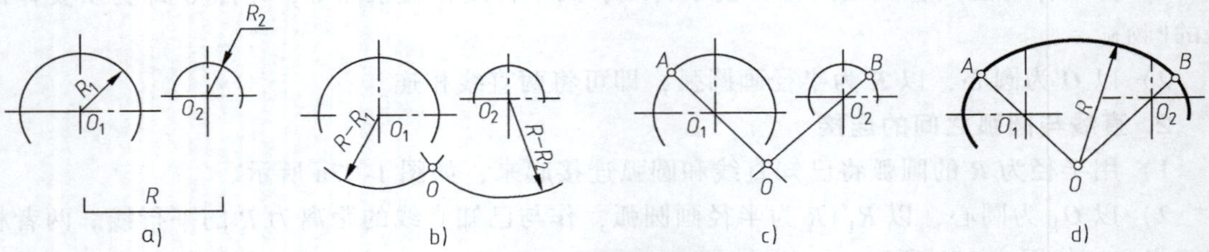

图 1-29　圆弧与圆弧内连接

与已知圆弧的切点，如图 1-29c 所示。

4）以 O 为圆心、R 为半径画圆弧 AB，即可将两已知圆弧连接起来，如图 1-29d 所示。

任务三　标注手柄图样的尺寸

【任务目标】

掌握图样的尺寸标注规则，并能正确地标注尺寸。

【任务准备】

任务二中绘制的手柄图样、三角板、铅笔、橡皮。

【实践操作】

手柄图样如图 1-14 所示。一般将水平方向作为长度方向，垂直方向作为宽度方向。

一、先标注定形尺寸

1）手柄的最左端是一个圆柱形，需要标注圆柱的直径和长度，也就是确定左端圆柱形状的定形尺寸。“ϕ20”和“15”分别为圆柱的直径和长度，如图 1-30 所示。

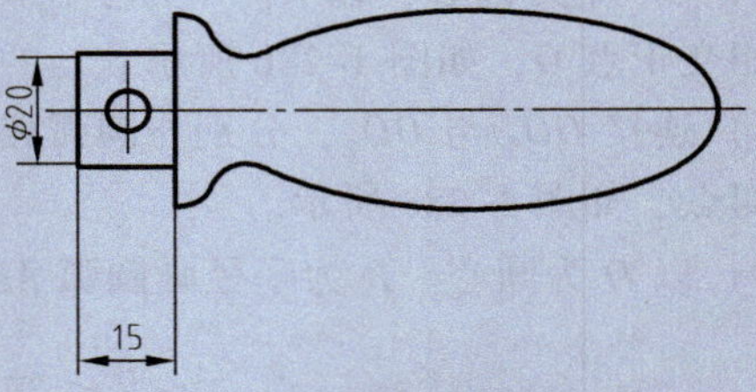

图 1-30　标注圆柱的定形尺寸

2）手柄的右端是一个由多段弧线组成的形体，需要标注每一段弧线的半径或直径来确定弧线的尺寸。由于每一段弧线都小于半圆，因此标注半径，分别为“R15”“R12”“R50”“R10”；还要确定手柄右端的长度为“75”，如图 1-31 所示。

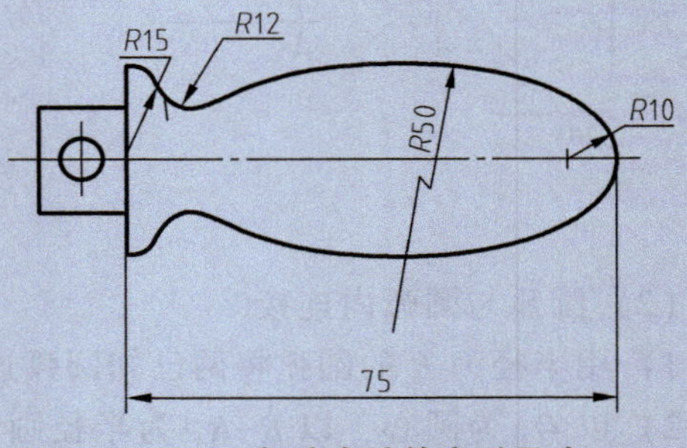

图 1-31　标注右端的定形尺寸

3）左端圆柱上还有一个圆孔，其直径为“$\phi5$”。由于此孔为通孔，因此只需要标注直径，如图 1-32 所示。如果不是通孔，则需要用其他视图或标注来表示孔的深度。

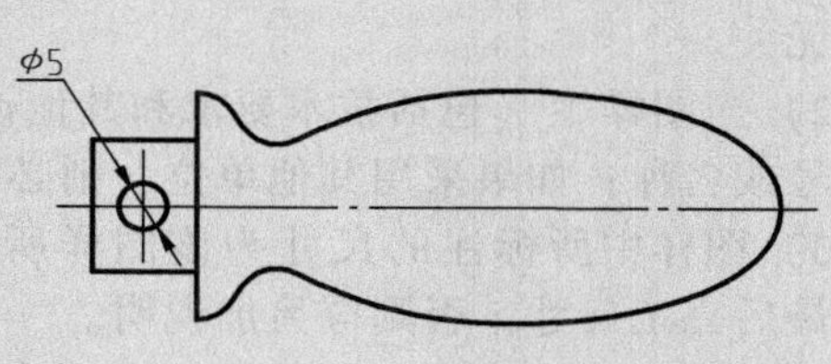

图 1-32 标注圆孔的尺寸

二、标注定位尺寸

1）确定左端 $\phi5$mm 圆孔的位置，标注圆孔的中心到 B 面的距离“8”，此时，选取面 B 作为长度方向的尺寸基准，如图 1-33 所示。

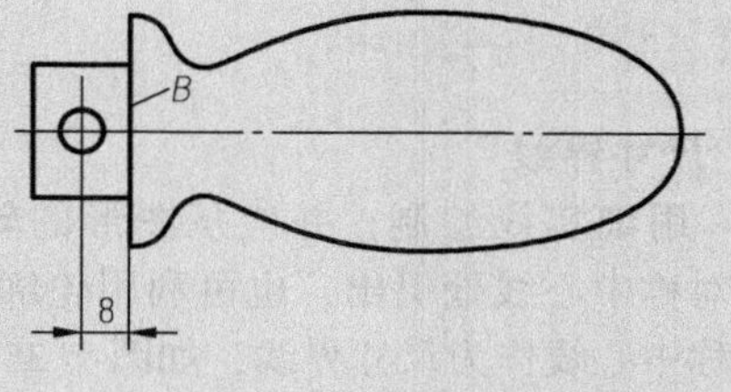

图 1-33 确定圆孔的位置

2）确定 $R50$mm 圆弧的圆心位置，标注圆弧的圆心到面 B 的距离“45mm”，如图 1-34 所示。

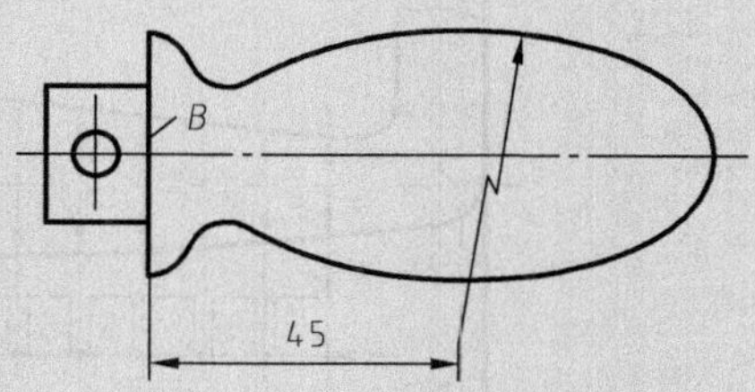

图 1-34 确定 $R50$mm 圆弧的圆心位置

三、标注总体尺寸

此处仅选取了零件的一个视图为例，因此只有总长和总宽。其总长为（15+75）mm，可通过计算得到，为了避免重复标注，不需要另外标注总长。左端宽度为 20mm，即为圆柱的直径；右端宽度为圆弧之间的距离，在作图过程中已经决定，因此不需要标注。

【操作注意事项】

1）标注时先要分析图形，确定定形尺寸、定位尺寸和总体尺寸。

2）注意线型，尺寸界线、尺寸线均为细实线。

3）画尺寸线时要留出空间书写数字，并且安排好各个尺寸的位置，避免尺寸线和尺寸界线相交。

4）注意箭头的形状，箭尾宽度为粗实线宽度，不能随意画箭头。

5）尺寸数字的书写要使用规定的直体或斜体，且按照标准书写。

【理论知识】

图样反映了机件的结构，而机件的大小需要用尺寸标注来表示。

一、尺寸标注的基本规则

1）机件的真实大小应以图样上所标注的尺寸数值为依据，而与图形的大小及绘图的准确度无关。

2）当图样中（包括技术要求和其他说明）的尺寸以 mm 为单位时，不需标注计量单位的代号或名称；如果采用其他单位，则必须注明相应的计量单位的代号或名称。

3）图样中所标注的尺寸为该图样所示机件的最后完工尺寸，否则应另加说明。

4）机件的每一尺寸一般只标注一次，并应标注在反映该结构最清晰的图形上。

二、尺寸界线、尺寸线、尺寸数字（GB/T 4458.4—2003）

1. 尺寸界线

1）用细实线绘制，并应从图形的轮廓线、轴线或对称中心线处引出，也可利用轮廓线、轴线或对称中心线作为尺寸界线，如图 1-35 所示。

2）表示曲线轮廓上各点的坐标时，可将尺寸线或其延长线作为尺寸界线，如图 1-36 所示。

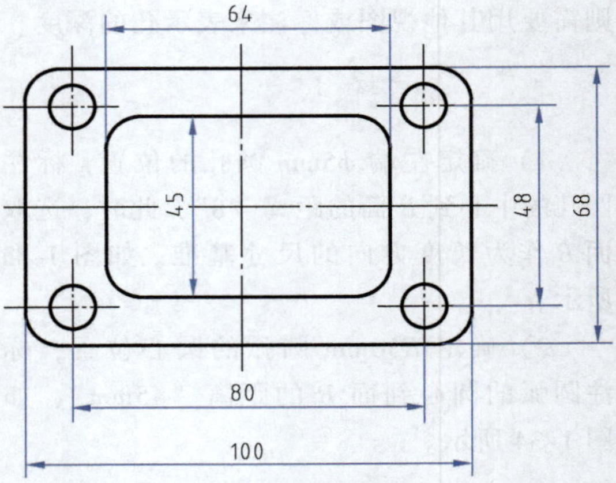

图 1-35　尺寸界线

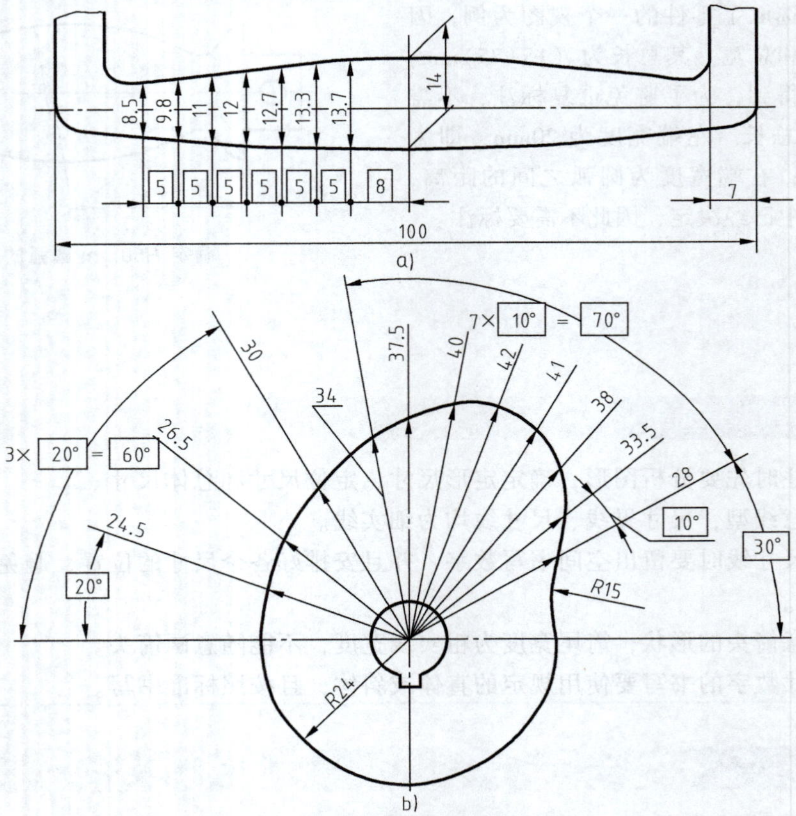

图 1-36　曲线轮廓的尺寸注法

3）尺寸界线一般与尺寸线垂直，必要时允许倾斜，如图 1-37 所示。

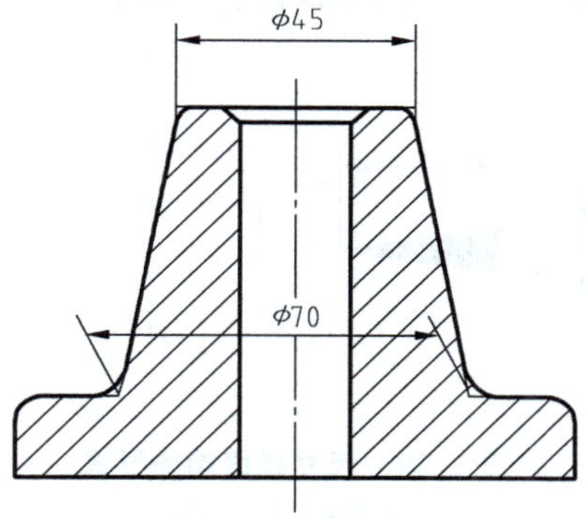

图 1-37　尺寸界线倾斜

4）标注角度的尺寸界线应沿径向引出，如图 1-38a 所示；标注弦长的尺寸界线应平行于弦的垂直平分线，如图 1-38b 所示；标注弧长的尺寸界线应平行于该弧所对中心角的角平分线，如图 1-38c 所示；当弧度较大时，可沿径向引出尺寸，如图 1-38d 所示。

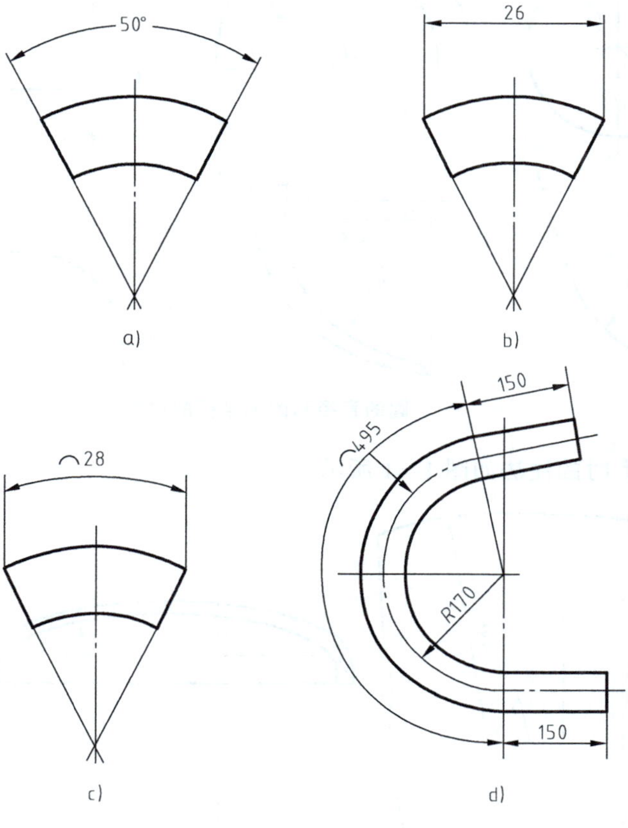

图 1-38　角度、弧度的尺寸界线

a）标注角度的尺寸界线　b）标注弦长的尺寸界线

c）弧长的尺寸注法　d）弧度较大时的弧长注法

2. 尺寸线

1）尺寸线的终端有两种形式，即箭头和斜线，如图 1-39 所示。机械图样中一般选用箭头作为终端形式。

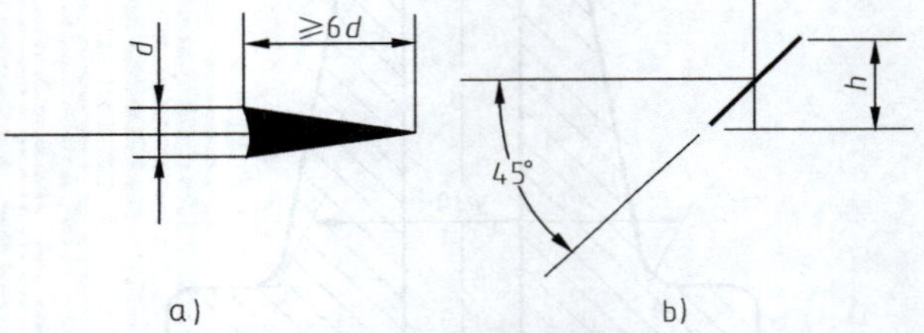

图 1-39　尺寸线终端的形式

a）箭头　b）斜线

d—粗实线的宽度　*h*—字体高度

2）圆的直径和圆弧半径的注法如图 1-40 所示。

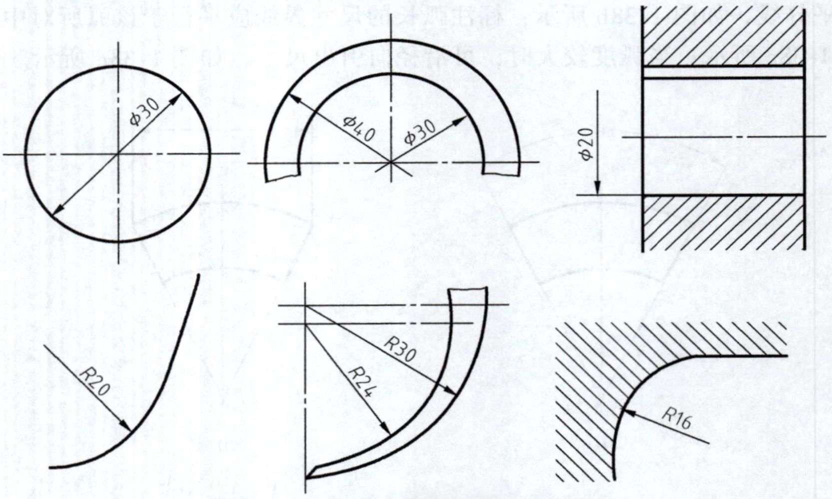

图 1-40　圆的直径和圆弧半径的注法

3）圆弧半径较大时的注法如图 1-41 所示。

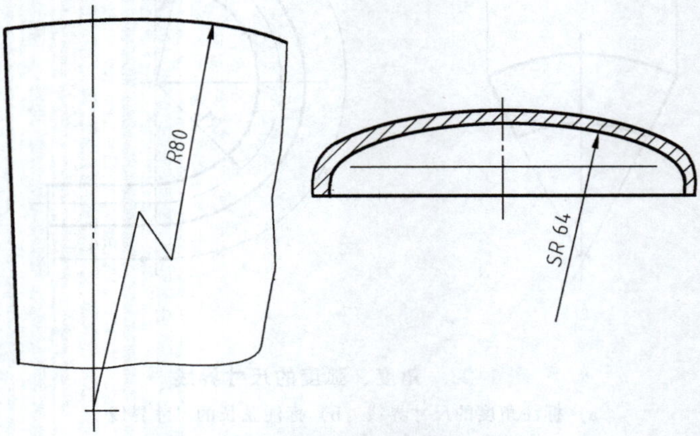

图 1-41　圆弧半径较大时的注法

4）当对称机件仅画出一半或略大于一半时，尺寸线应略超过对称中心线或断裂处的边界，此时仅在尺寸线的一端画出箭头，如图 1-42 所示。

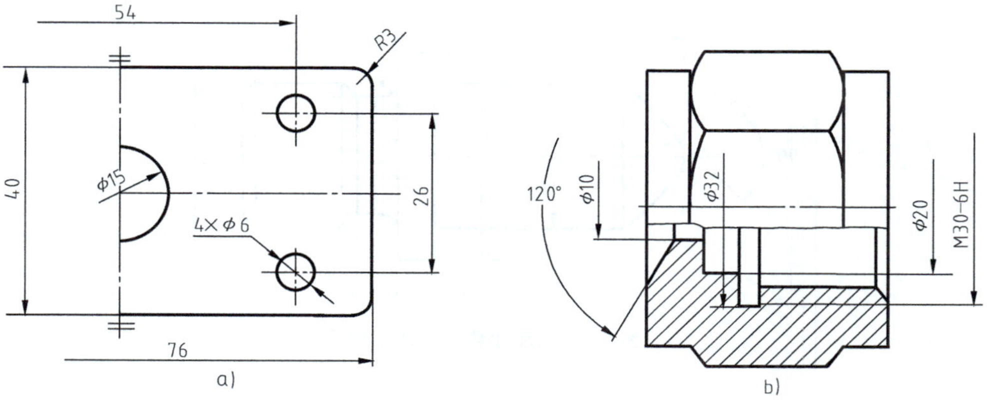

图 1-42 对称机件的尺寸线

a）尺寸线略超过对称中心线 b）尺寸线略超过断裂处的边界

5）当没有足够的位置画箭头或写数字时，允许用圆点或斜线代替箭头，如图 1-43 所示。

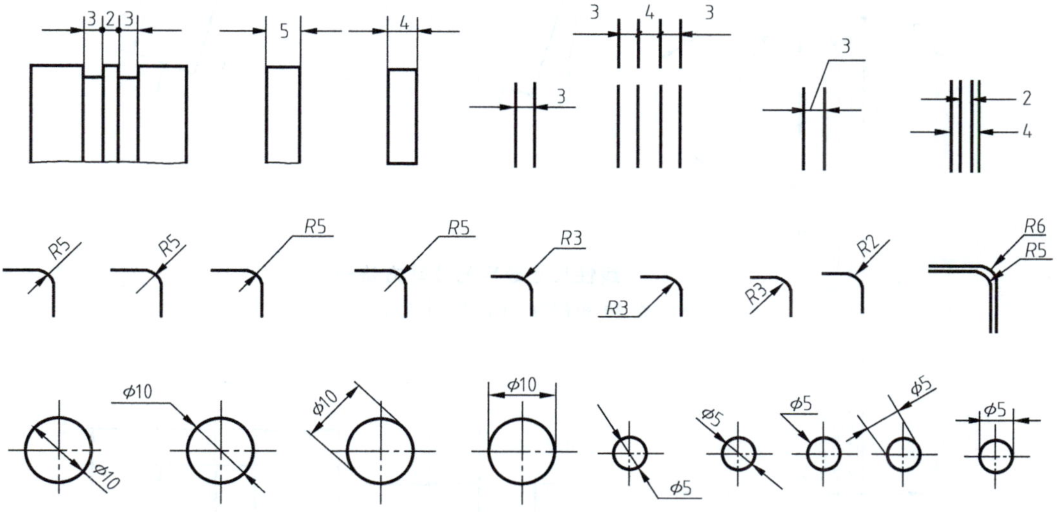

图 1-43 小尺寸的注法

3. 尺寸数字

1）尺寸数字一般写在尺寸线的上方，也允许写在中断处，如图 1-44 所示。

2）线性尺寸数字的注写有两种方法，如图 1-45 和图 1-46 所示。一般采用图 1-45 所示的第一种方法，且同一张图样上的注写方法应一致。采用第一种方法时，应尽量避免标注在 30°范围内，如果无法避免，则可按照图 1-45b 所示的方法标注。图 1-46 所示的第二种方法主要针对非水平数字，可以写在中断处。

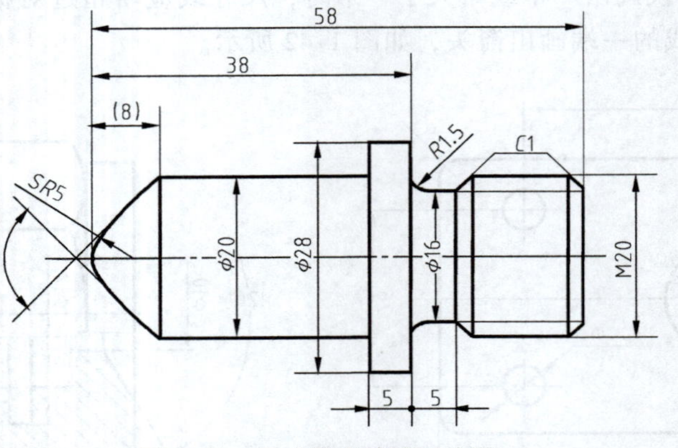

图 1-44　尺寸数字的注写位置

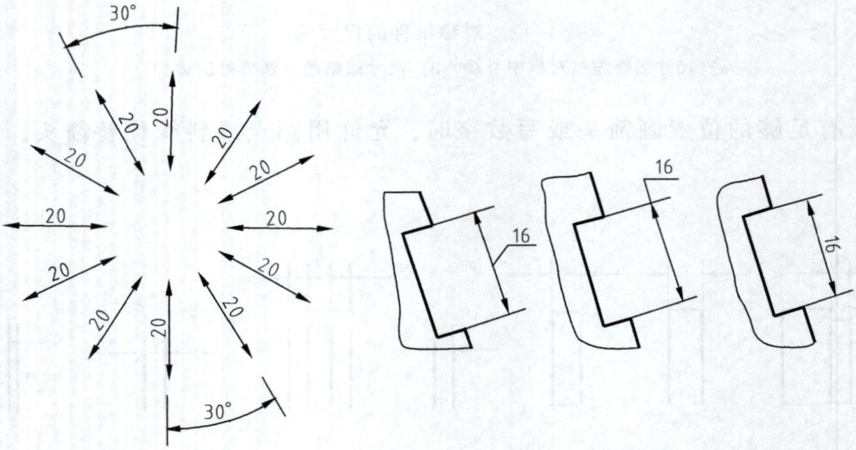

a)　　　　b)

图 1-45　线性尺寸数字的注写方法一

a）不在 30°范围内　b）在 30°范围内

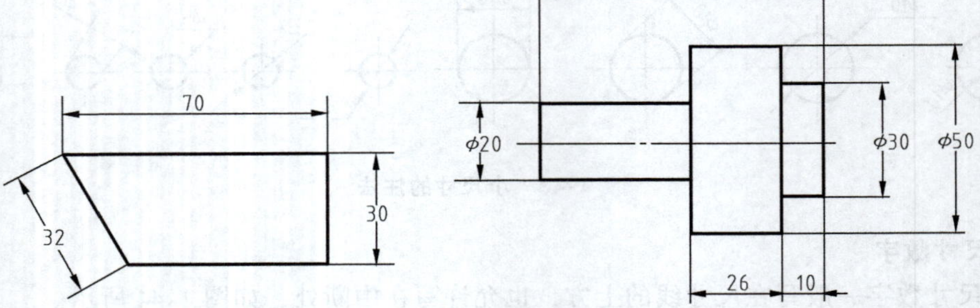

图 1-46　线性尺寸数字的注写方法二

3）角度数字一律写成水平方向，一般注写在尺寸线的中断处，如图 1-47a 所示；必要时也可按图 1-47b 所示的方法书写。

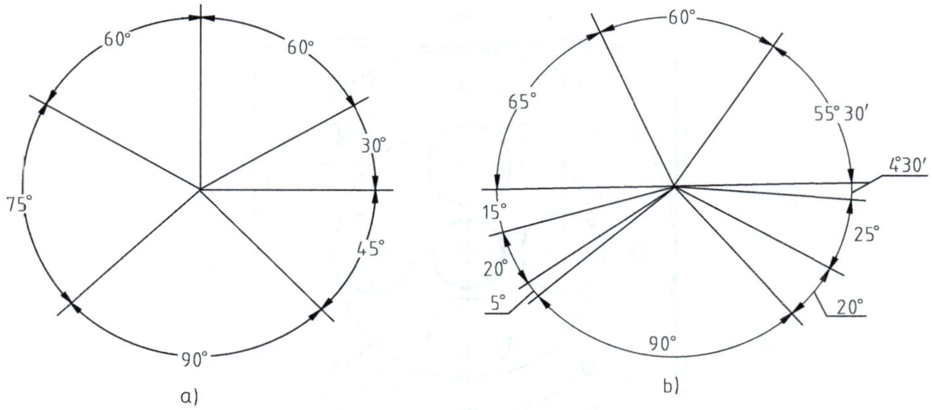

图 1-47 角度数字的书写

a）一般角度数字的书写 b）引出标注

4）尺寸数字不能被任何图线通过，否则应该将该图线断开，如图 1-48 所示。

三、标注尺寸的符号及缩写词

1）标注直径时，应在数字前加字母“ϕ”，如图 1-49a 所示；标注半径时，应在数字前加字母“*R*”，如图 1-49b 所示；标注球面的直径或半径时，需要在数字前面加“$S\phi$”或“*SR*”。对于轴、螺杆、铆钉、手柄等的端部，在不至于引起误解的情况下可以省略符号“*S*”，如图 1-49c 所示。

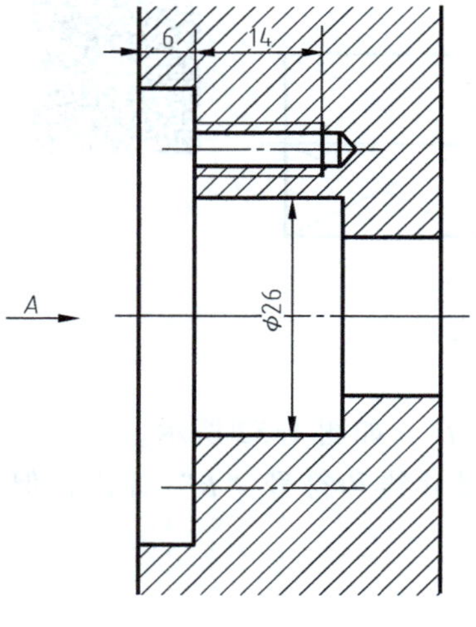

图 1-48 尺寸数字不能被任何图线通过

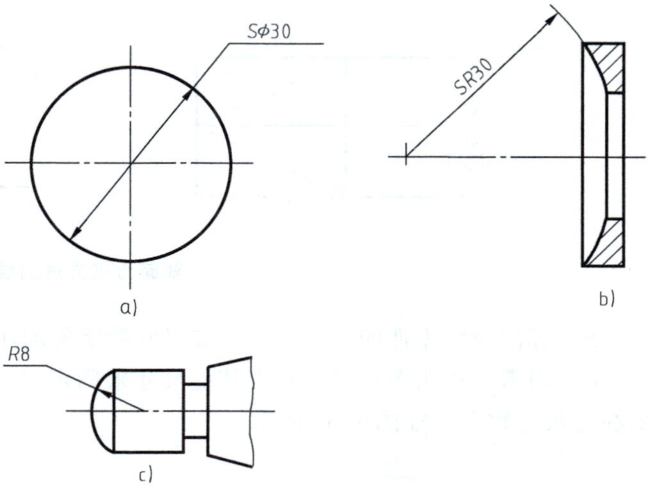

图 1-49 直径、半径的标注

a）直径的标注 b）半径的标注 c）省略注法

2）标注弧长时，应在尺寸数字的左侧加注符号“⌒”，如图 1-38c 所示。

3）标注参考尺寸时，应将数字加上圆括号，如图 1-50 所示。

4）标注剖面为正方形的结构时，可在正方形的边长尺寸数字前加注符号“□”，如图 1-51a 所示，或者用“$B\times B$”（*B* 为正方形的对边距离）注出，如图 1-51b 所示。

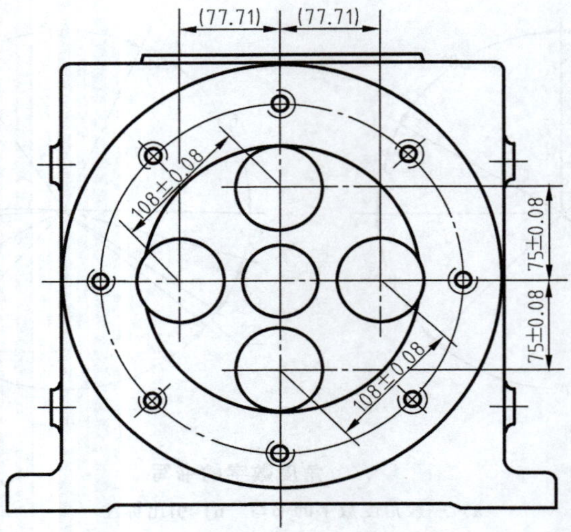

图 1-50　参考尺寸的标注

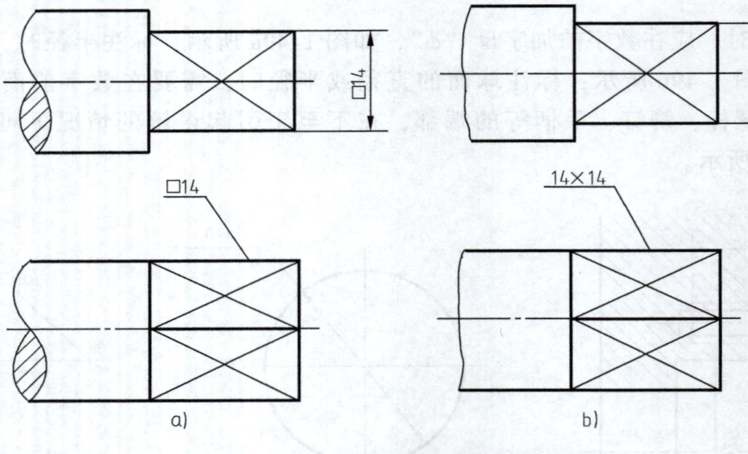

图 1-51　剖面为正方形的结构的标注

5）标注板状零件的厚度时，可在尺寸数字前加注字母“*t*”，如图 1-52 所示。

6）当需要指明半径尺寸是由其他尺寸来确定时，应用尺寸线和符号“*R*”标出，但不要注写尺寸数字，如图 1-53 所示。

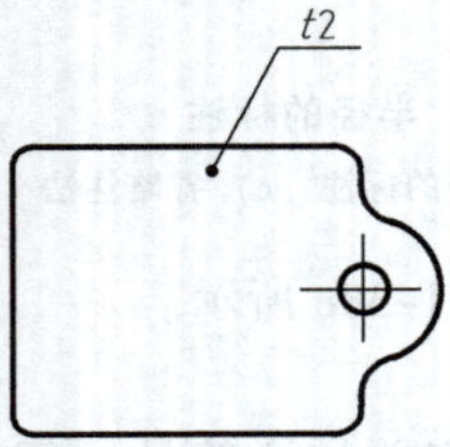

图 1-52　标注板状零件的厚度

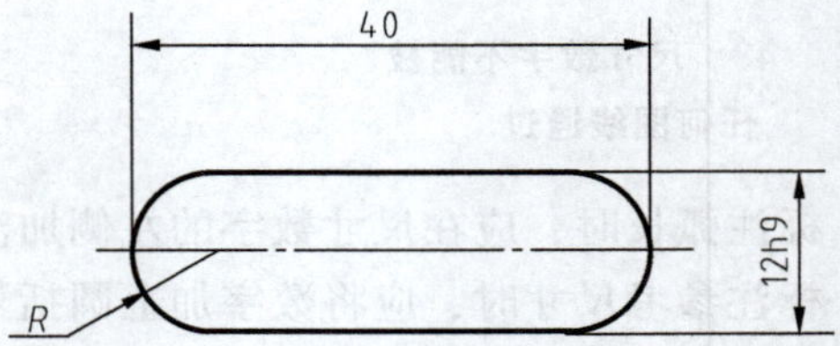

图 1-53　半径尺寸由其他尺寸确定的注法

7）斜度和锥度的标注示例见表 1-5。

表 1-5　斜度和锥度的标注示例

斜度标注示例	锥度标注示例
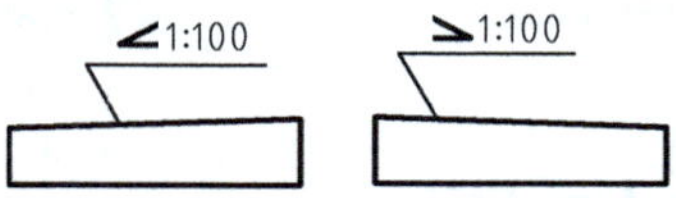	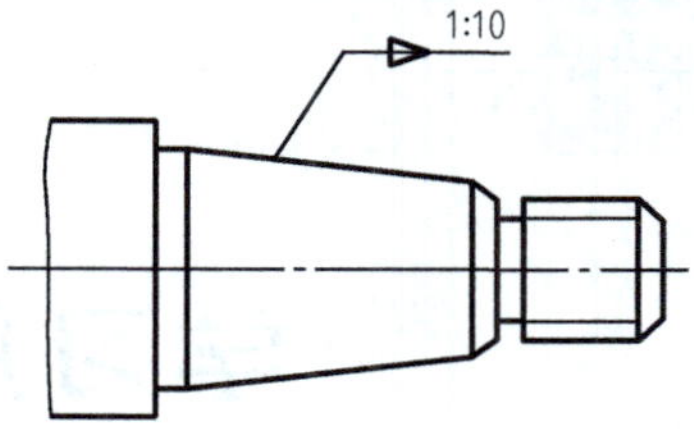
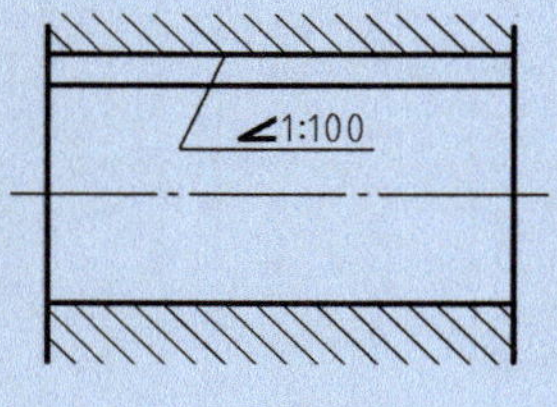	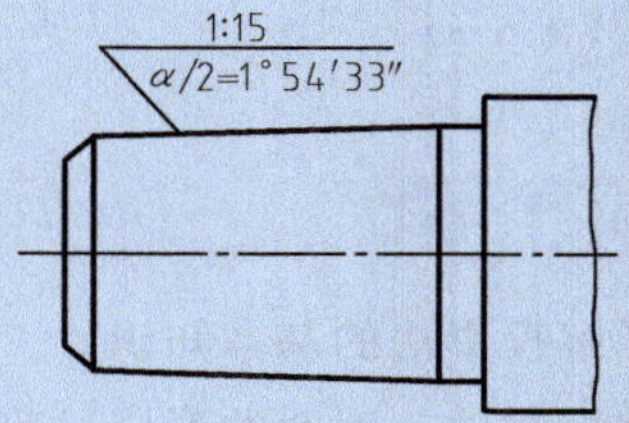
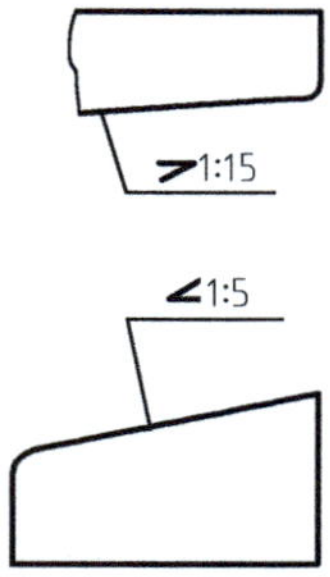	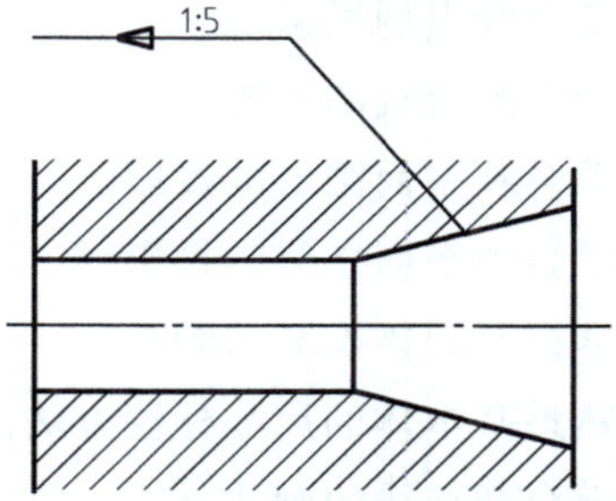

8）45°倒角和非 45°倒角的注法分别如图 1-54 和图 1-55 所示。

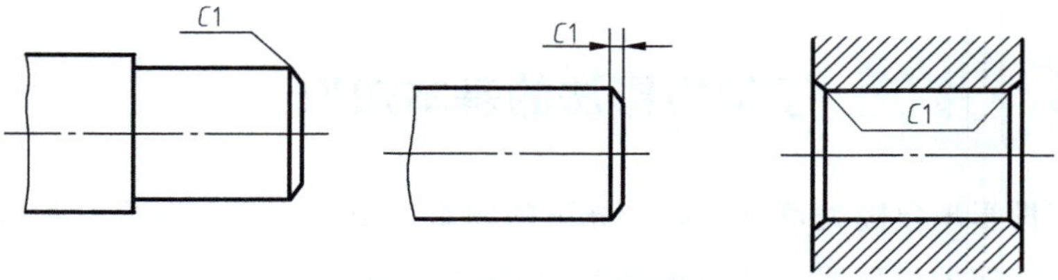

图 1-54　45°倒角的注法

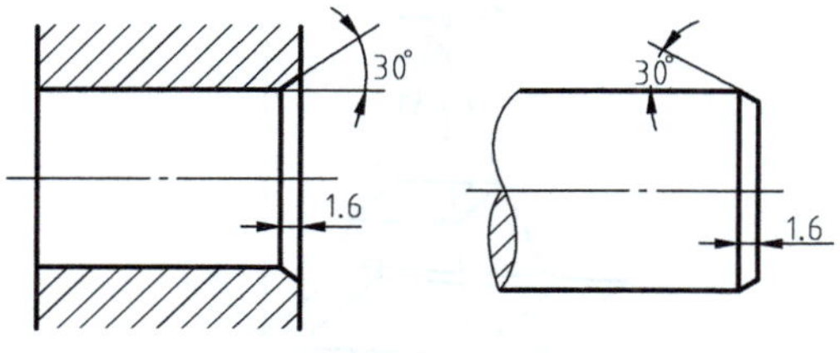

图 1-55　非 45°倒角的注法

项目二

学习用投影法作图

【学习目标】

1）了解投影法的基本知识。
2）掌握物体三视图的形成过程与对应关系。
3）学会画点的投影。
4）学会画直线的投影。
5）学会画平面图形的投影。
6）学会画平面立体的投影。
7）掌握回转体投影的画法。
8）熟悉基本体的尺寸标注方法。
9）学会截交线的画法。
10）学会相贯线的画法。

任务一 了解投影法的基本知识

在生活中，投影现象随处可见，如灯光下的物影、阳光下的人影等。人们将影子与物体之间的关系经过几何抽象形成了“投影法”，如图 2-1 所示。

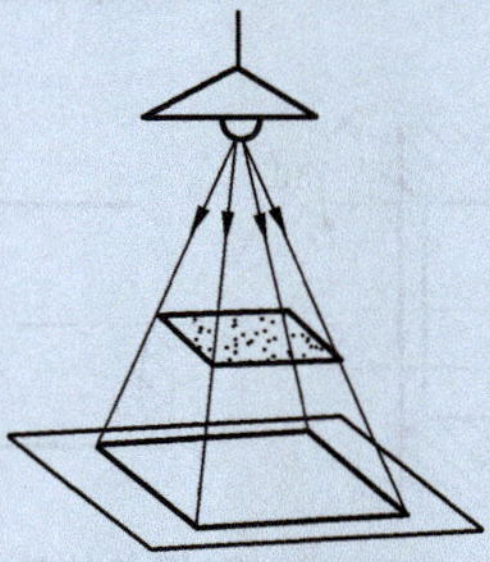

图 2-1 投影法

【任务目标】

1）了解投影法的概念、分类、特性。

2）了解正投影法的基本性质。

【任务准备】

绘图工具一套。

【实践操作】

如图 2-2 所示，光线从点 S 发出，照射到空间平面 ABC 上，在其后面的平面 P 上即可得到空间平面的影子 abc。

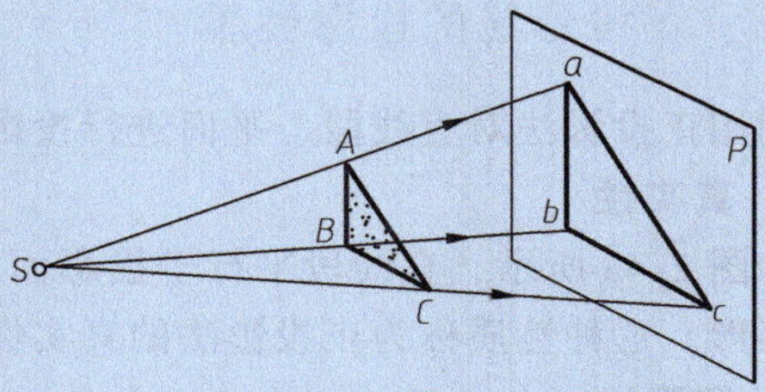

图 2-2 中心投影法

【理论知识】

一、投影法的概念

投影法是使投射线通过物体向选定的面投射，并在该面上得到图形的方法，如图 2-1 所示。

二、投影法的分类

根据光源、投射线和投影面三要素的相对位置，投影法可分为中心投影法和平行投影法。

1. 中心投影法

如图 2-2 所示，光源 S 称为投射中心，所选定的平面 P 称为投影面，光线 SA 等称为投射线，投射线与投影面的交点 a 称为点 A 在平面 P 上的投影，图中的 $\triangle abc$ 就是 $\triangle ABC$ 在平面 P 上的投影。这种投射线交汇于一点（投射中心）的投影方法称为中心投影法。

2. 平行投影法

若将图 2-2 中的投射中心 S 移到离投影面无穷远处，则所有的投射线都相互平行。这种投射线互相平行的投影方法称为平行投影法，如图 2-3 所示。

在平行投影法中，投射线与投影面相互倾斜的投影方法称为斜投影法，如图 2-3a 所示；投射线垂直于投影面的投影方法称为正投影法，如图 2-3b 所示。

由于正投影法的投射线互相平行且垂直于投影面，因此在其投影面上能完整而真实地表达形体的形状和大小。正投影法不仅度量性好，而且作图方便、准确，是绘制机械图样的基本方法。正投影法原理是机械制图的基础。

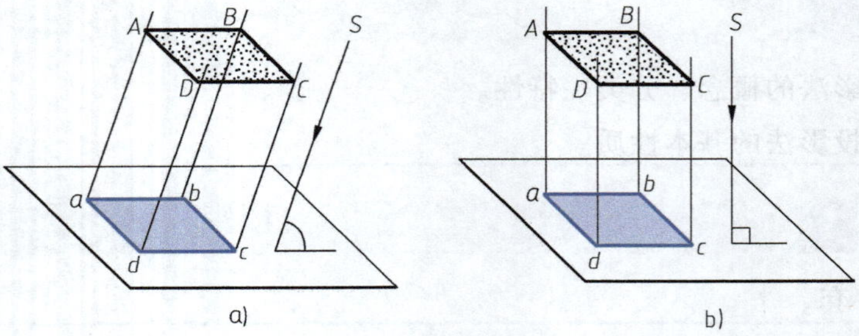

图 2-3　平行投影法

a）斜投影法　b）正投影法

三、正投影法的投影性质

利用正投影法对直线段、平面进行投影时，其投影具有以下性质。

1. 真实性

如图 2-4a 所示，直线段平行于投影面，投影反应其实长；平面平行于投影面，投影反应其实形。这种性质称为正投影法的真实性。

2. 积聚性

如图 2-4b 所示，直线段垂直于投影面，投影积聚为一个点；平面垂直于投影面，投影积聚为一条直线段。这种性质称为正投影法的积聚性。

3. 类似性

如图 2-4c 所示，直线段倾斜于投影面，投影为一条缩短的直线段；平面倾斜于投影面，投影为一个缩小的平面。这种性质称为正投影法的类似性。

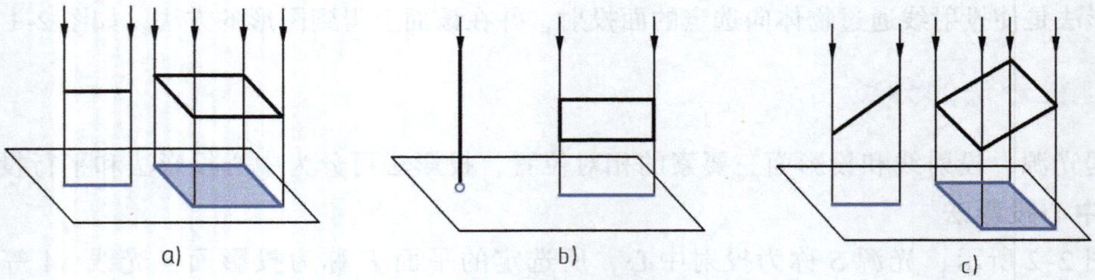

图 2-4　正投影法的投影性质

【拓展与提高】

以桌面为投影面，分别将铅笔和三角板作为直线和平面，摆出其与投影面的三种位置，看所得投影是什么形状，以掌握正投影法的基本性质。

任务二　掌握物体三视图的形成过程与对应关系

用正投影法绘制的图形称为视图。

如图 2-5 所示，三个不同的物体在一个投影面上的视图完全相同。这说明仅有物体的一个视图，一般是不能确定其空间形状和结构的。为了完整地表达物体的形状，常采用从几个不同方向进行投射的多面正投影的表示方法。

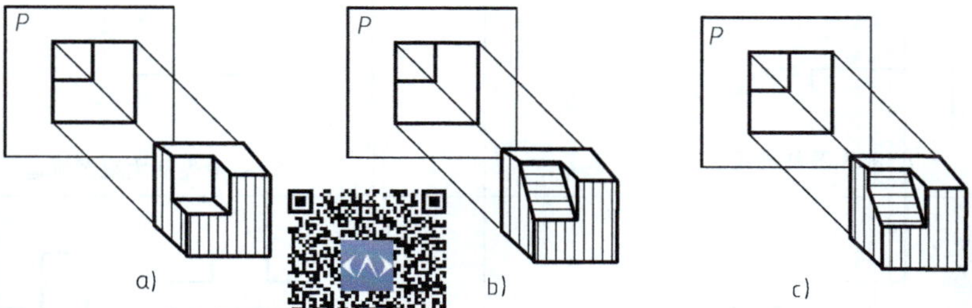

图 2-5　物体的一个视图

至于究竟要画几个视图，这要视物体的复杂程度而定。初学时常将绘制三视图作为基本训练方法。

【任务目标】

1）掌握物体三视图的形成过程。
2）掌握三视图的对应关系。
3）掌握画三视图的步骤。

【任务准备】

绘图工具一套。

【实践操作】

如图 2-6 所示，选择反映物体形状特征最明显的方向作为主视图的投射方向，并将物体在三投影面体系中放正，然后按正投影法分别向各投影面投射。

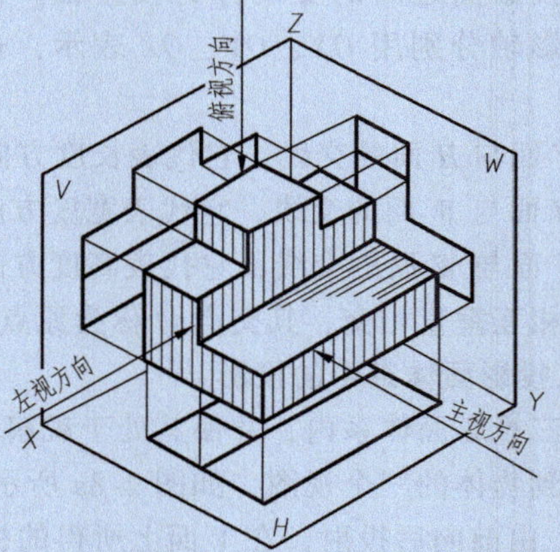

图 2-6　物体的三视图

画物体三视图的步骤见表 2-1。

表 2-1　画物体三视图的步骤

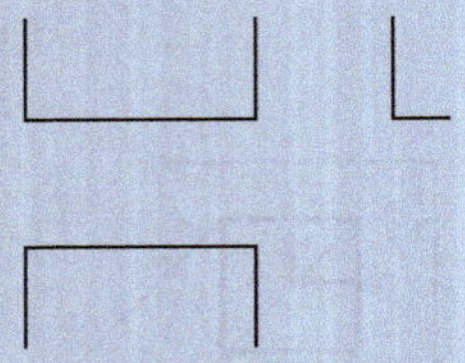 1. 画作图基准线	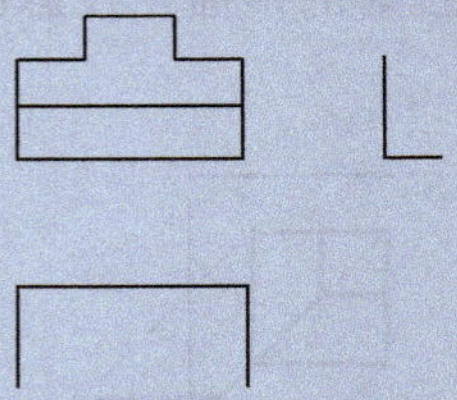 2. 一般先从主视图画起
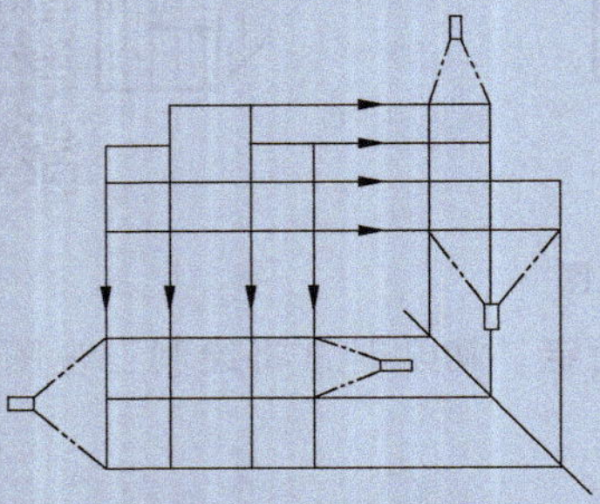 3. 画全三个视图	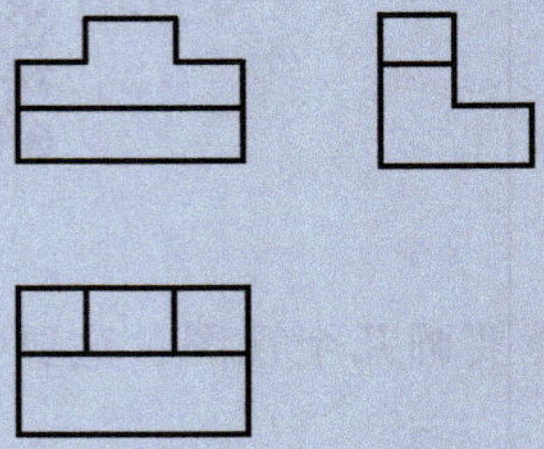 4. 描粗加深图线，完成三视图

【理论知识】

一、三视图的形成

1. 三投影面体系的建立

三投影面体系是由三个互相垂直的投影面组成的，如图 2-7 所示。三个投影面分别是：

1）正立投影面，简称正面，用 V 表示。

2）水平投影面，简称水平面，用 H 表示。

3）侧立投影面，简称侧面，用 W 表示。

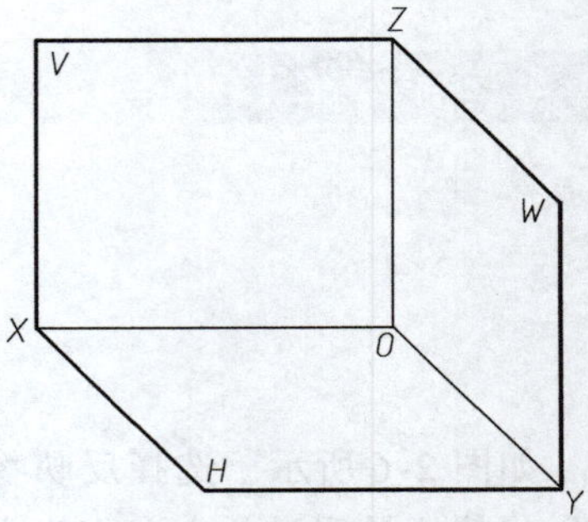

图 2-7　三投影面体系

相互垂直的投影面之间的交线称为投影轴。在三投影面体系中，投影轴分别用 OX、OY、OZ 表示，也可称为 X、Y、Z 轴。

1）X 轴是 V 面与 H 面的交线，它代表长度方向。

2）Y 轴是 H 面与 W 面的交线，它代表宽度方向。

3）Z 轴是 V 面与 W 面的交线，它代表高度方向。

三根投影轴相互垂直相交，其交点 O 称为原点。

2. 物体在三投影面体系中的投影

将物体置于三投影面体系内，并使其处于观察者与投影面之间，按正投影法分别向三个投影面投射，得到物体的三个视图，如图 2-8a 所示。它们分别是：

1）主视图：由前向后投射，在 V 面上所得的视图。

2）俯视图：由上向下投射，在 H 面上所得的视图。

3）左视图：由左向右投射，在 W 面上所得的视图。

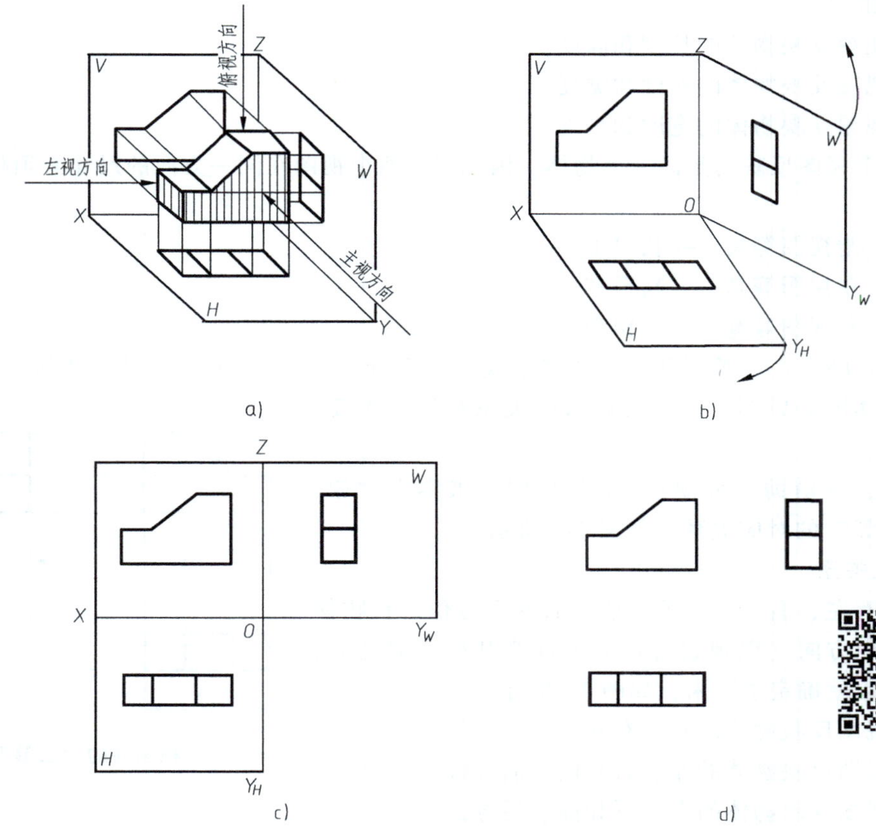

图 2-8　三个视图的形成过程

3. 三投影面的展开摊平

为了画图和读图的方便，需将三个互相垂直的投影面展开摊平在同一个平面上。其展开方法是：正投影面不动，将水平投影面绕 OX 轴向下旋转 90°，侧立投影面绕 OZ 轴向右旋转 90°，使其分别重合到正投影面上，如图 2-8b、c 所示。

此时，在水平投影面和侧投影面旋转后，OY 轴被分为两处，分别用 OY_H 和 OY_W 表示。

作图时，不必画出投影面的范围，因为它的大小与视图无关。去掉投影面边框和投影轴后的物体三视图如图 2-8d 所示。

二、三视图之间的关系

从三视图的形成过程中，可以总结出三视图的位置关系、尺寸关系和方位关系。

1. 位置关系

在三视图中，以主视图为基准，俯视图在它的下方，左视图在它的右方。画三视图时，应按上述位置配置，且不需标注其名称，如图 2-8d 所示。

2. 尺寸关系

任何物体都有长、宽、高三个方向的尺寸，从图 2-8 中可以看出，每一个视图都反映物体两个方向的尺寸：

1）主视图反映物体的长度和高度。

2）俯视图反映物体的长度和宽度。

3）左视图反映物体的宽度和高度。

由于三个视图反映的是同一个物体，因此相邻两个视图在同一方向的尺寸必须相等，由此可总结出：

1）主、俯视图等长——长对正。

2）主、左视图等高——高平齐。

3）俯、左视图等宽——宽相等。

三视图之间存在“长对正、高平齐、宽相等”的“三等”关系。对于任何一个物体，不论是其整体还是局部，这个投影对应关系都保持不变，如图2-9所示。

作图时，常借助于分规或45°辅助线，来实现“俯、左视图宽相等”的对应关系，如图2-9所示。

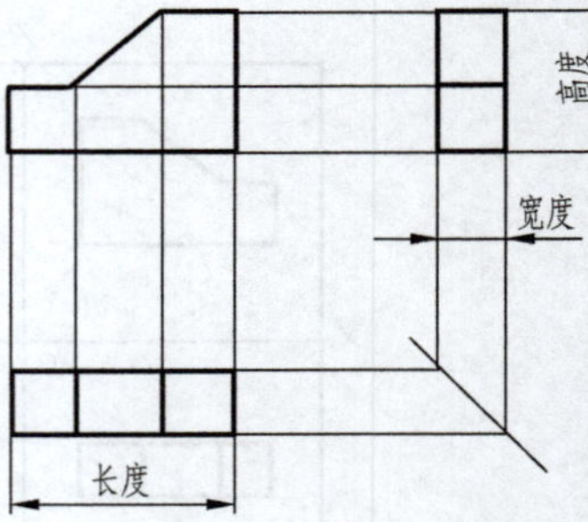

图2-9 视图间的“三等”关系

3. 方位关系

物体具有左、右、上、下、前、后六个方位。在物体主视图的投射方向（以观察者正对*V*面为基准）确定后，其六个方位也就确定了下来，如图2-10所示。

1）主视图反映物体的左、右和上、下方位。

2）俯视图反映物体的左、右和前、后方位。

3）左视图反映物体的上、下和前、后方位。

由图2-10可知，以主视图为基准，俯、左视图中靠近主视图的一边表示物体的后面；远离主视图的一边，则表示物体的前面。

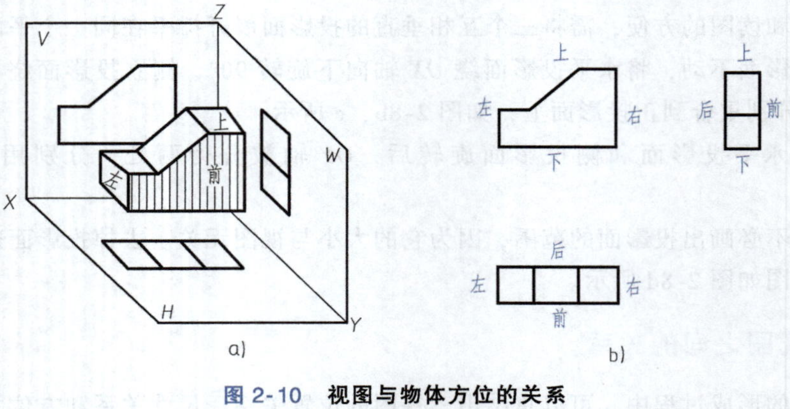

图2-10 视图与物体方位的关系

任务三 画点的投影

点、线、面是构成物体形状的基本几何元素，研究它们的投影，是为了透彻地理解机械图样所表达的内容，而点是其中最基本的元素，如图2-11中的点*A*、*B*、*C*、*S*。

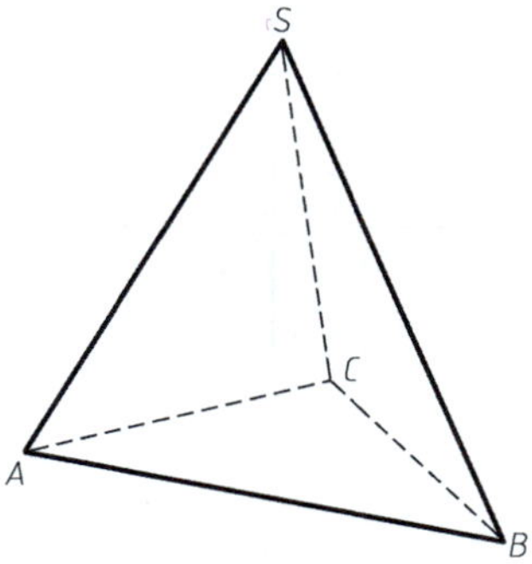

图 2-11　三棱锥轴测图

【任务目标】

1）学会画点的投影。

2）了解各种位置点的投影特征。

3）能够确定空间两点的相对位置。

【任务准备】

绘图工具一套。

【实践操作】

1. 根据点的坐标求作点的三面投影

如图 2-12a 所示，已知点 A（20，10，18），求作它的三面投影。

（1）作法一　作图步骤如图 2-12b、c 所示。

1）作出投影轴，确定原点 O。

2）按坐标值 $X=20$、$Y=10$、$Z=18$，分别在 X、Y、Z 轴上确定 a_X、a_{YH}、a_{YW}、a_Z，如图 2-12b 所示。

3）分别过 a_X、a_{YH}、a_{YW}、a_Z 分别作投影连线垂直于投影轴，得交点 a、a'、a''，即为所求投影，如图 2-12c 所示。

（2）作法二　作图步骤如图 2-12d、e、f 所示。

1）在 X 轴上按 $X=20$ 得到点 a_X，如图 2-12d 所示。

2）过 a_X 作投影连线垂直于 X 轴，由 a_X 向上截取 $Z=18$ 的投影 a'，向下截取 $Y=10$ 的投影 a，如图 2-12e 所示。

3）根据两面投影 a、a'求得第三面投影 a''，如图 2-12f 所示。

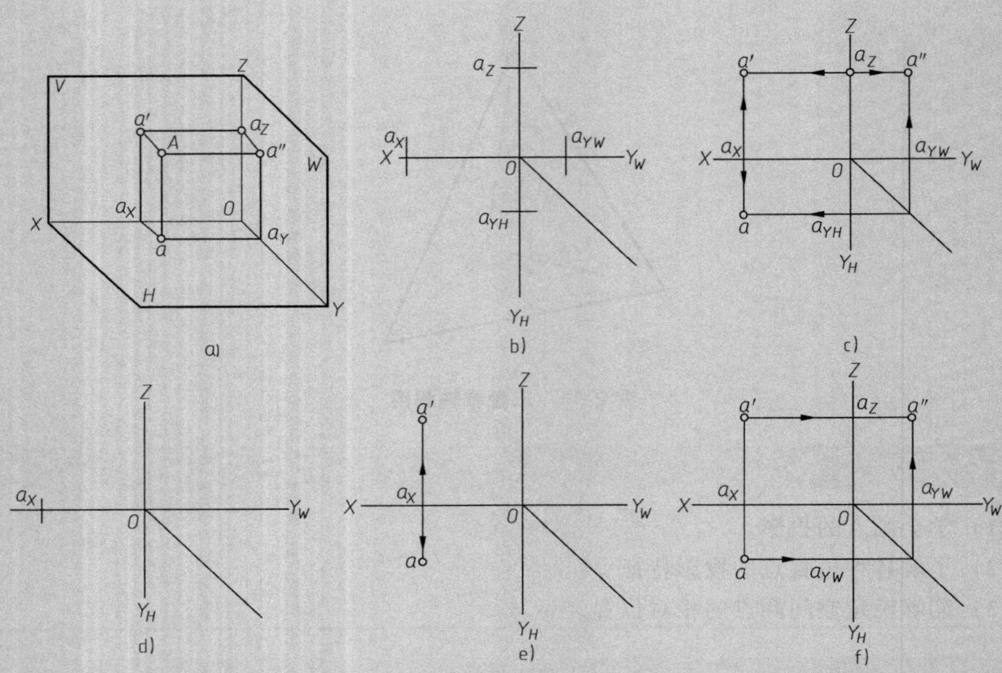

图 2-12　根据点的坐标求作点的三面投影

2. 已知点的两面投影求作第三面投影

给出点的两面投影，则点的三个坐标就完全确定了，因而点的第三面投影必能唯一作出。或者根据点的投影规律，按照第三面投影与已知两面投影的关系，也能唯一求出第三面投影，如图 2-13 所示。

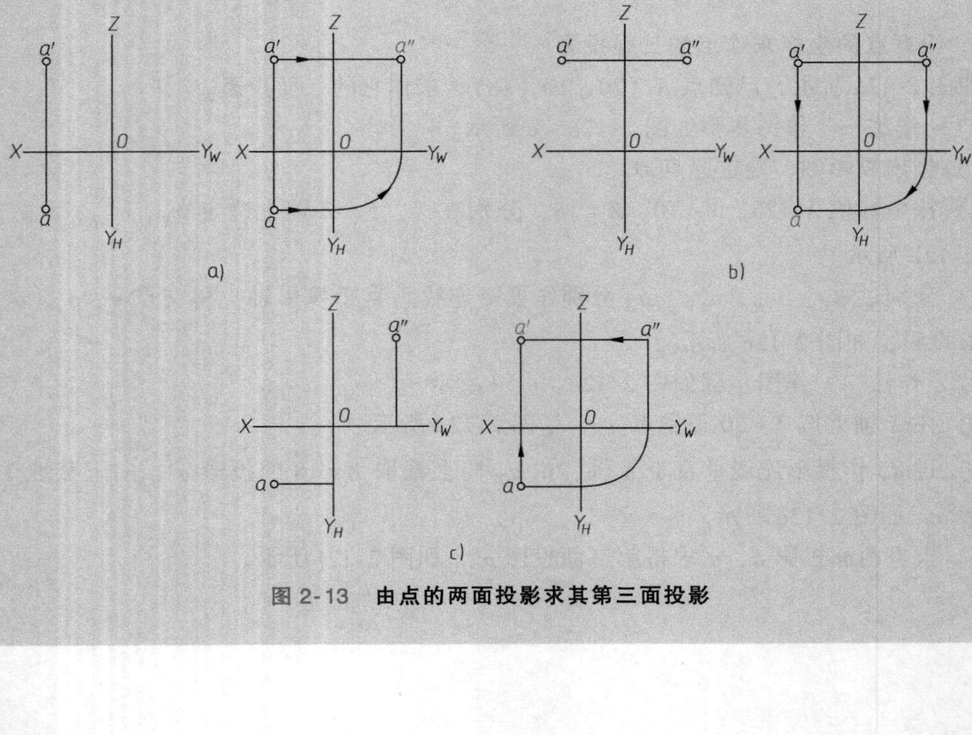

图 2-13　由点的两面投影求其第三面投影

【理论知识】

一、点的空间位置和直角坐标

空间点的位置由其直角坐标来确定，一般采用下列书写形式：A（X，Y，Z），A（25，20，30），A（X_A，Y_A，Z_A）等。其中，X、Y、Z 或其中的数字均为该空间点在相应坐标轴上的坐标值，如图 2-14 所示。

若将三投影面体系当成直角坐标系，则各个投影面就是坐标面，各投影轴就是坐标轴，点到各投影面的距离就是其相应的坐标值。

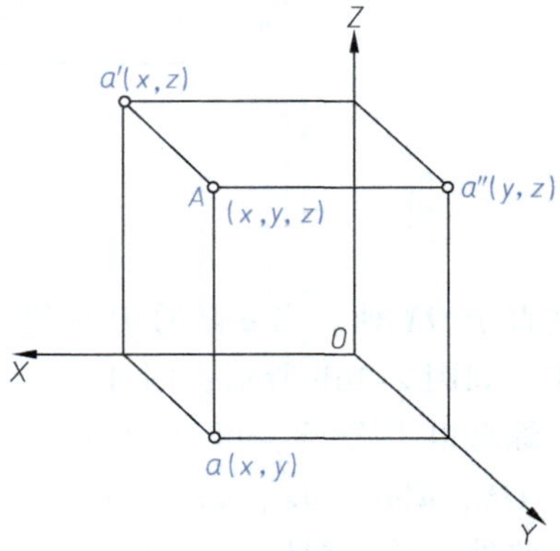

图 2-14 空间点和直角坐标

二、点的三面投影及投影特征

点的投影仍然是点。如图 2-15a 所示，将空间点 A 置于三投影面体系中，自点 A 分别向三个投影面作垂线（即投射线），三个垂足 a、a'、a''即为点 A 的 H 面投影、V 面投影和 W 面投影，分别称为水平投影、正面投影和侧面投影。

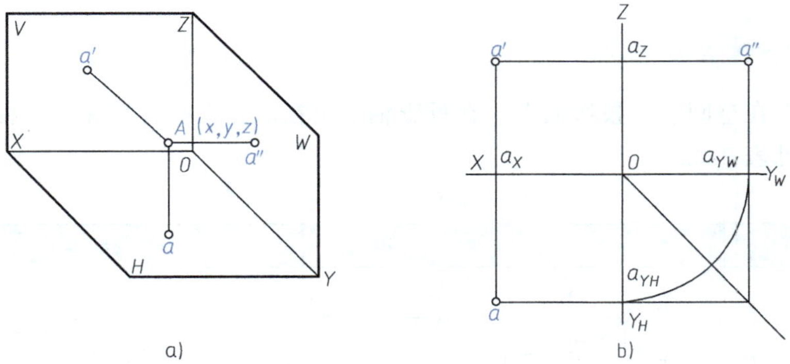

图 2-15 点的三面投影

约定：空间点用大写字母 A、B、C…标记；空间点在 H 面上的投影用相应的小写字母 a、b、c…标记；在 V 面上的投影用小写字母 a'、b'、c'…标记；在 W 面上的投影用小写字母 a''、b''、c''…标记。

将图 2-15a 所示的投影面展开，使 H 面、W 面与 V 面处于同一平面上，并将投影面的边框去掉，便可得到点的三面投影图，如图 2-15b 所示。

为了便于进行投影分析，用细实线将点的相邻两投影连起来，如 aa'、$a'a''$，称为投影连线。a 与 a''不能相连，需要借助 45°斜线或圆弧来实现这个联系，如图 2-15b 所示。

由于点的三面投影是由空间点同时向三个投影面作正投影得到的，因此在图 2-16a 中，由投射线 Aa 和 Aa'构成的平面 Aaa_Xa'显然是同时垂直于 H 面和 V 面的，因此 aa_X 和 $a'a_X$ 同

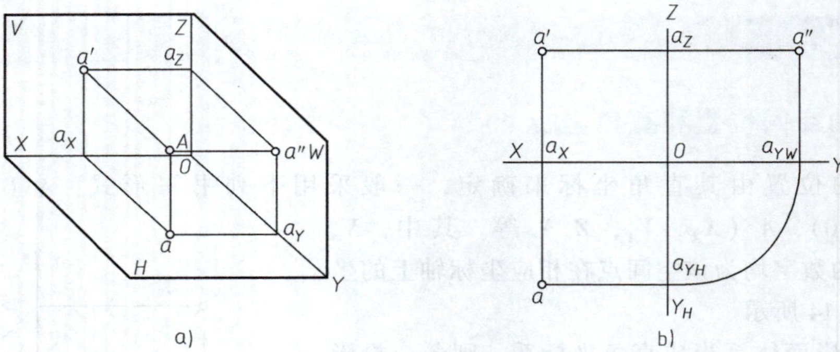

图 2-16 点的投影规律

时垂直于 OX 轴。当 a 随着 H 面绕 OX 轴旋转至与 V 面重合时，投影图上的 a、a_X、a'三点共线，如图 2-16b 所示；同理 a'、a_Z、a''三点共线，且 $aa' \perp OX$，$a'a'' \perp OZ$。

综合以上分析，可以归纳出：点的两面投影的连线，必定垂直于相应的投影轴，即 $aa' \perp OX$，$a'a'' \perp OZ$，$aa_{YH} \perp OY_H$，$a''a_{YW} \perp OY_W$。

此外，还可看出点的投影到投影轴的距离分别等于点到三投影面的距离，而且两两相等，即 $X_A = aa_{YH} = a'a_Z$，$Y_A = aa_X = a''a_Z$，$Z_A = a'a_X = a''a_{YW}$。

可见，点的投影与其坐标值是一一对应的，即在 a（X，Y）、a'（X，Z）、a''（Y，Z）中，只要知道点的两面投影，就可以确定点的三个坐标值，从而确定点的空间位置和点的第三面投影。

三、各种位置点的投影

点的位置有在空间、在投影面上、在投影轴上及在原点上四种情况，每种情况各有不同的投影特征，见表 2-2。

表 2-2 各种位置点的投影实例

位 置	图 例	投 影 特 征
在空间	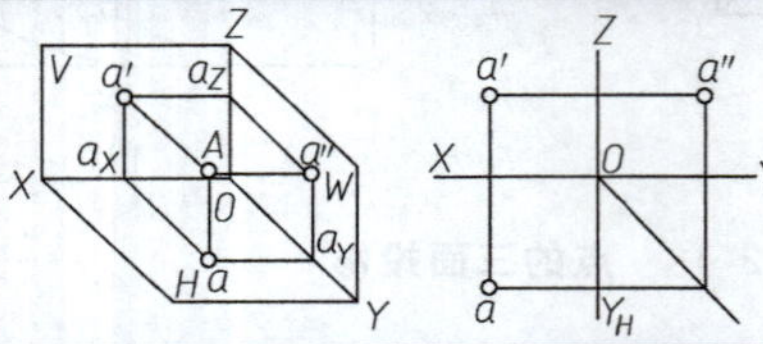	点的三个坐标值均不为零。点的三个投影都在投影面上（不可能在轴及原点上）
在投影面上	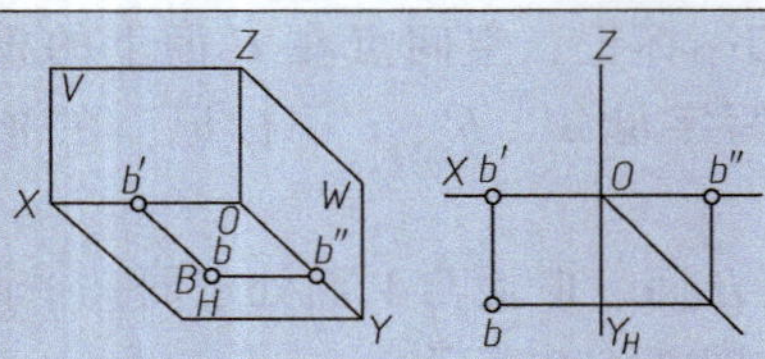 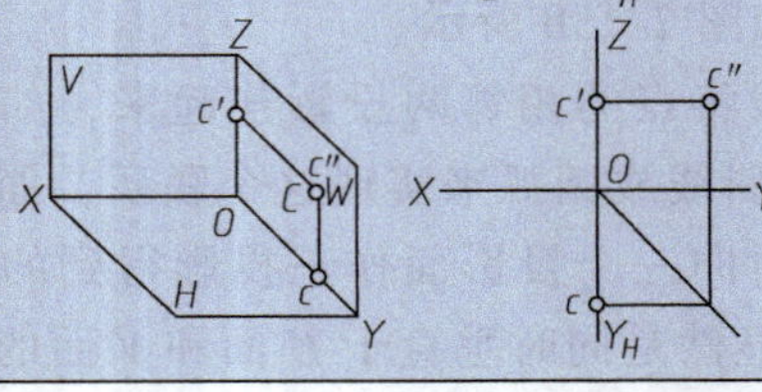	点的一个坐标值为零。点的一个投影在点所在的投影面上，与空间点重合；另外两个投影在投影轴上

（续）

位 置	图 例	投 影 特 征
在投影轴上	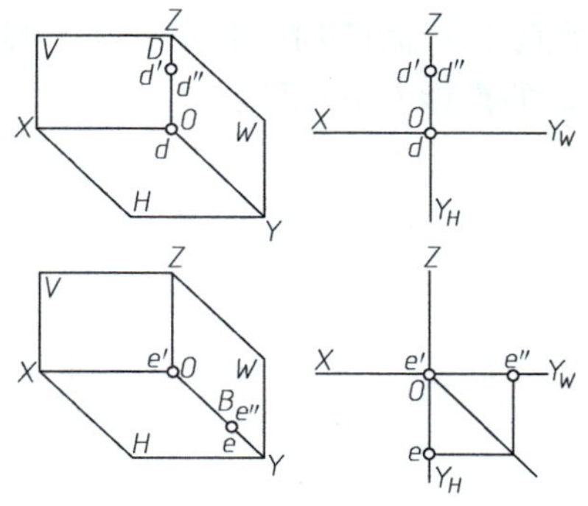	点的两个坐标值为零。点的两个投影在投影轴上，另外一个投影与原点重合
在原点上三个坐标值都为零。点的三个投影与空间点都重合在原点上		

四、两点的相对位置

两点在空间的相对位置可以由两点的坐标关系来确定，如图 2-17 所示。

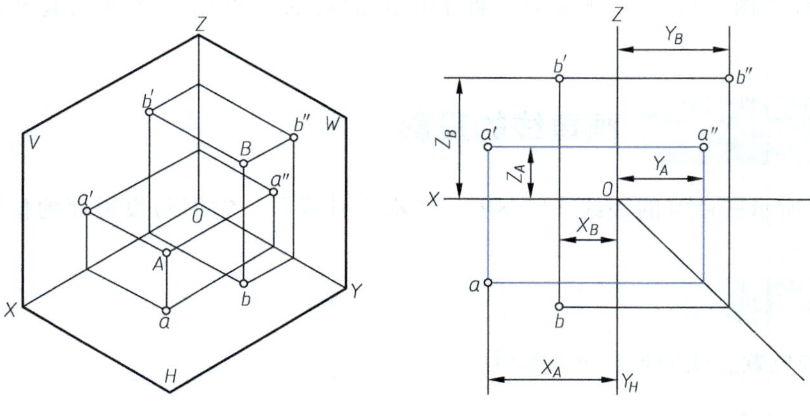

a) b)

图 2-17 两点的相对位置

1）两点的左、右相对位置由坐标 *X* 确定，*X* 坐标值大者在左。

2）两点的前、后相对位置由坐标 *Y* 确定，*Y* 坐标值大者在前。

3）两点的上、下相对位置由坐标 *Z* 确定，*Z* 坐标值大者在上。

如图 2-17b 所示的 *A*、*B* 两点，点 *A* 的 *X* 坐标值大，因此点 *A* 在点 *B* 的右边；点 *A* 的 *Y* 坐标值小，因此点 *A* 在点 *B* 的后边；点 *A* 的 *Z* 坐标值小，因此点 *A* 在点 *B* 的下边。即点 *A* 在点 *B* 的左、后、下方。

当两点的某两个坐标相同时，该两点将处于对某一投影面的同一投射线上，因而两者在这一投影面的投影重合，则这两点称为对该投影面的重影点。沿着投射方向，根据两点坐标的大小可以判断重影点的可见性。

1）当两点的 H 面投影重合时，看其 V 面或 W 面的投影，Z 坐标大者可见。

2）当两点的 V 面投影重合时，看其 H 面或 W 面的投影，Y 坐标大者可见。

3）当两点的 W 面投影重合时，看其 V 面或 H 面的投影，X 坐标大者可见。

如图 2-18 所示，A、B 两点均在垂直于 H 面的同一投射线上，则它们在 H 面上的投影重合为一点，点 A 的投影 a 可见，点 B 的投影 b 不可见。

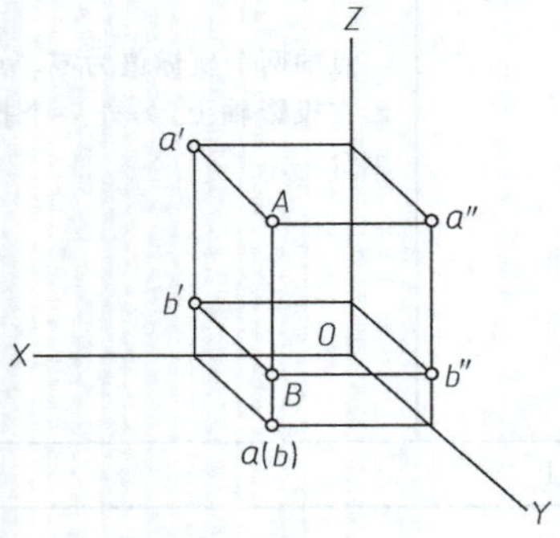

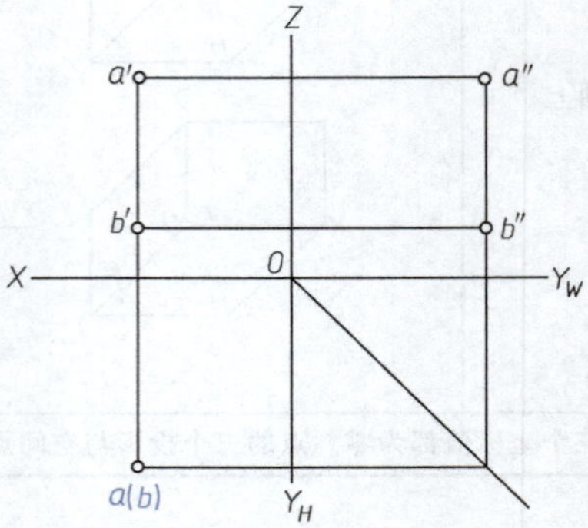

图 2-18　重影点的投影

重影点在投影图上的标记规定为：将不可见的点的字母用小括号括起来，如（a'）、（b）、（c''）等。

任务四　画直线的投影

如图 2-11 所示三棱锥的棱线 SA、SB、SC 都为直线段，它们与投影面的位置不同，其投影特性也不同。

【任务目标】

明确各种位置直线的投影及其特性。

【任务准备】

绘图工具一套。

【实践操作】

求作直线的三面投影图。将空间直线 AB 放入三投影面体系中，用正投影法对三个投影面进行投射，可得直线 AB 的三面投影 ab、$a'b'$和 $a''b''$，如图 2-19 所示。其作图步骤如下：

1）作出投影轴，确定原点 O。

2）作直线两端点的投影，如图 2-19b 所示。

3）连接两端点的三面投影，即可得直线 AB 的三面投影，如图 2-19c 所示。

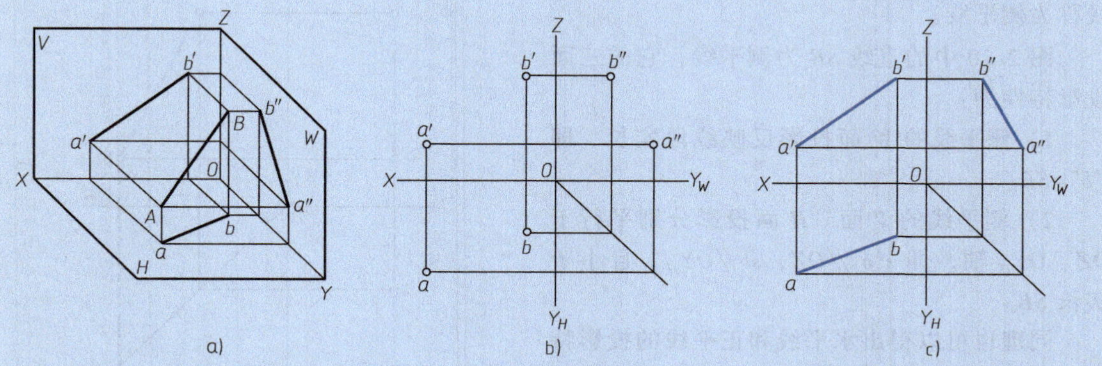

图 2-19 直线的三面投影

【理论知识】

一、直线段的三面投影

直线段的投影一般仍为直线。如图 2-19a 所示，直线 *AB* 的正面投影 *a′b′*、水平投影 *ab* 和侧面投影 *a″b″*均为直线。

因为空间直线可由直线上的两点来确定，所以直线的投影也可由直线上的任意两点的投影来确定。

图 2-19b 所示为线段的两端点 *A*、*B* 的三面投影，连接两点的同面投影得到的 *ab*、*a′b′* 和 *a″b″*，即为直线 *AB* 的三面投影，如图 2-19c 所示。

二、各种位置直线段的投影

空间直线段按其对三个投影面的位置不同可分为三类：一般位置直线、投影面平行线和投影面垂直线。其中，投影面垂直线和投影面平行线又称为特殊位置直线。

1. 一般位置直线

与三个投影面都倾斜的直线段称为一般位置直线。如图 2-19a 所示的直线 *AB*，对于投影面 *V*、*H* 和 *W* 都处于倾斜位置，是一般位置直线。

一般位置直线的投影特征如下：

1）直线的三面投影都倾斜于投影轴。

2）投影的长度均小于直线段的实长。

2. 投影面平行线

平行于一个投影面，而与另外两个投影面倾斜的直线段称为投影面平行线。投影面平行线又分为三种：

1）平行于 *H* 面，而与 *V*、*W* 面倾斜的直线称为水平线。

2）平行于 *V* 面，而与 *H*、*W* 面倾斜的直线称为正平线。

3）平行于 W 面，而与 H、V 面倾斜的直线称为侧平线。

图 2-20 中的直线 SB 为侧平线，它的三面投影特性为：

1）侧平线的 W 面投影反映线段实长，即 $s''b''=SB$。

2）侧平线的 V 面、H 面投影分别平行于 OZ、OY_H 轴，即 $s'b'//OZ$，$sb//OY_H$，且小于实长 SB。

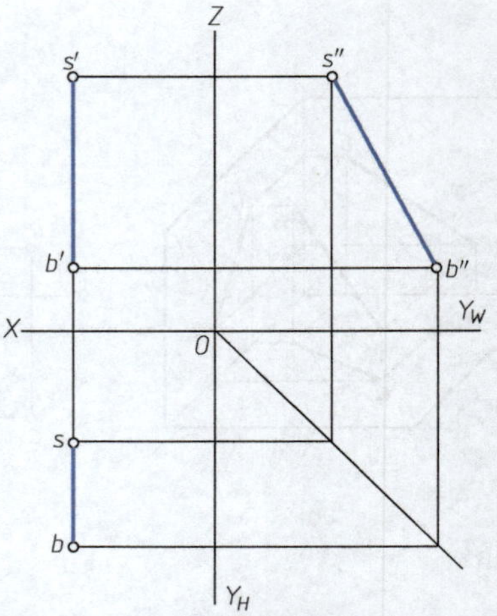

图 2-20　投影面的平行线

同理也可以得出水平线和正平线的投影特性，见表 2-3。从表 2-3 中可概括出投影面平行线的投影特性：直线在与其平行的投影面上的投影反映其实长；另外两个投影面上的投影分别平行于直线所平行的那个投影面上的两根轴，且小于实长。

表 2-3　投影面平行线的投影特性

名称	直　观　图	投　影　图	投影特性
水平线	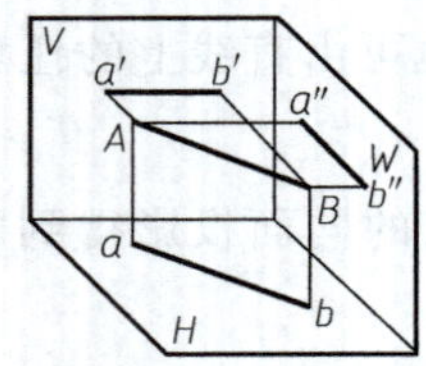	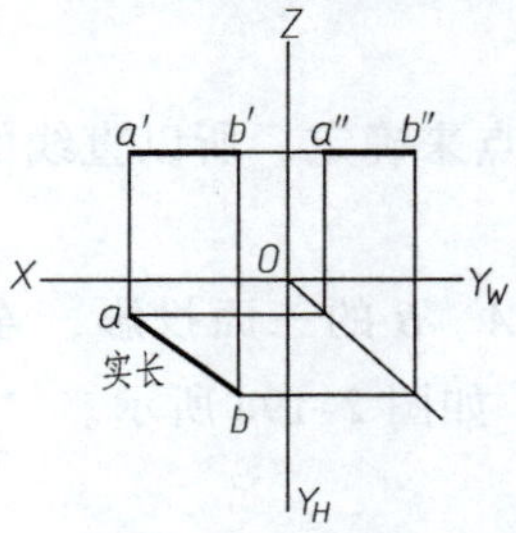	(1) $ab=AB$ (2) $a'b'//OX$ 轴，$a''b''//OY_W$ 轴，且小于实长
正平线	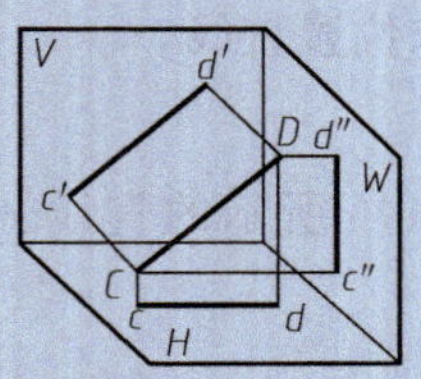	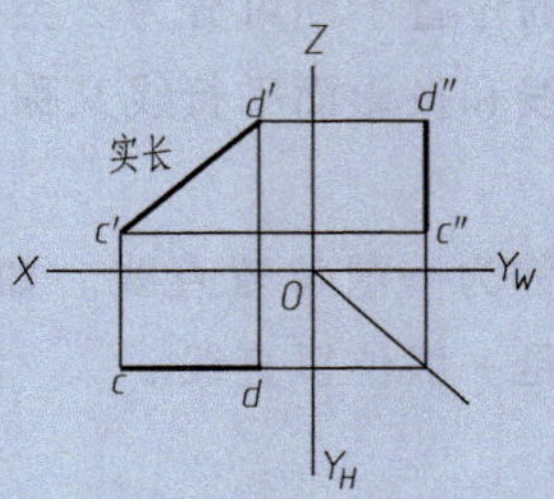	(1) $c'd'=CD$ (2) $cd//OX$ 轴，$c''d''//OZ$ 轴，且小于实长
侧平线	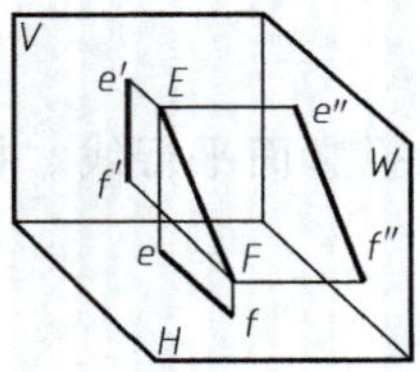	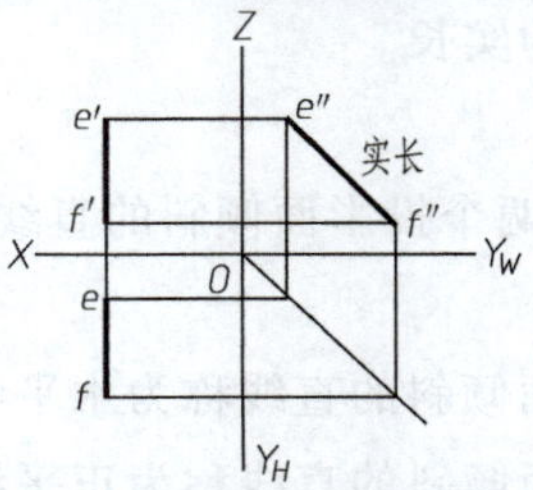	(1) $e''f''=EF$ (2) $e'f'//OZ$ 轴，$ef//OY_H$ 轴，且小于实长

3. 投影面垂直线

垂直于一个投影面，且平行于另两个投影面的直线段，称为投影面垂直线。投影面垂直线也分为三种：

1）垂直于 V 面的直线，称为正垂线。

2）垂直于 H 面的直线，称为铅垂线。

3）垂直于 W 面的直线，称为侧垂线。

图 2-21 中的 AC 为侧垂线，其三面投影的特性为：

1）W 面的投影 a''（c''）积聚于一点。

2）V 面、H 面的投影分别垂直于 OZ、OY_H，即 $a'c' \perp OZ$，$ac \perp OY_H$；且反映实长，即 $a'c' = ac = AC$。

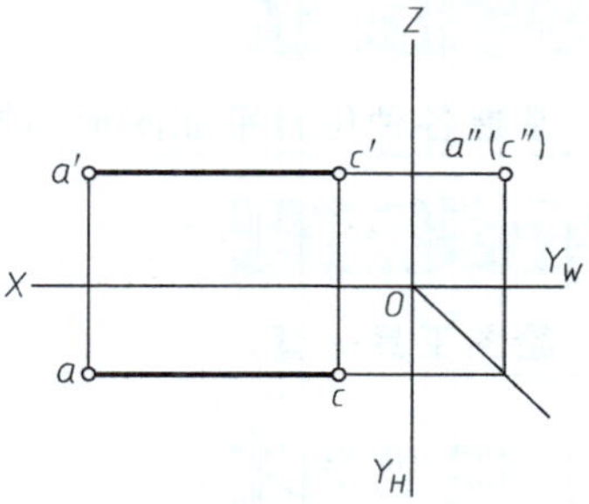

图 2-21 投影面垂直线

同理可以得出正垂线和铅垂线的投影特性，见表 2-4。从表 2-4 中可概括出投影面垂直线的投影特性：在直线所垂直的投影面上的投影积聚为一点；另两个投影面上的投影分别垂直于直线所垂直的那个投影面上的两根投影轴，且反映线段实长。

表 2-4 投影面垂直线的投影特性

名称	直观图	投影图	投影特性
铅垂线	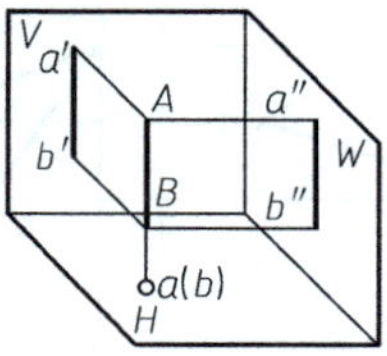	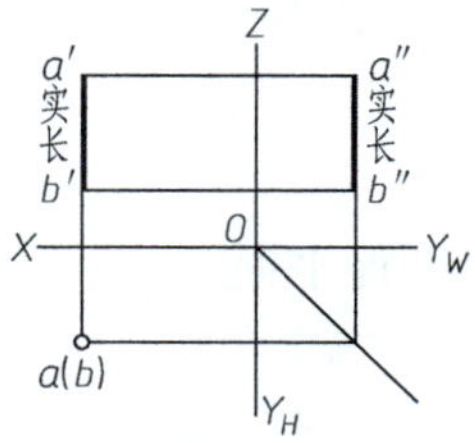	(1) H 面投影 $a(b)$ 积聚为一点 (2) $a'b' \perp OX$ 轴 $a''b'' \perp OY_W$ 轴 $a'b' = a''b'' = AB$
正垂线	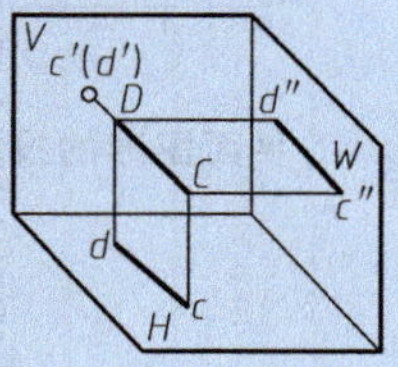	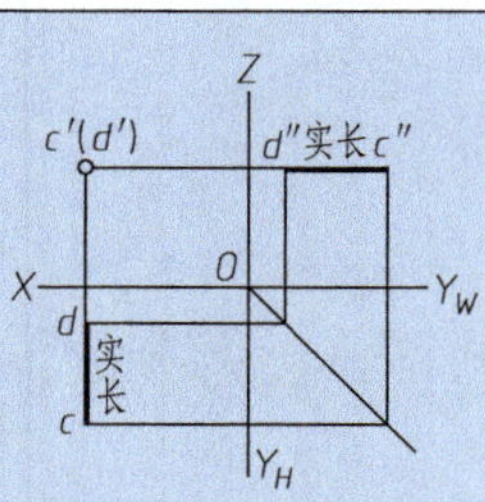	(1) V 面投影 $c'(d')$ 积聚为一点 (2) $cd \perp OX$ 轴 $c''d'' \perp OZ$ 轴 $cd = c''d'' = CD$
侧垂线	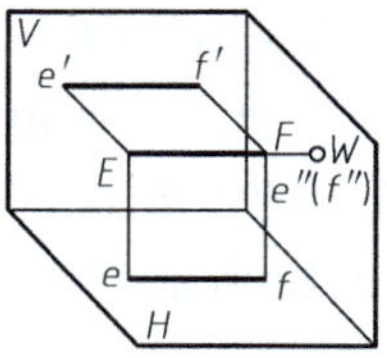	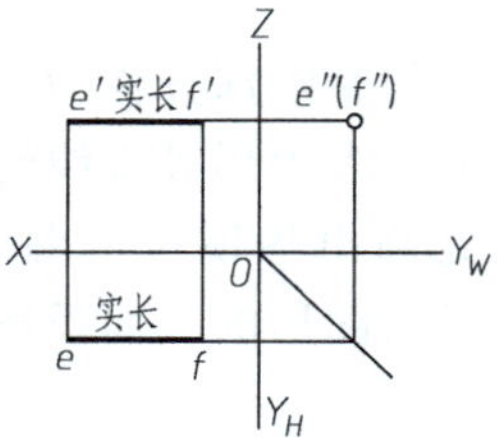	(1) W 面投影 $e''(f'')$ 积聚为一点 (2) $e'f' \perp OZ$ 轴 $ef \perp OY_H$ 轴 $e'f' = ef = EF$

任务五 画平面图形的投影

如图 2-11 所示，三棱锥的各个面都是平面，它们与投影面的位置不同，其投影特性也不同。

【任务目标】

掌握各种位置平面图形的投影方法及投影特性。

【任务准备】

绘图工具一套。

【实践操作】

求作平面图形的三面投影。将空间平面△*ABC* 放入三投影面体系中，并对三投影面进行投影，即可得平面图形的三面投影，如图 2-22a 所示。其作图步骤为：

1）作出投影轴，确定原点 *O*。

2）作平面端点的三面投影。

3）连接端点的同面投影，即可得平面图形的三面投影，如图 2-22b 所示。

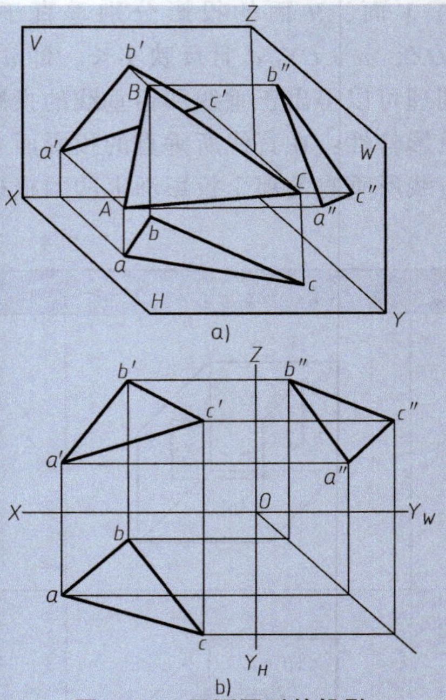

图 2-22 平面图形的投影

【理论知识】

一、平面图形的三面投影

平面一般是指无限的平面，平面的有限部分称为平面图形，简称平面形。

常见的平面图形有三角形、矩形、多边形等直线轮廓的图形，也有一些由曲线或曲线和直线围成的平面图形。作图时，首先画出各顶点（曲线轮廓线上的主要点）的投影，然后将各点同面投影依次连接，即可得平面图形的三面投影，如图 2-22 所示。

二、各种位置平面图形的投影特性

平面图形在三面投影体系中有三种位置：一般位置平面、投影面平行面和投影面垂直面。投影面平行面和投影面垂直面又称为特殊位置平面。

1. 一般位置平面

对三个投影面都倾斜的平面称为一般位置平面。图 2-22 中的△*ABC* 为一般位置平面，它的三面投影既不积聚成直线，又不反映实形，且面积缩小。

一般位置平面图形的投影特性为：三面投影均为不反映实形，且均为缩小的类似形。

2. 投影面平行面

平行于一个投影面，且垂直于另两个投影面的平面称为投影面平行面。平行于 H 面的平面称为水平面，平行于 V 面的平面称为正平面，平行于 W 面的平面称为侧平面。投影面平行面的投影特性见表 2-5。

表 2-5　投影面平行面的投影特性

名称	水平面(//H 面)	正平面(//V 面)	侧平面(//W 面)
直观图	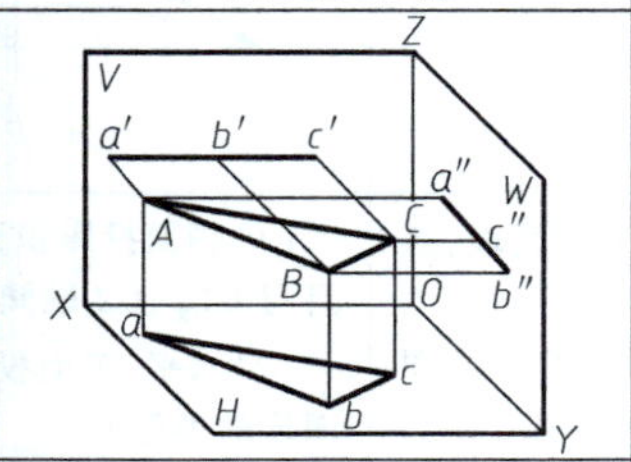	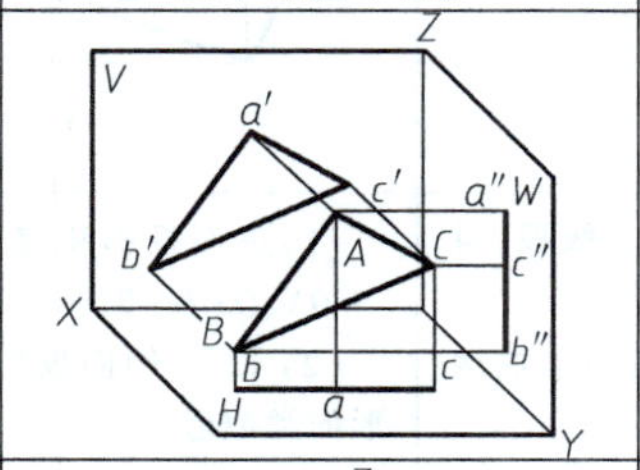	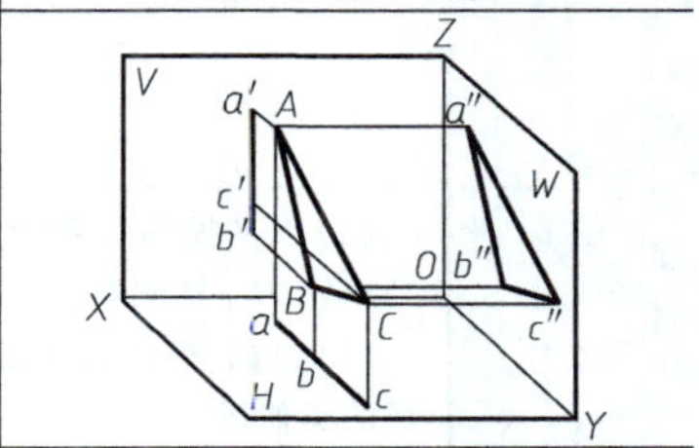
投影图	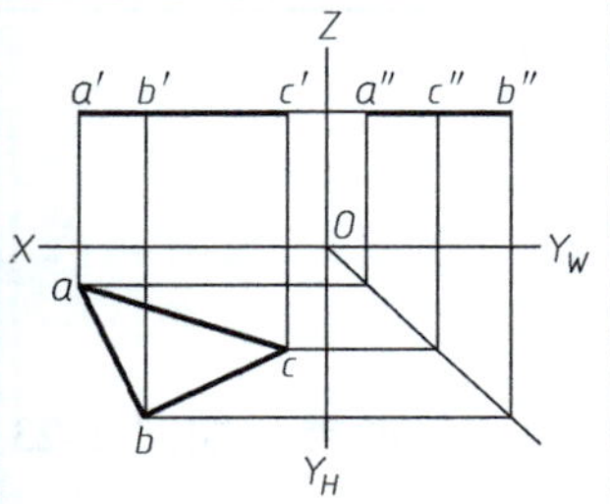	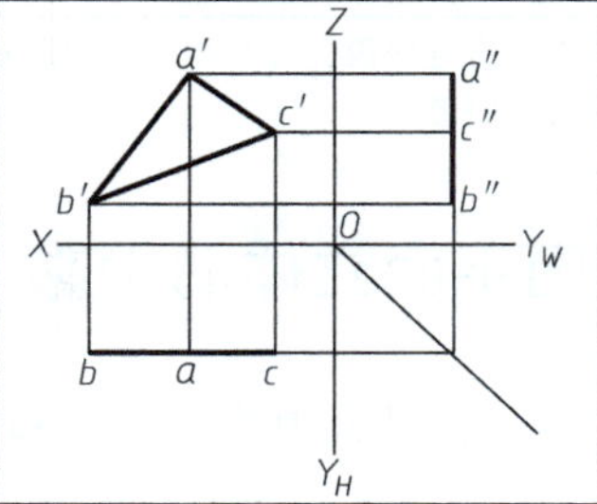	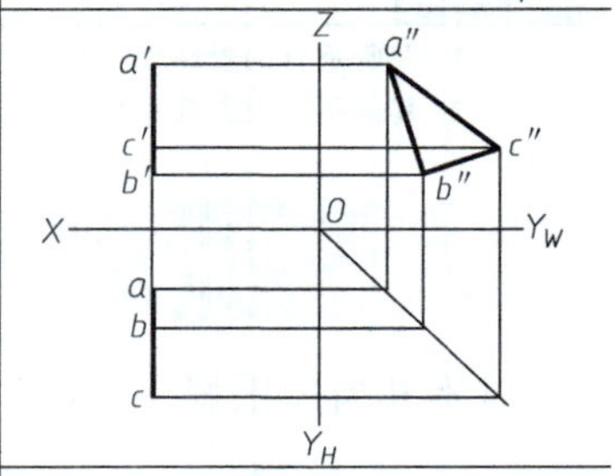
投影特性	(1)水平投影反映实形 (2)正面、侧面投影积聚为直线段，且分别平行于 OX、OY_W 轴	(1)正面投影反映实形 (2)水平投影、侧面投影积聚为直线段，且分别平行于 OX、OZ 轴	(1)侧面投影反映实形 (2)水平、正面投影积聚为直线段，且分别平行于 OY_H、OZ 轴

注：1. 在所平行的投影面上的投影反映实形。
2. 其他两面投影积聚为直线段，且分别平行于相应的投影轴。

3. 投影面垂直面

垂直于一个投影面，而与另外两个投影面倾斜的平面称为投影面垂直面。垂直于 H 面的平面称为铅垂面，垂直于 V 面的平面称为正垂面，垂直于 W 面的平面称为侧垂面。投影面垂直面的投影特性见表 2-6。

表 2-6　投影面垂直面的投影特性

名称	铅垂面(⊥H 面，对 V、W 面倾斜)	正垂面(⊥V 面，对 H、W 面倾斜)	侧垂面(⊥W 面，对 H、V 面倾斜)
直观图	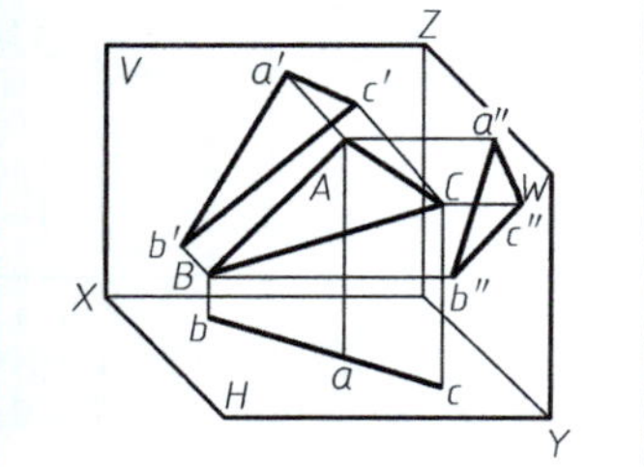	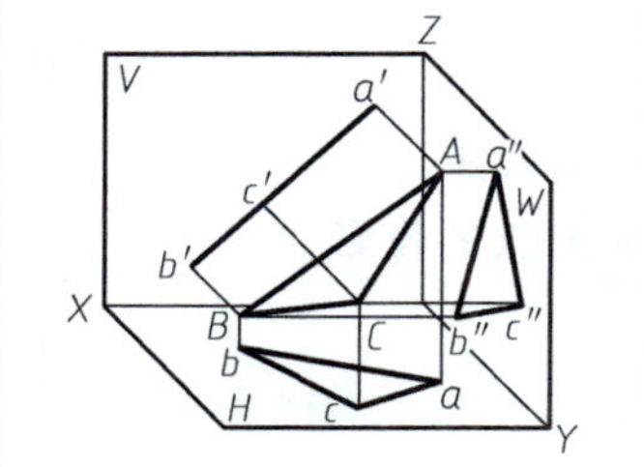	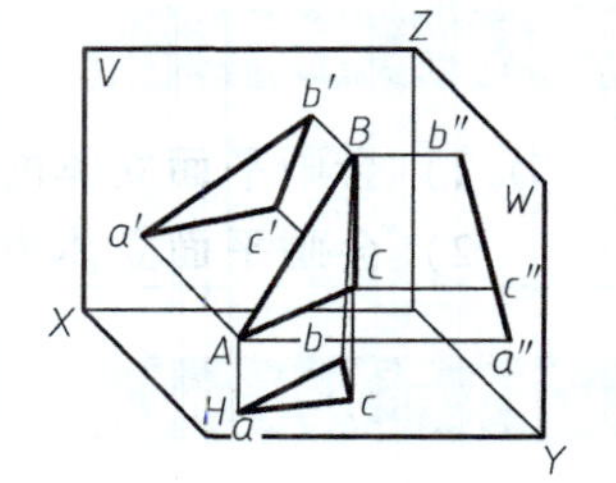

名称	铅垂面（⊥H面，对V、W面倾斜）	正垂面（⊥V面，对H、W面倾斜）	侧垂面（⊥W面，对H、V面倾斜）
投影图	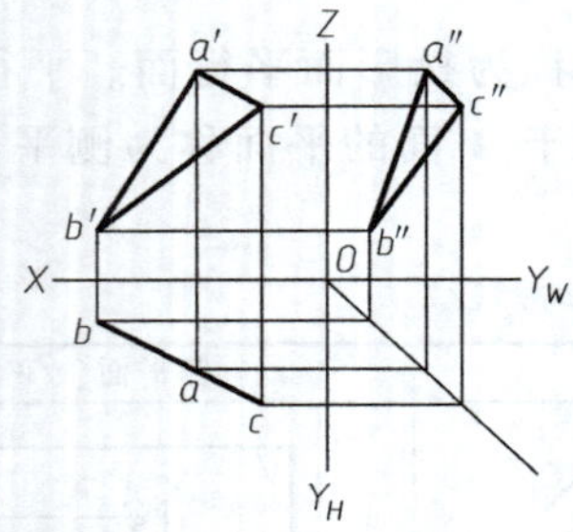	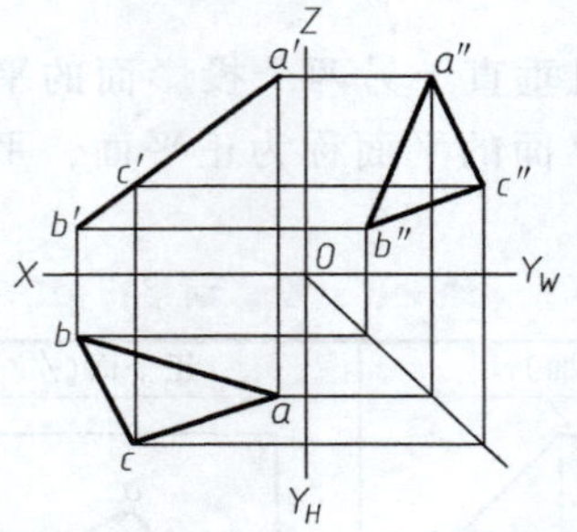	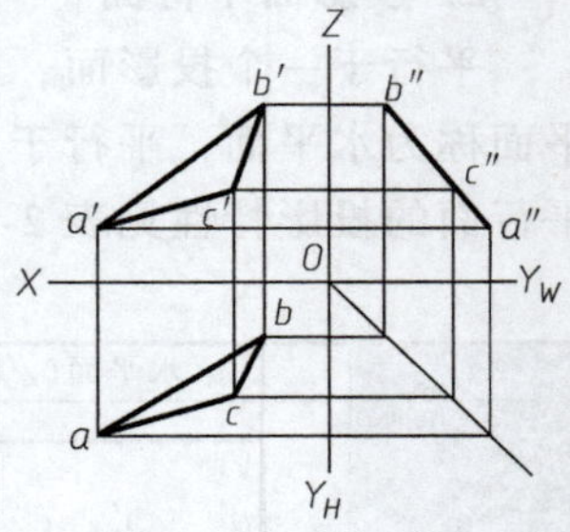
投影特性	（1）水平投影积聚为直线段，且与OX、OY_H轴倾斜 （2）正面、侧面投影为原平面图形的类似形	（1）正面投影积聚为直线段，且与OX、OZ轴倾斜 （2）水平、侧面投影为原平面图形的类似形	（1）侧面投影积聚为直线段，且与OY_W、OZ轴倾斜 （2）水平、正面投影为原平面图形的类似形

注：1. 在所垂直的投影面上的投影积聚为直线段，且与相应的投影轴倾斜。

2. 其他两面投影为原平面图形的类似形。

任务六　画平面立体的投影

基本几何体根据表面形状不同，可分为平面立体和曲面立体两类，如图 2-23 所示。

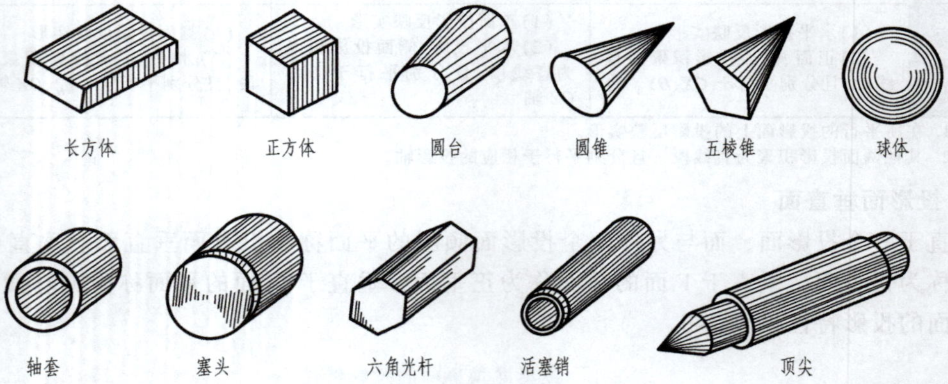

图 2-23　基本几何体示例

【任务目标】

1）会画平面立体的三面投影。

2）会画平面立体表面上点的投影。

【任务准备】

绘图工具一套。

【实践操作】

一、正六棱柱的投影

1. 画正六棱柱的三视图

图 2-24a 所示为一正六棱柱，它由顶面、底面和六个侧棱面组成。顶面和底面为水平面，其水平投影为正六边形且反映实形，它们的正面和侧面投影均积聚为一条直线。在六个侧棱面中，前、后侧棱面为正平面，其余四个侧棱面为铅垂面，六个侧棱面和六条侧棱均垂直于水平面，其水平投影分别积聚在六边形的六条边和六个顶点上。前、后侧棱面的正面投影反映实形，侧面投影积聚为两条直线；其余四个侧棱面的正面投影和侧面投影均为其类似形。各侧棱的正面投影和侧面投影均平行于 OZ 轴，且反映棱柱的高。

画棱柱的三视图时，一般先画反映其形状特征的图形，此例中为俯视图，即正六边形，再完成另外两个视图，如图 2-24b 所示。

2. 棱柱表面上的点

在平面立体表面上取点时，首先应确定该点是在平面立体的哪一个表面上。若点在某一表面上，则该点的投影必在该表面的各同面投影范围内；若该表面的投影可见，则该点的同面投影也可见，反之不可见。因此，求立体表面上点的投影时，应先分析该点所在表面的投影特性，然后根据点的投影规律求得点的投影。

例如，已知正六棱柱表面 $ABCD$ 上的点 M 的正面投影 m'，求它的水平投影 m 和侧面投影 m''。棱面 $ABCD$ 为铅垂面，可利用其水平投影 $abcd$ 的积聚性求得 m，再根据 m'和 m 求得 m''。同理，已知 n 可求得 n'和 n''，如图 2-24 所示。

正六棱柱表面上的线、面的投影求作同点的投影，只要把棱柱表面上的线、面端点的同面投影求出，按顺序连接即可。

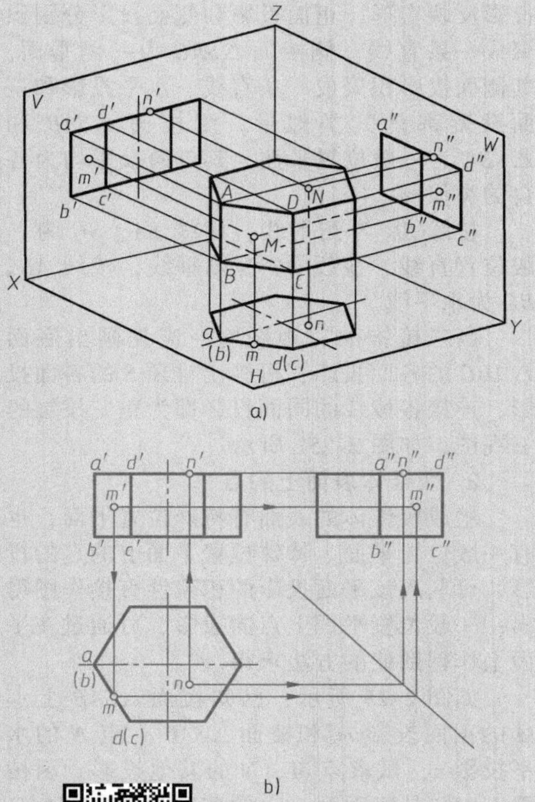

图 2-24　正六棱柱的三视图及其表面上的点

二、棱锥的投影

1. 画棱锥的三视图

图 2-25a 所示为一正三棱锥，它由底面△*ABC* 和三个相等的侧棱面△*SAB*、△*SBC* 及△*SAC* 组成。其底面为水平面，它的水平投影反映实形，正面投影和侧面投影分别积聚成一条直线；侧棱面△*SAC* 为一侧垂面，其侧面投影积聚成一条直线，水平投影和正面投影都是其类似形；侧棱面△*SAB* 和△*SBC* 为一般位置平面，其三面投影均为各自的类似形。

棱线 *SB* 为侧平线，棱线 *SA*、*SC* 为一般位置直线，棱线 *AC* 为侧垂线，棱线 *AB*、*BC* 为水平线。

画三棱锥的三视图时，应先画出底面△*ABC* 的各面投影，再画出锥顶 *S* 的各面投影，连接各棱线的同面投影即为正三棱锥的三视图，如图 2-25b 所示。

2. 棱锥体表面上的点

组成棱锥体的表面有特殊位置平面，也有一般位置平面。特殊位置平面上的点的投影，可利用该平面投影的积聚性直接作图得出；一般位置平面上点的投影，可通过在平面上作辅助线的方法求得。

如图 2-25 所示，已知棱面△*SAB* 上点 *M* 的正面投影 m' 和棱面△*SAC* 上点 *N* 的水平投影 *n*，试求点 *M*、*N* 的其他投影。因棱面△*SAC* 是侧垂面，它的侧面投影 $s''a''(c'')$ 具有积聚性，因此 n'' 必在 $s''a''(c'')$ 上，可直接由 *n* 作出 n''，再由 n'' 和 *n* 求出（n'）。侧棱面△*SAB* 是一般位置平面，可过锥顶 *S* 及点 *M* 作一辅助线 *S*Ⅱ，然后求出辅助线的水平投影 *s*2，并根据点在直线上必在同名投影上的特性，求出其水平投影 *m*，再由 m'、*m* 求出侧面投影 m''。若过点 *M* 作一水平辅助线Ⅰ*M*，同样可求得点 *M* 的其余两面投影。

正三棱锥表面上的线、面投影的求法同点的投影，只要分析清楚线、面属于锥面上的哪个面，再把线、面端点的同面投影求出，连接即可。

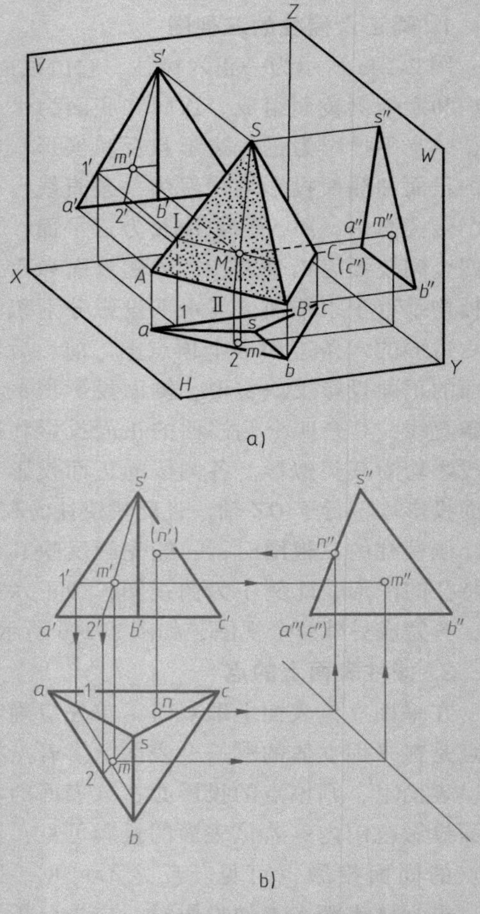

图 2-25　正三棱锥的三视图及其表面上的点

【理论知识】

表面都是由平面构成的物体，称为平面立体。平面立体相邻平面的交线称为棱线。平面立体主要有棱柱和棱锥等。

任务七　画回转体的投影

由曲面或曲面与平面围成的立体称为曲面立体。机件中常见的曲面立体是回转体，如图 2-23 所示。

【任务目标】

1）会画曲面立体的三面投影。
2）会画曲面立体表面上的点的投影。

【任务准备】

绘图工具一套。

【实践操作】

一、圆柱的投影

1. 圆柱面的形成

如图 2-26a 所示，圆柱面可看作是由一条直线 AA_1 围绕与它平行的轴线 OO_1 等距离回转而成的。OO_1 称为回转轴，直线 AA_1 称为母线，母线转至任一位置时称为素线。

2. 画圆柱的三视图

在图 2-26b、c 中，圆柱的顶面和底面均为水平面，其水平投影反映实形，正面投影和侧面投影分别积聚成一条直线。由于圆柱的轴线垂直于水平投影面，因此圆柱面的水平投影积聚为一个圆（重合在顶面和底面圆的实形投影上），其正面和侧面投影用决定其投影范围的转向线表示，这样主、左视图都是矩形。

在正面投影中，矩形两边的 $a'a_1'$ 和 $b'b_1'$ 分别是圆柱面最左、最右素线的投影，也是前半圆柱面与后半圆柱面上可见与不可见部分的分界线，它们的水平投影积聚为 $a(a_1)$、$b(b_1)$，侧面投影与圆柱轴线的投影重合（因圆柱面是光滑曲面，图中不需画出其投影）。

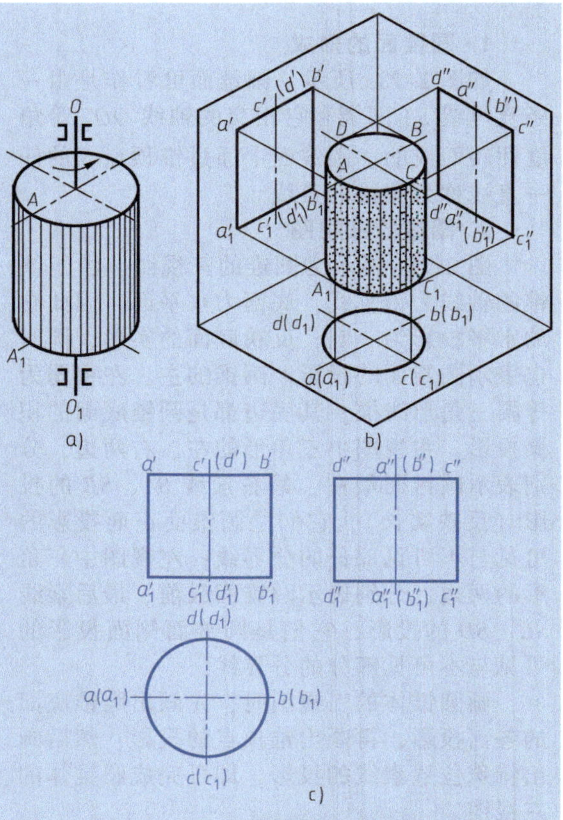

图 2-26　圆柱面的形成及其视图分析

对侧面投影中的矩形线框，可做类似的分析。

画圆柱的视图时，一般先画投影中具有积聚性的圆，然后根据投影规律画出另两个投影为矩形的视图。

3．圆柱体表面上的点

圆柱体表面上的点的投影，可利用圆柱面投影的积聚性求得。在图 2-27 中，已知圆柱表面上点 M 的正面投影 m'，求其他两面的投影。由于圆柱表面的水平投影具有积聚性，因此点 M 的水平投影应在圆柱面水平投影的圆周上，据此可先求出 m，再根据 m'、m 求出 m''。

由点 N 的正面投影，求其在另两面的投影的方法，可自行分析。

圆柱体表面上线和面的投影的求法以点为基础，把组成线和面的一系列点的同面投影求出，按顺序连接即可。

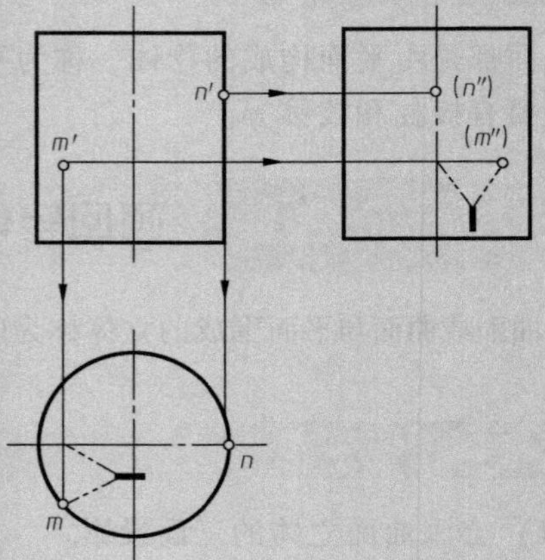

图 2-27　**圆柱体表面上取点的投影**

二、圆锥的投影

1．圆锥面的形成

如图 2-28a 所示，圆锥面可看作是由一条直母线 SA 围绕和它相交的轴线 OO_1 等角度回转而成的。圆锥面上通过锥顶点 S 的任一直线称为圆锥的素线。

2．圆锥的三视图

图 2-28c 所示为圆锥的三视图。由于圆锥的轴线为铅垂线，底面为水平面，因此它的水平投影为一圆，反映底面的实形，同时也表示圆锥面的投影。圆锥的主、左视图为等腰三角形线框，其底边都是圆锥底面的积聚投影。主视图中三角形的左、右两边，分别表示圆锥面最左、最右素线 SA、SB 的投影（反映实长），它们是圆锥面正面投影的可见与不可见部分的分界线；左视图中三角形的两边，分别表示圆锥面最前、最后素线 SC、SD 的投影，它们是圆锥面侧面投影的可见与不可见部分的分界线。

画圆锥体的三视图时，先画出圆锥底面的各面投影，再画出锥顶点的投影，然后画出特殊位置素线的投影，即可完成圆锥体的三视图。

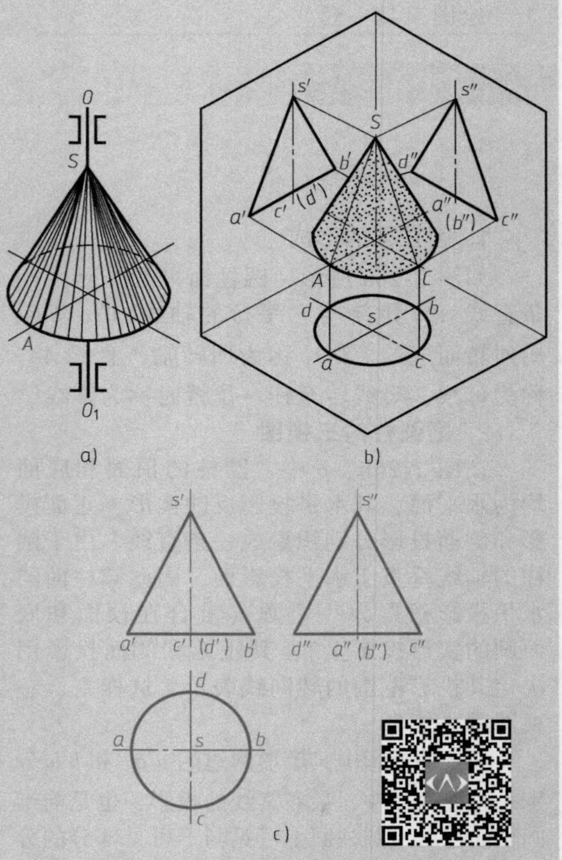

图 2-28　**圆锥面的形成及其视图分析**

3. 圆锥面上点的投影

如图 2-29 所示，已知圆锥面上点 M 的正面投影 m'，求作其水平投影 m 和侧面投影 m''。作图方法有两种。

（1）辅助素线法　如图 2-29a 所示，过锥顶 S 和锥面上的点 M 引一素线 SⅠ，然后利用在线上求点的方法作出 M 点的投影。具体方法是：首先作出 SⅠ的正面投影和水平投影，即 $s'1'$和 $s1$，求出点 M 的水平投影 m；然后根据 m'和 m 求得 m''，如图 2-29b 所示。

由于锥面的水平投影均是可见的，故 m 也是可见的；又因为点 M 在左半部的锥面上，而左半部的侧面投影是可见的，所以 m''也是可见的。

（2）辅助圆法　如图 2-29a 所示，由于垂直圆锥轴线的截面与圆锥表面的交线均是圆，因此求圆锥面上的点的投影时，也可以过已知点 M，在圆锥面上作垂直于圆锥轴线的辅助圆。该圆的正面投影积聚为一直线，水平投影为圆。具体方法是：如图 2-29c 所示，在主视图上过点 m'作水平线交圆锥轮廓素线于 $a'b'$，即为辅助圆的正面投影，该圆的水平投影为一直径等于 $a'b'$的圆（圆心为 s）；点 M 的投影应在辅助圆的同面投影上，即可由 m'求得 m，再由 m'和 m 求得 m''（可见）。

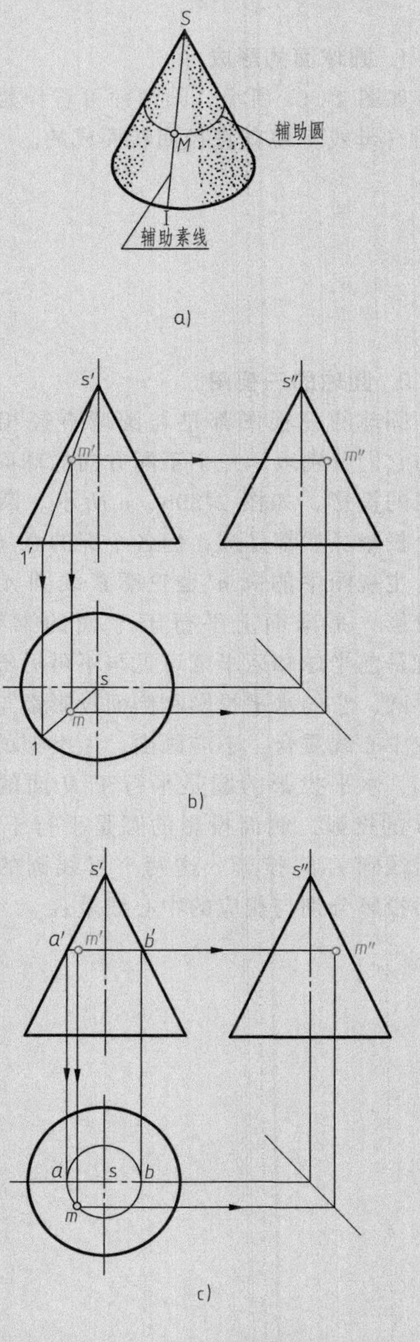

图 2-29　圆锥面上点的投影

三、圆球的投影

1. 圆球面的形成

如图 2-30a 所示，圆球面可看作是由一个圆（母线）绕其直径回转而成的。

2. 圆球的三视图

圆球的三视图都是与圆球直径相等的圆，它们分别表示三个不同方向的球面的转向线的投影，如图 2-30b、c 所示。圆球的各个投影虽然都是圆，但各个圆的意义却不同。主视图中的圆 a' 是轮廓素线圆 A 的正面投影，是球面上平行于 V 面的素线圆，也就是前半球和后半球可见与不可见部分的分界圆；它的水平投影和侧面投影都与圆的相应中心线重合，不应画出。做类似的分析可知，水平投影的圆是平行于 H 面的素线圆 B 的投影，侧面投影的圆是平行于 W 面的素线圆 C 的投影。这两个素线圆的其他两面投影分别与相应的中心线重合。

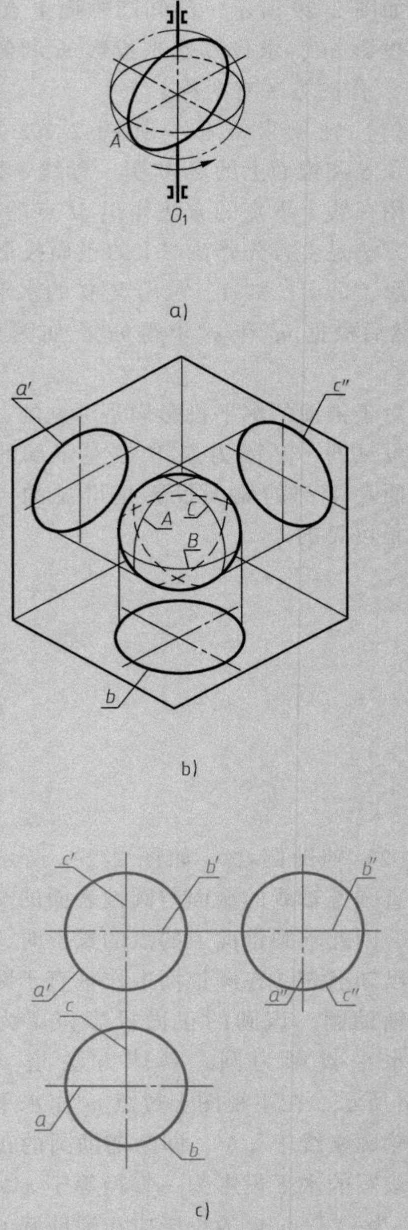

图 2-30　圆球面的形成及其视图分析

3. 球面上点的投影

如图 2-31 所示，已知球面上的点 M 的正面投影 m'，求作其另两面投影 m 和 m''。

根据 m' 的位置和可见性，可知点 M 在前半球面的右上部。过点 M 在球面上作平行于 H 面或 W 面的辅助圆，即可在此辅助圆的各个投影上求得点 M 的相应投影。

如图 2-31a 所示，在球面的主视图上，过 m' 作水平辅助圆的投影 $1'2'$，再在俯视图中作辅助圆的水平投影（即以 O 为圆心、$1'2'$ 为直径画圆），然后过 m' 作 OX 轴的垂线，在辅助圆的水平投影上求得 m，最后由 m' 和 m 求得 m''。其中，m 为可见，m'' 为不可见。

同样，也可按图 2-31b 所示的方法，在球面上作平行于 W 面的辅助圆，先求出 M 的侧面投影 m''，再由 m' 和 m'' 求得 m。

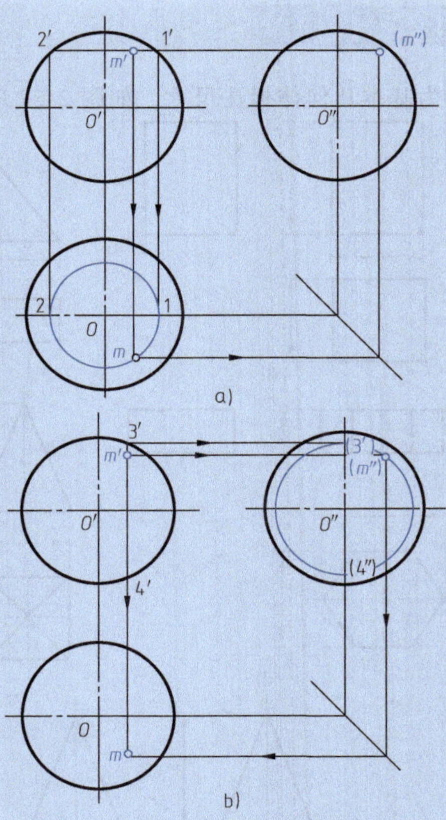

图 2-31　**球面上点的投影**

【理论知识】

由一条母线（直线或曲线）绕轴线回转而成的表面称为回转面；由回转面或回转面与平面所围成的立体称为回转体。圆柱、圆锥、圆球、圆环等是常见的回转体，它们的画法和回转面的形成条件有关。

任务八　熟悉基本几何体的尺寸标注

视图只用来表达物体的形状，而物体的真实大小要由图样上所标注的尺寸来确定。

【任务目标】

1）掌握平面立体的尺寸标注方法。
2）掌握回转体的尺寸标注方法。

【任务准备】

绘图工具一套。

【实践操作】

为基本几何体标注尺寸，如图2-32所示。

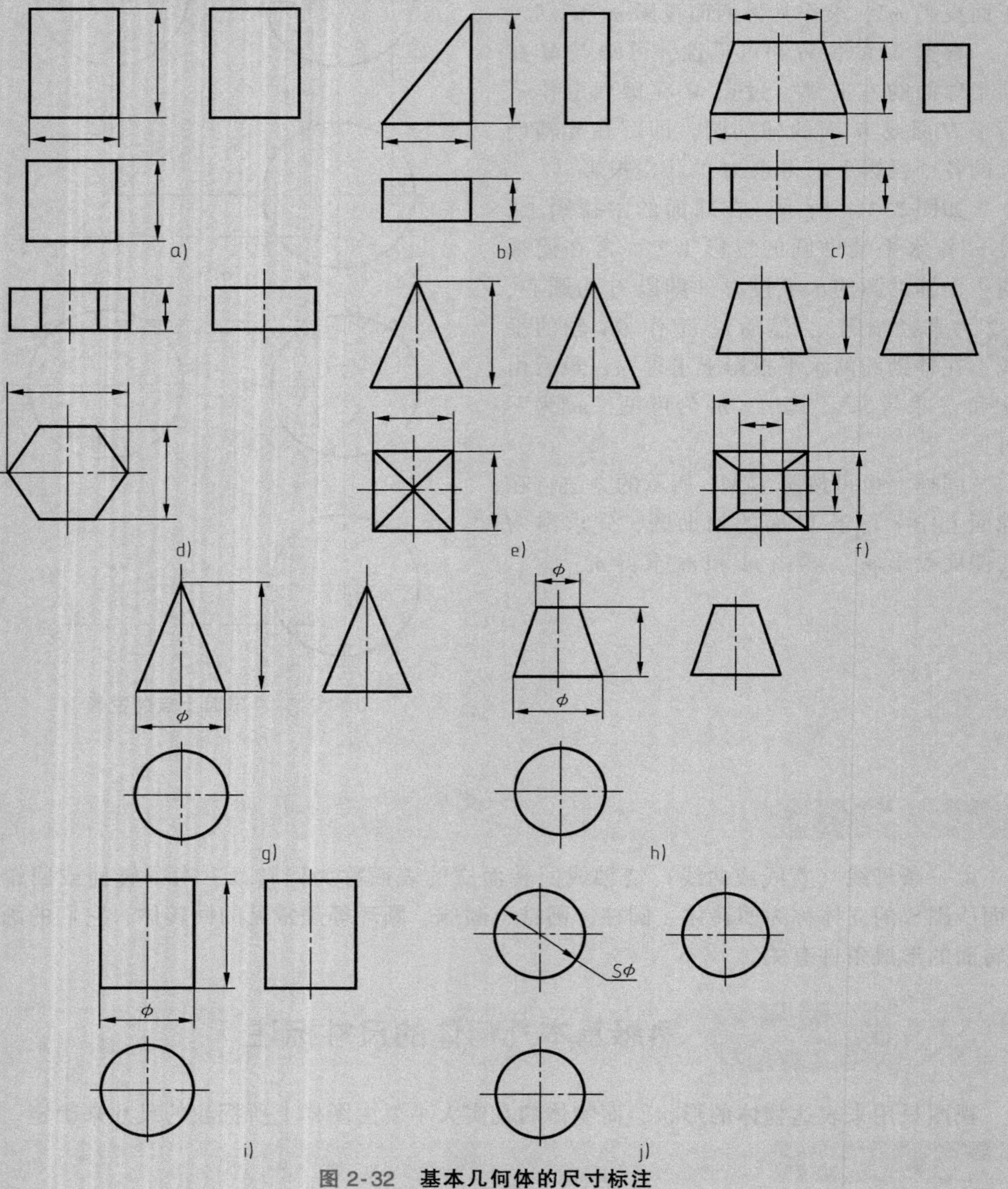

图2-32 基本几何体的尺寸标注

a）四棱柱 b）三棱柱 c）梯形柱 d）六棱柱 e）四棱锥 f）四棱台 g）圆锥 h）圆台 i）圆柱 j）圆球

【理论知识】

物体都有长、宽、高三个方向的尺寸。对于回转体，只要注出轴向尺寸和径向尺寸就可确定其大小。标注尺寸时一定要注全，既不能少，也不能重复。

任务九　学习截交线的画法

在机器中，有些机件是由基本体经截割或组合形成的，其表面必有交线，如图 2-33 所示。

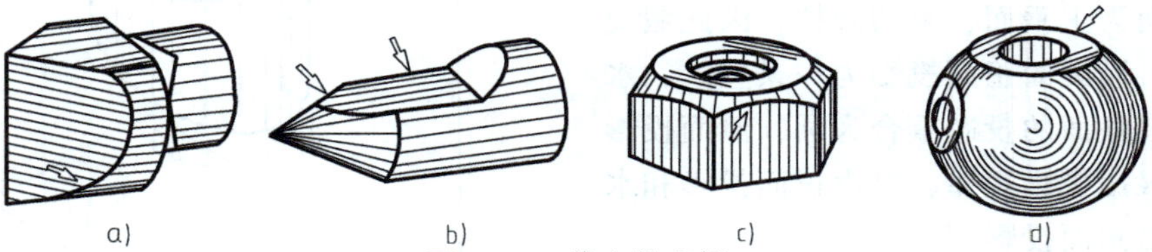

图 2-33　截交线实例

【任务目标】

1）了解截交线的概念。

2）掌握截交线的画法。

【任务准备】

绘图工具一套。

【实践操作】

1. 求作斜切四棱锥的截交线（见图 2-34）

四棱锥被正垂面 P 所截，截交线为四边形，其四个顶点分别是四条侧棱线与截平面的交点。因此，只要求出截交线上四个顶点在各投影面上的投影，然后依次连接各点的同面投影，即可得截交线的投影。

作图步骤如下：

1）因为截平面的正面投影具有积聚性，所以可直接求出截交线各点的正面投影（1′）、2′、3′、（4′）。

2）根据直线上点的投影特性，求出各顶点的水平投影 1、2、3、4 和侧面投影 1″、2″、3″、4″。

3）依次连接各顶点的同面投影，即可得截交线的投影，如图 2-34b 所示。

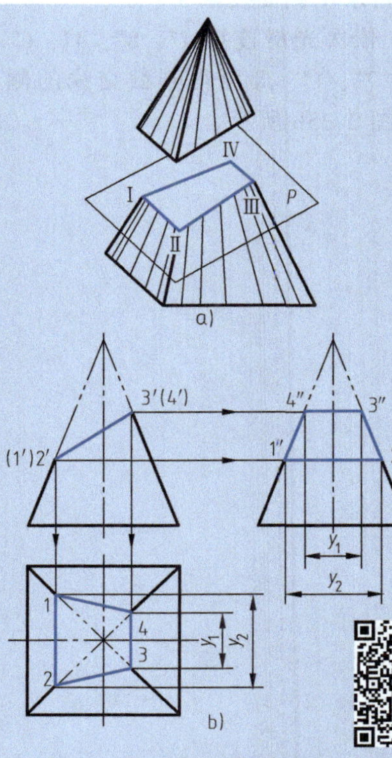

图 2-34　斜切四棱锥的截交线

2. 求圆柱被平面斜切的截交线（见图2-35）

截平面为正垂面，斜切圆柱，因此截交线是椭圆。椭圆的正面投影为一条直线，水平投影与圆柱面的投影重合为圆，侧面投影为椭圆。根据投影规律，可由正面投影和水平投影求出侧面投影。

作图步骤如下：

1）先求出截交线上的特殊位置点，即首先求长、短轴的四个端点的投影。长轴上的Ⅰ、Ⅱ点是最低点和最高点，短轴上的点Ⅲ、Ⅳ是最前点和最后点。根据水平投影1、2、3、4和正面投影1′、2′、3′、（4′），可求出侧面投影1″、2″、3″、4″。

2）求出截平面上的一般位置点。在截平面上任取点Ⅴ、Ⅵ、Ⅶ、Ⅷ，根据水平投影5、6、7、8和正面投影5′、（6′）、7′、（8′），可求出侧面投影5″、6″、7″、8″。

3）依次光滑连接1″、8″、4″、6″、2″、5″、3″、7″、1″，即可得到截交线的侧面投影，如图2-35b所示。

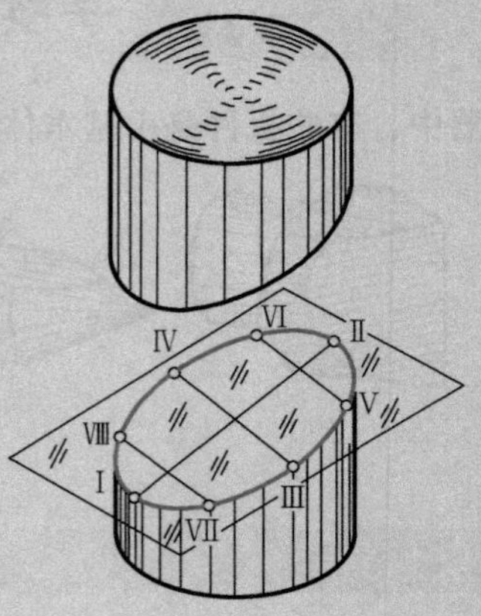

a)

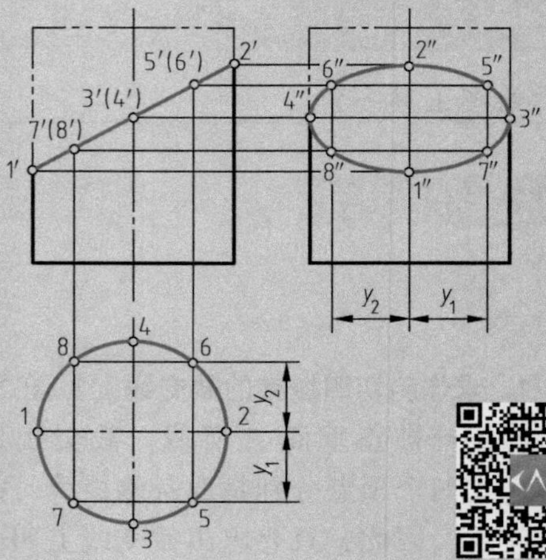

b)

图2-35 斜切圆柱的截交线

3. 画螺钉头部的三视图

如图 2-36 所示，螺钉的头部是一个中间开槽的半球体，它可以看成是用一个水平面和两个侧平面截割半球而成的形体。两个侧平面与半球的截交线各为一段平行于侧面的圆弧，其侧面投影反映实形；水平面与半球的截交线为两段平行于水平面的圆弧，其水平投影反映实形。

作图步骤如下：

1）画出半球的三视图。

2）按槽深和槽宽画出截交线的 V 面投影，其 W 面和 H 面上的投影可按球面上平行于投影面的圆的画法作出。

3）判断可见性，正确处理虚、实线，完成全图。

本题作图的关键是确定圆弧半径 R_1 和 R_2，并判别槽底侧面投影的可见性。因为半球上平行于侧面的圆球轮廓素线被切去了一部分，所以由开槽而产生的轮廓线的侧面投影的半径 R_1 小于半圆球半径 R。同样 R_2 也小于半圆球半径 R，且槽底侧面的积聚性投影中有较长的一段不可见，故画成虚线。

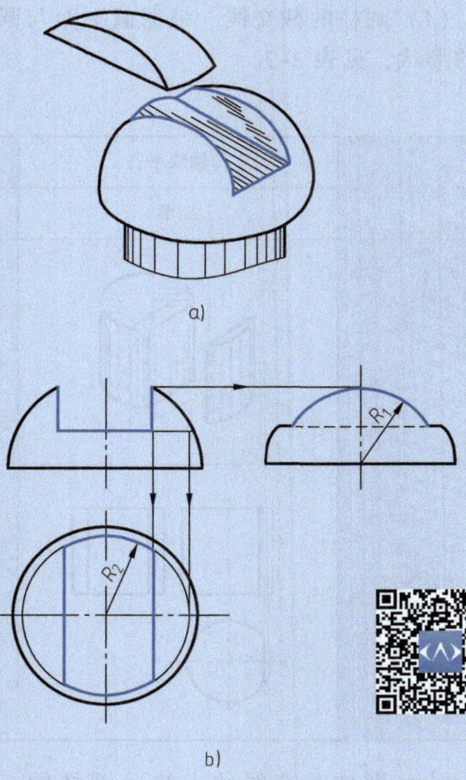

图 2-36 螺钉头部三视图的画法

【理论知识】

平面截割形体而产生的交线称为截交线，如图 2-33 所示。这个平面称为截平面。

一、平面立体的截交线

截交线是零件中常见的表面交线。它是截平面与形体表面的共有线，由一系列共有点组成。因此，求截交线的实质，就是求出形体表面一系列共有点的集合。

平面立体的表面是由若干个平面图形所组成的，因此它的截交线是由直线所组成的封闭的平面多边形。这个多边形的各条边就是截平面与平面立体各表面的交线。因此，作平面立体的截交线，就是求出截平面与平面立体各棱线的交点，然后依次连接交点的各同面投影，并判别其可见性，即可得截交线的投影。

二、曲面立体的截交线

曲面立体的表面是由曲面或曲面与平面围合而成的，因此其截交线的形状和求法，要根据曲面立体形状的不同及截平面与立体轴线位置的不同而定。

1. 圆柱的截割

（1）圆柱的截交线　根据截平面与圆柱轴线相对位置的不同，圆柱的截交线有三种不同的形状，见表 2-7。

表 2-7　圆柱的截交线

截平面的位置	与轴线平行	与轴线垂直	与轴线倾斜
截交线的形状	矩形	圆	椭圆
轴测图	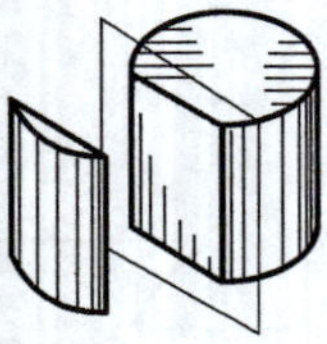	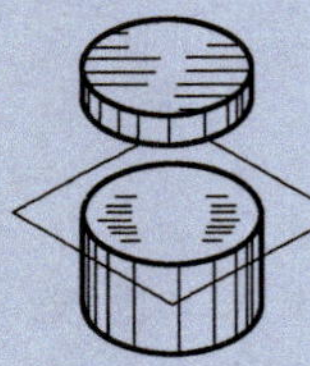	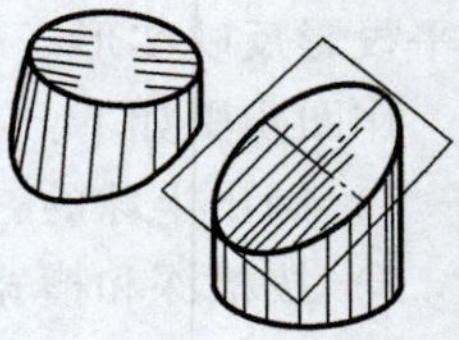
投影图	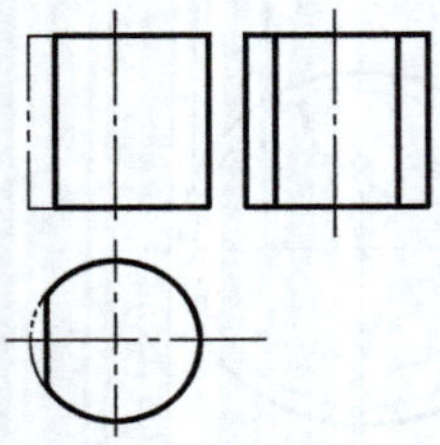	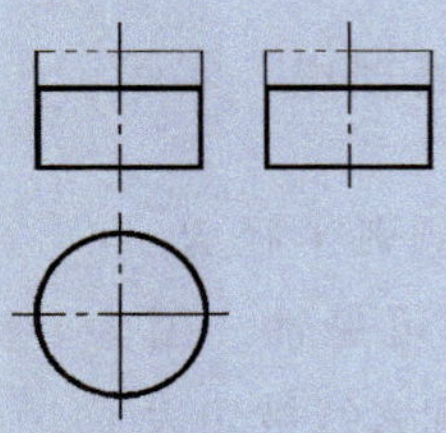	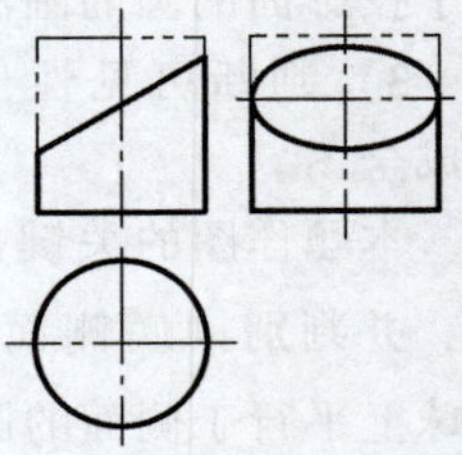

（2）圆柱截交线的求法　圆柱的投影有积聚性，因此可利用积聚性求出截交线的投影。对于表 2-7 中的前两种情况，直接按截平面的位置找好投影关系即可得截交线。第三种情况的截交线是椭圆，其形状和大小随截平面对圆柱轴线倾斜程度的不同而变化，但短轴总与圆柱直径相等。因此，需先找出一系列特殊点，如截交线上的极限位置点、截交线的特征点等；再找出特殊点之间的一般点；最后光滑连接这些点，即可得到截交线。

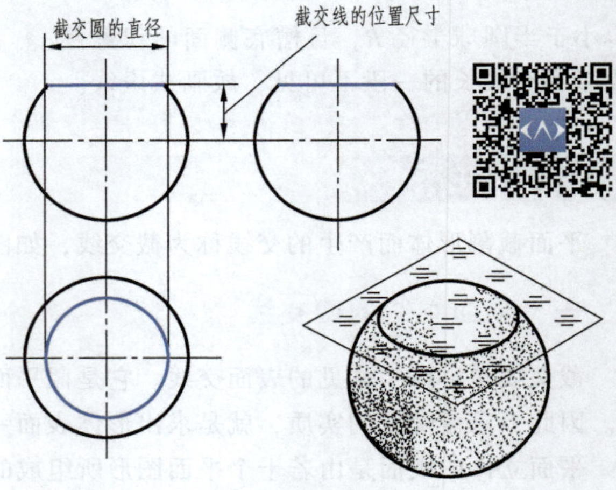

图 2-37　圆球的截割体

2. 球体的截割

任何位置的截面截圆球时，其截交线都是圆。当截平面平行于某一投影面时，截交线在该投影面上的投影为圆的实形，其他两面投影都积聚成直线，如图 2-37 所示。

【拓展与提高】

画专用垫圈的投影图。

图 2-38 所示为一个带有圆孔，且左、右两侧被切割的圆柱体。圆柱体的左侧被平行于圆柱轴线的面 P 切割，其截面是矩形 $ABCD$，并平行于 W 面，是侧平面，则 W 面投影 $a''b''c''d''$ 反映实形；V 面和 H 面的投影具有积聚性，其截交线在 V 面和 H 面的投影为 $(a')b'c'(d')$、$ab(c)(d)$。

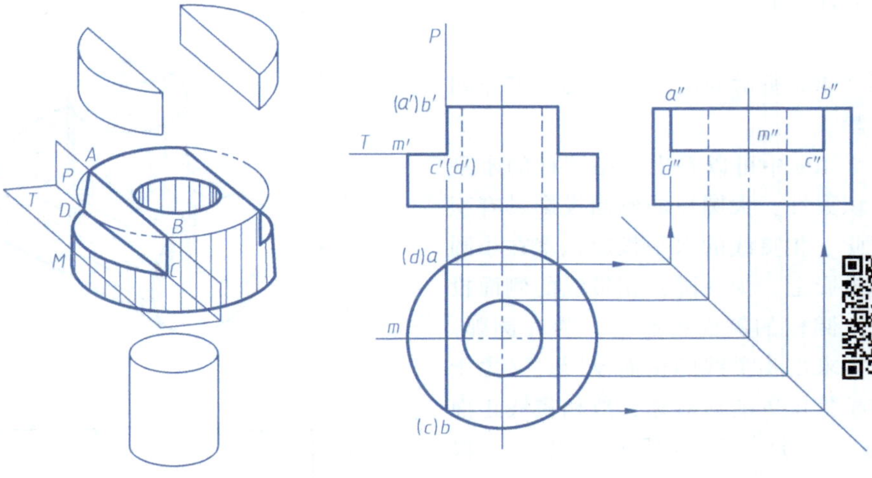

图 2-38　专用垫圈的投影图

圆柱体的左侧又被垂直于圆柱轴线的面 T 切割，其截面是弧形 CMD，并平行于 H 面，是水平面，则 H 面的投影为弧形 $(c)(d)m$ 且反映实形。在 V 面和 W 面上的投影具有积聚性，其截交线在 V 面和 W 面上的投影为 $c'm'(d')$ 和 $c''m''d''$。

任务十　学习相贯线的画法

相贯线是两相交立体表面的共有线，如图 2-39 所示。

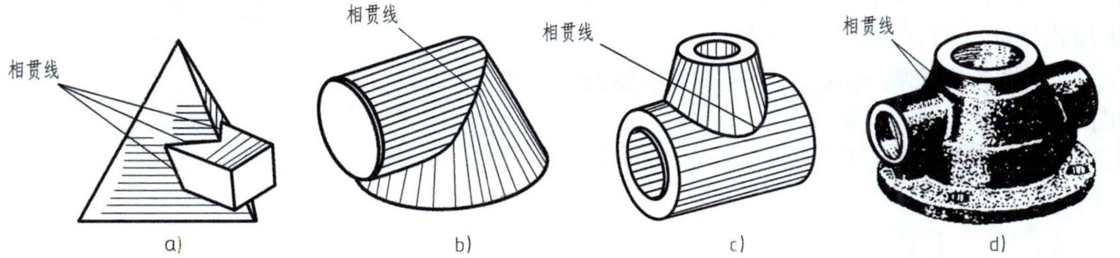

图 2-39　相贯线示例

【任务目标】

1）了解相贯线的概念。

2）掌握两圆柱垂直相交的相贯线的画法及类型。

【任务准备】

绘图工具一套。

【实践操作】

如图 2-40a 所示的两圆柱正交，求作相贯线的投影。

从图 2-40a 中可以看出，小圆柱的水平投影具有积聚性，大圆柱的侧面投影具有积聚性。因此，相贯线的水平投影积聚在小圆柱的水平投影上，为一圆；相贯线的侧面投影积聚在大圆柱的侧面投影上，为一圆弧。因此，只需求出相贯线的正面投影。又由于两圆柱的相贯位置前后对称，故相贯线正面投影的前半部分与后半部分重合为一段曲线。

作图步骤如下：

1）求特殊位置点。最高点Ⅰ、Ⅱ（也是最左、最右点，又是两圆柱外形轮廓线上的交点）的正面投影 1′、2′可直接定出；最低点（也是最前点，又是侧面投影中小圆柱轮廓线上的点）的正面投影 3′可根据侧面投影 3″求出，如图 2-40b 所示。

2）求一般位置点。在相贯线的已知投影（如水平投影）中取点 4、5，根据"宽相等"作出侧面投影 4″、（5″），然后求出正面投影 4′、5′，如图 2-40b 所示。

3）将各点光滑连接，即可得相贯线的正面投影。

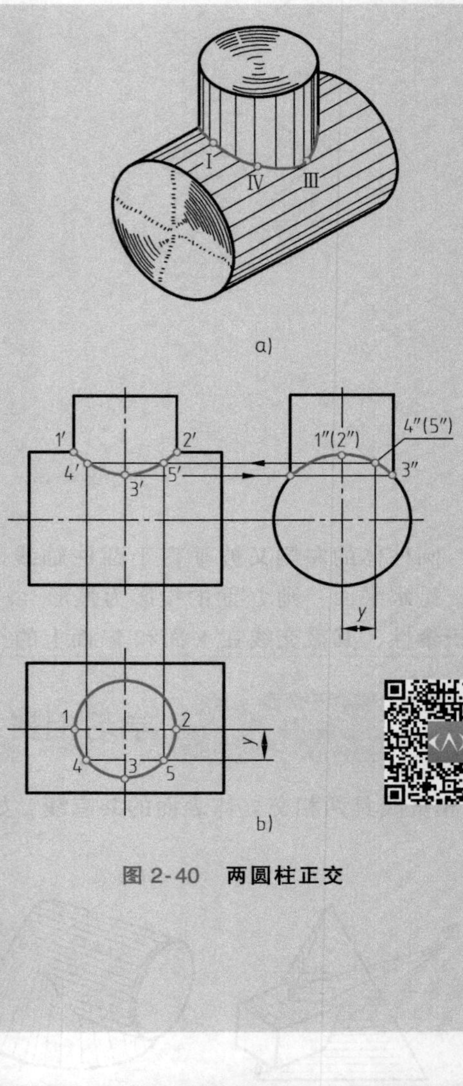

图 2-40　两圆柱正交

【理论知识】

相贯线一般是封闭的，在特殊情况下，也可能不封闭。相贯线上的点是两立体表面的共有点，如图 2-40 所示。求作相贯线时，先求一系列的共有点再将其连接即可。

例如，图 2-40a 所示为两圆柱正交，且轴线均垂直于投影面，此时，圆柱面在投影面上的投影积聚为圆，而相贯线的投影也重合在圆上，可利用积聚性求作相贯线。

当具有相同直径的两圆柱相贯时，其相贯线的投影如图 2-41 所示。

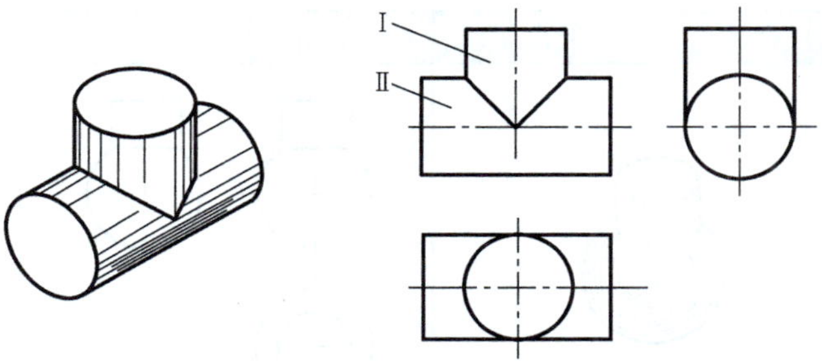

图 2-41　**两等直径圆柱正交相贯**

两圆柱相交，除了两外表面相交的情况之外，还有两内表面相交和外表面与内表面相交的情况，其交线的形状和作图方法是相同的。常见穿孔的相贯线见表 2-8。

表 2-8　常见穿孔的相贯线

形式	轴上圆柱孔	不等径圆柱孔	等径圆柱孔
投影图	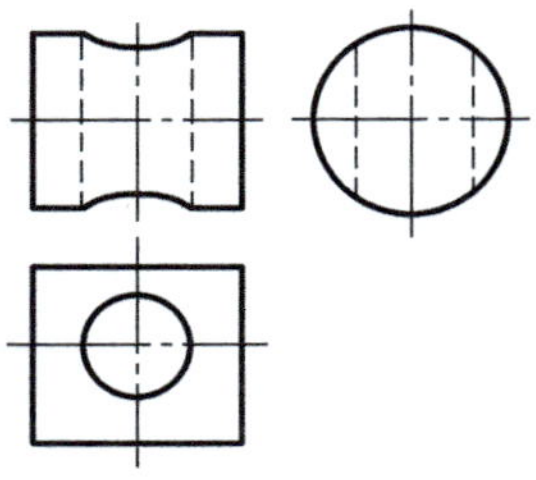	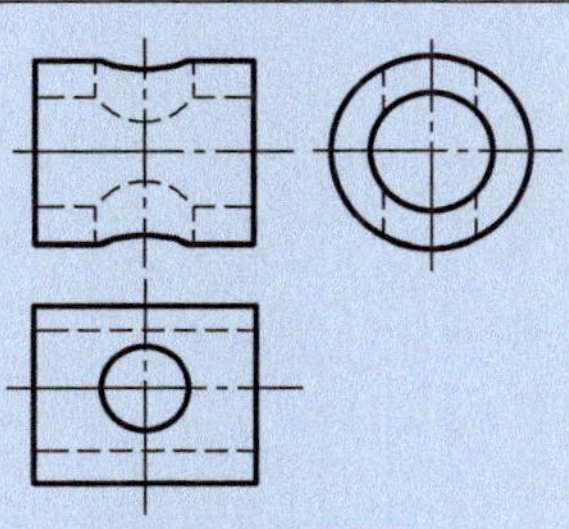	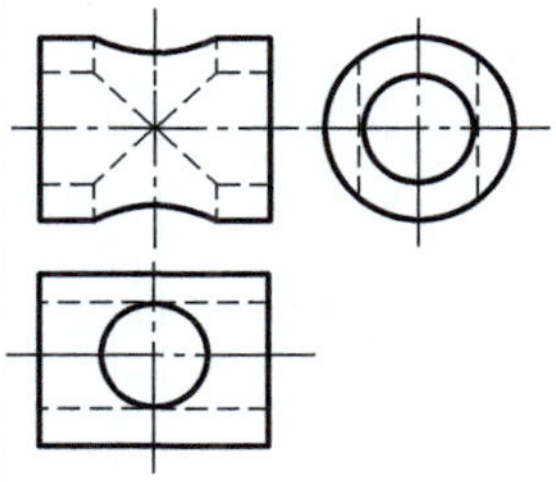
相贯线投影形状	相贯线向着圆柱轴线弯曲	相贯线向着大孔轴线弯曲	过两轴线交点的相交直线

常见基本体的相贯线见表 2-9。

表 2-9　常见基本体的相贯线

形式	轴　测　图	投　影　图	相贯线的形状
相同直径圆柱正交相贯	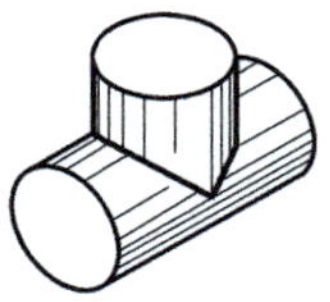	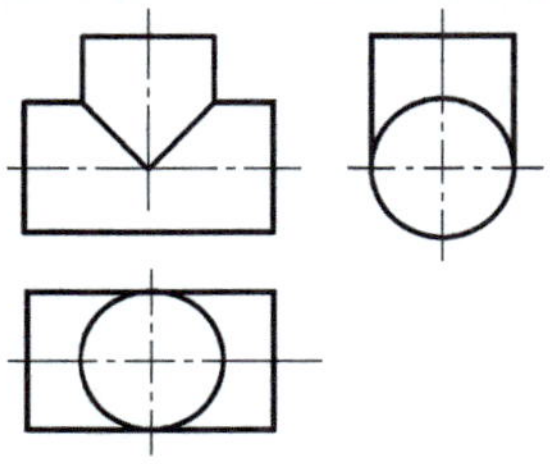	*V* 面上的投影为直线，*H* 面上的投影为圆，*W* 面上的投影为半圆
平面立体与圆柱正交相贯	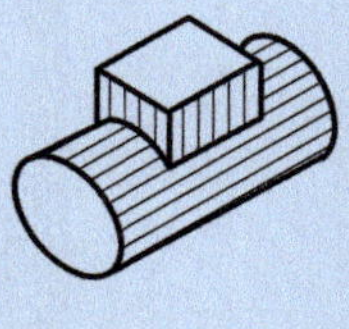	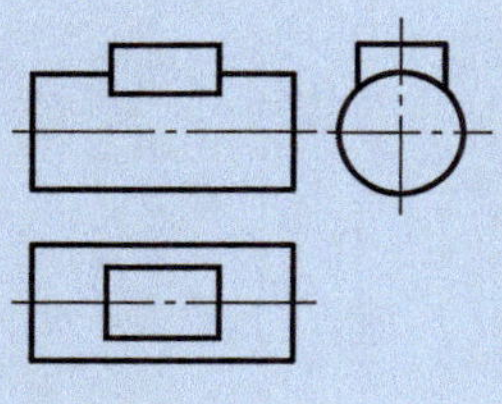	*V* 面和 *H* 面上的投影均为直线，*W* 面上的投影与圆柱部分轮廓重合

（续）

形式	轴 测 图	投 影 图	相贯线的形状
圆柱与球体正交相贯	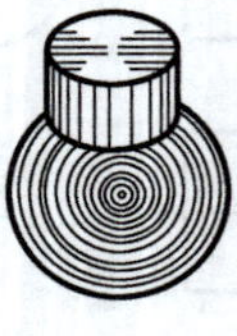	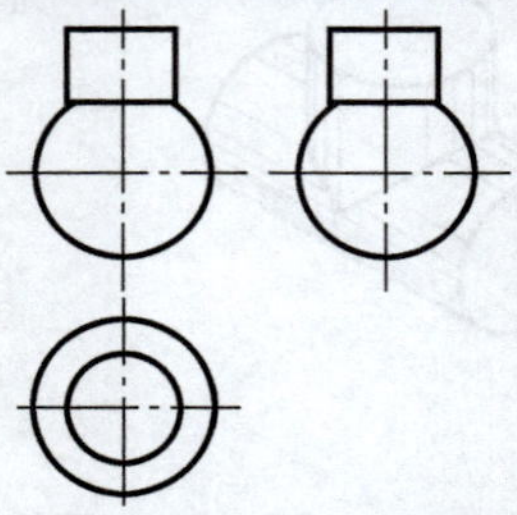	V面和W面上的投影均积聚成直线，H面上的投影与圆柱的投影重合，为圆的实形

项目三

认识组合体视图

【学习目标】

1）学会组合体三视图的画法。
2）掌握组合体的尺寸标注方法。
3）能够识读组合体的三视图。

任务一 学习组合体三视图的画法

任何复杂的零件都可以看作由若干个基本体组合而成，由两个或两个以上的基本体构成的形体称为组合体。

【任务目标】

1）熟悉组合体的组合形式。
2）掌握组合体三视图的画法。
3）掌握组合体尺寸的标注方法。

【任务准备】

绘图工具一套。

【实践操作】

一、画叠加类组合体的三视图

画组合体视图的基本方法是形体分析法。现以图 3-1 所示的支架为例，说明绘制组合体三视图的方法，绘图步骤见表 3-1。

二、画切割类组合体的三视图

画切割类组合体三视图的作图步骤如图 3-2 所示。

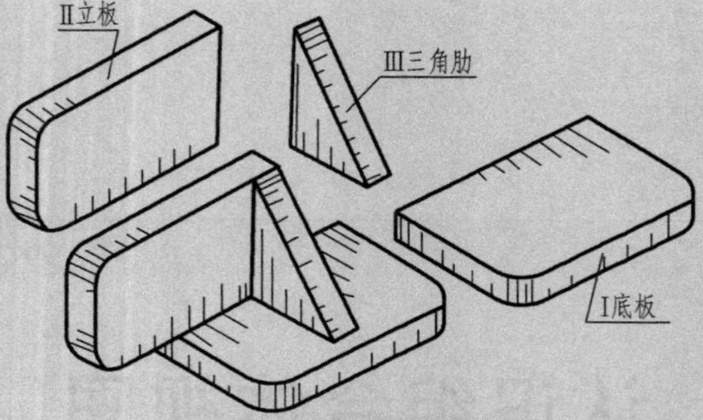

图 3-1　支架的轴测图

表 3-1　绘制支架三视图的步骤

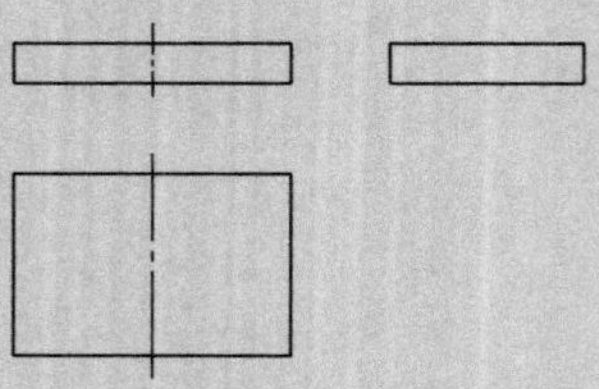

(1)画出底板Ⅰ的三视图

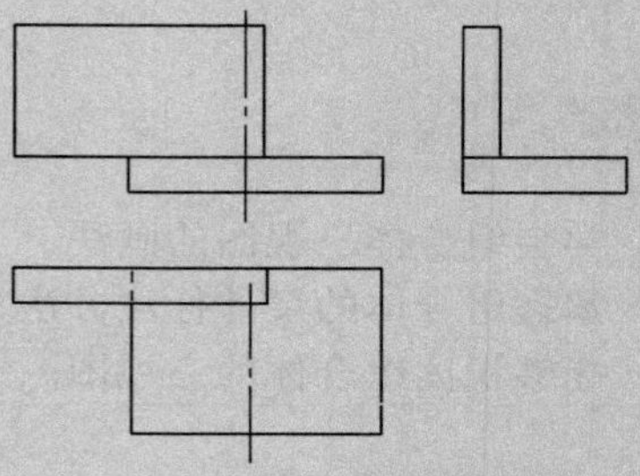

(2)画出立板Ⅱ的投影

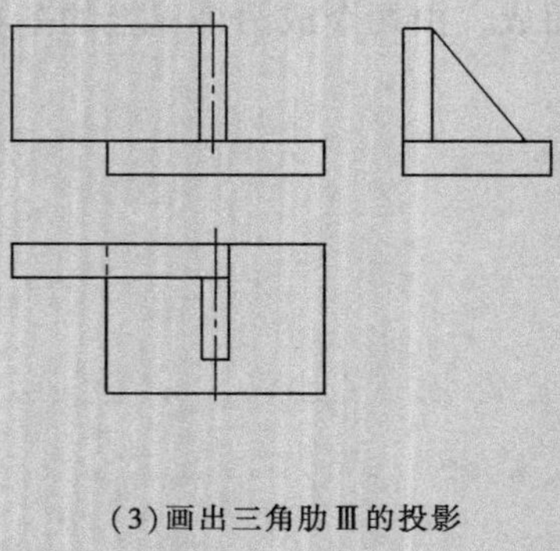

(3)画出三角肋Ⅲ的投影

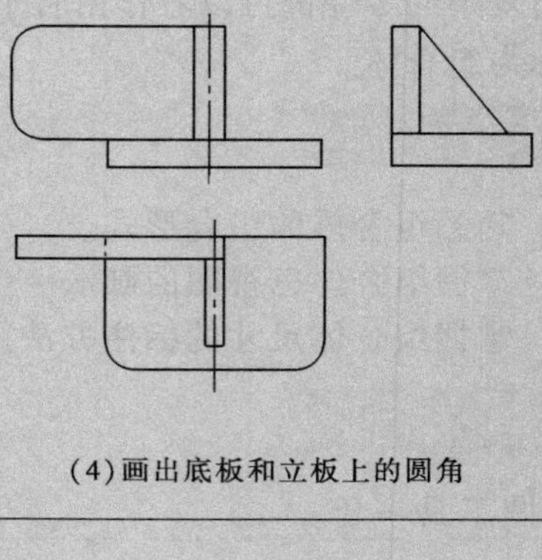

(4)画出底板和立板上的圆角

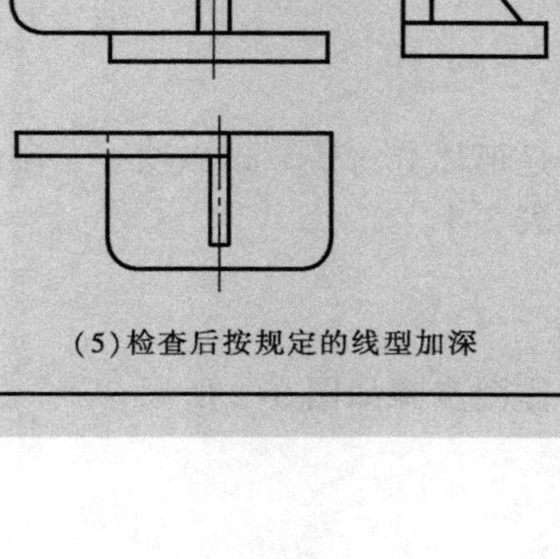

(5)检查后按规定的线型加深

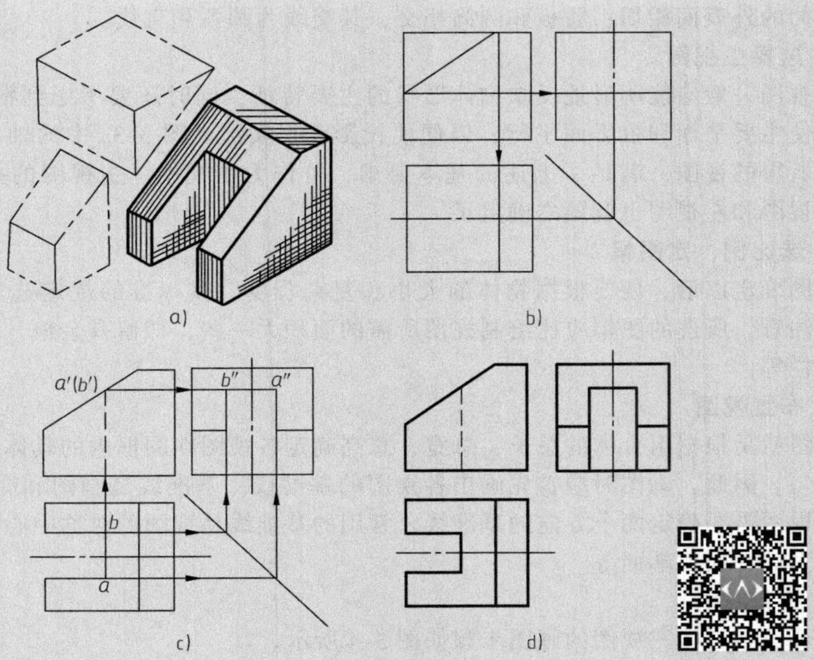

图 3-2　切割类组合体三视图的作图步骤

a）形体分析　b）斜面形状　c）切槽形状　d）完成全图

三、画综合类组合体的三视图

1. 形体分析

画图之前，首先应对组合体进行形体分析，将其分解成几个组成部分，明确组合形式，掌握形状和结构，对组合体的形体特点有个总体的了解，为画三视图做准备。

图 3-3a 所示的轴承座是由底板、圆筒、肋板和支承板组成的，可以分为如图 3-3b 所示的几个组成部分。底板、圆筒、肋板和支承板之间的组合形式为叠加；支承板的左右侧

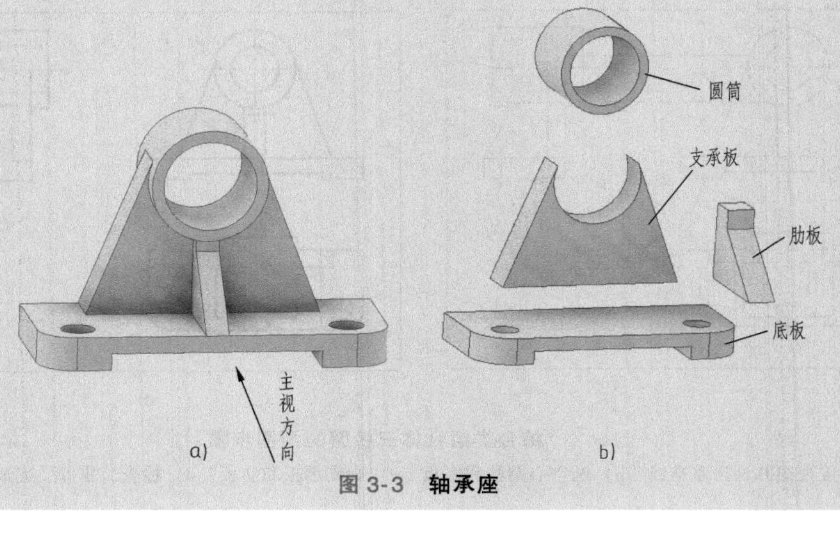

图 3-3　轴承座

面与圆筒的外表面相切；肋板和圆筒相交，其交线为圆弧和直线。

2. 选择主视图

主视图一般应能明显地反映物体形状的主要特征，同时还要考虑到物体的正常位置，并力求使主要平面和投影面平行，以便使投影获得实形。图3-3a中的轴承座是从箭头方向看去所得的视图，满足了上述的基本要求，可作为主视图。主视图的投射方向选定以后，俯视图和左视图也就随之确定了。

3. 选比例、定图幅

视图确定以后，便要根据物体的大小和复杂程度，按标准的规定选定作图比例和图幅。应注意，所选的图幅应比绘制视图所需的面积大一些，即留有余地，以便标注尺寸和画标题栏等。

4. 布置视图

布图就是根据组合体的总长、总宽、总高确定各视图在图框内的具体位置，使三视图分布均匀。因此，画图时应首先画出各视图的基准线，基准线是画图和测量尺寸的起点，每一个视图需要确定两个方向的基准线。常用的基准线是视图的对称中心线、大圆柱体的轴线及大的底面或端面等。

5. 绘制底稿

综合类组合体三视图的画图步骤如图3-4所示。

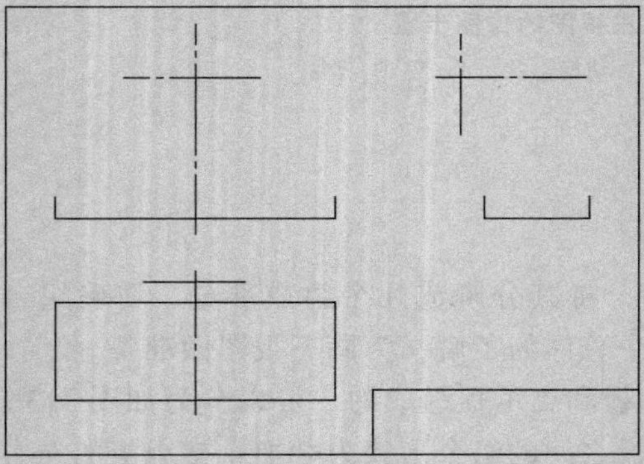

a)

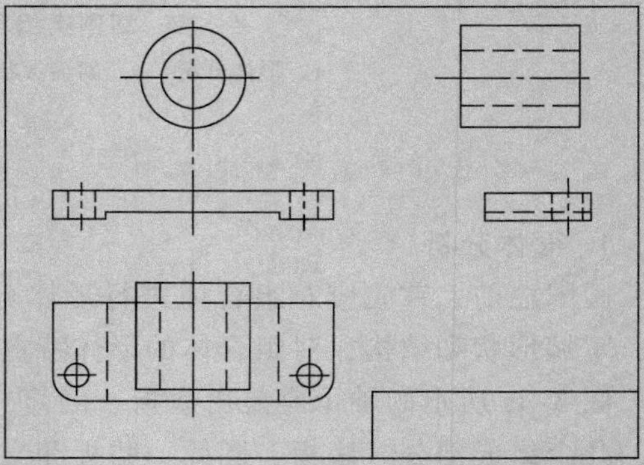

b)

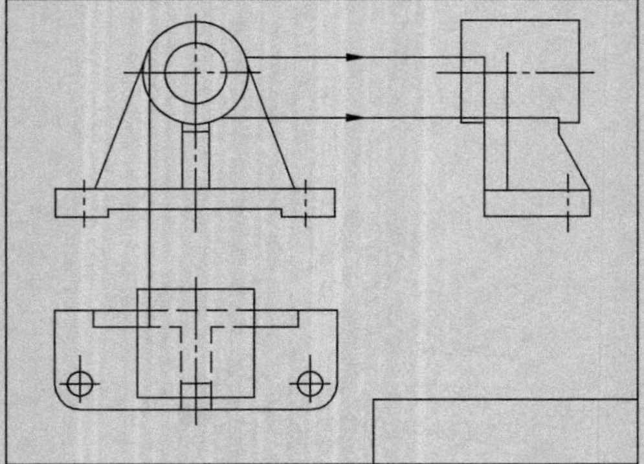

c)

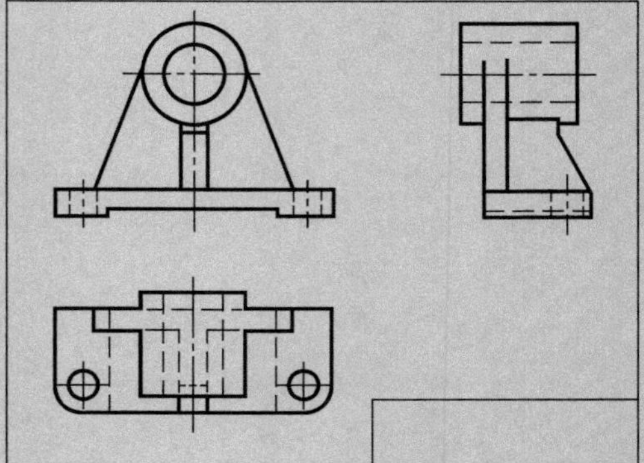

d)

图3-4 综合类组合体三视图的画图步骤

a）布置视图并画出基准线 b）画空心圆柱和底板 c）画支承板和肋板 d）检查，描深，完成全图

6. 检查描深

底稿完成后，应认真进行检查。在三视图中依次核对各组成部分的投影对应关系正确与否，分析相邻两形体衔接处的画法有无错误，是否多画线或漏线；然后将模型或轴测图与三视图进行对照，确认无误后，再描深图，完成全图，如图 3-4d 所示。

【操作注意事项】

为了迅速而正确地画出组合体的三视图，画底稿时，应注意以下两点：

1）画图的先后顺序。一般应从形状特征明显的视图入手，先画主要部分，后画次要部分；先画看得见的部分，后画看不见的部分；先画圆或圆弧，后画直线。

2）画图时，对于物体的每一组成部分，最好是三视图配合着画。也就是说，不要把一个视图画完后再画另一个视图。配合着画不但可以提高绘图速度，还能避免漏线、多线。

【理论知识】

一、组合体的形体分析法

在对组合体进行画图、读图和标注尺寸的过程中，通常假想把组合体分解成若干个基本体，并分析各部分的形状、相对位置、组合形式和表面连接关系，这种分析方法称为形体分析法。

如图 3-5a 所示的轴承座可看成是由两个尺寸不同的四棱柱和一个半圆柱叠加，之后再挖出四个小圆柱而形成的，如图 3-5b、c 所示。

应用形体分析法便于绘图、读图及标注尺寸，但应注意实际组合体是个整体，切勿认为组合体是积木式拼凑起来的。

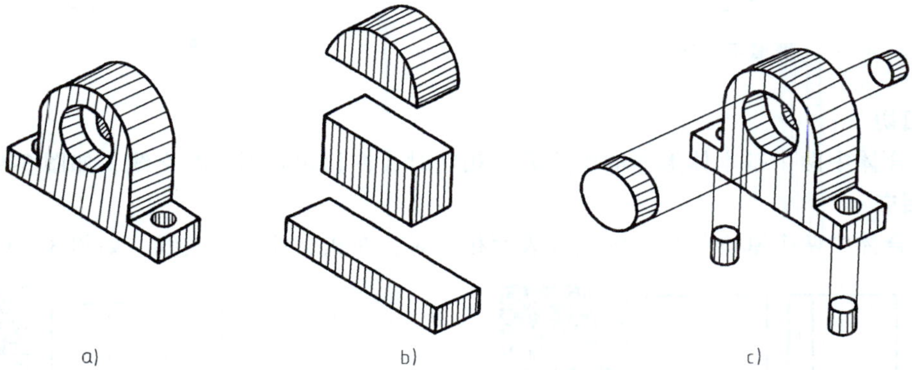

a) b) c)

图 3-5 组合体轴承座的形体分析

二、组合体的组合形式及表面连接处的画法

组合体的组合形式有叠加、切割两种基本形式，但常见的是两种形式的综合，如图 3-6 所示。

组合体组成部分的表面之间的组合形式有以下四种。

1. 不平齐

当组合体中两个基本体形体的组成表面不平齐时，其视图中应该有线隔开，如图 3-7 所示。

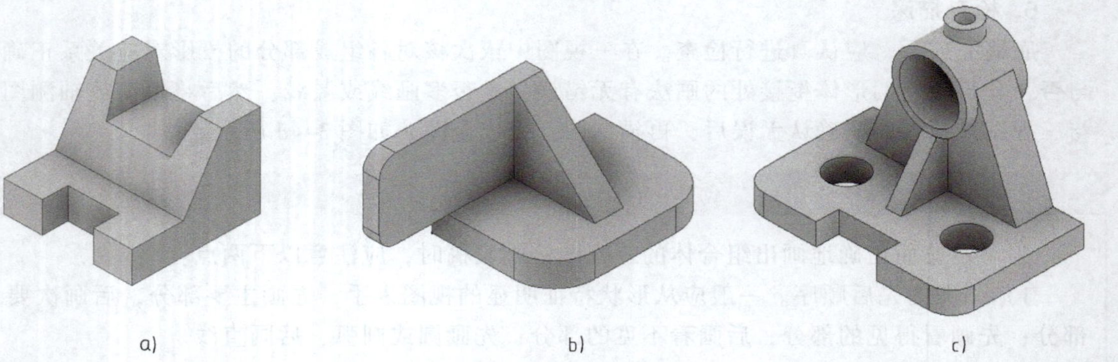

图 3-6　组合体的组合形式

2. 平齐

当组合体中两个基本体形体的组成表面平齐时，中间不应该有线隔开，如图 3-8 所示。

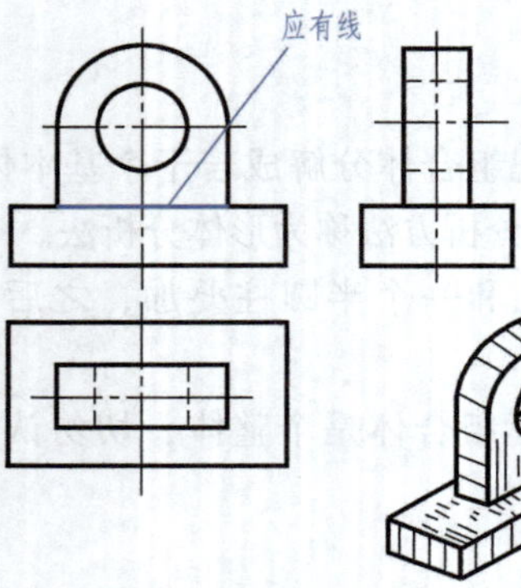

图 3-7　表面不平齐

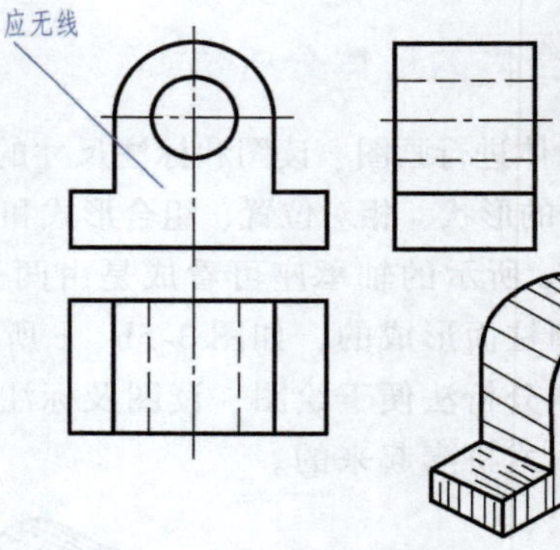

图 3-8　表面平齐

3. 相切

当组合体中两个基本体形体的组成表面相切时，在相切处不存在交线，如图 3-9 所示。

4. 相交

当组合体中两个基本体形体的组成表面相交时，在相交处产生交线，如图 3-10 所示。

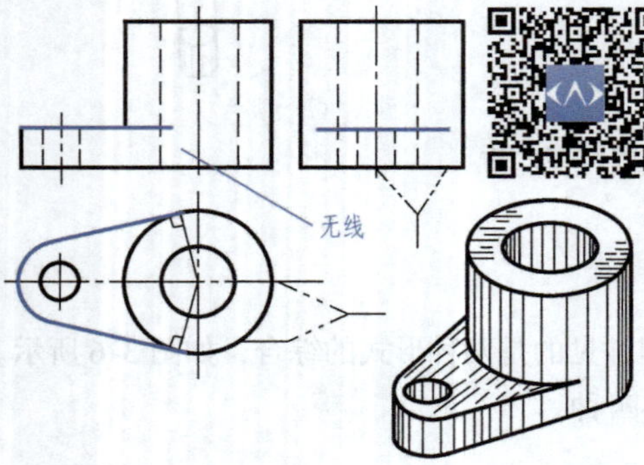

图 3-9　表面相切

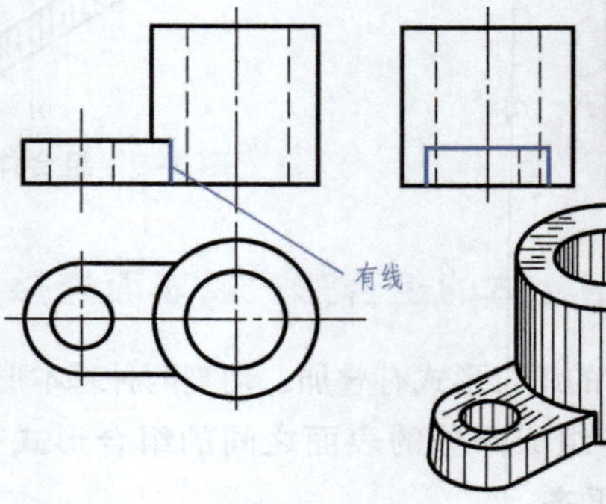

图 3-10　表面相交

任务二 熟悉组合体的尺寸标注

视图只能表达物体的形状，物体的大小要由尺寸来确定，因此应完整、清晰地标注尺寸。

【任务目标】

1）明确组合体尺寸的标注要求。
2）掌握组合体尺寸基准的选择方法。
3）掌握组合体尺寸的标注方法。

【任务准备】

绘图工具一套。

【实践操作】

对轴承座进行尺寸标注，具体步骤如图 3-11 所示。

1）按形体分析法，将组合体分解为若干个组成部分，然后逐个标出各组成部分的定形尺寸。例如，要确定图 3-11a 中空心圆柱的大小，应标注外径“$\phi22$”，孔径“$\phi14$”和长度“24”这三个尺寸；要确定底板的大小，应标注长“60”、宽“22”、高“6”这三个尺寸；其他尺寸的标注如图 3-11a 所示。

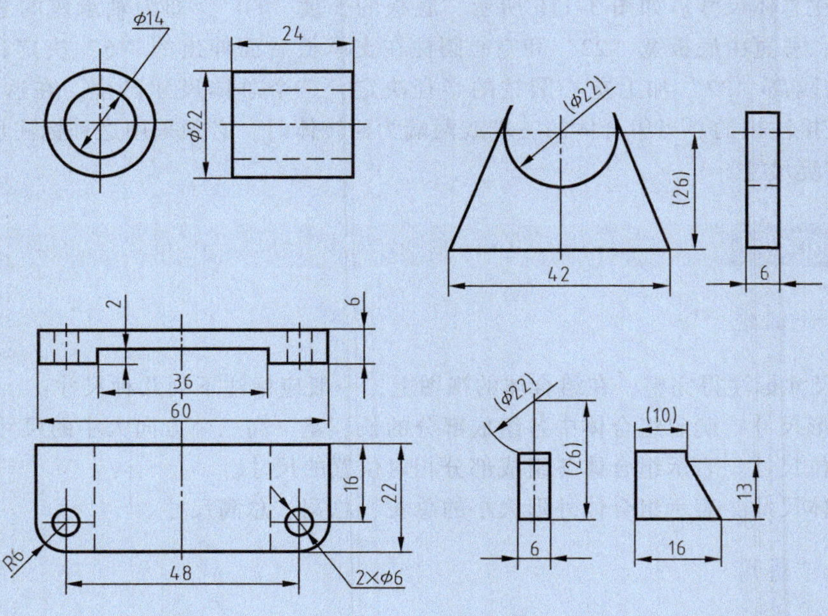

a)

图 3-11 轴承座的尺寸标注

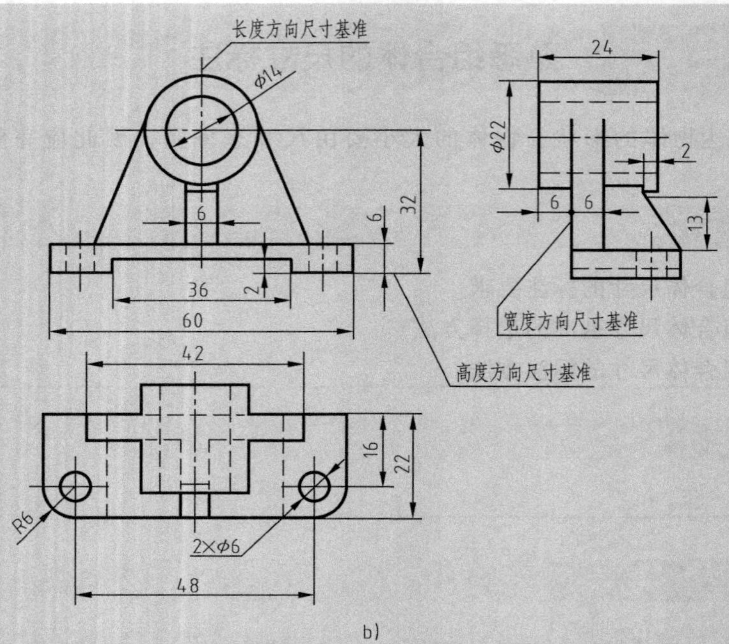

图 3-11　轴承座的尺寸标注（续）

2）标注确定各组成部分相对位置的定位尺寸。在图 3-11b 中，要确定空心圆柱与底板的相对位置，需标注轴线距底板底面的高“32”和空心圆柱在支承板的后面伸出“6”这两个尺寸；要确定底板上的两个“φ6”孔的相对位置，应标注“48”和“16”这两个尺寸。

3）标注总体尺寸。如图 3-11b 所示，底板的长度“60”，即为轴承座的总长（不必另行标注）；总宽由底板宽“22”和空心圆柱在支承板后面伸出的“6”决定；总高由空心圆柱的轴线高“32”加上空心圆柱的半径决定，三个总体尺寸已全。在这种情况下，总高是不直接注出的。当组合体的一端或两端为回转体时，必须采用这种标注形式，否则就会出现重复尺寸。

【理论知识】

一、尺寸种类

为了将尺寸标注得完整，在组合体的视图上，一般应标注下列几种尺寸：

(1) 定形尺寸　确定组合体中各组成部分的长、宽、高三个方向大小的尺寸。

(2) 定位尺寸　表示组合体各组成部分相对位置的尺寸。

(3) 总体尺寸　表示组合体外形大小的总长、总宽、总高尺寸。

二、尺寸基准

在明确了视图中应该标注哪些尺寸的同时，还应考虑尺寸基准的问题。所谓尺寸基准，就是标注尺寸的起点。

一般可以选择组合体的对称面、底面、重要端面及回转体的轴线等作为尺寸基准。如

图 3-12 所示轴承座的尺寸基准是：以左右对称面为长度方向的基准，以底板和支承板的后面作为宽度方向的基准，以底板的底面作为高度方向的基准。

基准选定后，各方向的主要尺寸就应从相应的尺寸基准进行标注。如图 3-11b 所示，主、俯视图中的“6”“36”“42”“48”“60”是从长度方向的基准进行标注的；俯、左视图中的“16”“22”“6”“6”是从宽度方向的基准进行标注的；主、左视图中的“2”“6”“32”是从高度方向的基准进行标注的。

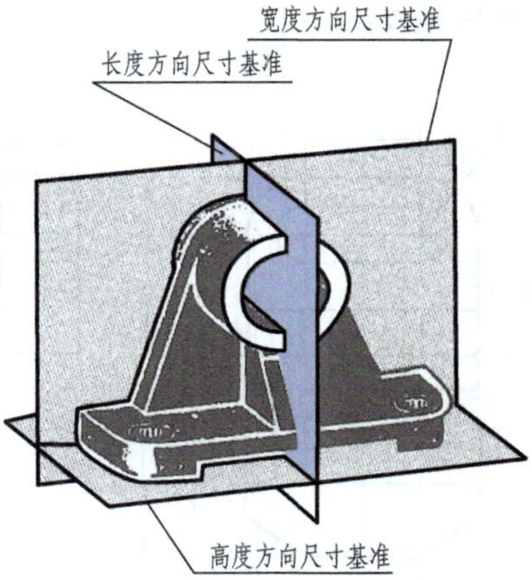

图 3-12　轴承座的尺寸基准

三、标注尺寸的基本要求

组合体的尺寸标注必须正确、完整、布置清晰。

1）正确：尺寸注法符合国家标准的规定，尺寸数值正确。

2）完整：所标注尺寸能够使组合体中各形体的大小和相对位置唯一确定，即尺寸齐全，不遗漏，不重复。

3）布置清晰：所标注尺寸应布局合理、美观，便于读图，不致产生误解或混淆。

为此，标注尺寸时应注意下列几点：

1）尺寸应尽量标注在反映各形体形状特征明显、位置特征清楚的视图上。同一形体上的定形尺寸和定位尺寸应尽量集中标注，以便于读图，如图 3-13 所示。

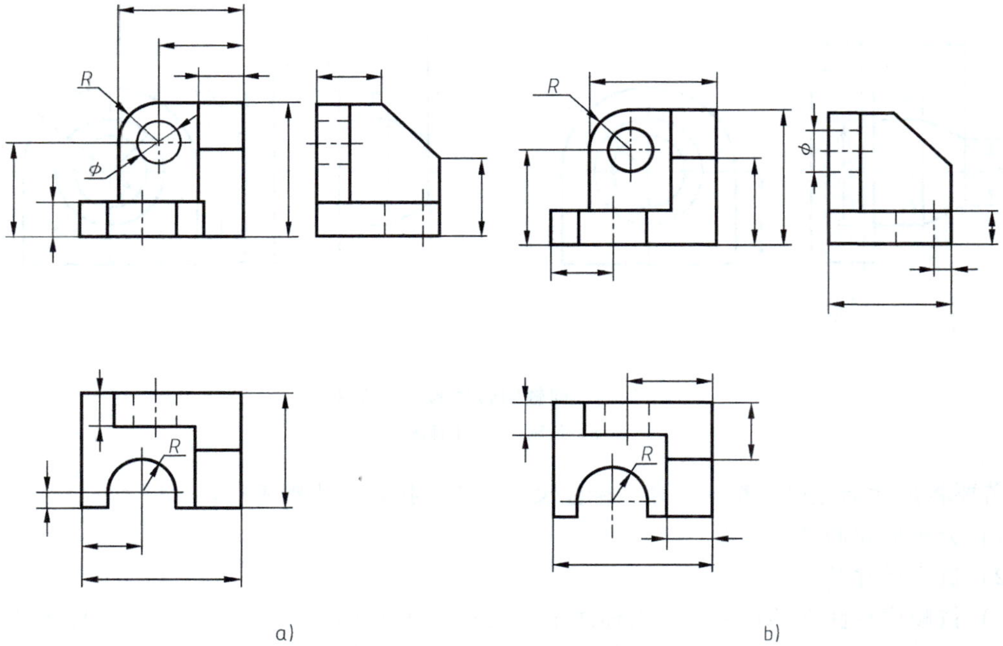

图 3-13　尺寸应标注在能明显反映各形体形状特征的视图上

a）明显　b）不明显

2）尺寸应尽量注在视图外面，与两个视图有关的尺寸应尽量标注在有关视图之间，如图 3-14 所示。

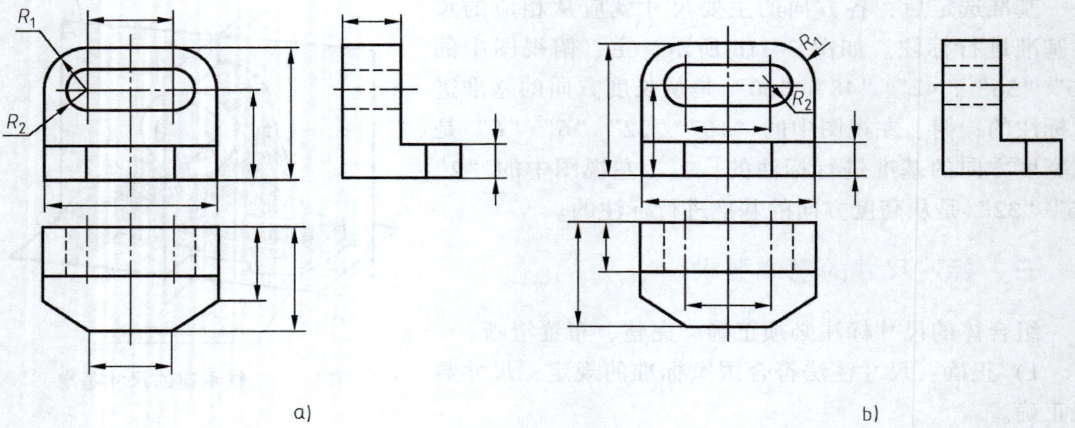

图 3-14　尺寸的布局

a）清晰　b）不清晰

3）细虚线上尽量不标注尺寸，如图 3-13b 中的圆孔直径。

4）同轴回转体的各径向尺寸一般标注在非圆视图上，圆弧半径应标注在投影为圆弧的视图上，如图 3-15 所示。

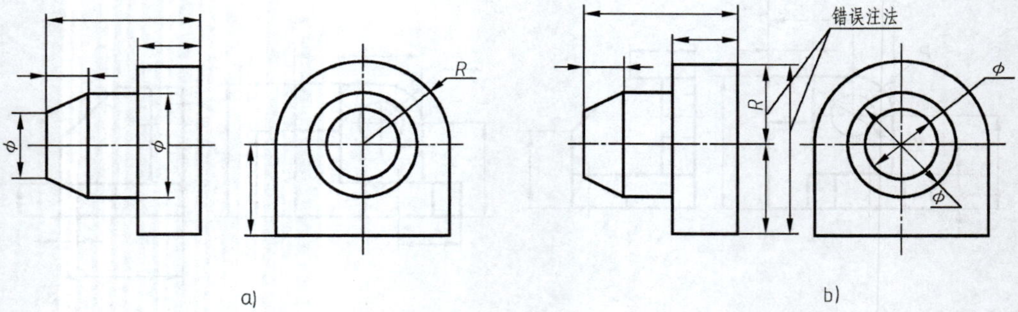

图 3-15　同轴回转体的尺寸标注

a）清晰　b）不清晰

若要将尺寸标注得完整、清晰，标注尺寸时必须按以下步骤进行：

1）分析形体的结构特点。

2）选定尺寸基准。

3）按顺序标注三类尺寸。即先标注定形尺寸，再标注定位尺寸，最后标注总体尺寸。

4）检查尺寸。按形体分析法，依次检查三类尺寸，将多余的尺寸去掉，将遗漏的尺寸补齐，并将尺寸排列整齐。

【拓展与提高】

图 3-16 中列出了组合体常见结构的尺寸标注方法，供参考。

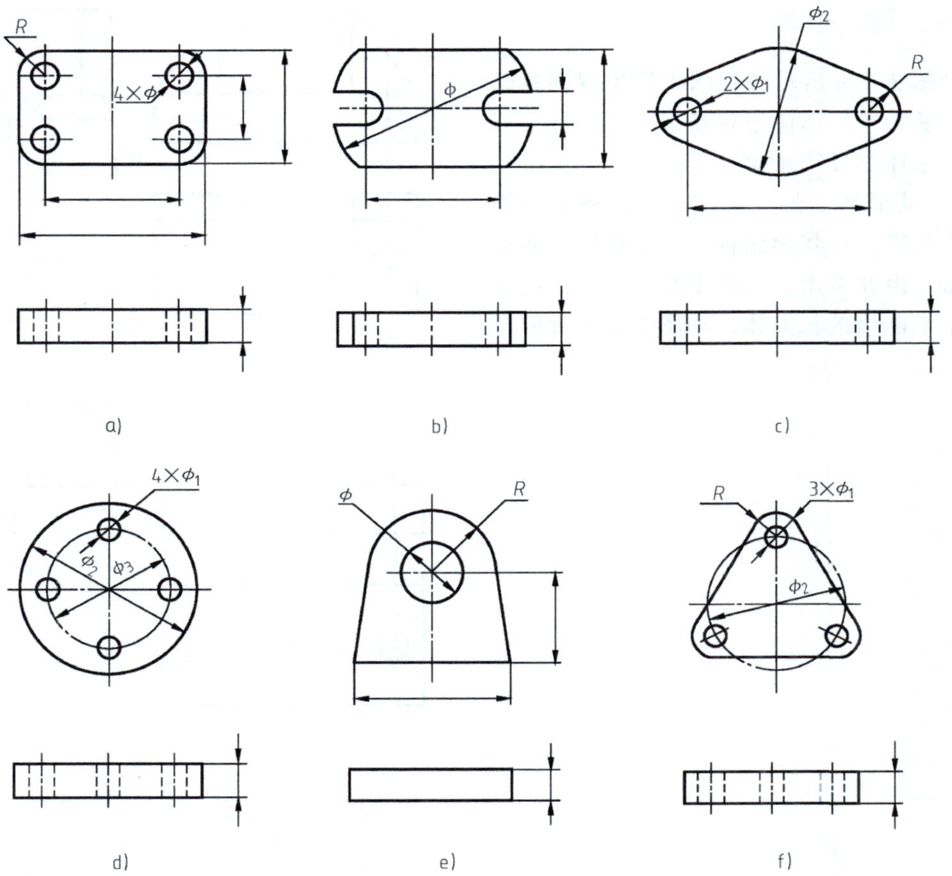

图 3-16　常见结构的尺寸标注

任务三　识读组合体的三视图

画组合体三视图时，是运用正投影法把空间物体表达在平面上；读组合体三视图时，则是运用正投影法，根据视图想象出物体的结构形状。因此读图是画图的逆过程。

【任务目标】

掌握识读组合体三视图的方法和步骤。

【任务准备】

绘图工具一套。

【实践操作】

一、识读轴承座的三视图

如图 3-17a 所示，轴承座的主视图反映了Ⅰ、Ⅱ两个形体的形状特征。

轴承座的读图步骤如下：

1）从形体Ⅰ的主视图入手，根据三视图投影规律，可找出俯视图、左视图上相应的投影。由此看出，形体Ⅰ是一个上部挖去了一个半圆槽的长方体，如图 3-17c 所示。

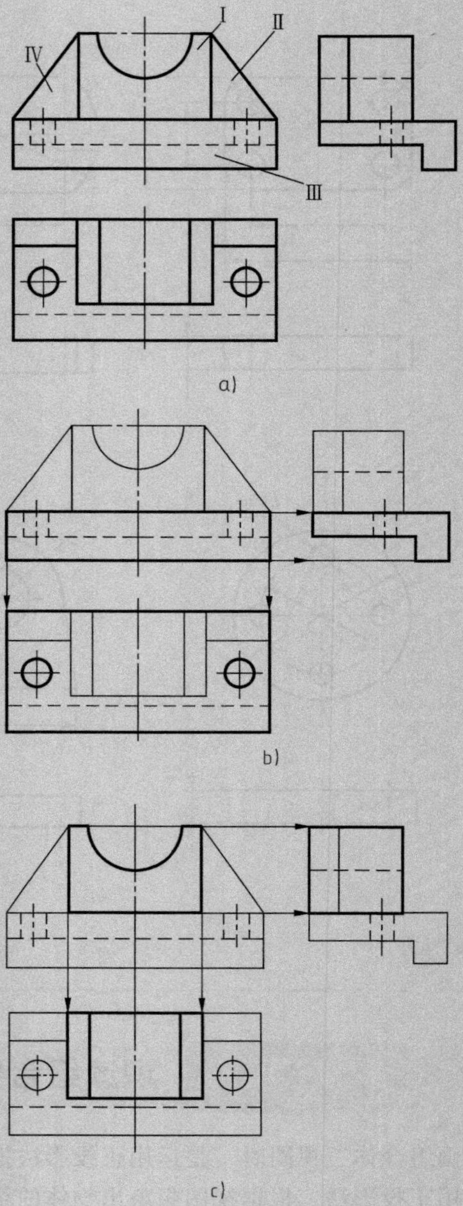

图 3-17　轴承座的读图步骤

2）同理，可找到三角肋板Ⅱ、Ⅳ的俯视图与左视图的投影，如图 3-17d 所示。

3）从俯视图可看见底板两孔的形状特征，结合左视图可看出底板是一块带弯边的四方板，上面钻了两个孔，如图 3-17b 所示。

4）图 3-17a 中的主、俯视图清楚地表示了轴承座的位置特征。长方块Ⅰ在底板Ⅲ的上面，位置是中间靠后；肋板Ⅱ、Ⅳ在长方块Ⅰ的两侧，并且后面平齐；底板Ⅲ的前面有一弯边，其位置从左视图上可以清楚地看出。经过形体分析综合起来想整体，就形成了图 3-17e、图 3-17f 所示的空间形体。

d)

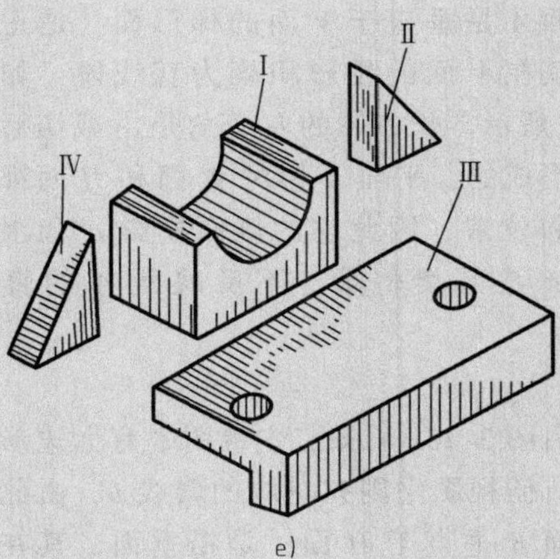

e)

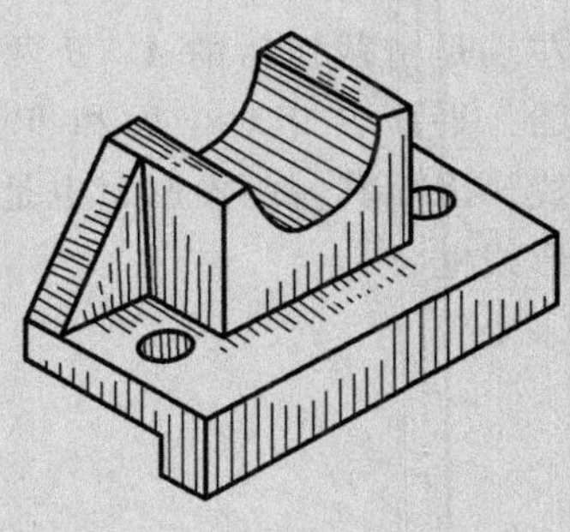

f)

图 3-17 轴承座的读图步骤（续）

二、识读压块的三视图

图 3-18a 所示为压块的三视图。由压块的三视图可以看出，压块是长方体经过切割而形成的。

由图 3-18b 可知：俯视图中有梯形线框 a，主视图中则有对应的斜线 a'，由此可知，面 A 是垂直于 V 面的梯形面，是正垂面，其在 V 面的投影积聚为直线段，如图 3-18e 所示。长方体的左上角是由截切后的面 A 形成的，平面 A 相对 W 面和 H 面都处于倾斜位置，因此它的侧面投影 a'' 和水平投影 a 是其类似形，不反映面 A 的真实形状。

由图 3-18c 可知，主视图中有七边形线框 b'，俯视图中则有对应的斜线 b，由此可知，面 B 垂直于 H 面，是铅垂面，其在 H 面的投影积聚为直线段，如图 3-18e 所示。长方体的左端是由截切后的 A、B 两个平面组合而成的，平面 B 相对 V 面和 W 面都处于倾斜位置，因而其侧面投影 b'' 也是与之类似的七边形线框。

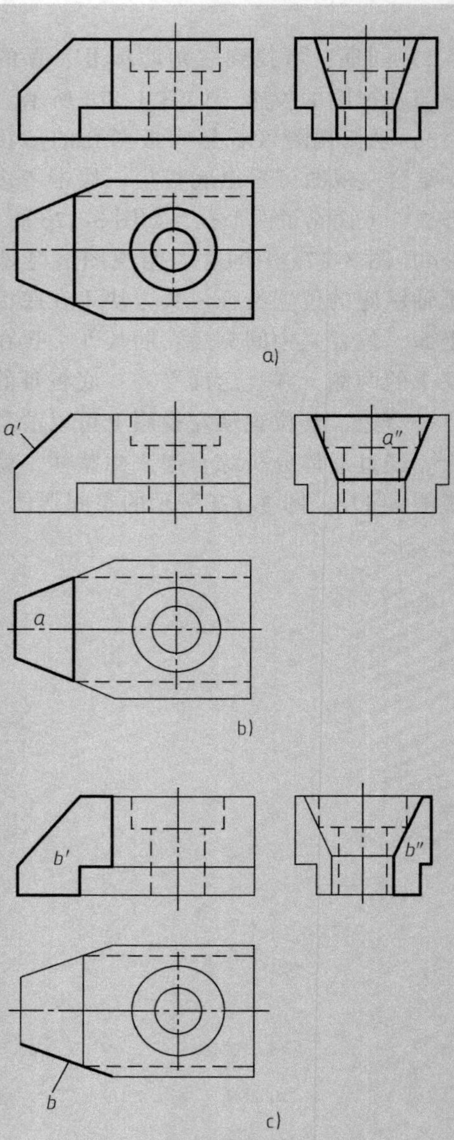

图 3-18　线面分析看图

从主视图上的长方形线框 d' 入手，可以找到面 D 的三个投影（见图 3-18d），可知面 D 是正平面，其在 V 面上的投影反映实形，在 W 面和 H 面上的投影积聚为直线段。同理，从俯视图上的梯形（c）入手，可找到 C 面的三个投影，面 C 是水平面，其在 H 面上的投影为其实形，在 V 面和 W 面上的投影积聚为直线，如图 3-18d 所示。

因此，压块是由长方体被垂直于 V 面的平面切去左上角，又被垂直于 H 面的平面切去左端前后两角，再被垂直于 V 面和 H 面的平面切去前后两条的形状，并在中间偏右的方向钻了一个垂直于 H 面的阶梯孔。经过以上对线面的分析，可想出它的形状如图 3-18f 所示。

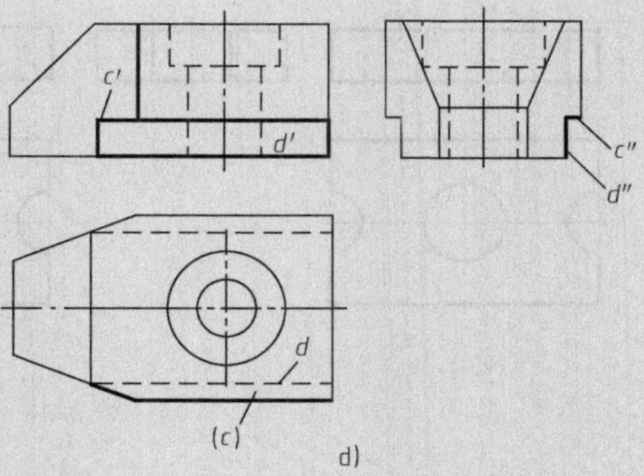

d)

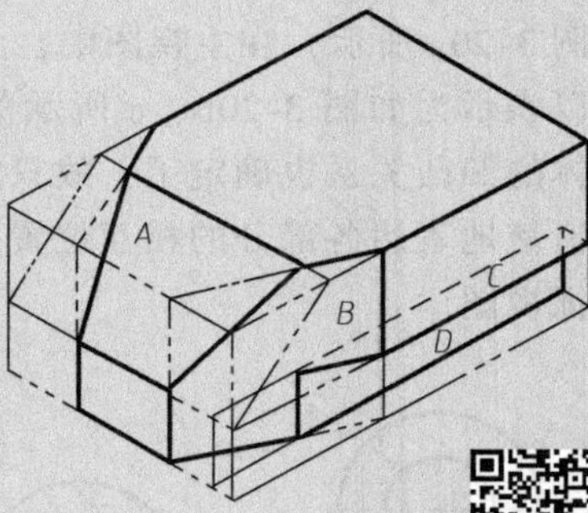

e)

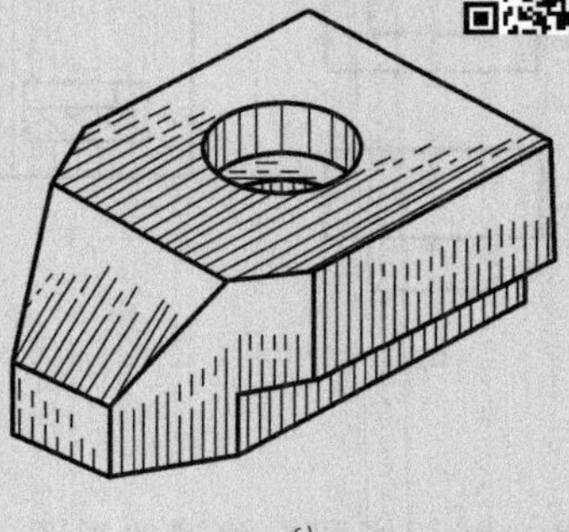

f)

图 3-18　线面分析看图（续）

【理论知识】

一、读组合体视图的基本方法

1. 形体分析法

用形体分析法读图时，有以下三个要点。

（1）分析视图抓特征　图 3-19a 所示为底板的三视图，如果只看主、左两个视图，则只能看出板厚，其他形状看不出来；如果将主、俯视图配合起来看，如图 3-19b 所示，则即使不画左视图，也能想出它的全部形状。显然，俯视图比左视图更能反映底板的完整形状。这

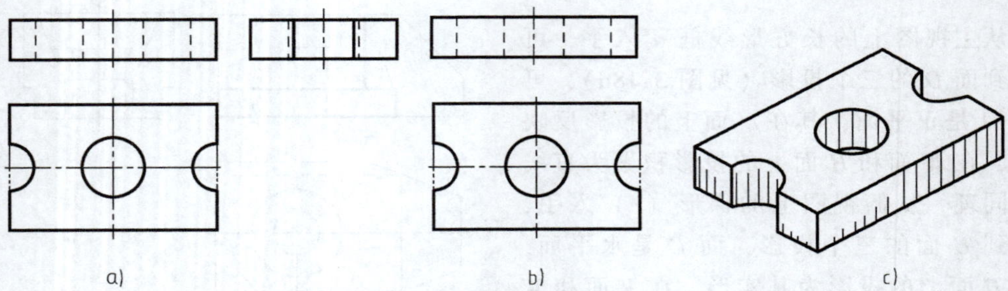

图 3-19 形体特征视图

种最能反映形状特征的视图，称为形体的形体特征视图。

如图 3-20a 所示，在主视图中，无法确定Ⅰ、Ⅱ两个形体中哪处凸起，哪处凹进去，因此，可以表示为如图 3-20b、c 所示的两种情况。而图 3-20d 不仅形状表达清楚，而且Ⅰ、Ⅱ两形体的凹凸关系也确定了，故只能是如图 3-20c 所示的一种情况。显然，左视图比俯视图更能清楚地表达各部分的相互位置关系。这种最能反映相互位置关系的视图，称为形体的位置特征视图。

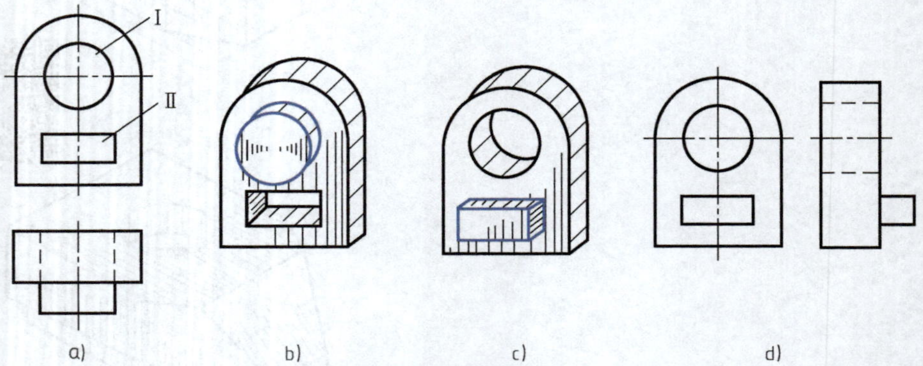

图 3-20 位置特征视图

可见，特征视图是关键的视图，读图时应找出形状特征视图和位置特征视图，这样才能较快地认清形体。

(2) 分析投影想形体　根据形体的特征视图，从图上对形体进行形状分析。按照视图中的每一个封闭线框代表一块形体轮廓的投影，把它分解成几个部分；再根据三视图的投影规律，分出每一块形体的三个投影，想出其形状。一般顺序是：先看主要部分，后看次要部分；先看容易确定的部分，后看难以确定的部分；先看整体形状，后看细节形状。

(3) 综合起来想整体　在看懂每块形体的形状以后，再综合起来看三视图，则可想象出形体的整个形状。

2. 线面分析法

运用点、线、面的投影特征，分析组合体中线条和线框的含义，推想出线、面的形状及空间位置，最后想象出组合体形状的方法，称为线面分析法。

采用线面分析法读图时，必须首先弄清楚视图中线条、线框的空间含义。

（1）线条　视图上的一条线可能有三种含义。

1）表面交线的投影。例如，图 3-21a 中的直线 l'可以是图 3-21c、e 中两面交线的投影。

2）形体上某一表面的积聚性投影。表面有平面、曲面及平面与曲面相切的组合面，当这些面处于垂直于投影面的位置时，其投影积聚为线。例如，图 3-21a 中的直线 l'可以是图 3-21b、d 中侧平面的积聚投影。

3）曲面外形轮廓的投影。例如，圆柱体投影成矩形时的两条轮廓素线等。

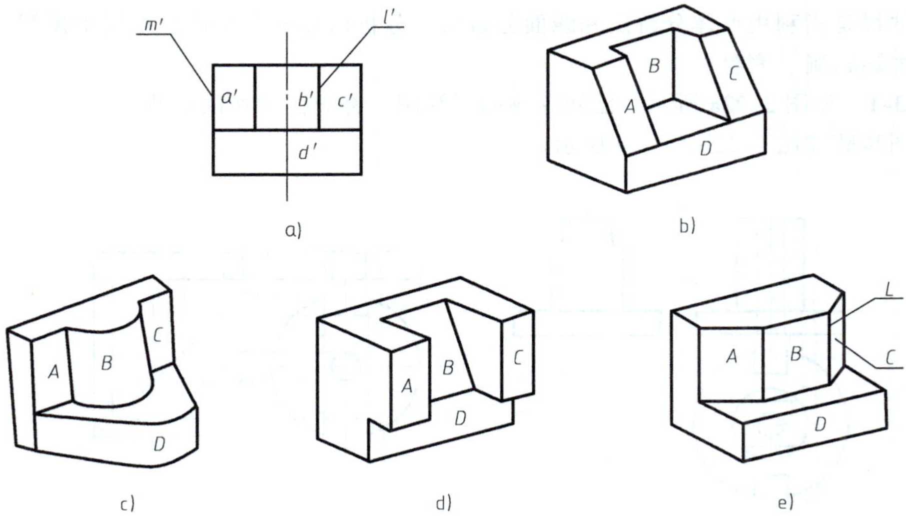

图 3-21　线条、线框的空间含义

（2）一个封闭线框　视图上的一个封闭线框可以是形体上不同位置的平面和曲面的投影。

1）平面的投影。图 3-21a 中的线框 a'是图 3-21b、c、e 中不同位置平面的投影。

2）曲面的投影。图 3-21a 中的线框 b'是图 3-21c 中圆柱面的投影。

3）曲面和其相切平面的投影。图 3-21a 中的线框 d'是图 3-21c 中曲面和相切平面的投影。

（3）相邻两封闭线框的空间含义

1）形体上相交的两个面。图 3-21a 中的相邻封闭线框 b'、c'可以是图 3-21c、e 中相交的两个面的投影。

2）形体上错开的两个面。图 3-21a 中的相邻封闭线框 b'、c'可以是图 3-21b、d 中前后错开的两个四边形的投影。

二、读组合体视图的步骤

（1）初步了解　读图时，通常先进行较粗略地形体分析，从主视图着手，按线框划块，将视图分割成几部分。大致弄清楚各部分的相对位置及组合形式，从而对组合体的形状有一个初步的概念。

（2）逐个分析想象形状　按对线框、找投影的方法，并进行必要的线面分析，逐步读懂各部分的具体形状。

（3）综合起来想象整体　根据各部分的相对位置和表面连接关系，综合想象出组合体的整体形状。

【拓展与提高】

在读图练习中，常常要求补画视图中所缺的图线或由给出的两个视图补画出第三个视图，这是培养和检验读图能力的一种有效方法。

1．补缺线

补缺线是指利用形体分析法和线面分析法，分析已知视图并补全视图中遗漏的图线，使视图表达正确、完整。

例 3-1　如图 3-22a 所示，已知支座的三视图，补画图中所缺图线。

作图步骤如图 3-22b、c、d 所示。

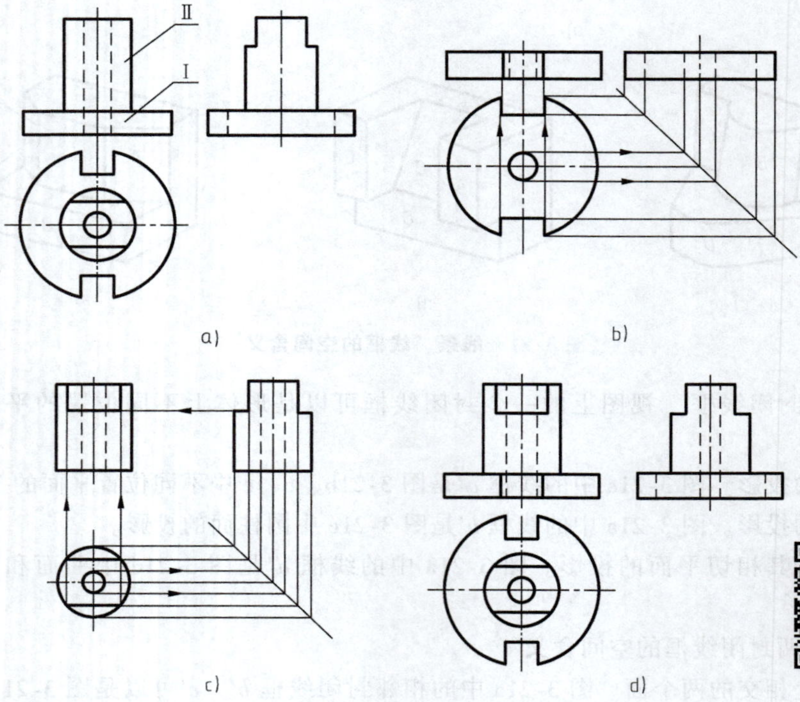

图 3-22　补画支座三视图中所缺的图线

1）根据三视图可知：支座是由圆柱底板Ⅰ与圆筒Ⅱ叠加组合后，又经切割而成的。

2）圆柱底板Ⅰ的前后各有一个方槽，在俯视图中已表达清楚，需补画出其在主视图中应有的图线及孔在左视图中的虚线，如图 3-22b 所示。

3）由俯、左视图看出，圆筒Ⅱ前后各有一个缺口，需补画出其在主视图中应有的图线及孔在左视图中的虚线，如图 3-22c 所示。

4）补齐所缺图线，完成三视图，如图 3-22d 所示。

2. 补视图

补视图是指根据已知的两个视图补画出第三个视图，是读图和画图的综合练习。

例 3-2 根据夹铁的主、左视图，补画出其俯视图，如图 3-23 所示。

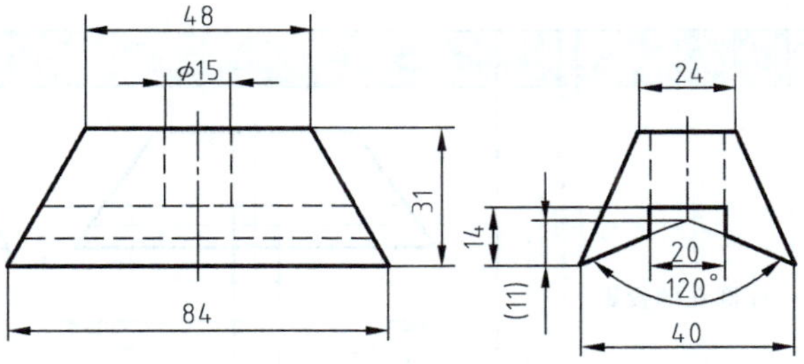

图 3-23 夹铁的主、左视图

分析：根据给出的视图和尺寸，可以初步了解整个夹铁的基本形体是一个长方体，左、右和前、后被对称地切去四块，下部开有带斜面的通槽，上面正中钻了一个圆孔。

补视图作图步骤见表 3-2。

表 3-2 补视图作图步骤

步　骤	图　例	说　明
1. 形体分析，想象形状	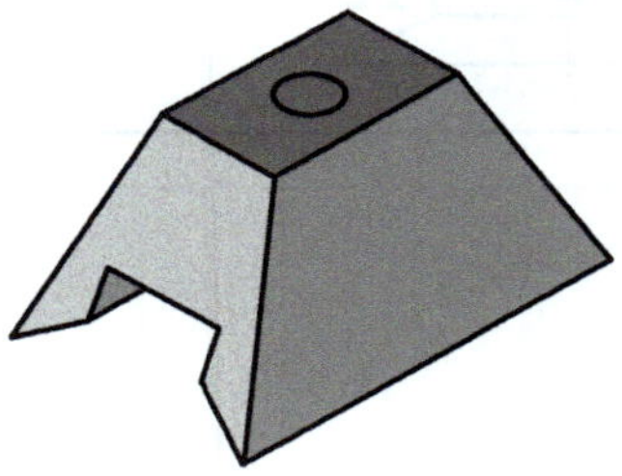	由夹铁主、左视图的主要轮廓可知，其基本形体为四棱台，其下左右方向开有燕尾形通槽，其正中垂直方向有一通孔
2. 作俯视图主要轮廓：四棱台	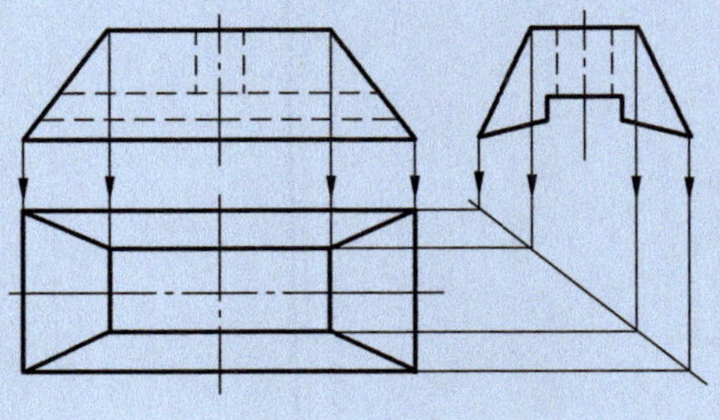	先画对称中心线，再画四棱台上下底面，最后连接两底面对应顶点
3. 作燕尾槽的投影	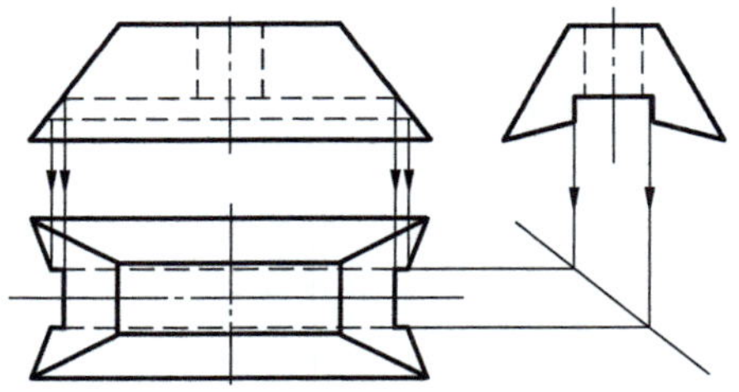	可利用棱台左右两侧面的投影特点来作图：正面投影为积聚性，俯、左视图呈类似性

（续）

步　　骤	图　　例	说　　明
4. 作圆孔的投影	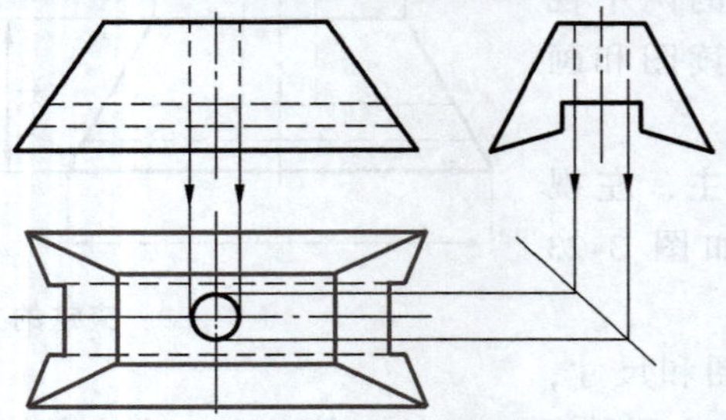	思考：若图 3-23 中不标注直径“ϕ”，则此处还可能是什么形状的孔？
5. 检查描深	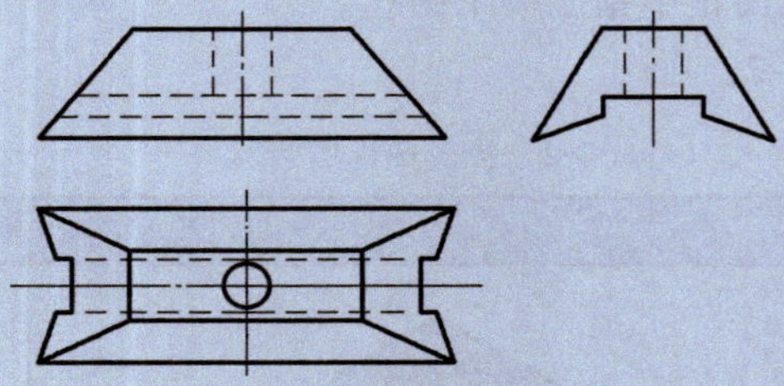	按标准描深图线

项目四

学习图样的画法

【学习目标】

1）掌握各种视图的定义、画法、标注及应用。
2）掌握剖视图、断面图的概念、种类及应用。
3）进一步培养空间想象能力，为学习零件图打下基础。

【项目分析】

在实际生产中，机件的结构形状是多种多样的，为了能清楚、完整地表达机件的真实形状和大小，国家标准规定了视图、剖视图、断面图、局部放大图等基本表示方法。绘制图样时，应首先考虑读图方便，然后根据机件的结构特点，选用适当的表示方法，在完整清晰地表达机件的前提下，力求制图简便。

任务一　学习视图的基本知识

【任务目标】

1）掌握各种视图的定义。
2）会用视图正确表达机件。

【任务准备】

绘图工具一套。

【实践操作】

一、画基本视图

要想完整地表达外形、结构复杂的机件，需要从六个方向对其进行投射。

将机件放在正六面体中，按第一角投影法向六个投影面投射，得到六个基本视图，除了前面已介绍的主视图、俯视图、左视图以外，还有由后向前投射所得的后视图，由下向上投射所得的仰视图和由右向左投射所得的右视图。投影面按图 4-1a 所示展成同一平面后，六个基本视图的配置关系如图 4-1b 所示。

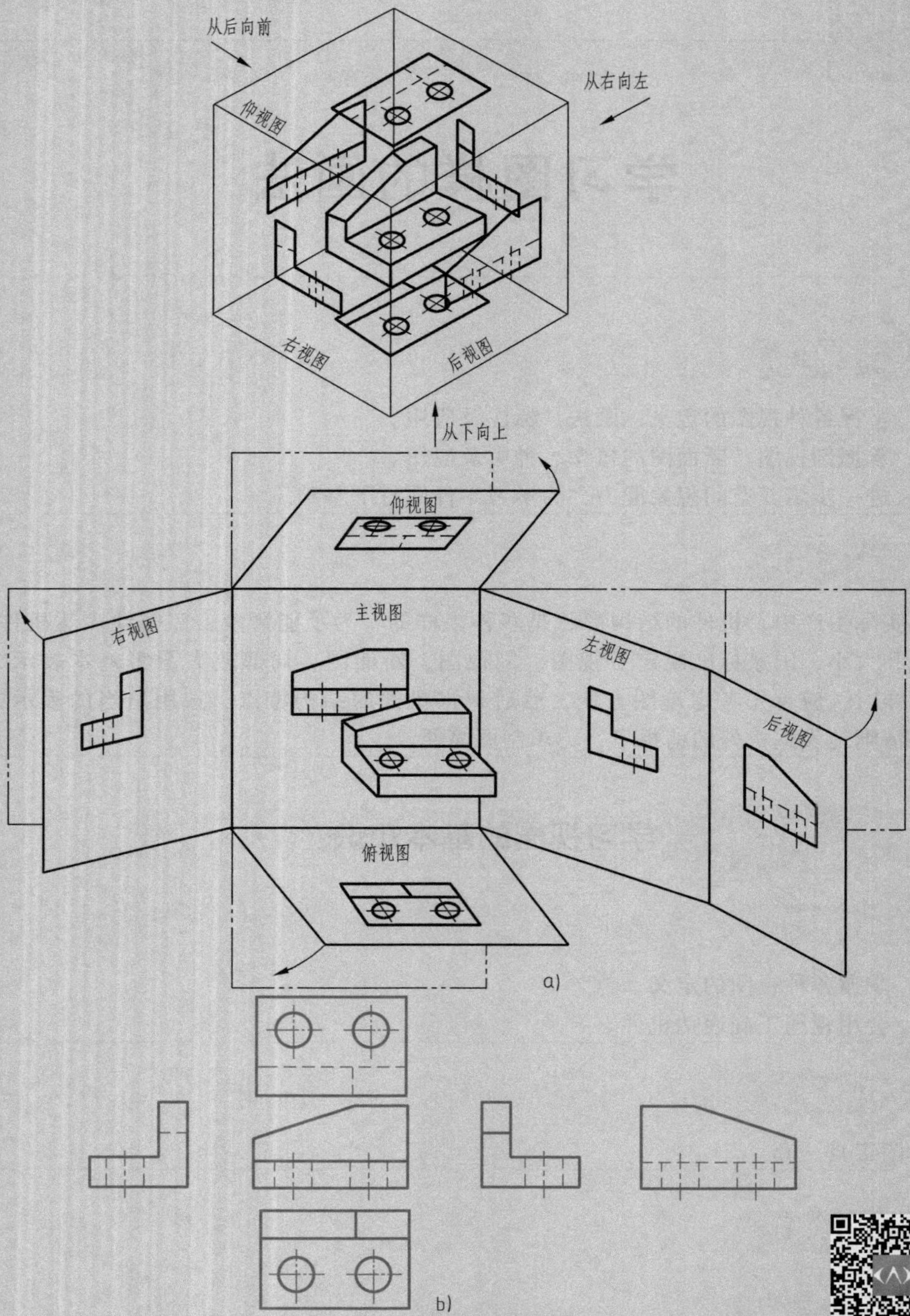

图 4-1　六个基本视图

a）基本视图的形成　b）基本视图的配置

当六个基本视图在同一张图纸内按图 4-1b 所示的形式配置时，不需要标注视图名称。

六个基本视图的投影规律仍满足“三等”规律，即主、俯、仰、后视图等长，主、左、右、后视图等高，左、右、仰、俯视图等宽；六个基本视图的方位对应关系仍然是左、右、俯、仰视图靠近主视图的一面代表物体的后面，远离主视图的一面代表物体的前面。

实际画图时，通常无需将六个基本视图全部画出，而应根据机件表达的需要，选用必要的基本视图。

二、画向视图

向视图是可以自由配置的视图，若同一机件的基本视图不按图 4-1b 所示的方式配置，或者不能画在同一张图样上，则可画向视图。此时，应在向视图的上方标注视图名称“×”（“×”为大写拉丁字母），在相应的视图附近用箭头指明投射方向，并注明相同的字母，如图 4-2 所示。

向视图是基本视图的另一种表达方式，是移位（不旋转）配置的基本视图。向视图的投射方向应与基本视图的投射方向一一对应。

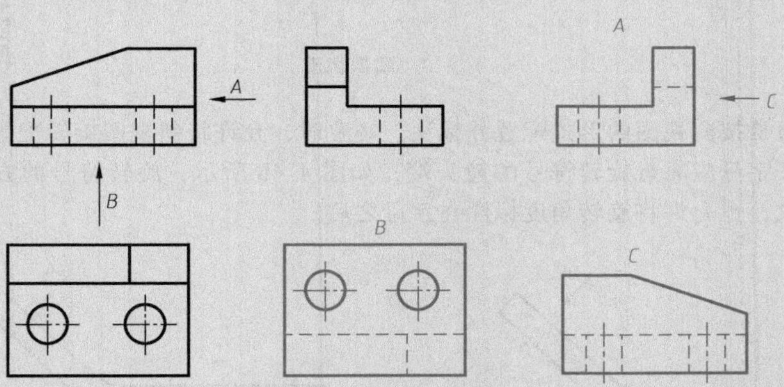

图 4-2 **向视图及其标注**

三、画局部视图

当机件在某个方向仅有部分形状需要表达，没有必要画出完整的基本视图时，可采用局部视图。

局部视图可按基本视图的配置形式配置，如图 4-3b 所示；也可按向视图的配置形式配置并标注，如图 4-3c 中的“*A*”向视图所示。当局部视图按基本视图配置，且中间又没有其他图形隔开时，则不必标注名称。

画局部视图时，断裂处的边界线用波浪线或双折线表示，如图 4-3c 中的“*A*”向视图所示。当所表示的局部视图的外轮廓封闭时，则不必画出其断裂边界线，如图 4-3b 所示。

四、画斜视图

将机件向不平行于基本投影面的平面投射所得的视图称为斜视图。斜视图只需表达倾斜结构的局部实形，其断裂边界用波浪线或双折线绘制，如图 4-4a 中的“*A*”向视图所示。

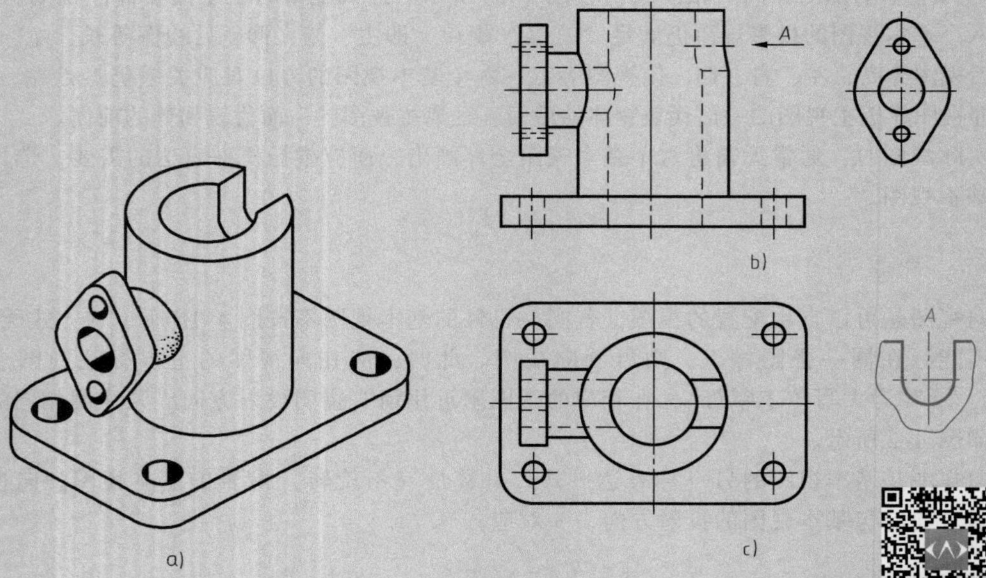

图 4-3 **局部视图**

斜视图通常按向视图的形式配置并标注。必要时，允许将斜视图旋转配置。表示该视图的大写拉丁字母应靠近旋转符号的箭头端，如图 4-4b 所示，旋转符号的方向要与实际旋转方向一致，也允许将旋转角度标注在字母之后。

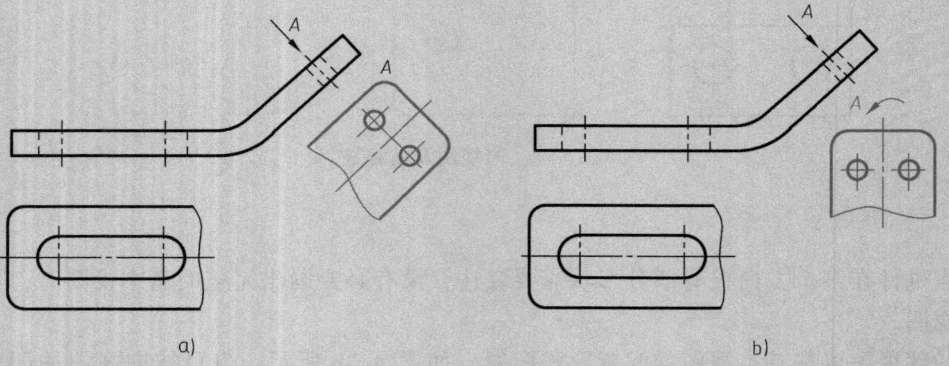

图 4-4 **斜视图**

【理论知识】

一、第三角投影的概念

绘制机械图样时，应采用投射线与投影面垂直的正投影法。将物体置于第一分角内，并使其处于观察者和投影面之间的投影法称为第一角投影法；将物体放置在第三分角内，并使投影面处于观察者和物体之间的投影法称为第三角投影法，如图 4-5 所示。

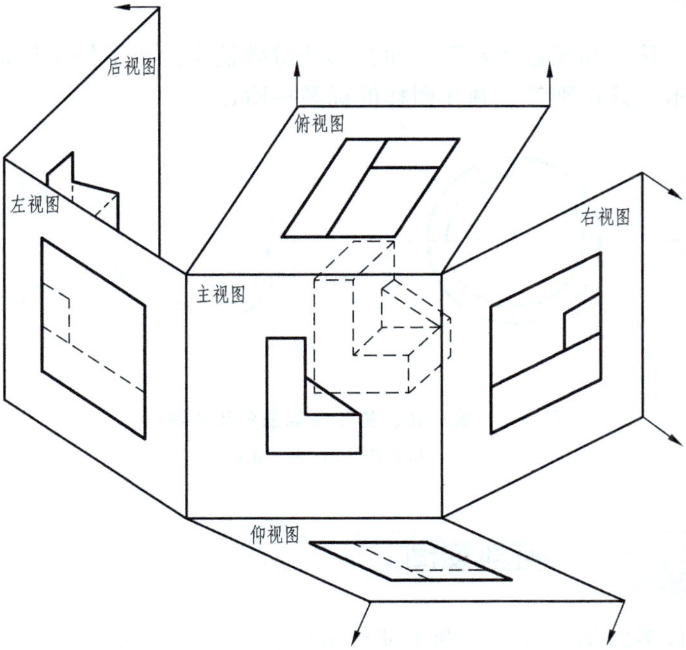

a)

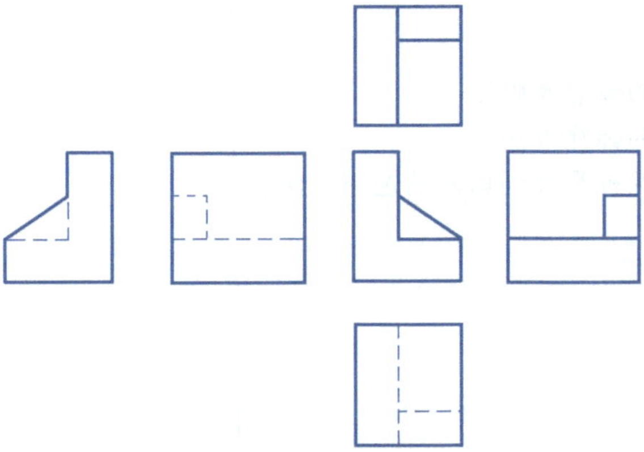

b)

图 4-5 第三角投影

二、第三角投影法与第一角投影法的比较

1）第一角画法把被表达的物体放在投影面与观察者之间，而第三角画法是将投影面放在机件与观察者之间。

2）视图配置不同。第三角画法将俯视图放置在主视图的正上方，将仰视图放置在主视图的正下方，将左视图放置在主视图的正左方，将右视图放置在主视图的正右方，后视图的放置位置与第一角画法相同，如图 4-5 所示。

三、两种投影法的识别符号

国际标准规定，第一角投影法和第三角投影法等效使用。为了便于识别，特规定了识别符号，如图4-6所示。该识别符号画在图样的标题栏附近。

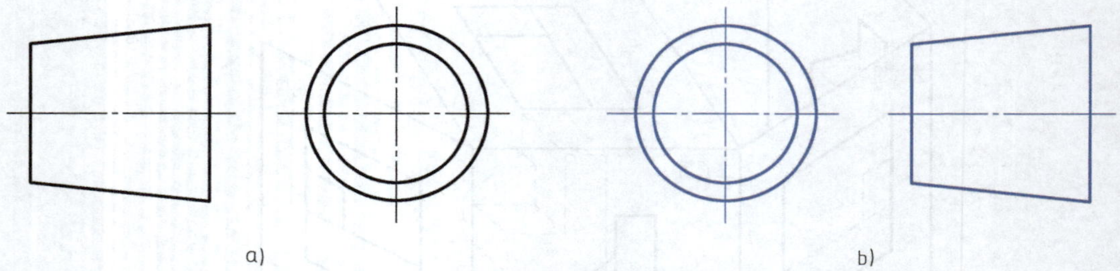

图4-6　第一角、第三角画法的识别符号

a）第一角画法　b）第三角画法

任务二　画剖视图

当视图中出现过多的细虚线时，既不便于看图，又给绘图及尺寸标注带来了不便。为此，国家标准规定了剖视图的使用方法。

【任务目标】

1）掌握剖视图的概念及画法。

2）掌握剖视图的标注方法。

3）掌握剖视图的种类及剖切面的选用方法。

【任务准备】

绘图工具一套。

【实践操作】

绘制图4-7a所示机件的全剖视图。

一、剖视图的形成

假想用剖切面（平面或曲面）剖开机件，将处于观察者和剖切面之间的部分移去，而将其余部分向投影面上投射，这样得到的图形称为剖视图，简称剖视，如图4-7a所示。剖切面是剖切被表达物体的假想面。

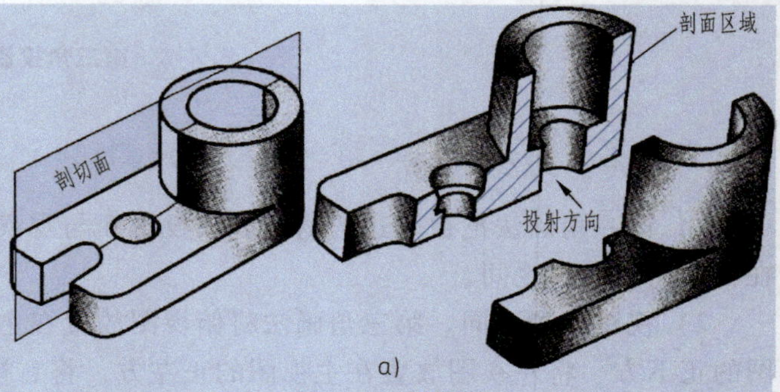

图4-7　剖视图

a）剖视图的形成

二、画剖视图

1. 确定剖切平面的位置

为了清楚地表达机件的内部结构形状，所选剖切面一般应与某一投影面平行，并应通过机件内部孔、槽等结构的轴线或对称中心面，如图 4-7a 所示。

2. 画剖视图

剖切面后的可见轮廓线一定要用粗实线绘制，不能漏画或多画，如图 4-7b 中的主视图。由于剖视图是假想剖开机件后画出的，因此，当机件的一个视图画成剖视图后，其他视图仍应完整地画出，如图 4-7b 中的俯视图。

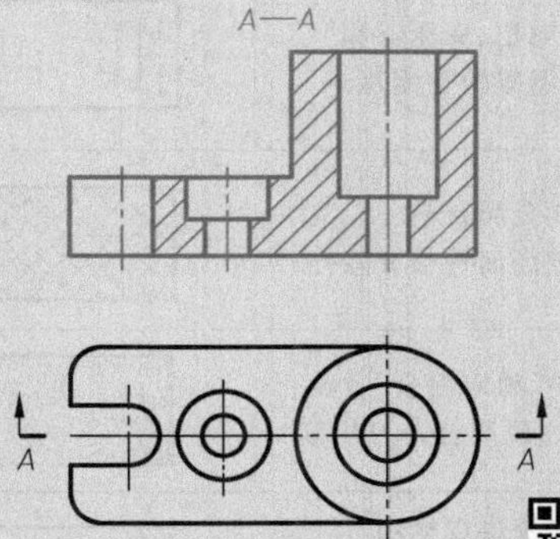

b)

图 4-7　剖视图（续）
b）剖视图的画法

3. 剖面区域的表示方法

假想用剖切面剖开机件，剖切面与机件接触的部分称为剖面区域。绘制剖视图时，应在剖面区域内画上通用剖面线或剖面符号。

1）不需要在剖面区域中表示材料的类别时，可采用通用剖面线表示。通用剖面线应以适当角度的细实线绘制，最好与主要轮廓或剖面区域的对称中心线成 45°。

2）当需要在剖面区域中表示材料的类别时，应采用特定的剖面符号表示，物体的材料不同，其剖面符号的画法也不相同，见表 4-1。金属材料的剖面符号用与水平方向成 45°、间隔均匀的细实线绘制，如图 4-7b 所示。同一机件的各个剖面区域，其剖面线的方向、间隔应一致。但当图形中的主要轮廓线与水平线成 45°时，该图形的剖面线也可画成与水平线成适当角度的平行线，其倾斜方向仍然与其他视图中的剖面线一致。

表 4-1　剖面符号

金属材料 （已有规定剖面符号者除外）	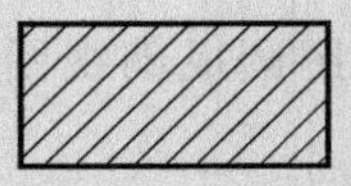	木质胶合板 （不分层数）	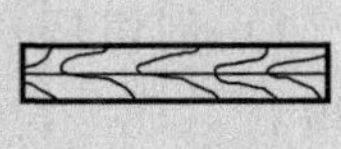
线圈绕组元件	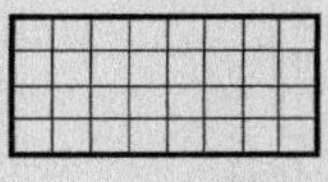	基础周围的泥土	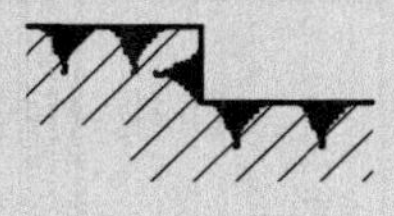

（续）

转子、电枢、变压器和电抗器等的叠钢片		混凝土	
非金属材料（已有规定剖面符号者除外）	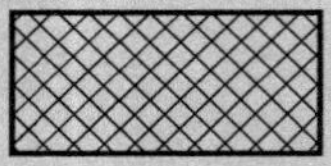	钢筋混凝土	
型砂、填砂、粉末冶金、砂轮、陶瓷刀片、硬质合金刀片等	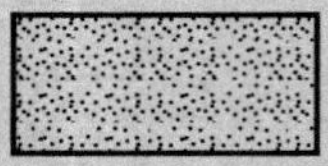	砖	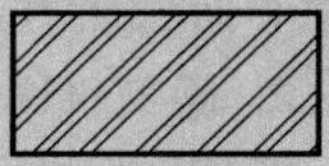
玻璃及供观察用的其他透明材料	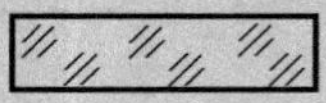	格网（筛网、过滤网等）	
木材　纵断面		液体	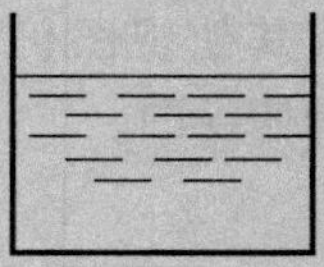
木材　横断面			

三、剖视图的标注

1）一般应在剖视图上方用大写的拉丁字母标出剖视图的名称“×—×”，在相应的视图上用剖切符号表示剖切位置（用短画表示）和投射方向（用箭头表示），并标注相同的字母，如图 4-7b 所示。

2）当剖视图按投影关系配置，中间又没有其他图形隔开时，可省略箭头，图 4-7b 中的箭头也可省略。

3）当单一剖切面通过机件的对称中心平面或基本对称中心平面，且剖视图按投影关系配置，中间又没有其他图形隔开时，可省略标注，图 4-7b 中的标注也可全部省略。

【操作注意事项】

1）剖切是一个假想过程，当机件的一个视图画成剖视图后，其他视图仍应完整地画出。

2）剖切面后的所有可见部分都要进行投射。

【理论知识】

一、剖视图的种类

根据机件被剖开的范围，可将剖视图分为全剖视图、半剖视图和局部剖视图。

1. 全剖视图

用剖切面完全剖开机件所得的剖视图称为全剖视图，如图 4-7b 所示。

2. 半剖视图

当机件具有对称中心平面时，向垂直于对称中心平面的投影面投射所得的图形，可以对称中心线为界，一半画成剖视图，另一半画成视图，这种剖视图称为半剖视图，如图 4-8 所示。

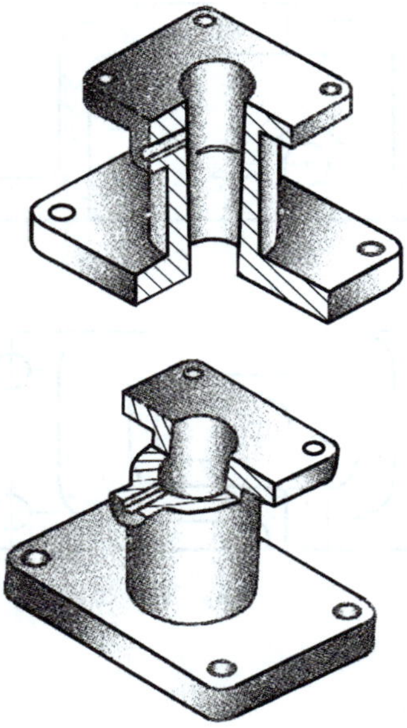

a)

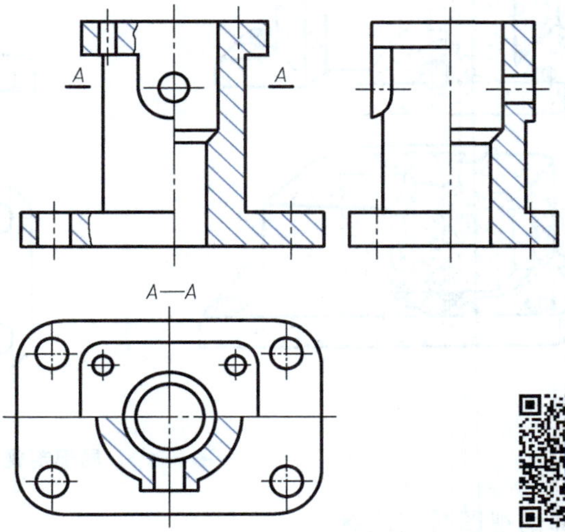

b)

图 4-8　半剖视图

画半剖视图时应注意下列问题：

1）在半剖视图中，半个视图与半个剖视图之间应以点画线为界，不要画成粗实线。

2）半个剖视图中已表达清楚的内部结构，在半个视图中不应再画虚线，但对于孔或槽等，应画出其中心线的位置。

3）当机件的结构形状接近对称，且不对称的部分已在其他视图中表达清楚时，也可采用半剖视图，如图 4-9 所示。

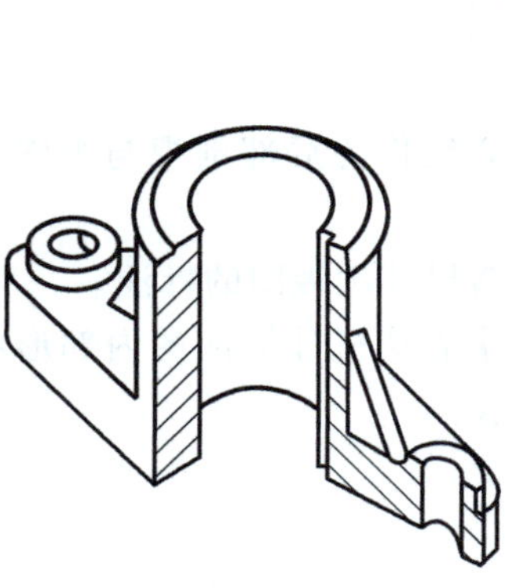

a)

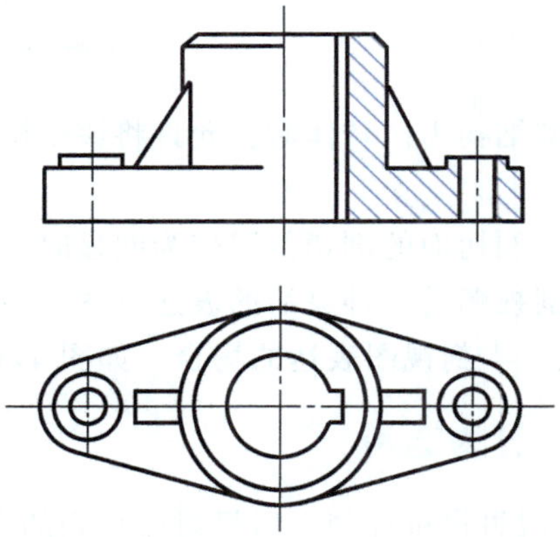

b)

图 4-9　机件接近于对称的半剖视图

4）半剖视图的标注方法与全剖视图相同。

3. 局部剖视图

用剖切面局部剖开机件所得到的剖视图称为局部剖视图，如图 4-10 所示。

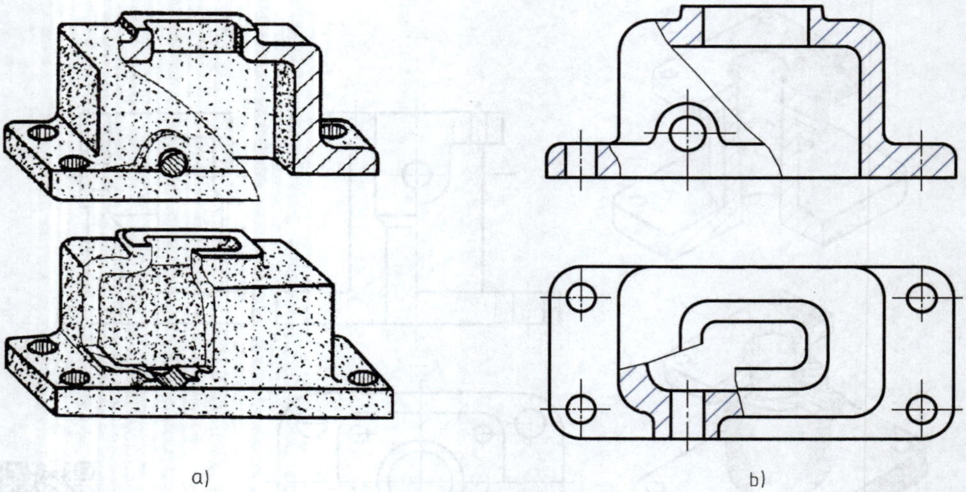

图 4-10　局部剖视图

画局部剖视图时应注意：

1）局部剖视图以波浪线为界，波浪线不应和图样上的其他图线重合，应画在机件的实体部分，如图 4-11 所示。

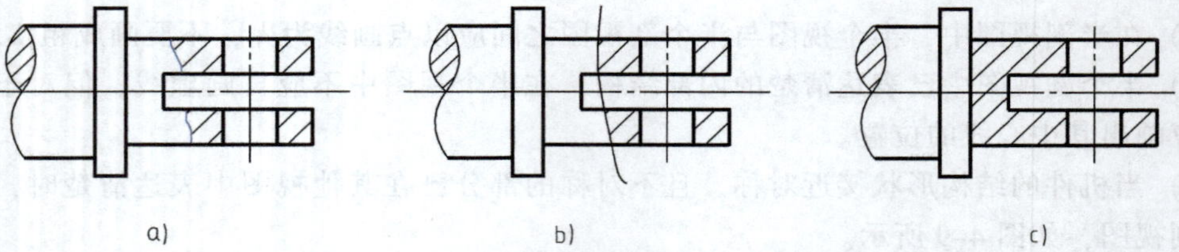

图 4-11　波浪线的画法

a）正确　b）、c）错误

2）当被剖结构为回转体时，允许将该结构的中心线作为局部剖视与视图的分界线，如图 4-12 所示。

3）当单一剖切面的剖切位置较为明显时，可省略局部剖视图的标注。

4）局部剖视图是一种灵活的表达方法，主要用来表达机件局部的内部形状或用于不宜采用全剖视图、半剖视图表达的场合，如图 4-13 所示。

二、剖切面的选用

剖视图是假想将机件剖开后投射而得到的视图，前面介绍的全剖视图、半剖视图、局部剖视图都是用平行于基本投影面的单一剖切面剖切机件而得到的。

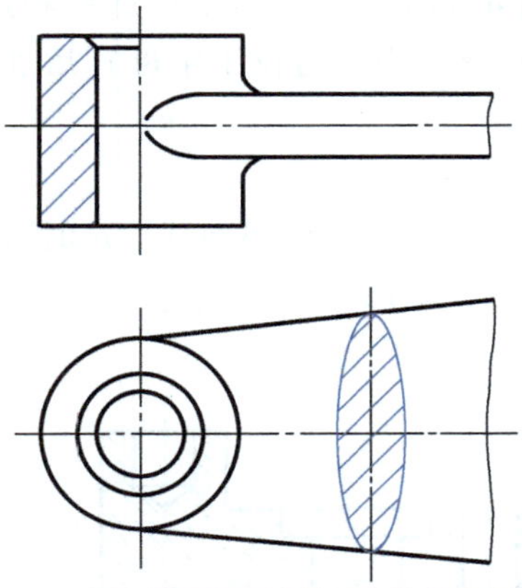

图 4-12 被剖结构为回转体时的局部剖视图

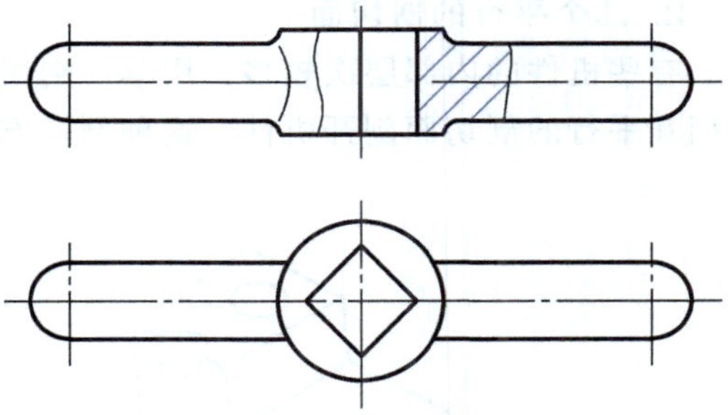

图 4-13 局部剖视图

由于不同机件结构形状的差异很大，因此采用的剖切面可能不止一个，国家标准规定了三种可供选用的剖切面：单一剖切面、几个平行的剖切面和几个相交的剖切面。

1. 单一剖切面

（1）用平行于某一基本投影面的平面剖切 用一个剖切面剖开机件称为单一剖切。前面介绍的全剖、半剖、局部剖切均为单一剖切面剖切。

（2）用不平行于任何基本投影面的剖切面剖切 当机件上有倾斜的内部结构形状需要表达时，可使用不平行于任何基本投影面的剖切面剖开机件，移去观察者与剖切面之间的部分，将余下的部分向平行于剖切面的附加投影面投射，这种剖切方法称为斜剖，如图 4-14a

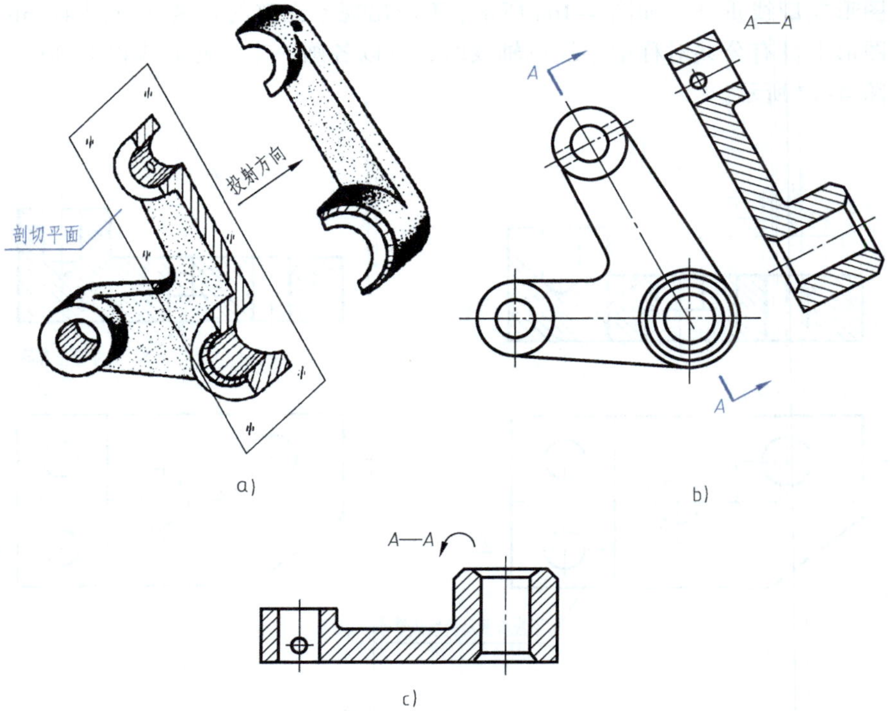

图 4-14 用不平行于任何基本投影面的单一剖切面剖切

所示。采用这种剖视图时，最好按投影关系配置，如图 4-14b 所示。为了合理地利用图纸，也可将图形旋转画出，但旋转后的图名应在“×—×”（“×”为大写拉丁字母）后加旋转符号，如图 4-14c 所示。

2. 几个平行的剖切面

有些机件的内部层次较多，用单一剖切面不能将机件的内部机构都剖开，这时可采用几个相互平行的剖切面剖开机件，这种剖切方法称为阶梯剖，如图 4-15 所示。

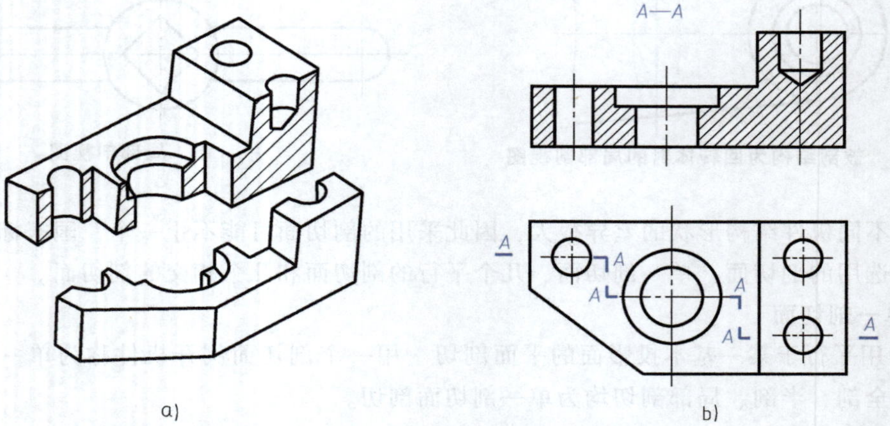

图 4-15　用几个平行的剖切面剖切

采用这种方法画剖视图时，不应在图形内画出剖切平面转折处的界限，剖切面的转折处也不应与图形轮廓线重合，如图 4-16a 所示；不应出现不完整的要素（见图 4-16b），仅当两个要素在图形上具有公共对称中心线或轴线时，可以各画一半，此时应以对称中心线或轴线为界，如图 4-17 所示。

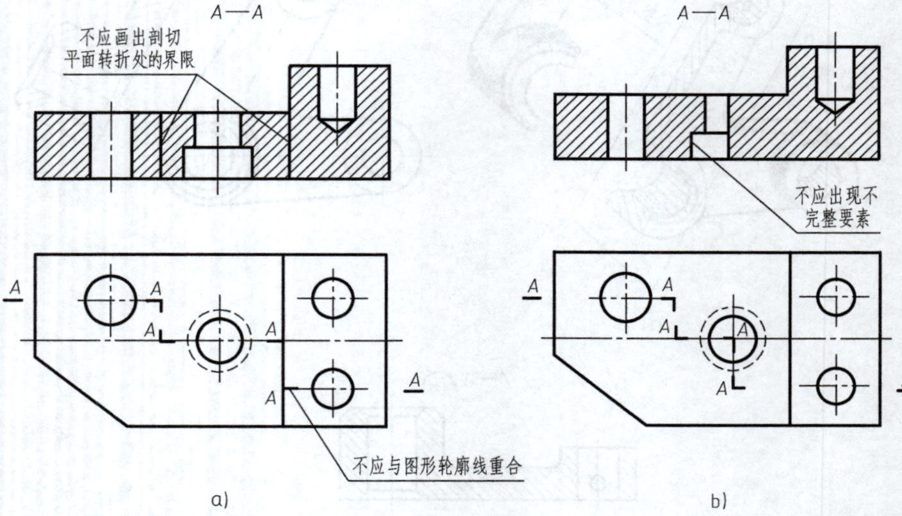

图 4-16　剖视图的错误画法

采用这种方法画出的剖视图必须进行标注，如图 4-15 所示。由于剖视图按投影关系配置，中间又没有其他图形隔开，因此在图中省略了箭头。

3. 几个相交的剖切面

当机件的内部结构用单一剖切平面不能完整表达，而机件又具有回转轴时，可选用几个相交的剖切面剖开机件，并将被剖切面剖开的结构及其有关部分旋转到与选定的投影面平行再进行投射；剖切平面后的其他结构一般仍按原来的位置投射，如图 4-18 所示。也可以采用展开画法，此时应标注“×—×展开”（“×”为大写拉丁字母），如图 4-19 所示。

若剖切后产生了不完整的要素，应将此部分按不剖绘制，如图 4-20 所示。

采用这种方法画出的剖视图必须进行标注，如图 4-18～图 4-20 所示。

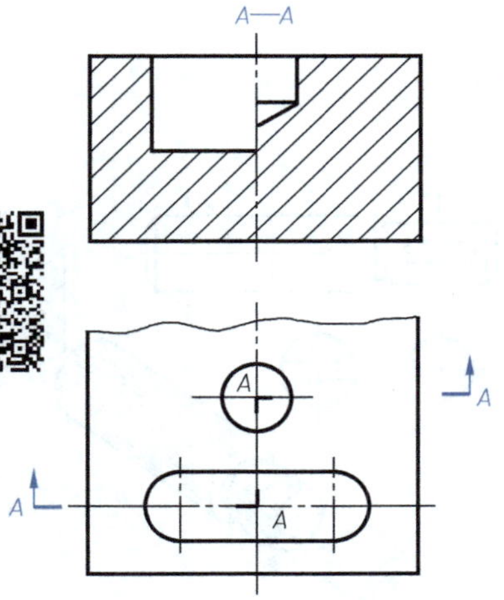

图 4-17　具有公共对称中心线的图形的剖视图

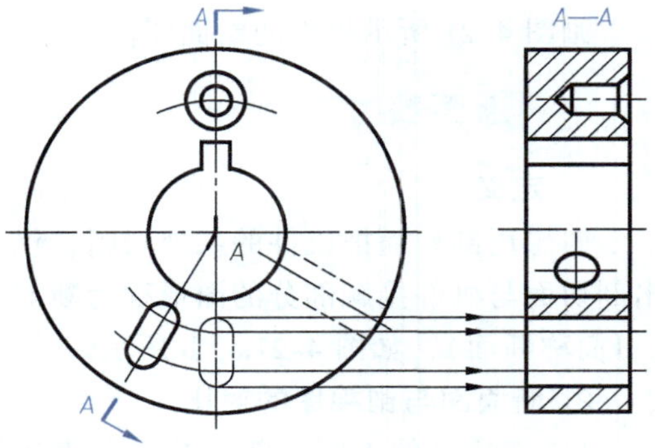

图 4-18　用几个相交的剖切面剖切

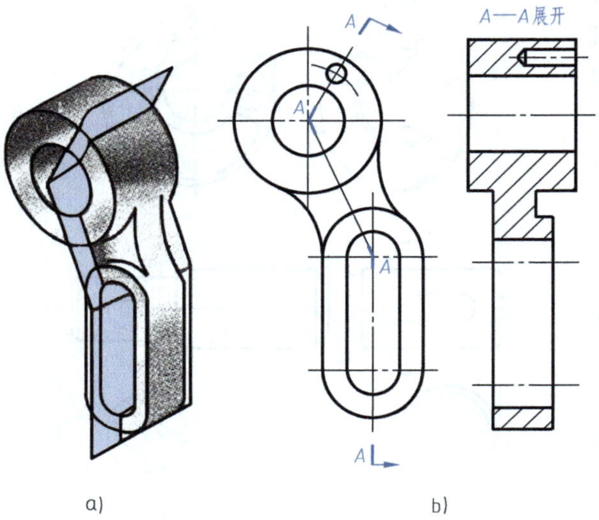

图 4-19　展开绘制的剖视图

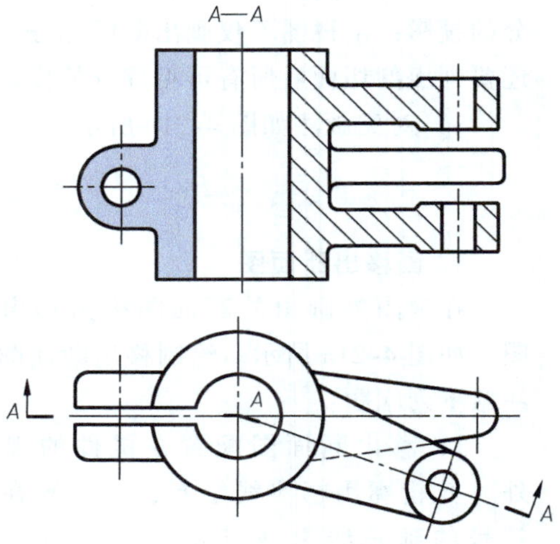

图 4-20　产生不完整要素时的处理方法

任务三 画断面图

【任务目标】

1）掌握断面图的定义及种类。

2）掌握断面图的画法及标注方法。

【任务准备】

绘图工具一套。

【实践操作】

画图 4-21 所示机件的断面图。

一、断面图的形成

1. 定义

假想用剖切面把机件的某处切断，仅画出剖切面与机件接触部分的图形称为断面图（可简称断面），如图 4-21a、b 所示。

2. 断面图与剖视图的对比

1）表达目的不同。断面图主要表达机件的断面形状，剖视图主要表达机件的内部形状。

2）形成方式不同。断面图仅画出机件被切断处的断面形状，不涉及剖切面后面部分的投影；剖视图不仅画出断面部分，而且还要画出剖切面后所有可见部分的投影。

3）对比画法如图 4-21c 所示。

二、断面图的绘制

1. 画移出断面图

在视图外画出的断面图称为移出断面图，如图 4-21a 所示。绘制移出断面图时应注意下列问题：

1）移出断面图配置在机件的视图之外，其轮廓用粗实线绘制，应配置在剖切符号的延长线上或其他适当位置，如图 4-21a 所示。

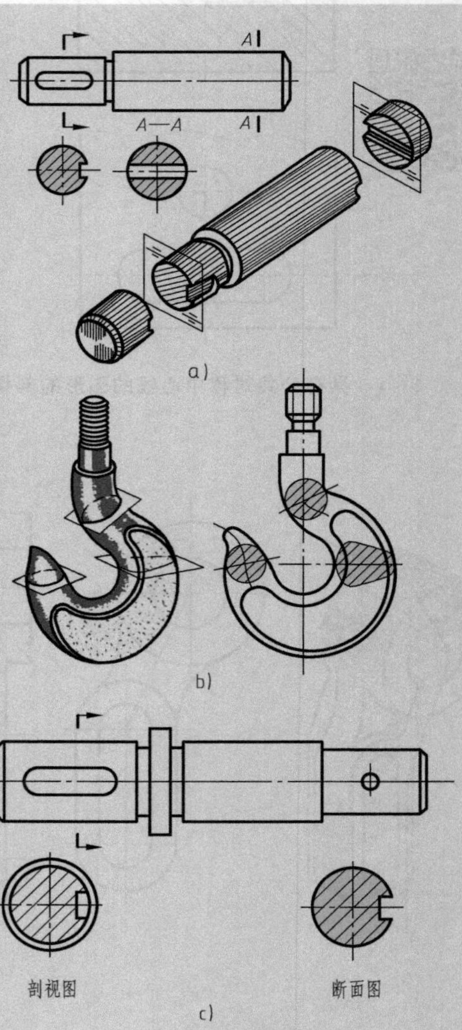

图 4-21　断面图

2）当剖切面通过由回转面形成的孔或凹坑的轴线时，或者通过非圆孔会导致出现完全分离的断面时，应按剖视图要求绘制这些结构，如图 4-22 和图 4-23 所示。

3）绘制由两个或多个相交的剖切面剖切机件而得到的移出断面图时，图形的中间应断开，如图 4-24 所示。

2. 画重合断面图

在不影响图形清晰度的条件下，断面图可以画在视图内。这种画在视图内的断面图称为重合断面图，如图 4-21b 所示。

重合断面图的轮廓用细实线绘制。当视图中的图线与重合断面的图线重叠时，视图中的图线仍应连续画出，不可间断，如图 4-25 所示。

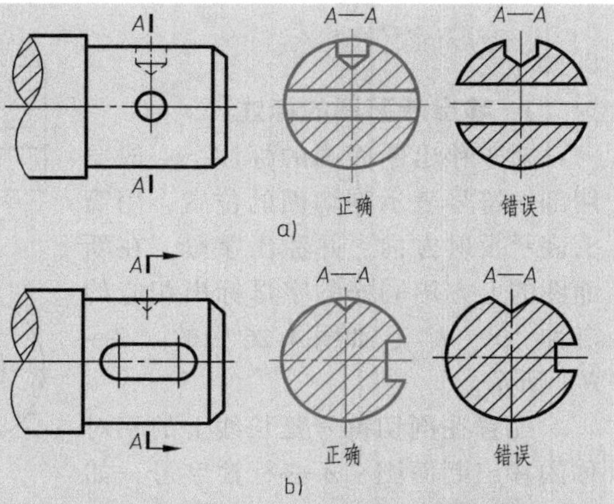

图 4-22　按剖视图要求绘制的移出断面图（一）

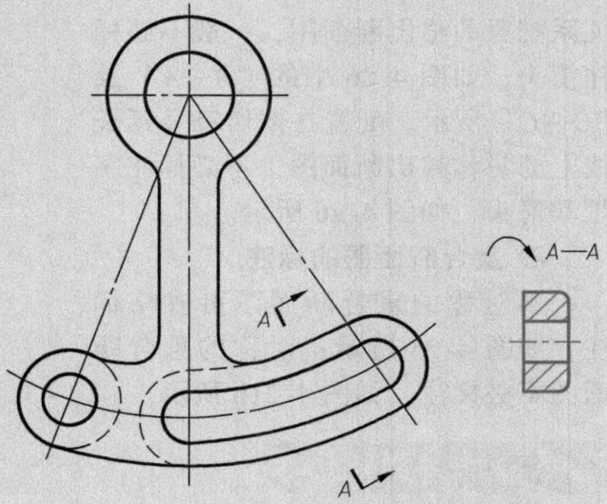

图 4-23　按剖视图要求绘制的移出断面图（二）

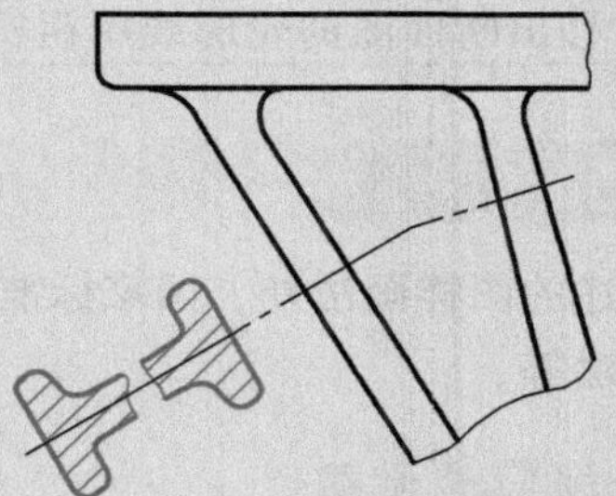

图 4-24　断开的移出断面图

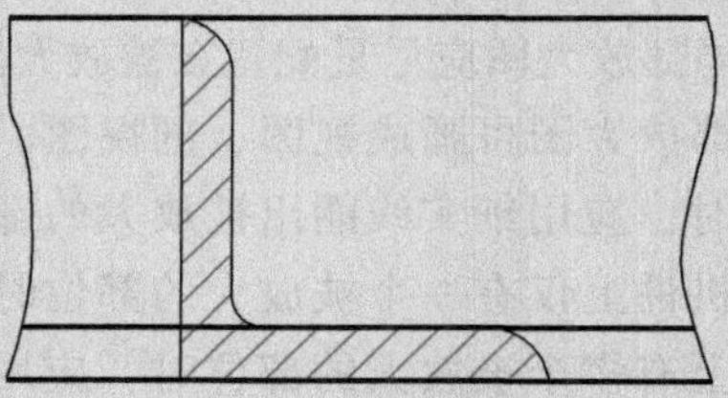

图 4-25　重合断面图

三、断面图的标注

1. 移出断面图的标注

对于移出断面图的标注，一般要用剖切符号表示剖切面的位置，用箭头表示投射方向，并注出字母。在断面图的上方用同样的字母标出相应的名称“×—×”，如图4-26中的“*B*—*B*”所示。

配置在剖切符号延长线上的不对称的移出断面图，不必标注字母，如图4-21a所示。不配置在剖切符号延长线上的对称移出断面图以及按投影关系配置的移出断面图，一般不必标注箭头，如图4-26中的“*A*—*A*”及“*C*—*C*”所示。配置在剖切符号延长线上的对称移出断面图，不必标注字母和箭头，如图4-26所示。

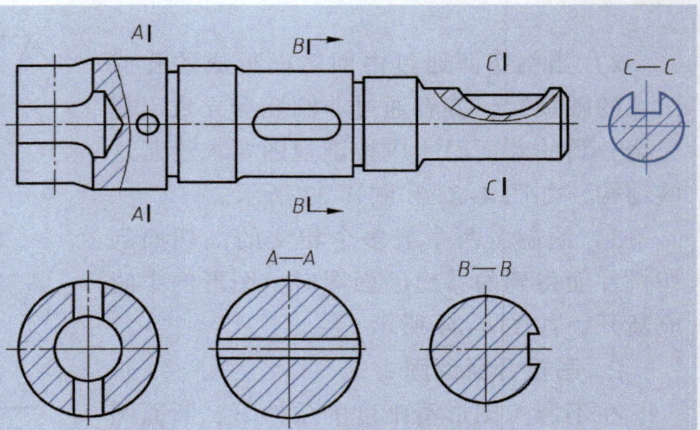

图4-26 移出断面图的标注

2. 重合断面图的标注

不对称的重合断面图可省略标注，如图4-25所示；对称的重合断面图不必标注，如图4-21b所示。

【操作注意事项】

1）断面图仅要求画出断面的形状。

2）移出断面图的轮廓线用粗实线绘制，重合断面图的轮廓线则用细实线绘制。

【理论知识】

除上述的图样画法外，国家标准还规定了很多其他表示方法，如局部放大图、简化画法和规定画法等。

一、局部放大图

将机件的部分结构用大于原图形所采用的比例画出的图形，称为局部放大图，如图4-27所示。局部放大图应尽量配置在被放大部位的附近。

局部放大图可画成视图、剖视图、断面图，它与被放大部分的表达方式无关。绘制局部放大图时，应用细实线圈出被放大的部位。

当机件上仅有一个被放大的部位时，在局部放大图的上方只需注明所采用的比例；当同一机件上有多个被放大的部位时，应用罗马数字依次标明被放大的部位，并在局部放大图的上方标出相应的罗马数字和采用的比例。

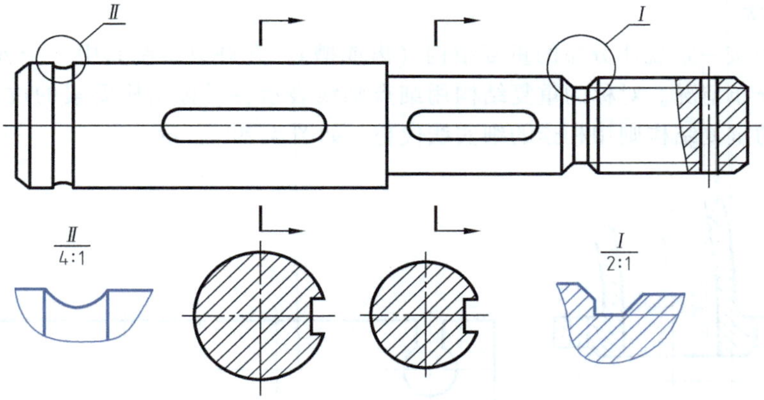

图 4-27　局部放大图

二、简化画法

1. 肋板、轮辐等结构的画法

对于机件的肋板、轮辐及薄壁等，若按纵向剖切，则这些结构都不画剖面符号，而是用粗实线将其与邻接部分分开，如图 4-28a、b 所示。当零件回转体上均匀分布的肋板、孔、轮辐等结构不处于剖切面上时，可将这些结构旋转到剖切面上画出，如图 4-28c、d 所示。

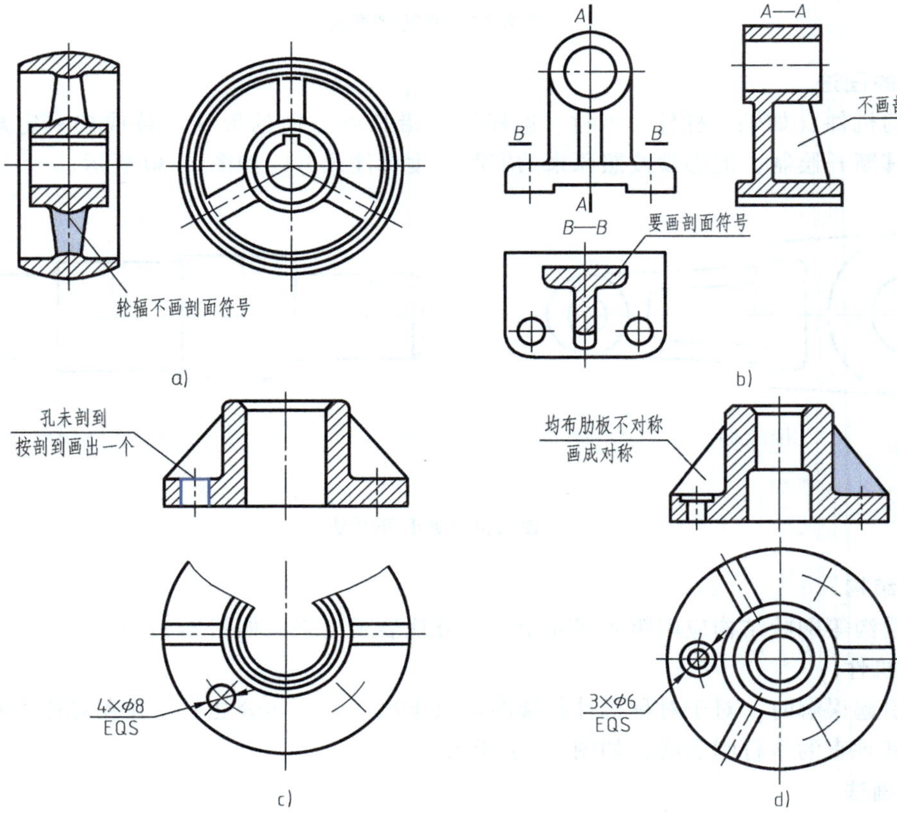

图 4-28　肋板、轮辐及均布肋板、孔的规定画法

2. 重复结构

对于零件中按一定规律分布的重复结构（齿或槽），允许只绘制其中一个或几个完整的结构，并反映其分布情况。对称的重复结构用细点画线表示各对称结构要素的位置，如图 4-29a 所示；不对称的重复结构则用相连的细实线代替，如图 4-29b 所示。

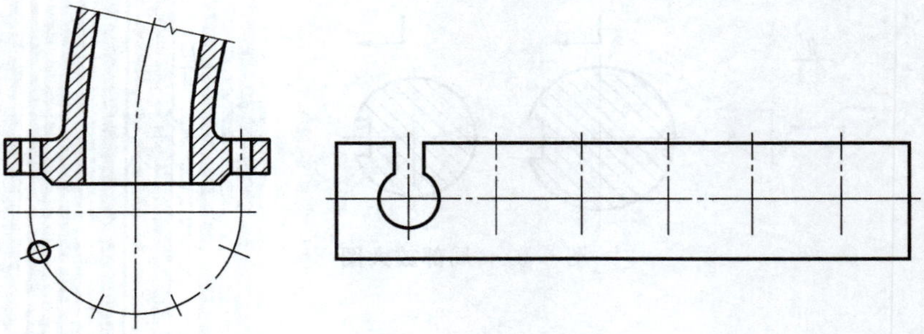

a)

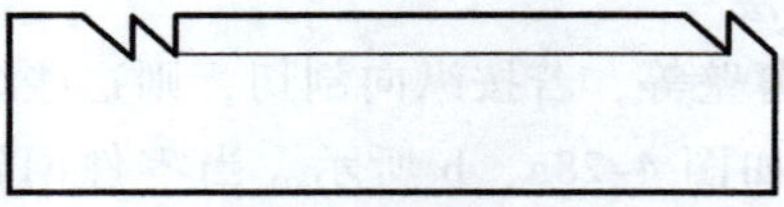

b)

图 4-29　重复结构的简化画法

3. 断开的画法

当较长的机件（如轴、杆件、型材、连杆等）沿长度方向的形状一致或按一定规律变化时，可将其断开绘制，但必须按照原来的实际长度标注尺寸，如图 4-30 所示。

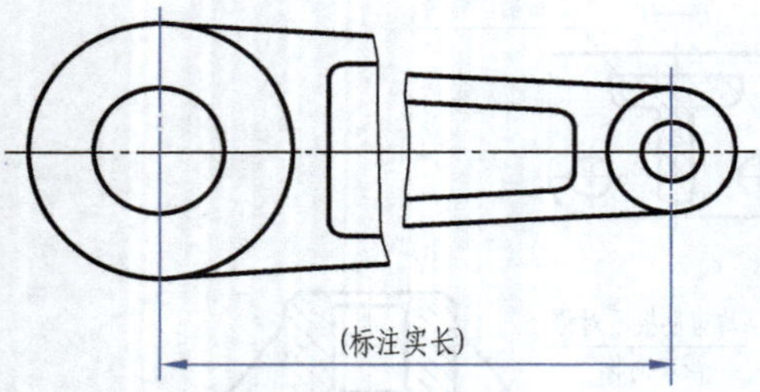

a)

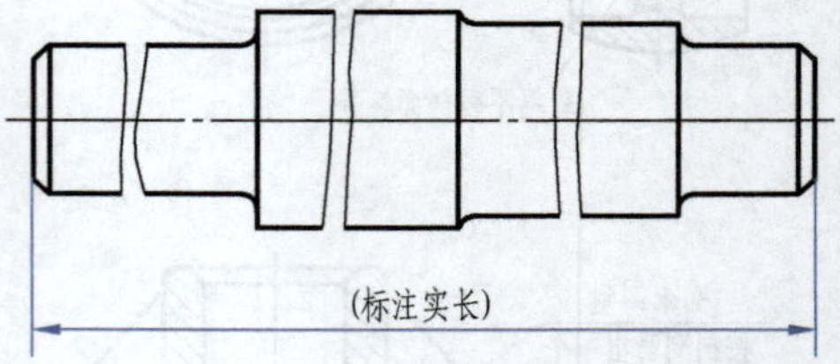

b)

图 4-30　较长机件的断开画法

4. 网状结构

滚花、槽沟等网状结构应用粗实线完全或部分地表示出来，如图 4-31 所示。

5. 对称机件

在不致引起误解时，对于对称机件的视图可只画出一半或四分之一，并在对称中心线的两端画出与其垂直的平行细实线，如图 4-32 所示。

6. 平面画法

为了避免增加视图或剖视图，可用细实线画出对角线表示平面，如图 4-33 所示。

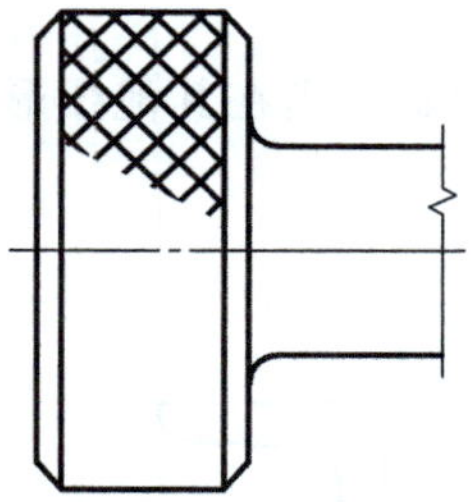

图 4-31 网状结构的画法

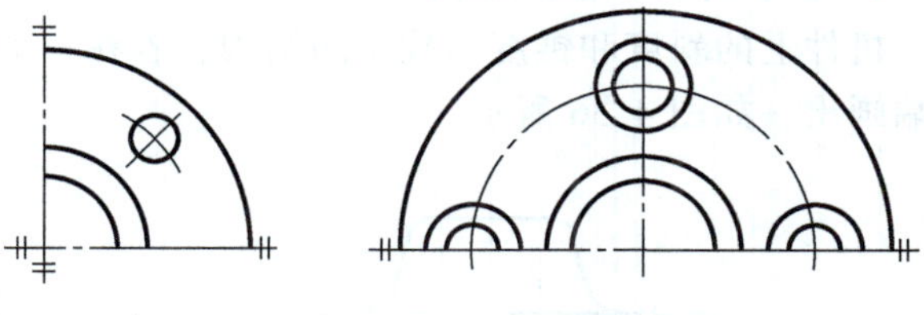

a) b)

图 4-32 对称机件的简化画法

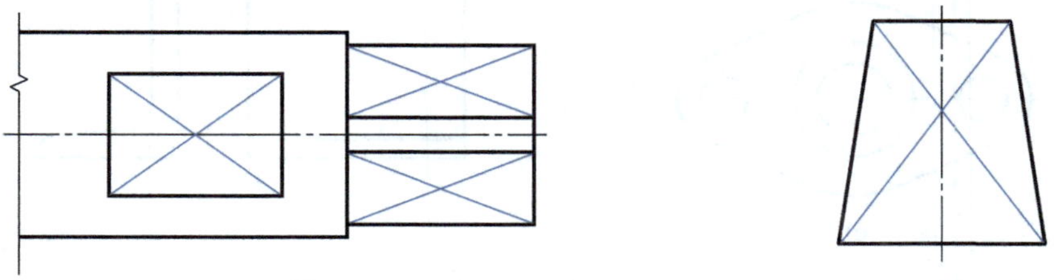

a) b)

图 4-33 平面的画法

7. 对称结构的局部视图的简化画法

零件上对称结构的局部视图，可按图 4-34 所示的画法绘制。

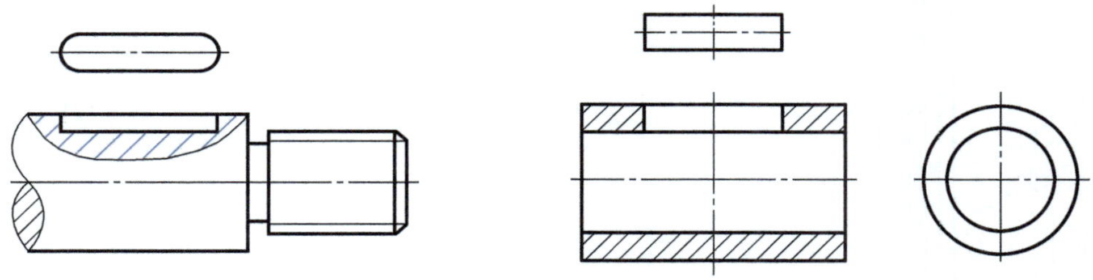

a) b)

图 4-34 对称结构的局部视图的简化画法

8. 表面交线

在不致引起误解时，图形中的相贯线可以简化，如图 4-35 所示。

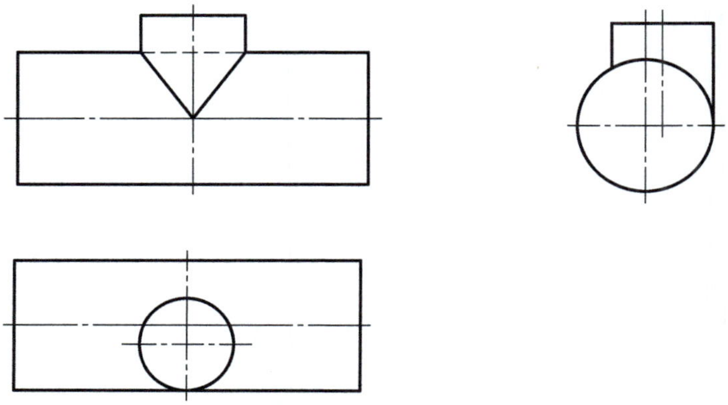

图 4-35 相贯线的简化画法

9. 较小斜度和锥度结构

机件上的斜度和锥度等较小的结构，若在一个图形中已表达清楚，则在其他图形中可按小端画出，如图 4-36 所示。

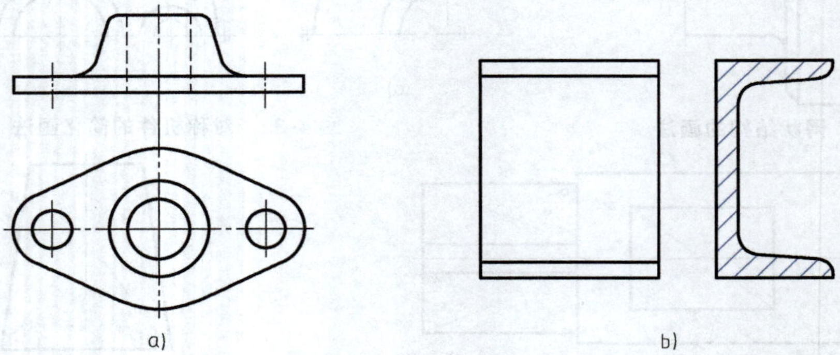

图 4-36　较小斜度和锥度的画法

项目五

学习常用结构要素表示法

【学习目标】

1）掌握常用结构要素的种类、规定画法、代号及标记。

2）读懂螺纹联接、齿轮传动及弹簧、轴承的装配图。

【项目分析】

在组成机器或部件的零件中，有些零件的结构和尺寸已经标准化，这些零件称为标准件，如螺栓、双头螺柱、螺钉、螺母、垫圈、键、销、轴承等；还有一些零件的部分结构和参数实现了标准化，这些零件称为常用件，如齿轮、弹簧等。标准件和常用件在工程中的应用十分广泛，一般由专门工厂成批生产。

本项目主要介绍标准件和常用件的基本知识、规定画法、代号及标注方法。

任务一 学习螺纹及螺纹紧固件的画法

【任务目标】

1）了解螺纹的形成、种类和用途。

2）熟悉螺纹的基本要素，掌握螺纹的规定画法和标注方法。

3）掌握常用螺纹紧固件的画法。

【任务准备】

绘图工具一套。

【实践操作】

由于螺纹是根据螺纹要素加工的，因此在绘制螺纹这一结构时，不必按其真实投影作图，而要根据相应的国家标准所规定的画法表示。

螺纹的规定画法见表5-1。

表5-1 螺纹的规定画法

名 称	画法规定	视图示例
外螺纹	（1）在平行于螺纹轴线的视图或剖视图中，螺纹牙顶圆（大径）的投影用粗实线表示；牙底圆（小径）的投影用细实线表示，通常画成大径的85%（要画到倒角或倒圆部分） （2）在垂直于螺杆轴线的投影面的视图中，表示牙底的细实线只画约3/4圈，此时，螺杆上的倒角省略不画 （3）螺纹终止线用粗实线表示	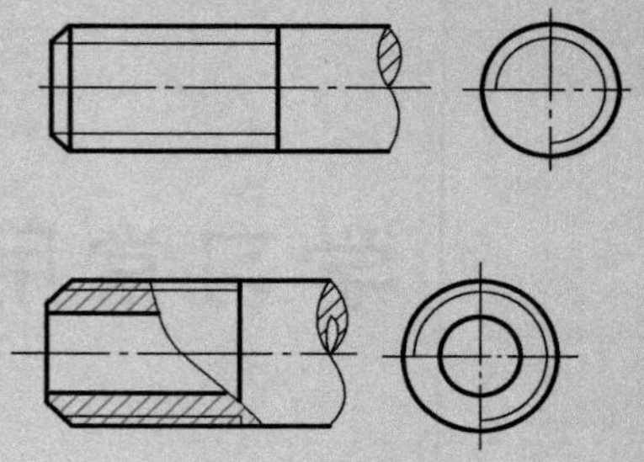
内螺纹	（1）不可见螺纹的所有图线用虚线绘制 （2）在剖视图或断面图中螺纹牙顶（小径）和螺纹终止线用粗实线表示，牙底（大径）用细实线表示。剖面线都应画到粗实线处 （3）在垂直螺杆轴线的投影面的视图中，表示牙底的细实线只画约3/4圈，此时，螺孔上的倒角不应画出 （4）绘制不穿通的螺孔时，一般应将钻孔深度与螺纹部分的深度分别画出，底部的锥顶角应画成120°	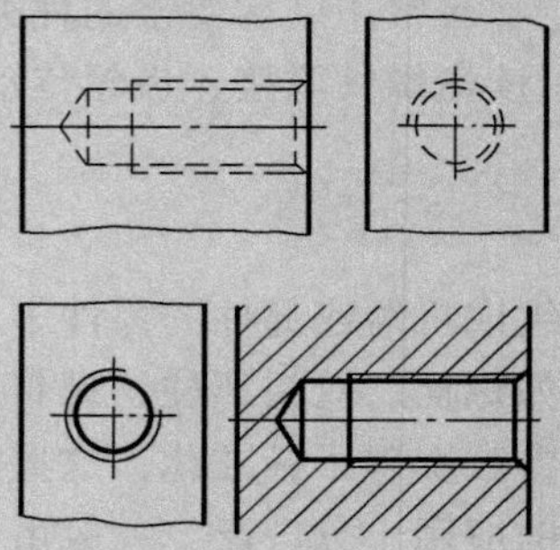
内外螺纹联接	（1）以剖视图表示内外螺纹联接时，其旋合部分应按外螺纹的画法绘制，其余部分仍按各自的画法绘制 （2）表示大、小径的粗实线和细实线应分别对齐	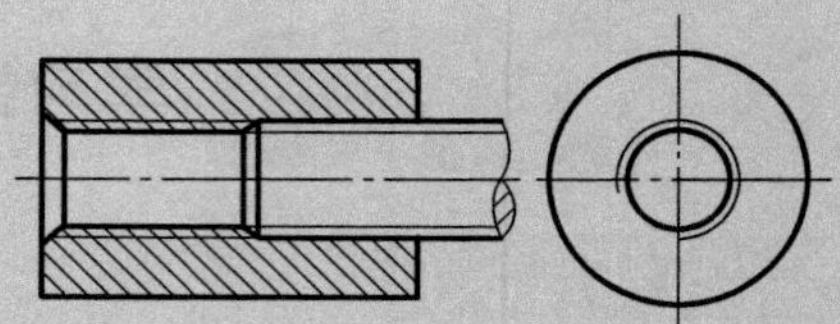

【操作注意事项】

无论外螺纹还是内螺纹，其在剖视图和断面图中的剖面线都应画到粗实线。

【理论知识】

螺纹是零件上常见的一种结构。加工在零件（圆柱或圆锥）外表面上的螺纹称为外螺纹，加工在零件（圆柱或圆锥）内表面上的螺纹称为内螺纹，内、外螺纹应成对使用。

一、螺纹的要素

螺纹的尺寸和结构是由牙型、直径、螺距和导程、线数、旋向等要素决定的，当内、外螺纹相互旋合时，这些要素必须相同，才能将内、外螺纹装在一起。

1. 牙型

在通过螺纹轴线的断面上，螺纹的轮廓形状称为螺纹的牙型。常见的牙型有三角形、梯形、锯齿形等。牙型不同的螺纹，其用途也各不相同。

2. 螺纹的直径（见图 5-1）

螺纹的直径有三个：大径、小径和中径。

1）大径是指与外螺纹牙顶或内螺纹牙底相切的假想圆柱或圆锥的直径。

2）小径是指与外螺纹牙底或内螺纹牙顶相切的假想圆柱或圆锥的直径。

3）中径是一个假想圆柱或圆锥的直径，该圆柱或圆锥的母线通过牙型上沟槽和凸起宽度相等的地方。

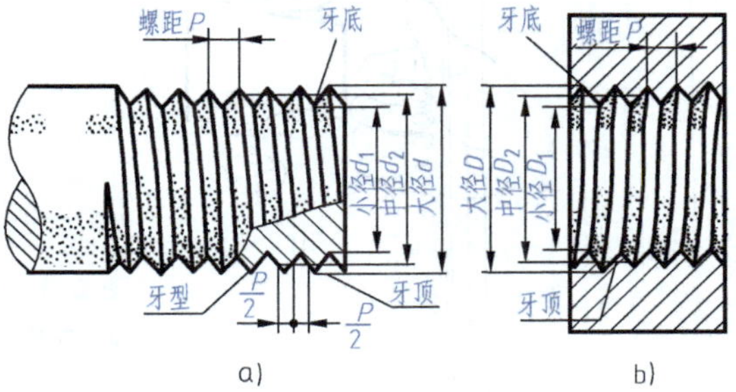

图 5-1 螺纹各部分的名称

a）外螺纹 b）内螺纹

外螺纹的大径、小径、中径分别用符号 d、d_1、d_2 表示，内螺纹的大径、小径、中径则分别用符号 D、D_1、D_2 表示。

4）公称直径是代表螺纹尺寸的直径，指的是螺纹大径的公称尺寸。

3. 线数（n）

螺纹有单线和多线之分。在零件表面上只加工一条螺纹称为单线螺纹；在零件表面上加工出两条或两条以上的螺纹称为多线螺纹，如图 5-2 所示。

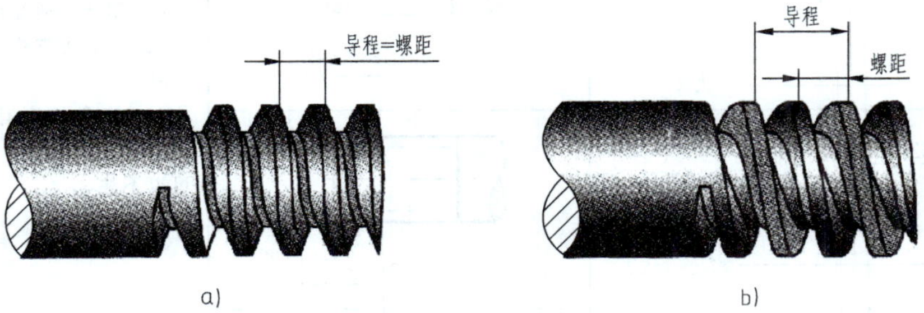

图 5-2 螺纹的线数、螺距和导程

a）单线螺纹 b）多线螺纹

4. 螺距（P）**和导程**（P_h）

螺距是指相邻两牙在中径线上对应两点间的轴向距离；导程是指同一条螺旋线上相邻两牙在中径线上对应两点间的轴向距离，如图 5-2 所示。导程、线数、螺距的关系为 $P_h = nP$。

5. 旋向

螺纹有左旋和右旋之分。顺时针旋转时旋入的螺纹称为右旋螺纹，逆时针旋转时旋入的螺纹称为左旋螺纹。旋向也可按如图 5-3 所示的方法判定。

牙型、大径、螺距三要素都符合国家标准的螺纹称为标准螺纹；牙型符合标准，大径或螺距不符合标准的螺纹称为特殊螺纹；牙型不符合标准的螺纹称为非标准螺纹。

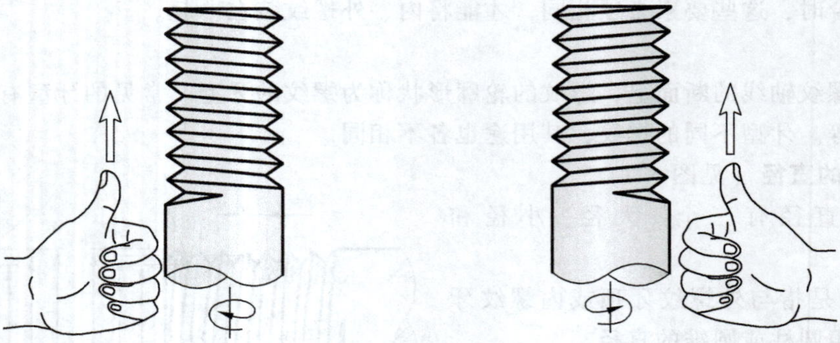

a）　　　　　　　　　　　　b）

图 5-3　螺纹旋向

a）左旋　b）右旋

二、常用标准螺纹的种类及标注方法

按国家标准的规定画法画出螺纹后，图上并未标明牙型、公称直径、螺距、线数和旋向等要素，因此，必须按照国家标准规定的格式和相应代号对其进行标注，见表 5-2。

表 5-2　常用标准螺纹的种类及标注方法

螺纹种类	标注内容与方式	标注示例	说明
粗牙普通螺纹	M24 - 5g6g - S S：短旋合长度 5g6g：中径、顶径公差带 M24：大径	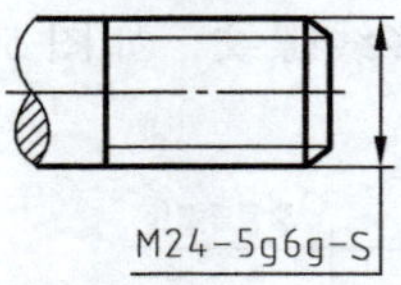	(1)粗牙普通螺纹不注螺距 (2)右旋可省略不注，左旋要标“LH” (3)旋合长度有中等(N)、短(S)、长(L)三组，中等旋合长度可以不注
细牙普通螺纹	M24×2-6h 2：螺距 M：螺纹特征代号	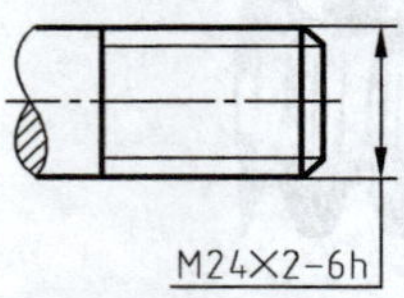	
梯形螺纹	Tr40×8-7e 8：螺距 Tr40×12　(P6)　LH-8e-L LH：左旋 (P6)：螺距 12：导程	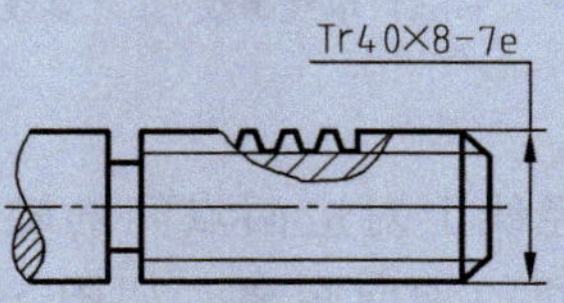	(1)右旋可省略不注，左旋要标“LH” (2)只标注中径公差带代号 (3)旋合长度有中等(N)和长(L)两组，中等旋合长度可以不注 (4)单线螺纹只注螺距，多线螺纹还要注导程
锯齿形螺纹	B　32×7-7e 7e：中径公差带 B：螺纹特征代号	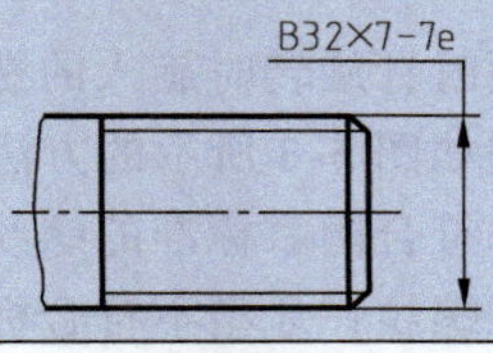	

（续）

螺纹种类	标注内容与方式	标注示例	说明
55°非密封管螺纹	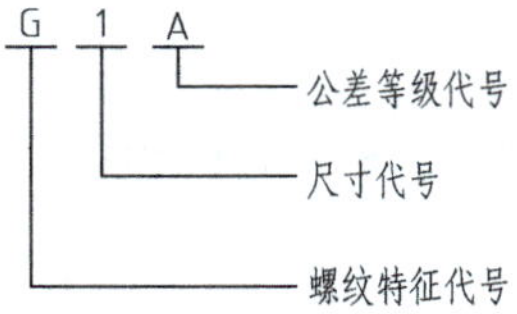	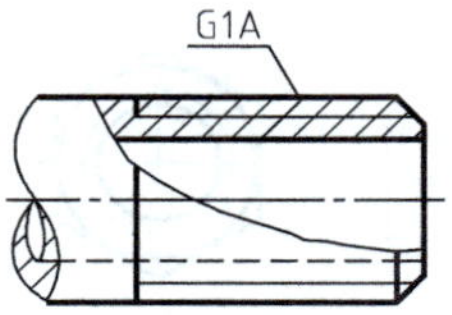	(1)外螺纹的公差等级分 A 级和 B 级两种 (2)内螺纹的公差等级只有一种，故省略不注
55°密封管螺纹	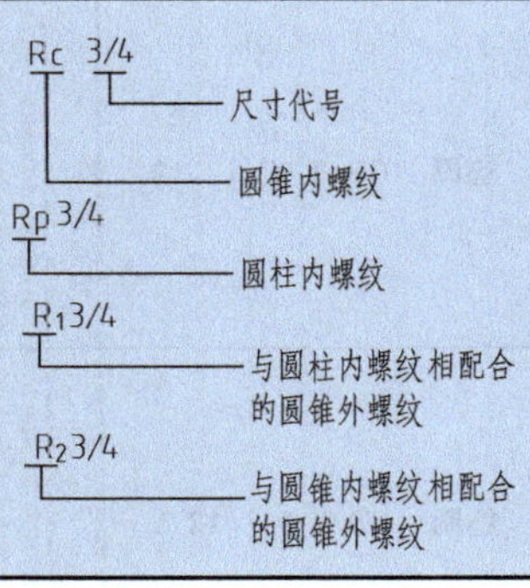	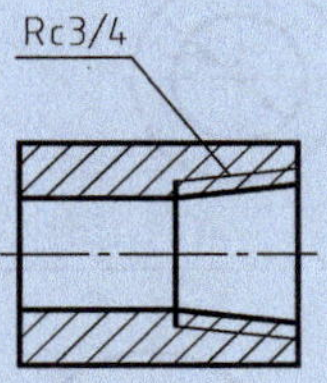	(1)“尺寸代号”并非大径数值 (2)内、外螺纹只有一种公差带

公称直径以 mm 为单位的螺纹，其标记应直接注在大径的尺寸线上或引出线上。管螺纹的标记一律在引出线上，引出线应由大径引出。

三、常用螺纹紧固件

1. 常用螺纹紧固件的标记

常用的螺纹紧固件有螺栓、螺柱、螺钉、螺母和垫圈等。表 5-3 所列为常用螺纹紧固件及其标记。

表 5-3 常用螺纹紧固件及其标记

名称	图例	规定标记示例
六角头螺栓	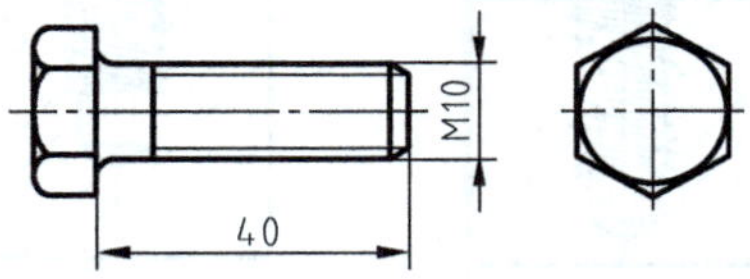	螺栓 GB/T 5782 M10×40
双头螺柱	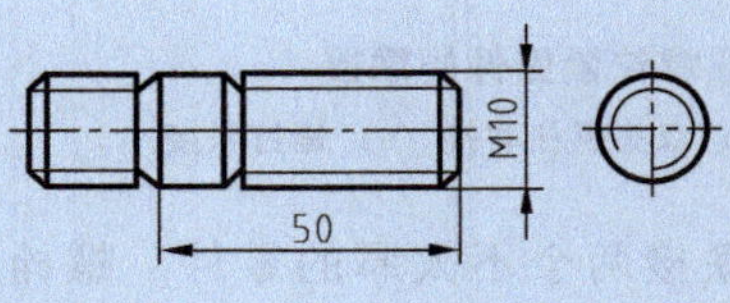	螺柱 GB/T 899 M10×50
开槽沉头螺钉	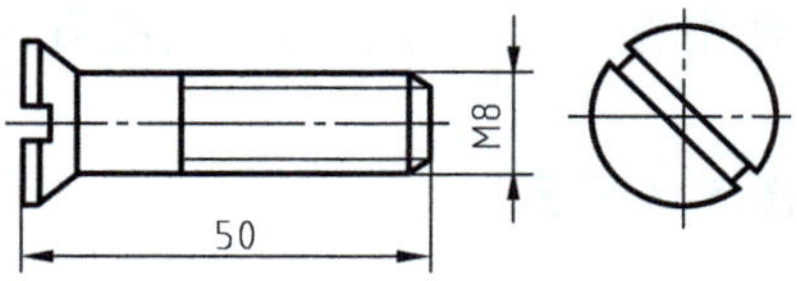	螺钉 GB/T 68 M8×50

（续）

名称	图例	规定标记示例
1型六角螺母	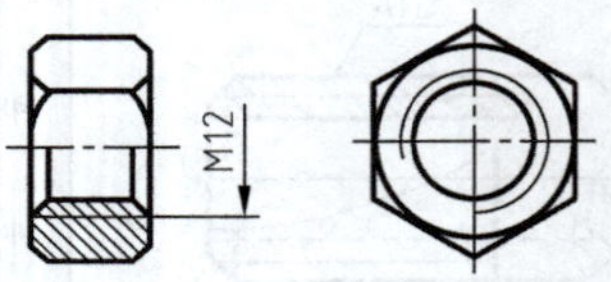	螺母 GB/T 6170 M12
平垫圈	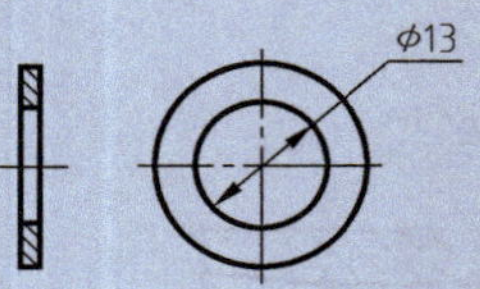	垫圈 GB/T 97.1 12 A2
弹簧垫圈	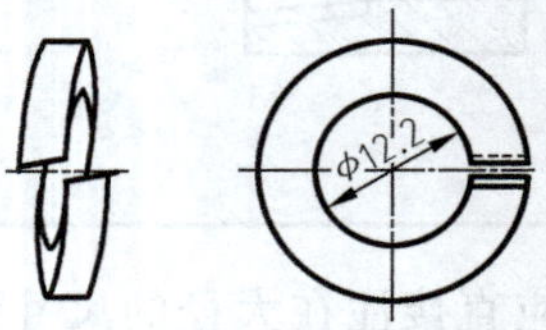	垫圈 GB/T 93 12

2. 装配图中螺纹紧固件的画法

绘制螺纹紧固件时，一般只需根据螺纹的公称直径按比例近似地画出，也可从相应的标准中查出各部分尺寸后画出。

螺纹紧固件常用的连接形式有螺栓联接、双头螺柱联接和螺钉联接，如图 5-4 所示。

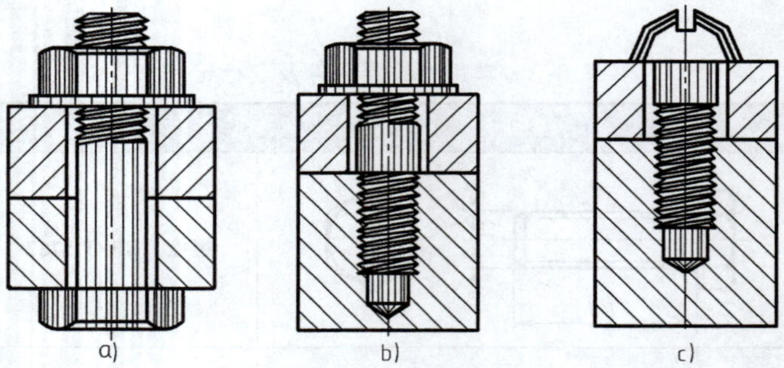

图 5-4　螺纹紧固件的联接

a）螺栓联接　b）双头螺柱联接　c）螺钉联接

（1）螺栓联接　螺栓联接一般用来联接两个不太厚的零件。螺栓在装配图中常采用比例画法或简化画法，如图 5-5 所示。

（2）双头螺柱联接　当两个被联接件中有一个很厚，加工通孔有困难时，常采用双头螺柱联接，如图 5-6 所示。

（3）螺钉联接　螺钉联接的画法如图 5-7 所示。

螺钉头部的比例画法如图 5-8 所示。

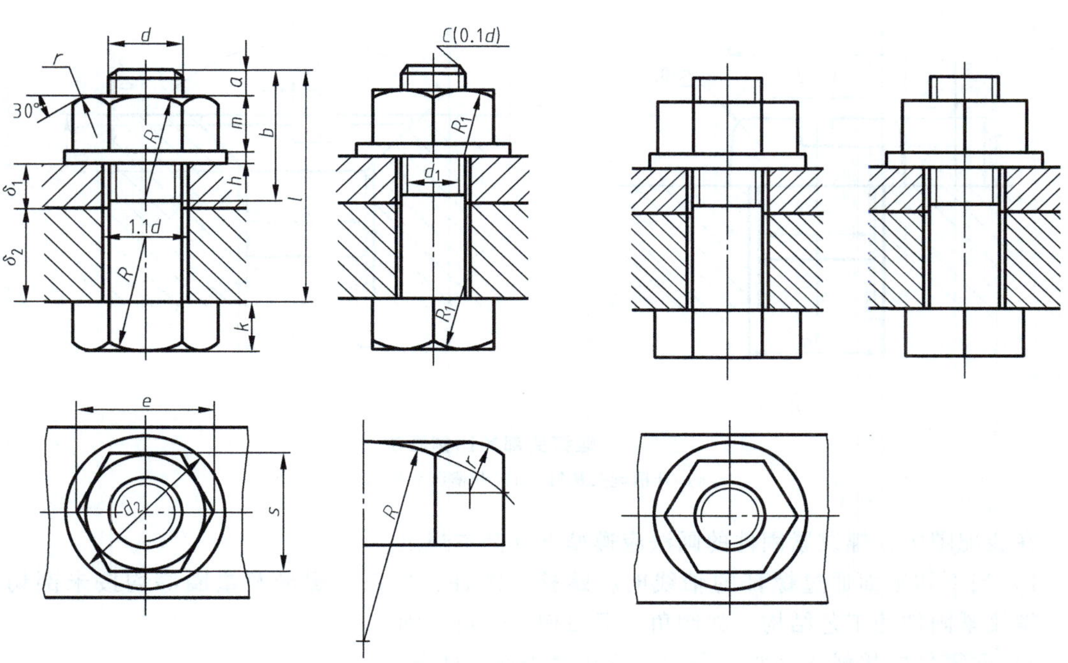

a)　　　　　　　　　　　　b)

图 5-5　螺栓联接的画法

a）比例画法　b）简化画法

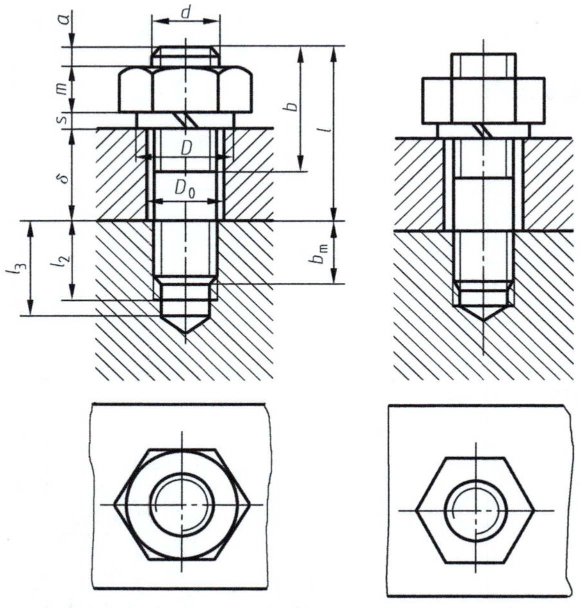

a)　　　　　　　　　　　　b)

图 5-6　双头螺柱联接的画法

a）比例画法　b）简化画法

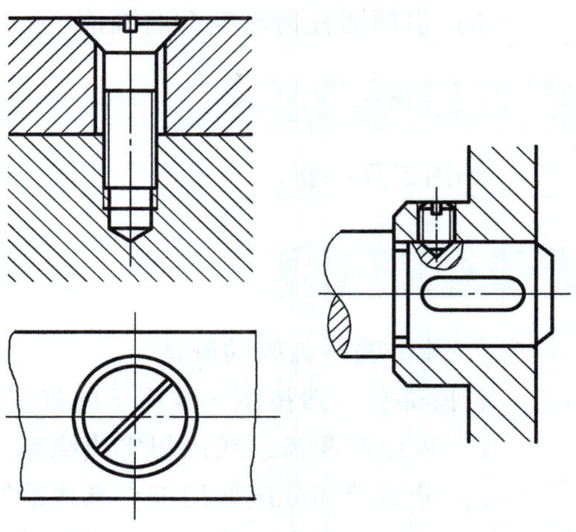

a)　　　　　　　　　　　　b)

图 5-7　螺钉联接的画法

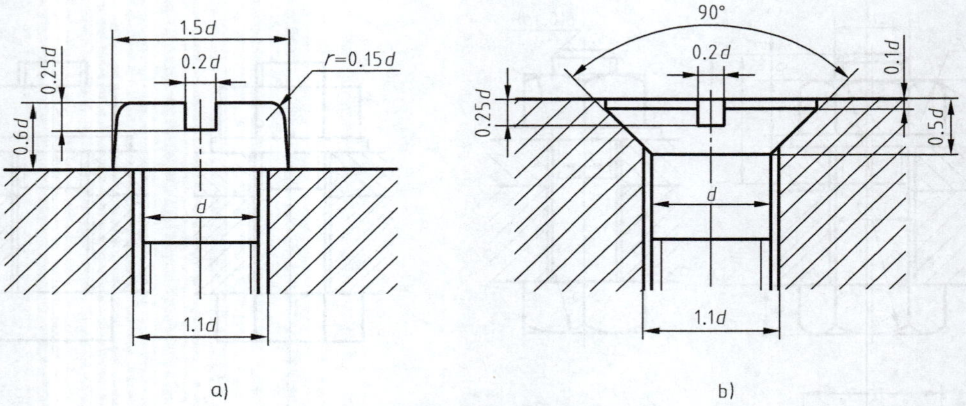

图 5-8　螺钉头部的比例画法

a）开槽盘头螺钉　b）开槽沉头螺钉

在装配图中，螺纹紧固件的画法应遵循下列基本规定：

1）当剖切平面通过螺杆的轴线时，螺栓、螺柱、螺钉、螺母及垫圈等均按未剖切绘制，螺纹紧固件的工艺结构，如倒角、退刀槽等均可不画。

2）两零件的接触表面画一条线，不接触表面画两条线。

3）两零件相邻时，不同零件的剖面线的方向应相反，或者方向相同、间隔不等。

任务二　学习齿轮的画法

【任务目标】

1）掌握直齿圆柱齿轮各部分的名称及尺寸关系。

2）掌握单个圆柱齿轮的画法。

3）掌握圆柱齿轮啮合的画法。

【任务准备】

绘图工具一套。

【实践操作】

1. 单个圆柱齿轮的画法

轮齿部分一般按图 5-9 所示的规定绘制。

1）齿顶圆和齿顶线用粗实线绘制。

2）分度圆和分度线用细点画线绘制。

3）齿根圆和齿根线用细实线绘制，也可省略不画；在剖视图中，齿根线用粗实线绘制。

4）在剖视图中，当剖切平面通过齿轮的轴线时，轮齿一律按不剖绘制。

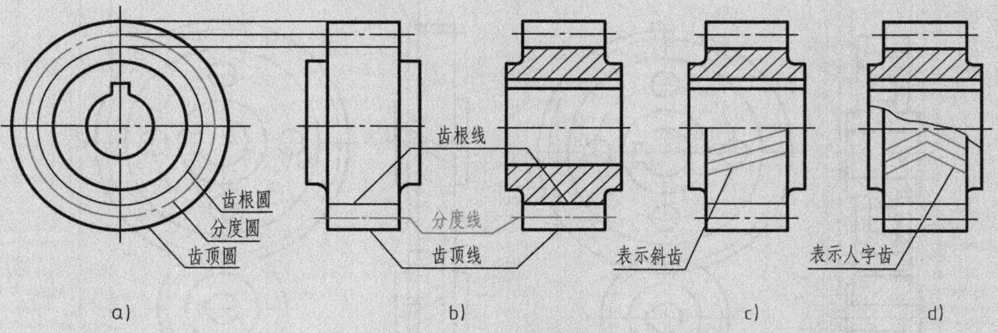

图 5-9 **圆柱齿轮的规定画法**

5）当齿轮为斜齿或人字齿时，可在外形视图上用三条与齿线方向一致的细实线表示，如图 5-9c、d 所示。

在齿轮的工作图中，轮齿部分只需标注齿顶圆直径、分度圆直径和齿宽的尺寸，齿轮的基本参数在图样的右上角列表注明。轮体部分的画法及尺寸标注与一般零件相同，如图 5-10 所示。

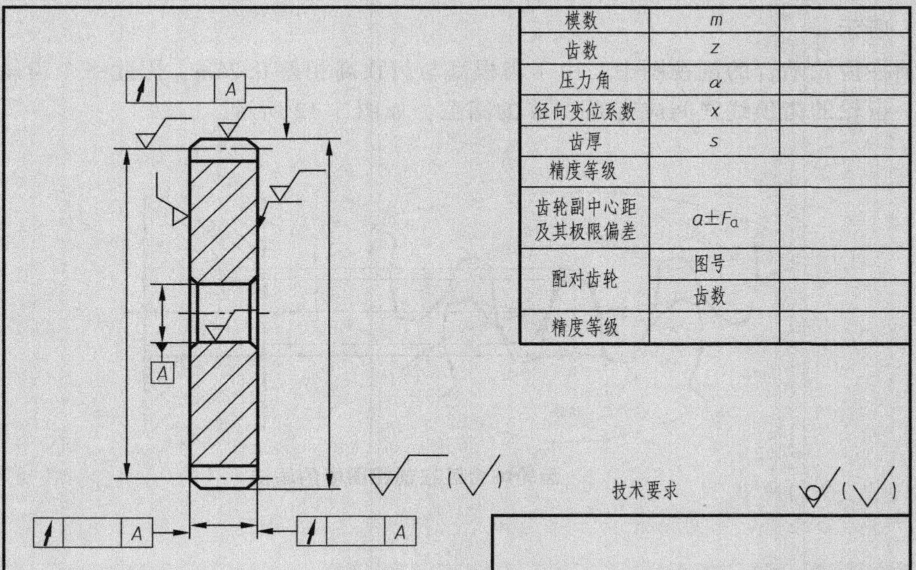

图 5-10 **圆柱齿轮的图样格式**

2. 圆柱齿轮的啮合画法

圆柱齿轮的啮合画法如图 5-11 所示。

1）在垂直于圆柱齿轮轴线的投影面的视图中，啮合区的齿顶圆均用粗实线绘制，如图 5-11b 所示，其省略画法如图 5-11d 所示。

2）在平行于圆柱齿轮轴线的投影面的视图中，啮合区的齿顶线不需画出，分度线用粗实线绘制，其他处的分度线用细点画线绘制，如图 5-11c 所示。

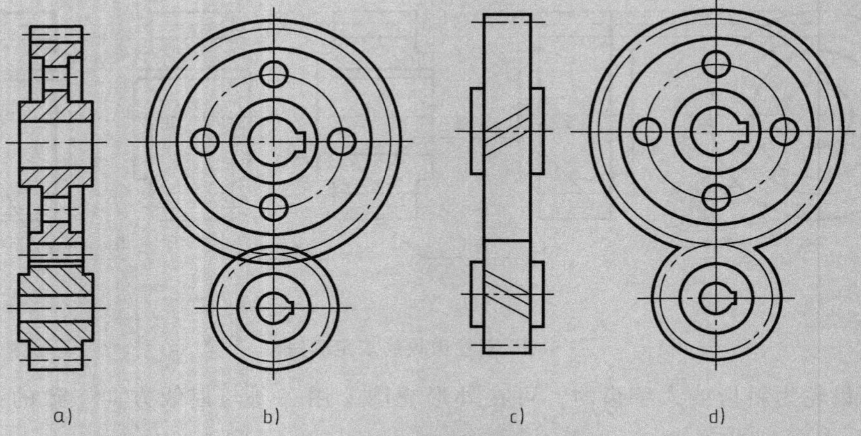

图 5-11 圆柱齿轮的啮合画法

3）在圆柱齿轮啮合的剖视图中，当剖切平面通过两啮合齿轮的轴线时，在啮合区内，将一个齿轮的轮齿用粗实线绘制，另一个齿轮的轮齿用虚线绘制或省略不画，如图 5-11a 所示。

在圆柱齿轮啮合的剖视图中，由于齿根高与齿顶高相差 $0.25m$，因此一个齿轮的齿根线和另一齿轮的齿顶线之间应有 $0.25m$ 的间隙，如图 5-12 所示。

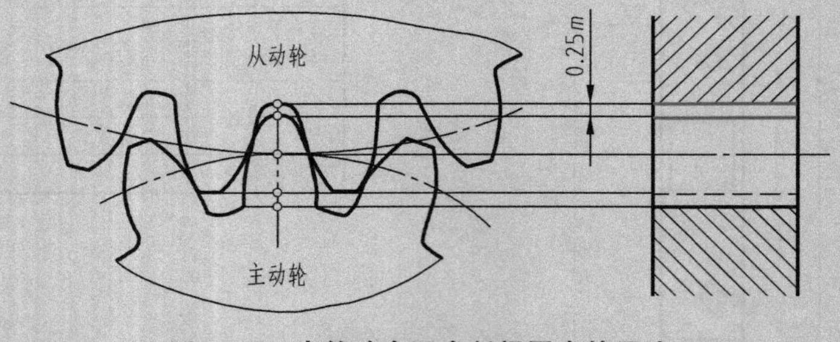

图 5-12 齿轮啮合区在剖视图中的画法

【理论知识】

齿轮不仅可以用来传递动力，而且可以改变转速和旋转方向。齿轮的轮齿部分已经标准化。

一、常见的齿轮传动形式

（1）圆柱齿轮　用于平行两轴间的传动，如图 5-13a、b 所示。

（2）锥齿轮　用于相交两轴间的传动，如图 5-13c 所示。

（3）蜗杆与蜗轮　用于交叉两轴间的传动，如图 5-13d 所示。

圆柱齿轮的轮齿的有直齿、斜齿、人字齿等类型。齿轮的轮廓线有多种，应用最广的

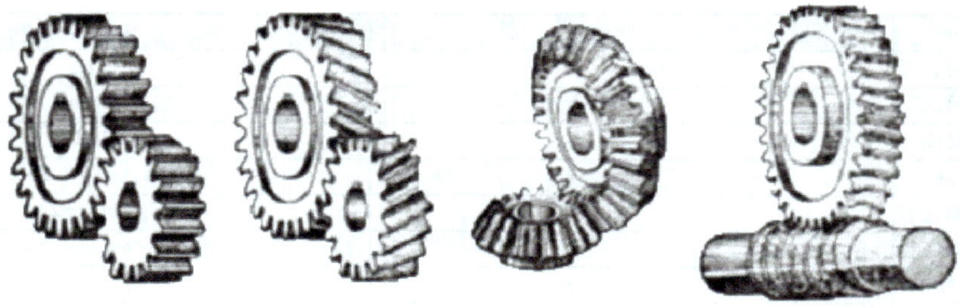

图 5-13　常见的齿轮传动

是渐开线，这里主要介绍轮廓曲线为渐开线的标准直齿圆柱齿轮的几何要素及其尺寸关系。

二、直齿圆柱齿轮的几何要素

直齿圆柱齿轮各部分的名称和尺寸关系如图 5-14 所示。

（1）齿数 z　齿轮轮齿的总数。

（2）齿顶圆直径 d_a　通过轮齿顶端的圆的直径。

（3）齿根圆直径 d_f　通过轮齿根部的圆的直径。

（4）分度圆直径 d　分度圆是位于齿顶圆和齿根圆之间的假想圆，在标准齿轮上是齿厚（弧长）与齿槽宽（弧长）相等处的圆的直径。

（5）齿距 p　在分度圆上，相邻两轮齿对应齿廓之间的弧长为齿距。

（6）齿顶高 h_a　齿顶圆与分度圆之间的径向距离为齿顶高。

（7）齿根高 h_f　齿根圆与分度圆之间的径向距离为齿根高。

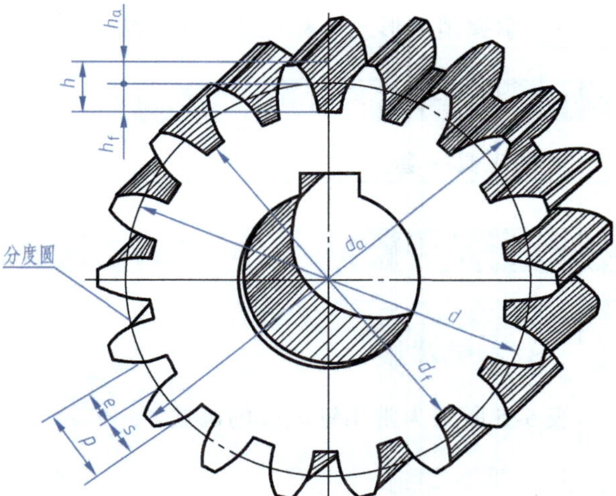

图 5-14　直齿圆柱齿轮的几何要素

（8）模数 m　齿轮上有多少个齿，分度圆上就有多少个齿距，即分度圆周长 $=zp=\pi d$，则 $d=\frac{p}{\pi}z$。为计算方便，将 $\frac{p}{\pi}$ 称为模数 m，则 $d=mz$。模数是设计、制造齿轮的重要参数，其单位为毫米（mm）。模数增大，则齿距 p 也增大，因而齿轮的承载能力也大。相互啮合的两齿轮，其齿距 p 应相等，因此它们的模数也相等。

（9）中心距 a　两齿轮轴线之间的最短距离称为中心距。

直齿圆柱齿轮各部分的尺寸关系见表 5-4。

表 5-4　直齿圆柱齿轮各部分的尺寸关系

名　称	代　号	公　式
分度圆直径	d	$d=mz$
齿顶高	h_a	$h_a=m$
齿根高	h_f	$h_f=1.25m$
齿高	h	$h=h_a+h_f=2.25m$
齿顶圆直径	d_a	$d_a=m(z+2)$
齿根圆直径	d_f	$d_f=m(z-2.5)$
齿距	p	$p=\pi m$
中心距	a	$a=m(z_1+z_2)/2$

任务三　学习键联接和销联接的画法

键联接主要用来实现轴和轴上零件之间的固定和传递动力；销联接在机械中除起联接作用外，还可起定位作用。为提高绘图效率，国家标准已经将其标准化。

【任务目标】

1）掌握常用键的形式、画法和标记。
2）掌握常用键联接的画法。
3）掌握销的形式、标记及联接画法。

【任务准备】

绘图工具一套。

【实践操作】

一、画键联接

表 5-5 所列为常用键联接的画法。

二、画销联接

销是标准件，通常用于两零件之间的联接或定位。常用的销有圆柱销、圆锥销和开口销等。表 5-6 所列为销的形式、标记和联接画法。

表 5-5　常用键联接的画法

名称	联接的画法	说　明
普通平键	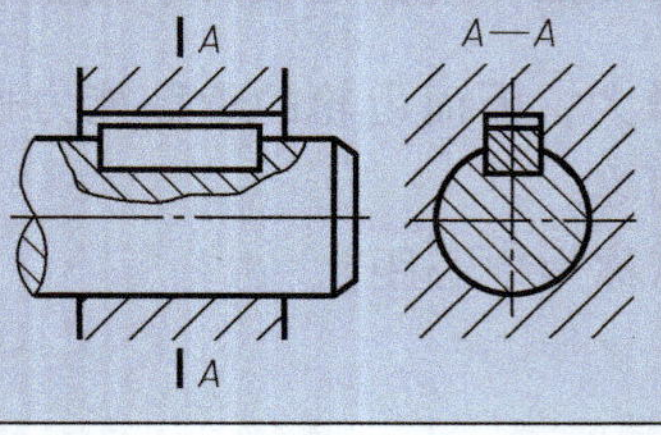	(1)键的两侧面为工作面 (2)键与轴上键槽的两侧面、底面为接触面,均应画成一条线 (3)顶面留有一定间隙

（续）

名称	联接的画法	说　　明
半圆键	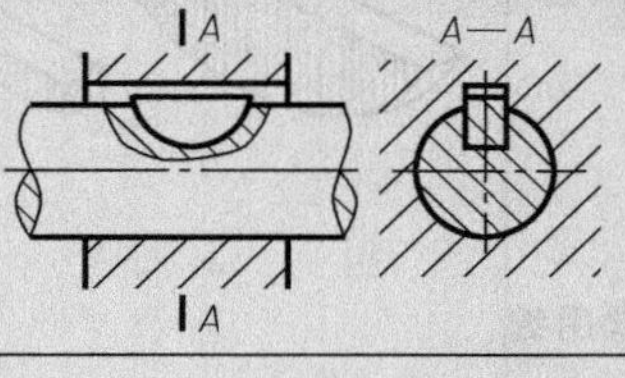	（1）键的两侧面为工作面 （2）键与轴上键槽的两侧面、底面为接触面，均应画成一条线 （3）顶面留有一定间隙
钩头楔键	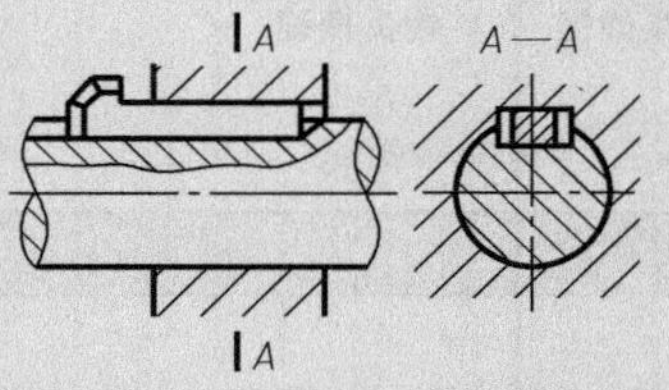	（1）顶面和底面为工作面，槽顶和槽底都无间隙 （2）键的两侧为非工作面，与槽的两侧面应留有间隙

表 5-6　销的形式、标记和联接画法

名称与标准号	形式	标记示例	联接画法
圆柱销 GB/T 119.1—2000	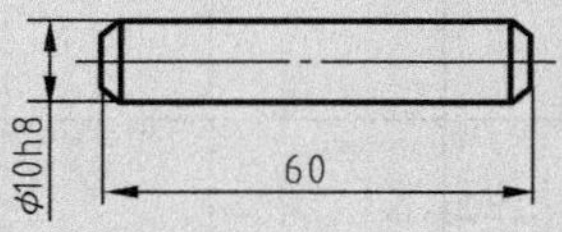	销　GB/T 119.1 10 h8×60	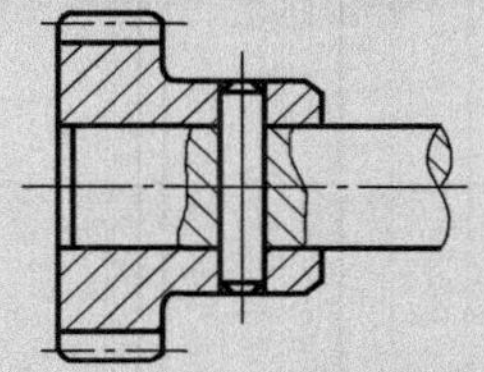
圆锥销 GB/T 117—2000	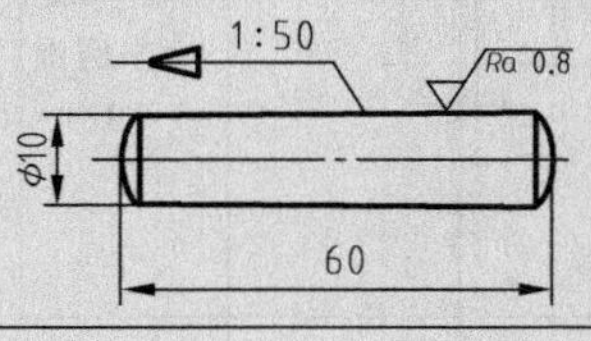	销　GB/T 117 10×60	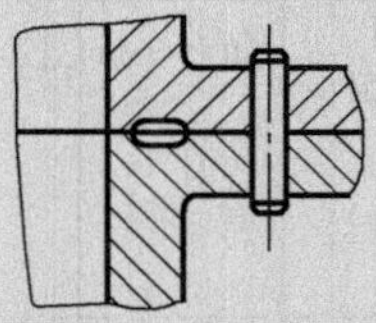
开口销 GB/T 91—2000	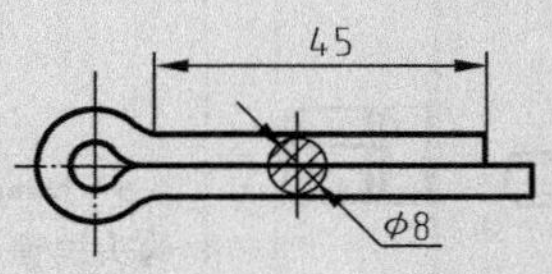	销　GB/T 91 8×45	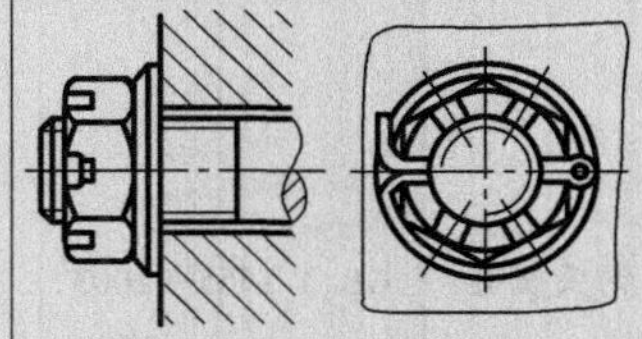

【理论知识】

键联接是一种可拆联接，键通常用来联接轴和装在轴上的零件（如齿轮、带轮等），起传递转矩的作用，如图 5-15 所示。

键是标准件，常用的键有普通平键、普通半圆键和钩头楔键等，如图 5-16 所示。其中，普通平键最常用。

表 5-7 所列为常用键的形式、画法和标记。

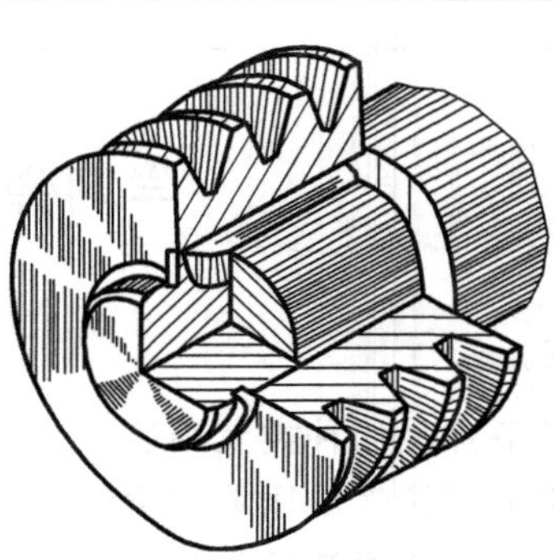

图 5-15　**键联接**

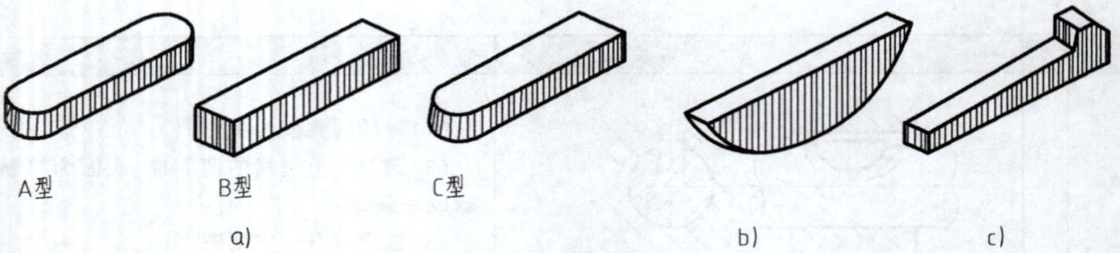

图 5-16 常用键

a）普通平键 b）普通半圆键 c）钩头楔键

表 5-7 常用键的形式、画法和标记

名称	标准号	图例	标记示例
普通平键	GB/T 1096—2003	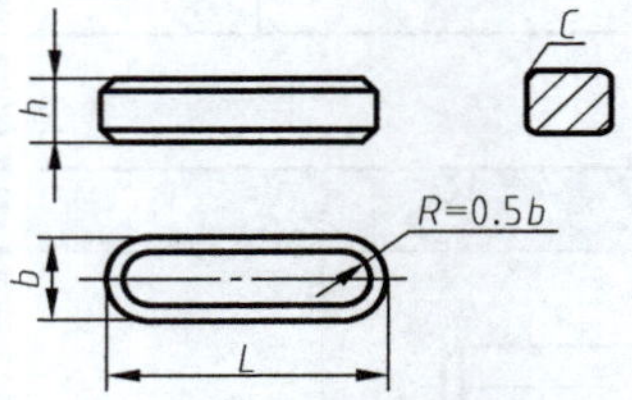	$b=18\text{mm}$、$h=11\text{mm}$、$L=100\text{mm}$ 的普通平键： GB/T 1096 键 18×11×100
普通半圆键	GB/T 1099.1—2003	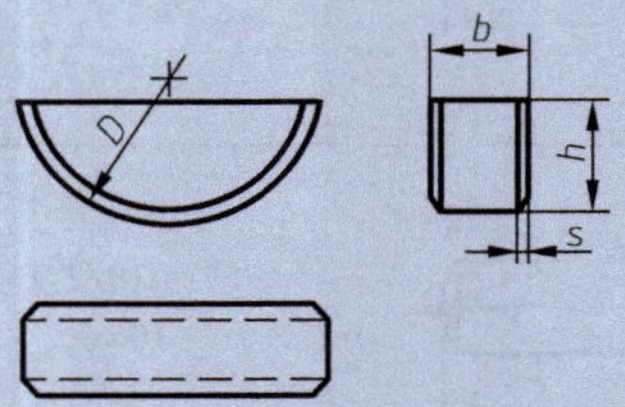	$b=6\text{mm}$、$h=10\text{mm}$、$D=25\text{mm}$ 的普通半圆键： GB/T 1099.1 键 6×10×25
钩头楔键	GB/T 1565—2003	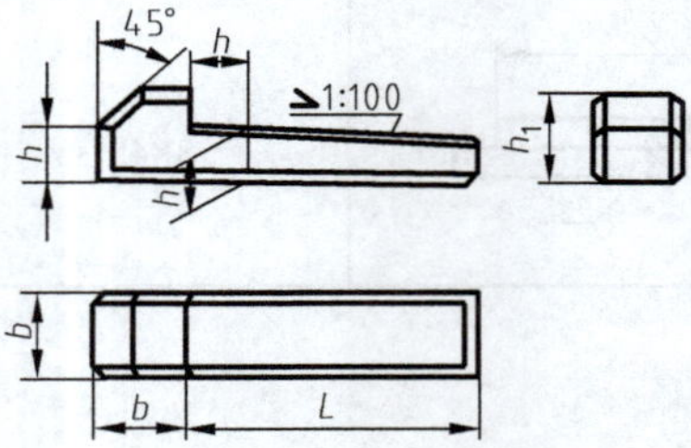	$b=18\text{mm}$、$h=11\text{mm}$、$L=100\text{mm}$ 的钩头楔键： GB/T 1565 键 18×100

任务四 学习弹簧的画法

【任务目标】

1）了解弹簧的种类及用途。

2）掌握圆柱螺旋压缩弹簧的画法。

3）掌握单个弹簧及装配图中弹簧的画法。

【任务准备】

绘图工具一套。

【实践操作】

1. 画单个螺旋弹簧

螺旋弹簧可以用视图、剖视图、示意图来表示，如图 5-17 所示。

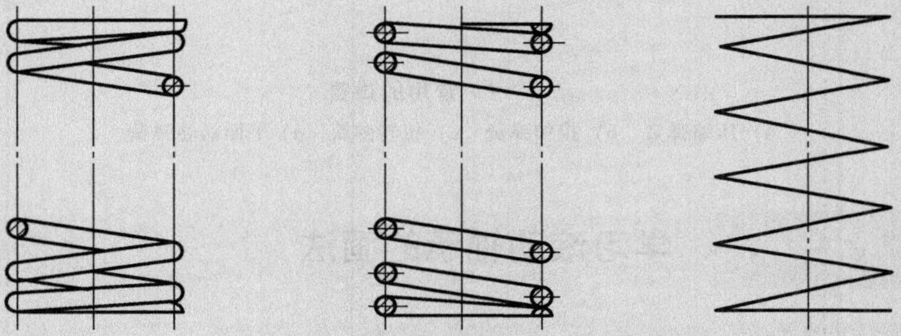

图 5-17 圆柱螺旋压缩弹簧的画法

1）在平行于弹簧轴线的投影面的视图中，其各圈的轮廓应画成直线。

2）螺旋弹簧均可画成右旋，对必须保证的旋向要求应在技术要求中注明。

3）有效圈数在 4 圈以上的螺旋弹簧的中间部分可以省略。圆柱螺旋弹簧的中间部分省略后，允许适当缩短图形的长度。

2. 画装配图中的螺旋弹簧

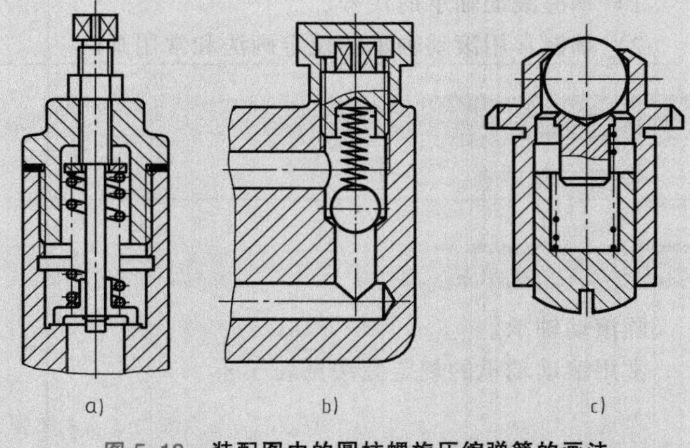

图 5-18 装配图中的圆柱螺旋压缩弹簧的画法

1）被弹簧挡住的结构一般不画出，可见部分应从弹簧的轮廓线或从弹簧钢丝剖面的中心线画起，如图 5-18a 所示。

2）直径等于或小于 2mm 的螺旋弹簧，允许用示意图表示，如图 5-18b 所示。当弹簧被剖切时，也可用涂黑表示，如图 5-18c 所示。

【理论知识】

弹簧的用途很广，它可以用来夹紧、缓冲及减振、测力和储存能量等。其特点是外力去除后能立即恢复原状。

弹簧的种类很多，主要有压缩弹簧、拉伸弹簧、扭转弹簧及平面涡卷弹簧等，如图 5-19 所示。

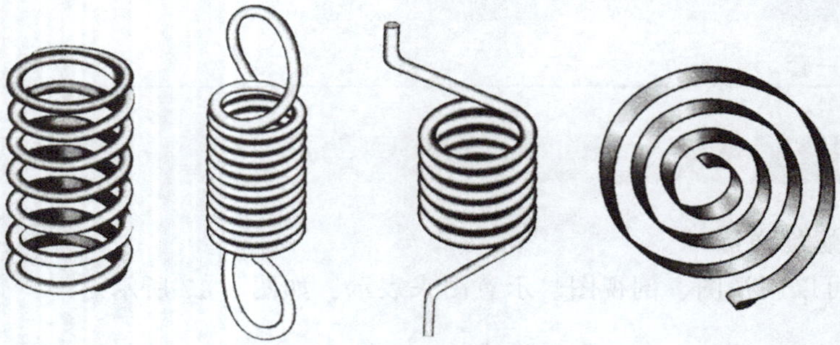

a)　　b)　　c)　　d)

图 5-19　常用的弹簧

a）压缩弹簧　b）拉伸弹簧　c）扭转弹簧　d）平面涡卷弹簧

任务五　学习滚动轴承的画法

【任务目标】

1）掌握滚动轴承的代号。

2）掌握常用滚动轴承的规定画法和常用画法。

【任务准备】

绘图工具一套。

【实践操作】

画滚动轴承。

常用滚动轴承的规定画法见表 5-8。

表 5-8　常用滚动轴承的规定画法

名　称	结构形式	规定画法	图示符号
深沟球轴承 GB/T 276—2013	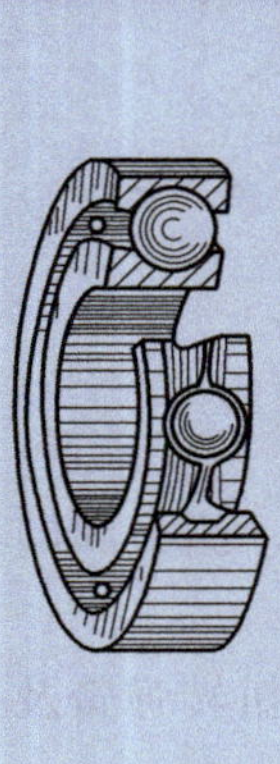	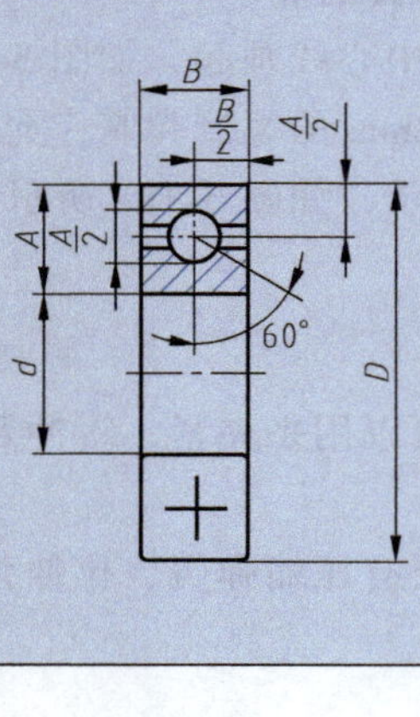	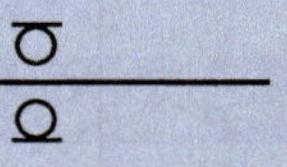

（续）

名　　称	结构形式	规定画法	图示符号
圆锥滚子轴承 GB/T 297—2015	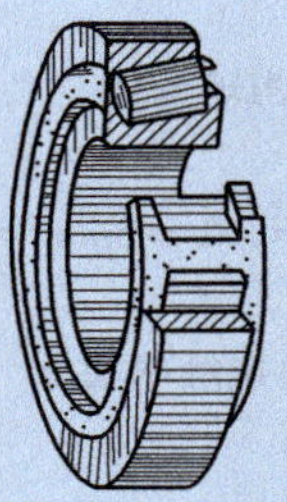	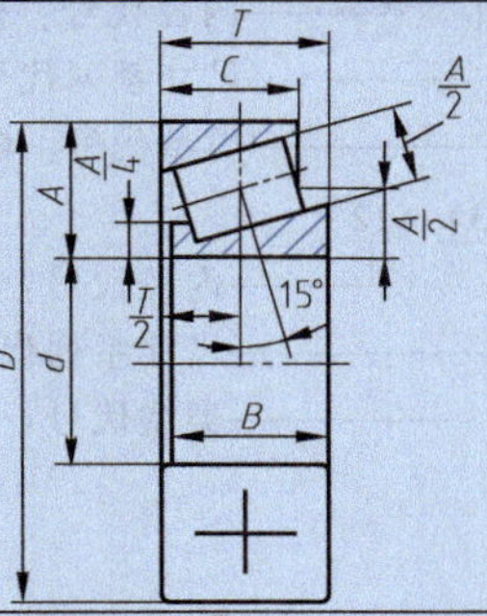	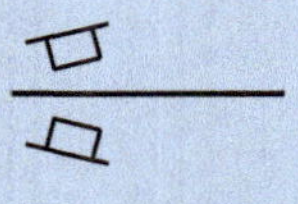
推力球轴承 GB/T 301—2015	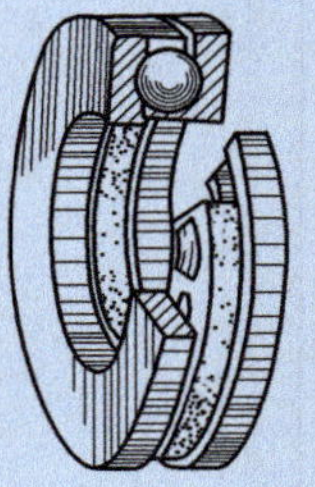	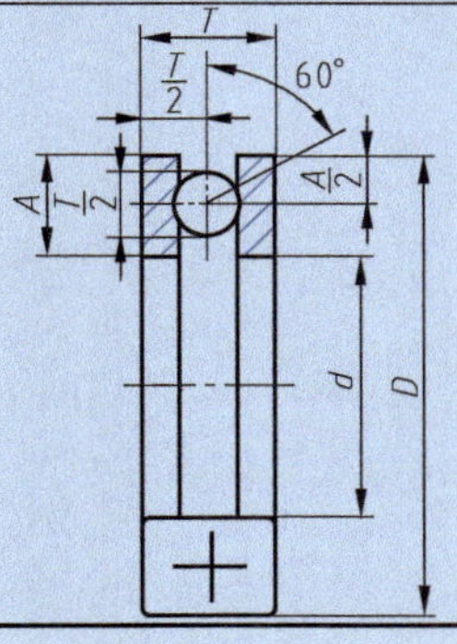	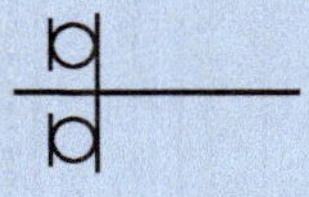

【理论知识】

滚动轴承是一种标准部件，其作用是支承旋转轴及轴上的机件，它具有结构紧凑、摩擦力小等特点，在机械中被广泛地应用。滚动轴承的基本结构如图 5-20 所示。

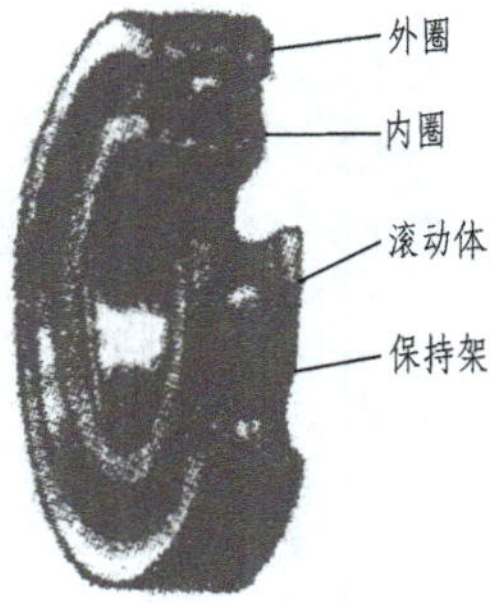

图 5-20　滚动轴承的基本结构

滚动轴承代号由前置代号、基本代号和后置代号构成，常用基本代号表示。

基本代号的书写顺序是：轴承类型代号（见表 5-9）、尺寸系列代号［由轴承的宽度（或高度）系列代号和直径系列代号组成］、内径代号（代号数字为 04～99 时，代号数字乘以 5mm 即为轴承内径）。

表 5-9　轴承类型代号

代号	轴　承　类　型	代号	轴　承　类　型
0	双列角接触球轴承	N	圆柱滚子轴承
1	调心球轴承		
2	调心滚子轴承和推力调心滚子轴承		双列或多列用字母 NN 表示
3	圆锥滚子轴承	U	外球面球轴承
4	双列深沟球轴承		
5	推力球轴承	QJ	四点接触球轴承
6	深沟球轴承		
7	角接触球轴承	C	长弧面滚子轴承(圆环轴承)
8	推力圆柱滚子轴承		

轴承代号示例：

6　22　05

05——内径代号：内径 $d = 5 \times 5\text{mm} = 25\text{mm}$

22——尺寸系列代号

6——类型代号：6表示深沟球轴承

7　0(3)　12

12——内径代号：内径 $d = 12 \times 5\text{mm} = 60\text{mm}$

0(3)——尺寸系列代号

7——类型代号：7表示角接触球轴承

项目六

学习零件图

【学习目标】

1）了解零件图的内容及识读零件图的方法和步骤。
2）掌握零件图上各种符号的意义。
3）掌握公差与配合的概念、内容、代号及标注方法。

任务一 认识零件图

【任务目标】

1）明确零件图与装配图之间的关系。
2）掌握零件图的组成内容。

【实践操作】

读图 6-1 所示的零件图。

分析图 6-1 可知，零件图由一组视图、完整的尺寸、技术要求和标题栏组成。

【理论知识】

一、零件图与装配图的关系

任何一台机器或部件都是由若干个零件装配而成的，表达单个机械零件的图样称为零件图。由于零件的制造、加工和检验都要按照零件图上的尺寸和技术要求进行，因此，一张零件图中必须具备制造和检验该零件所需的一切资料。当一个零件的加工制造涉及铸、锻、冷加工、热处理等不同工序时，则不同的车间都应有该零件的零件图，以便按图样的要求进行加工。当部件或机器上的各种零件都加工完毕后，就将其汇总到装配车间，装配车间将按该部件或机器的装配图及图上的有关技术要求和资料把它们装配成部件或产品。由此可知，尽

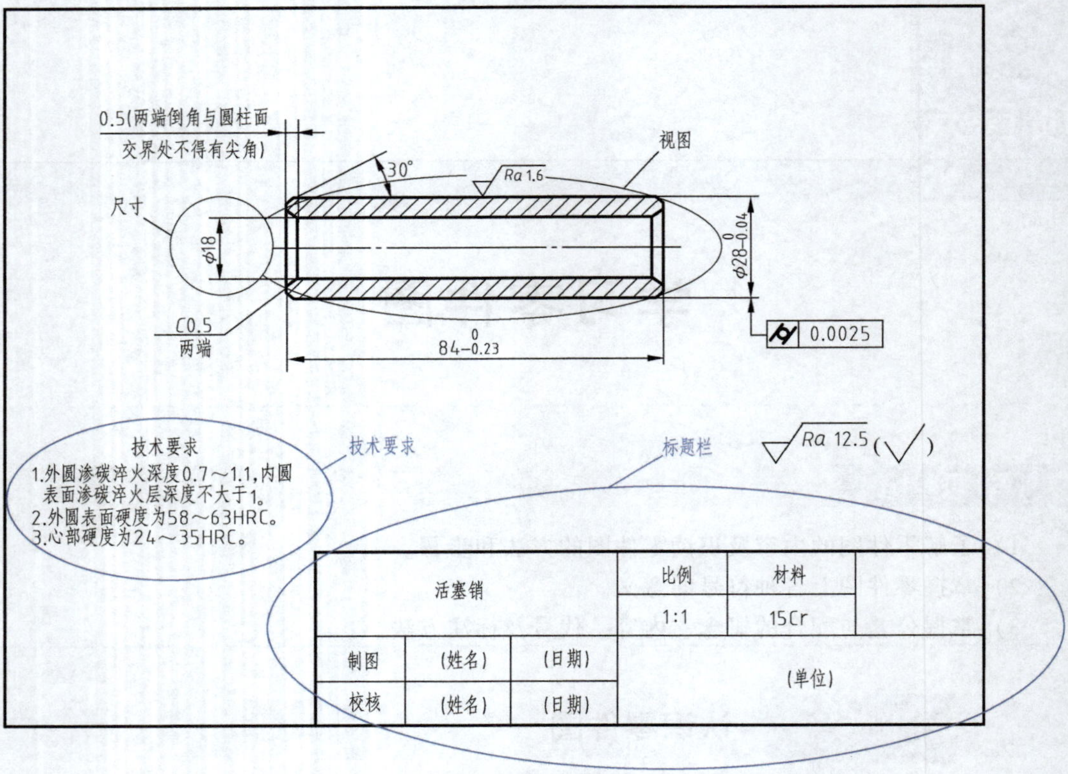

图 6-1　汽车活塞销零件

管零件图和装配图都是生产中必不可少的两大类图样，但它们的作用却截然不同，因此它们的内容和要求也各不相同。在部件或机器中，相邻的零件又往往是互相关联的，它们在形体结构、尺寸配合和加工要求等方面常有相同之处。学习零件图时必须建立以上概念，才能在读整套图样时对其有较深入的理解。

一般来说，产品在设计过程中总是先有装配图后有零件图的，应先根据设计要求画出机构传动的示意图，然后按此画装配草图。这时，就要在机构设计的基础上引进形体结构、尺寸配合等概念，绘装配草图时，主要零件的视图及主要装配关系都已确定下来。下一步是根据装配草图画零件工作图，这时所有零件的视图、尺寸和技术要求都应定下来；然后根据零件图及装配草图画装配工作图，一方面校核各相关零件的尺寸，特别是配合尺寸，另一方面是补充各种装配技术要求。零件图和装配图在设计制图阶段完成后，再经描图和复制，印成蓝图后分发到产品加工和装配的各有关车间。因此在生产上要做到对某一零件深入理解，除应查阅它本身的零件图外，往往还应查阅装配图，以及和它相关零件的零件图才能达到要求。

二、零件图的内容

图 6-1 所示为汽车活塞销零件图。从该零件图中可以了解汽车活塞销的形状、尺寸大小、材料和加工要求等。由此可知，零件图是表达零件的形状、大小、材料和加工要求的图

样，是制造和检验零件的依据，是生产部门的基本技术文件。

由图 6-1 可知，一张完整的零件图应包括四项内容：一组视图、完整的尺寸、技术要求和标题栏。

1. 一组视图

用一定数量的视图、剖视图、断面图和其他规定画法，完整、准确、清晰地表达出零件的内外形状和结构。

2. 完整的尺寸

正确、完整、清晰和合理地标注出能满足零件制造和检验所需要的全部尺寸，用以确定零件的形状、大小及各部分结构的相对位置。

3. 技术要求

用国家标准规定的符号、数字、标记或文字说明零件在制造、检验和装配过程中应达到的技术要求，如表面粗糙度、几何公差、热处理及表面处理的要求等。

4. 标题栏

标题栏是用于填写零件名称、材料、数量、图号、比例，以及制图、设计、校核人员的签名和日期等内容的表格。

任务二 学习选择视图的方法

【任务目标】

1）掌握选择视图的原则。

2）了解常见零件表达方案的选择方法。

【任务准备】

绘图工具一套。

【实践操作】

汽车活塞销有如图 6-1 和图 6-2 所示的两种表达方法，比较这两种表达方法，分析通过哪种方法能更正确、快速地判断出零件的结构形状。

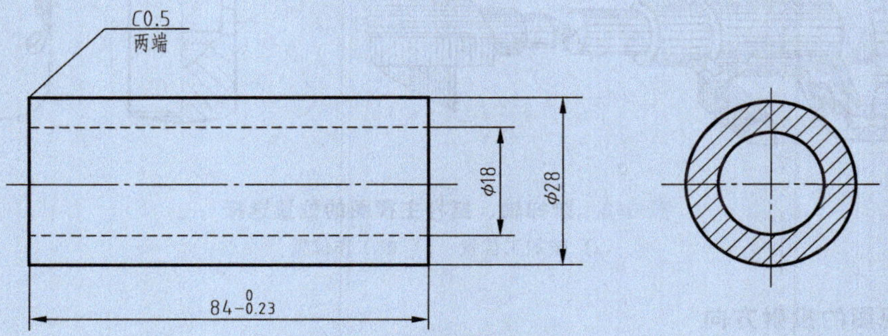

图 6-2 活塞销零件视图

活塞销是一个销轴零件，很显然用如图6-1所示的剖视图可以更简单、直观地表达清楚零件的结构形状。要使零件图能够正确、完整、清晰地表达出零件的结构形状，必须根据零件的结构特点，尽可能了解零件在机器或部件中的位置、作用和它的加工方法，然后灵活选择视图、剖视图、断面图等表达方法，恰当地选择主视图和其他视图，确定出一个比较合理的表达方案。并在满足读图方便和充分表达零件结构形状的前提下，使视图数量最少，力求表达简便。

【理论知识】

虽然零件的种类繁多，结构形状也不尽相同，但也可根据它们的结构、用途、加工制造等方面的特点，将其分为轴套类、轮盘类、叉架类和箱体类典型零件，然后便可根据不同零件的结构灵活地选择零件图的表达方法。

一、主视图的选择

主视图是零件图中最主要的视图，画图和读图一般都要从主视图入手，因此，主视图选择得合理与否会直接决定读图和画图是否方便。选择主视图时，通常应综合考虑以下两点。

1. 零件的安放位置

零件的安放位置应与零件的加工位置或工件位置相符合。

零件的主视图应尽可能与零件在机械加工时所处的加工位置一致，因为按主要加工位置绘制主视图，加工、测量时可方便图物对照。例如，轴套类和轮盘类回转体零件常按其主要车、磨等加工位置放置。

但是，有些零件的结构形状比较复杂，往往需要在不同的机床上加工，而在每个机床上的加工位置又各不相同。因此，主视图的选择应尽可能符合零件在机器中的工作位置，这样既便于将零件与机器联系起来想象其工作情况，又便于与装配图直接对照。例如，叉架类、箱体类零件一般按工作位置放置。

图6-3所示为阶梯轴、挺杆主视图的位置选择。

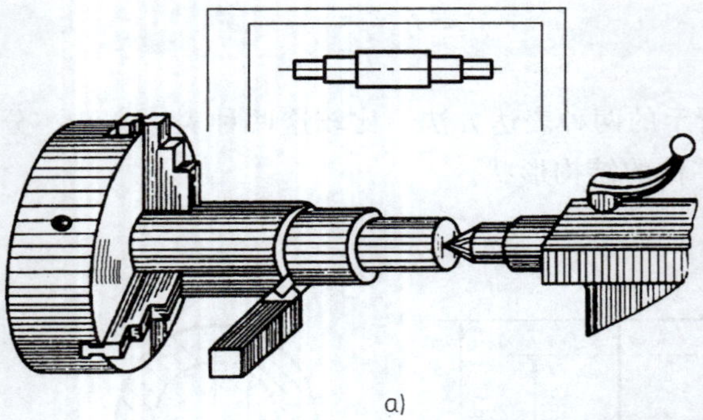
a)

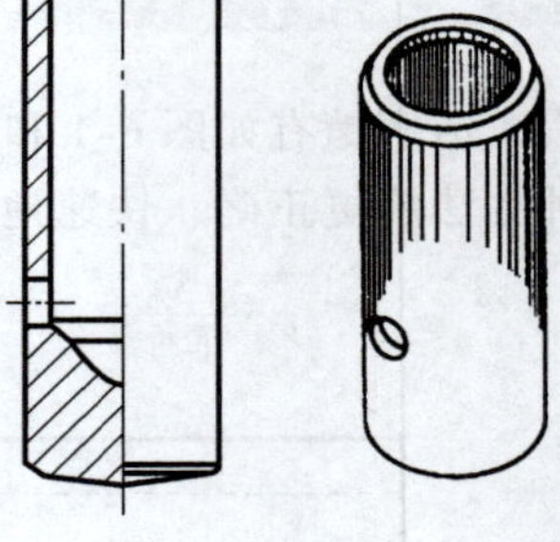
b)

图6-3 阶梯轴、挺杆主视图的位置选择

a）按加工位置 b）按工作位置

2. 主视图的投射方向

主视图的投射方向应可显示零件的形状特征。确定了零件的安放位置后，要从前、后、左、右四个方向中选择出一个能够明显反映零件的形状特征，且能表达零件主要结构和各组成部分间的相对位置关系的方向为主视图的投射方向。

图 6-4 所示为气门零件图的主视图的投射方向。

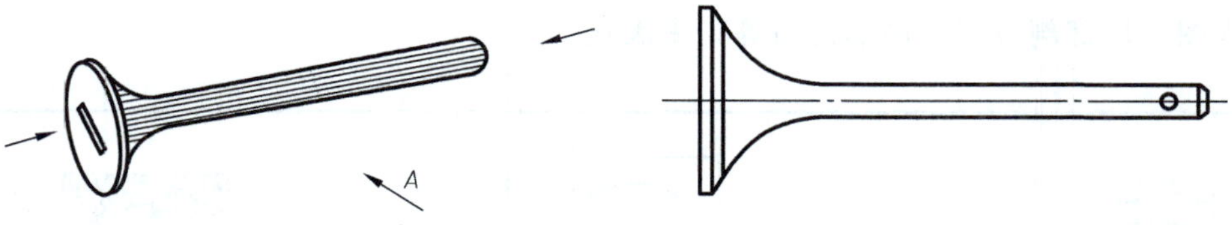

a)　　　　b)

图 6-4　气门零件图的主视图的投射方向

二、其他视图的选择

主视图确定以后，应分析该零件还有哪些结构形状未表达清楚，再考虑如何将主视图上未表达清楚的部位辅以其他视图进行表达，并使每个视图都有表达重点。选择视图时，应优先选择其他基本视图，以及在基本视图上作剖视。总之，要在满足读图方便和充分表达零件结构形状的前提下，尽量减少视图的数量，力求制图简便。

图 6-5 所示为气门间隙调整螺栓，其结构为同轴组合的回转体，用一个视图就可以完整地表达出来。

图 6-6 所示为汽车备胎架支架，其结构较复杂，需用三个视图才能表达完整。主视图采用全剖视图表达出支架的主体结构、肋板的形状、凸台及小孔的位置，俯视图表达了支承板的形状、肋板的数目及固定板和凸台的位置，左视图则表达了固定板、凸台的形状和固定板上的小孔及肋板的位置。

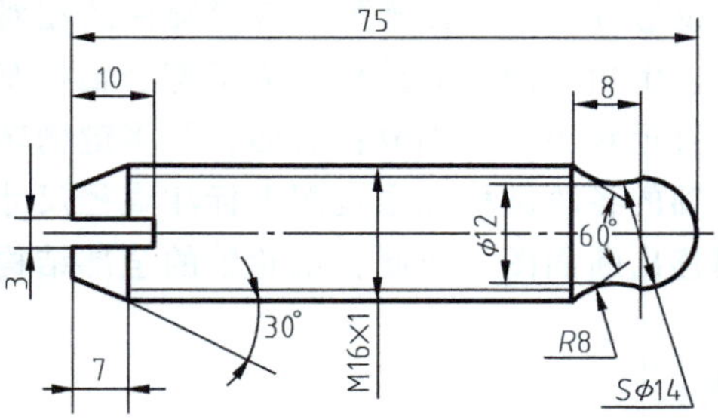

图 6-5　气门间隙调整螺栓

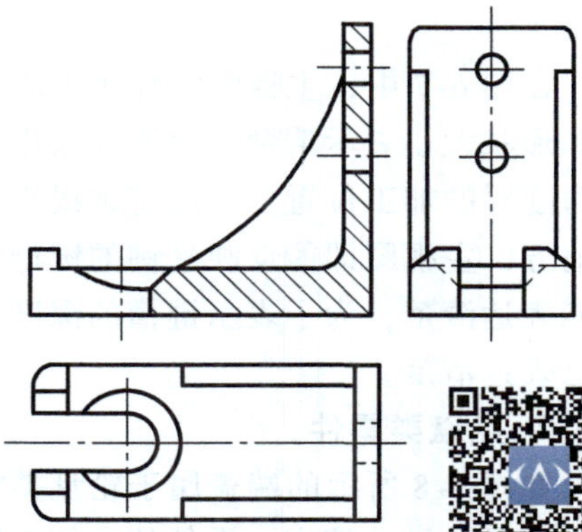

图 6-6　汽车备胎架支架

三、零件表达方案的选择

零件的表达方案是指能完整、清晰地表达某零件结构形状的若干种表示方法的组合。

1. 轴套类零件

如图 6-7 所示的蜗轮轴属于轴套类零件。它的基本形状是同轴回转体，主要在车床上加工。轴套类零件上常有键槽、退刀槽、孔、凹坑、倒角、中心孔等结构。

轴套类零件的视图常采用一个基本视图，即主视图，外加若干其他视图（如剖视图、局部放大图、局部剖视图、局部视图等）来表达。

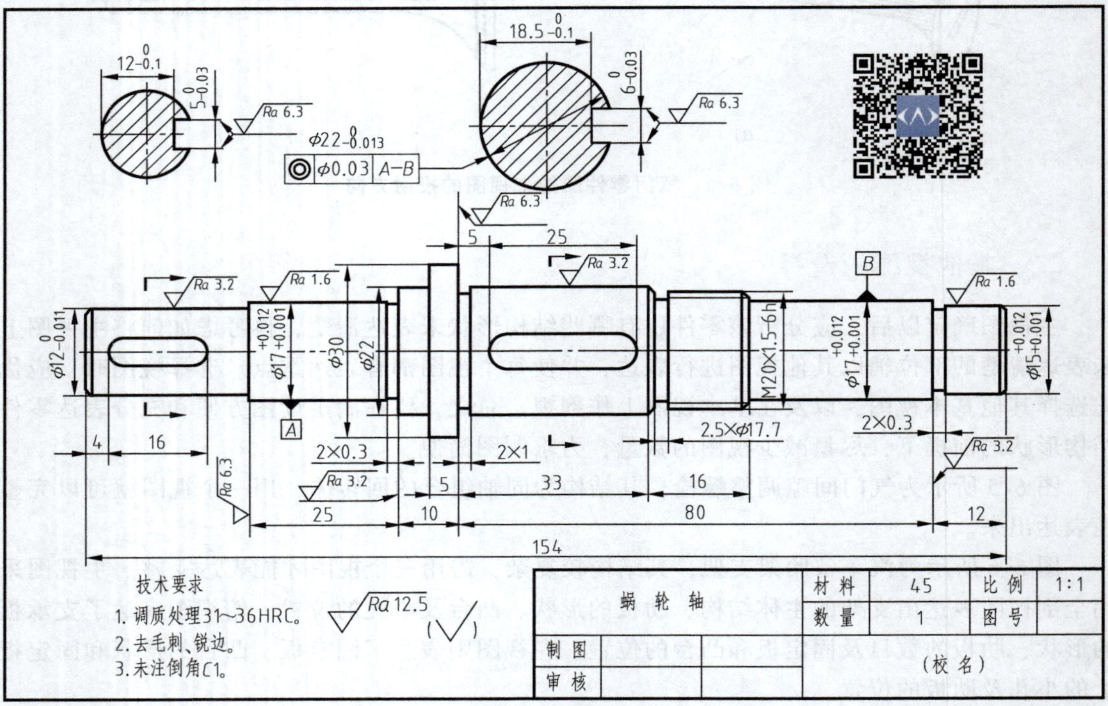

图 6-7 蜗轮轴

在图 6-7 中，主视图将轴线平放的方向作为其投射方向，这样既可把各段圆柱的相对位置和形状大小表示清楚，也能反映出轴肩、退刀槽、倒角、圆角等结构。为了符合轴在车削或磨削时的加工位置，一般将轴线水平横放，且将直径较小的一端放在右面，并将键槽转向正前方，主视图即能反映平键的键槽形状和位置。轴的各段圆柱在主视图上标注直径尺寸后已能表达清楚，为了表示键槽的深度，可分别采用移出断面图。至此，蜗轮轴的全部结构形状已表达清楚。

2. 轮盘类零件

如图 6-8 所示的端盖属于轮盘类零件。这类零件的基本形状是扁平的盘状，其轴向尺寸小，而径向尺寸较大，零件的主体多数是由同轴回转体构成（也有主体形状为矩形的）的，并有径向分布的螺孔、光孔、销孔、轮辐等结构，一般在车床上进行加工。此类零件在机器或设备上使用较多，如齿轮、手轮、端盖、法兰盘等。

轮盘类零件一般选择两个视图：主视图一般为轴向剖视图，用于表达轴向剖面的结构；左视图是径向视图，用于表达外形特征。对于基本视图未能表达清楚的结构形状，可用剖视图或局部视图表达，较小的结构可用局部放大图表达。

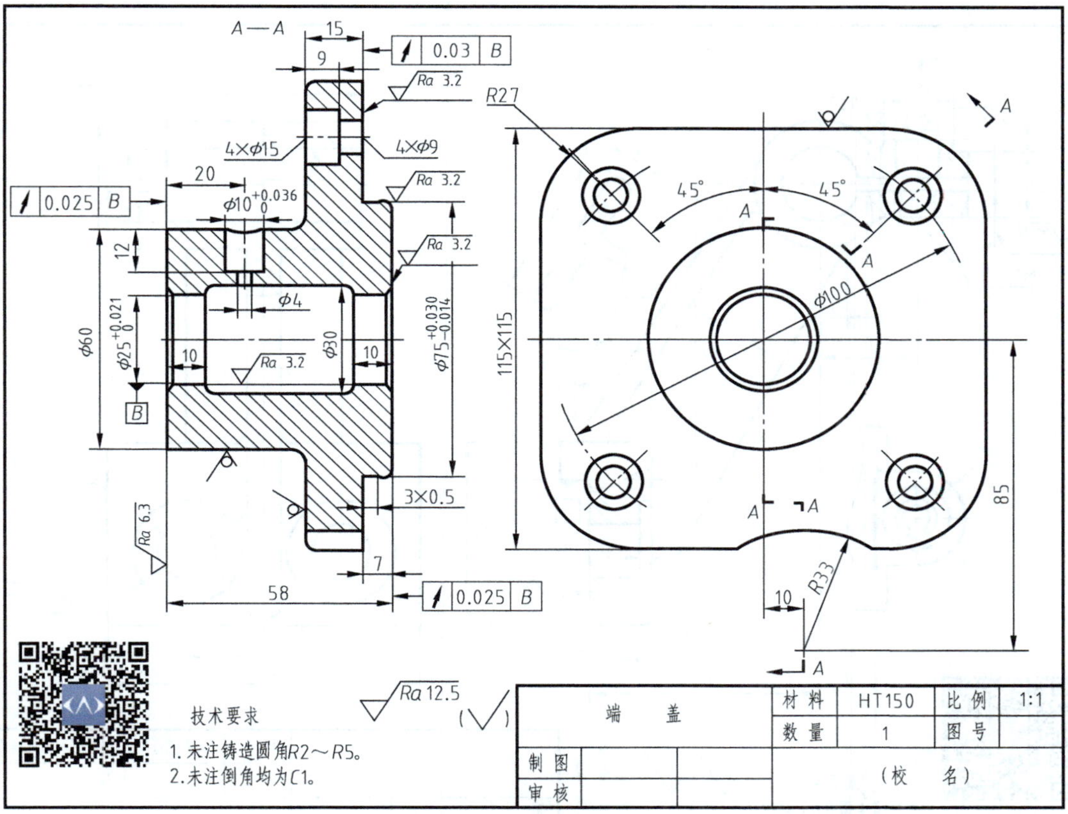

图 6-8　端盖零件图

在如图 6-8 所示的端盖零件图中，主视图为剖视图，其层次分明，显示了多处内腔的形状及相对位置，也符合该零件主要的加工位置；左视图反映了零件的外部形状，显示了带圆角的方形凸缘和四个均匀分布的柱形沉孔，在其前下方还有一弧形缺口。

3. 叉架类零件

如图 6-9 所示的支架属于叉架类零件。这类零件的形状差别较大，结构不规则，外形比较复杂，包括拨叉、连杆、支架等零件。叉架类零件通常起传动、连接、调节、制动、支承等作用，其毛坯多用铸件或锻件。

叉架类零件的加工工序较多，一般按工作位置和形状特征选择主视图，并将零件放平。主视图常采用局部剖视图表达主体外形和局部内形，如图 6-9 所示的主视图就是这样选择的。

叉架类零件需要采用两个或两个以上的基本视图，并且要用局部视图、剖视图等表达零件的细部结构。例如，在如图 6-9 所示的支架零件图中，除主视图外，左视图表达了固定板的形状及两个沉孔的分布情况；上方圆筒的局部剖视图表达了通孔的结构和圆筒的宽度；移出断面图表达了连接肋板的 T 形形状；*A* 向局部视图表达了开槽凸缘的形状。

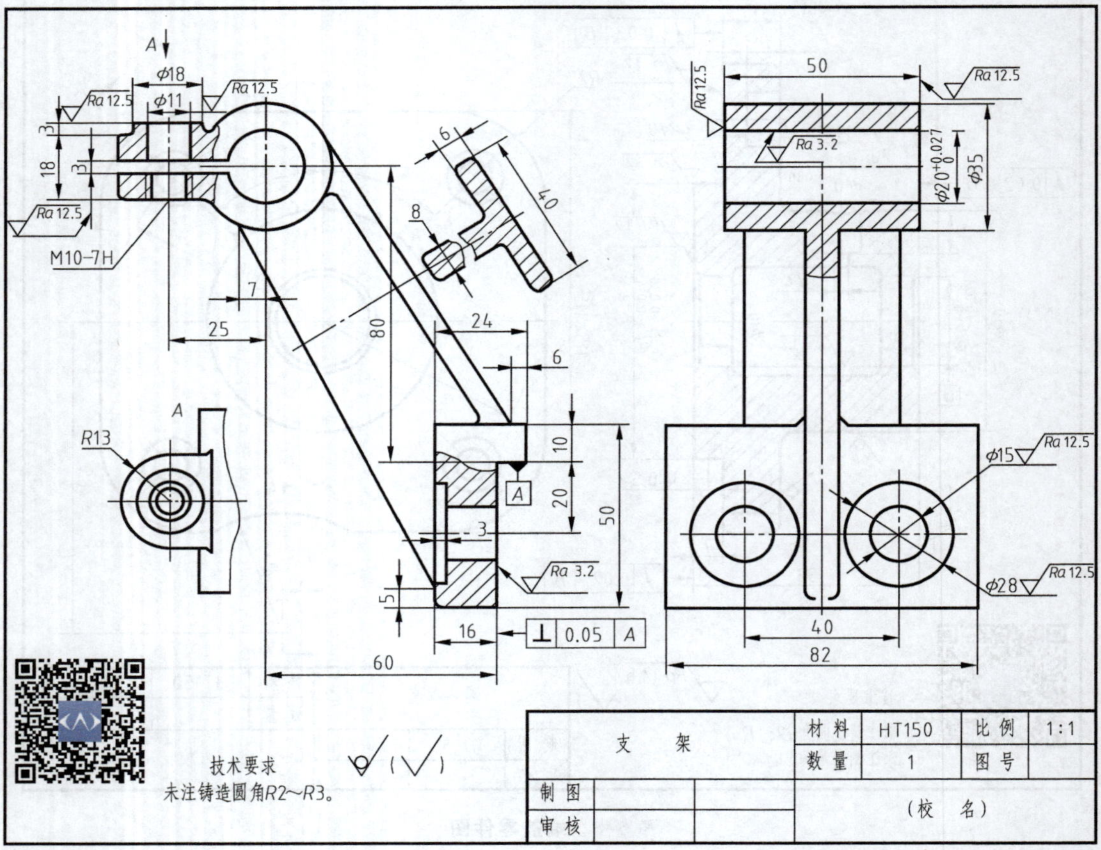

图 6-9　支架零件图

4. 箱体类零件

如图 6-10 所示的阀体属于箱体类零件。这类零件一般是机器或部件中的主要零件，包括各种箱体、壳体、机座、底座等，用来支承、包容、定位其他机械零件。它们的结构形状比较复杂，尤其是内部结构比较复杂，加工位置的变化更多，其毛坯多为铸件。表达箱体类零件的结构形状时，常将零件按工作位置放置，以最能反映形状特征、主要结构和各组成部分相互关系的方向为主视图的投射方向。

考虑到箱体类零件的结构比较复杂，故其基本视图一般不少于三个。在基本视图之外，还应根据清晰表达的原则，综合运用各种表达方法来绘制视图，且每个视图都应有其所表达的重点内容。在图 6-10 所示的阀体中，三个基本视图、两个局部视图和一个移出断面图表达了它的内、外形状；主视图采用单一正平面剖切后所得的 *B—B* 全剖视图表达了内部形状；俯视图用单一水平面剖切后所得的 *A—A* 全剖视图，同时表达了内部和底板的形状；采用局部剖的左视图及 *D* 向局部视图，主要表达外形及顶面形状；而 *C* 向的局部视图及 *E—E* 移出断面图则表达了局部结构的形状。

这六个视图完整、清晰地表达了阀体的内、外形状和结构。

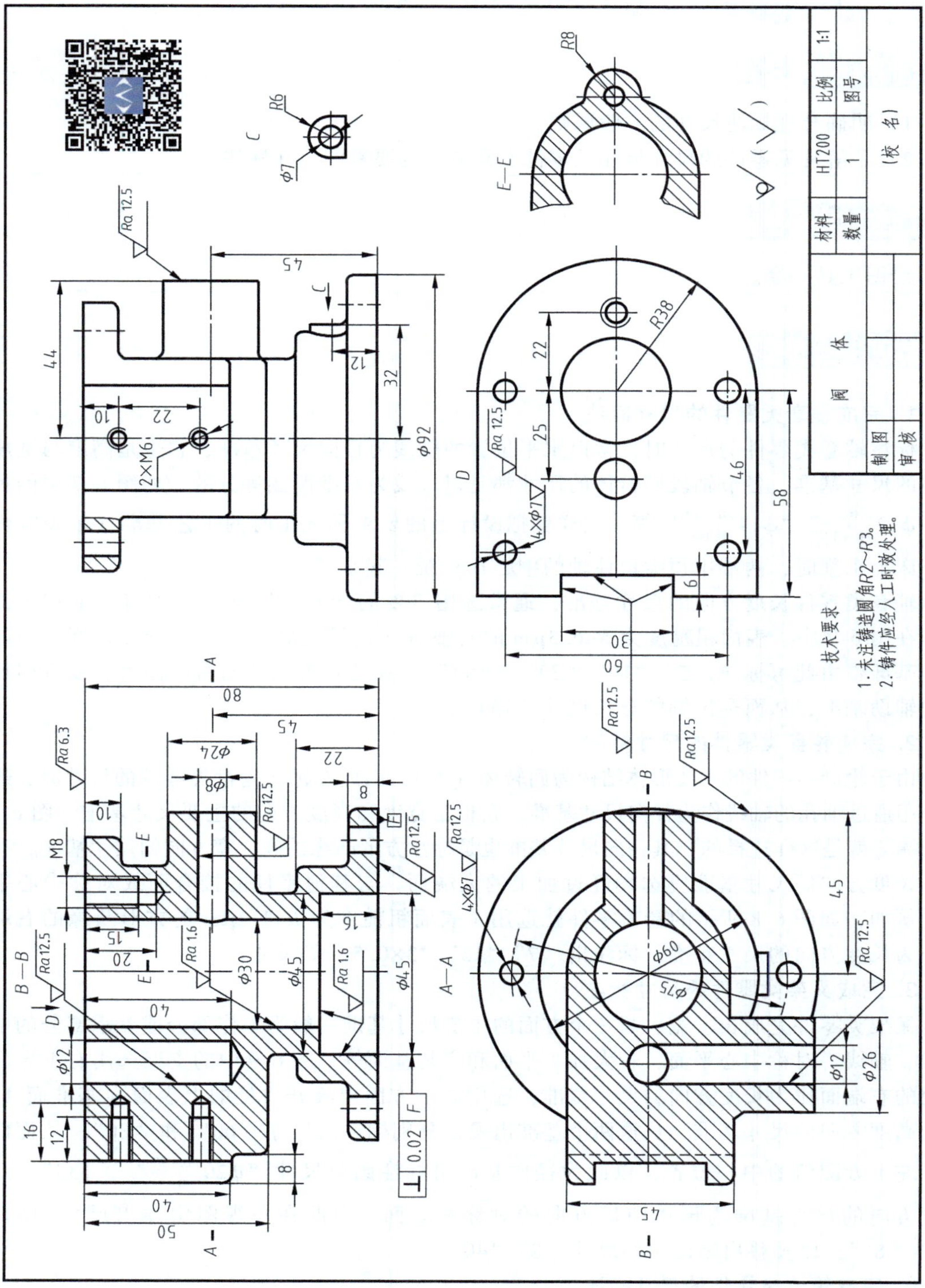
技术要求
1. 未注铸造圆角R2~R3。
2. 铸件应经人工时效处理。
阀体
材料 HT200
比例 1:1
数量 1
图号
制图
审核
(校名)
B—B
A—A
E—E
2×M6
4×φ7
φ92
φ60
φ75
R38
R8
R6
φ7

图 6-10 阀体零件图

任务三　学习零件图的尺寸标注

【任务目标】

1）明确合理标注尺寸的一般原则。

2）了解常见零件的尺寸标注及零件上常见结构要素的尺寸标注。

【任务准备】

绘图工具一套。

【实践操作】

1. 完成轴套类零件的尺寸标注

标注轴套类零件的尺寸时，常以水平位置的轴线为径向尺寸基准，它也是高度与宽度方向的尺寸基准，各节轴段回转体的尺寸都是以轴线为基准两侧等分的，如图6-7中的尺寸“$\phi12_{-0.011}^{0}$”“$\phi17_{+0.001}^{+0.012}$”等。这样就把设计上的要求和加工时的工艺基准（轴类零件在车床上车削时，两端用顶尖顶住轴的中心孔）统一起来了。

轴套类零件长度方向的尺寸基准，通常选用重要的端面、接触面（轴肩）或加工面等。在图6-7中，表面粗糙度为$Ra6.3\mu m$的右轴肩（这里紧靠蜗轮）被选为长度方向的尺寸基准，由此可标注“5”“10”“33”“2×1”等尺寸；再以轴的右端面为长度方向尺寸的辅助基准，从而标出轴的总长尺寸“154”。

2. 完成轮盘类零件的尺寸标注

由于轮盘类零件的主要形体结构为回转体（面），因此在标注轮盘类零件的尺寸时，通常选用通过轴孔的轴线作为径向尺寸基准，它也是宽度和高度方向的主要尺寸基准。图6-8中的端盖就是这样选择的，其径向尺寸基准也是标注方形凸缘的高、宽方向的尺寸基准。

长度方向的尺寸基准应选择经过加工的大端面、与其他零件的接合面或对称中心平面。例如，如图6-8所示的端盖零件就选用了表面粗糙度为$Ra3.2\mu m$的方形凸缘的右端面作为长度方向的尺寸基准，标注出“7”“15”“3×0.5”等尺寸。

3. 完成叉架类零件的尺寸标注

叉架类零件完成长、宽、高三个方面的主要尺寸基准一般为工作部分或支承部分的中心线、轴线、对称中心平面、较大加工平面和安装基面等。图6-9中的支架选用右下方固定板的右端面作为长度方向的尺寸基准，选用右下方固定板开口处的上表面（基准面A）作为高度方向的尺寸基准，从这两个基准出发，分别标注出尺寸“60”和“80”，从而确定了左上方圆筒的中心位置，以此为径向基准可标注圆筒尺寸“$\phi20_{0}^{+0.027}$”“$\phi35$”等。宽度方向的尺寸基准为形体前后方向的对称中心面，由此在左视图中注出尺寸“50”“40”“82”，以及移出断面中的尺寸“8”“40”。

4. 完成箱体类零件的尺寸标注

标注箱体类零件的尺寸时，通常选用设计上要求的轴线、重要的安装面、接触面（或加工面）、箱体某些主要结构的对称中心面等作为尺寸基准。对于箱体上需要切削加工的部分，应尽可能按便于加工和检验的原则来标注尺寸。如图 6-10 所示的阀体，其长度基准和宽度基准分别是通过壳体的本体轴线的侧平面和正平面，由此可在反映顶面形状的 *D* 向局部视图中标出“25”“46”“30”等尺寸。高度方向的尺寸基准为底板的底面，由此在主视图中可标出“8”“22”“45”等尺寸。

【理论知识】

一、尺寸标注概述

零件图上标注的尺寸，是加工和检验零件的重要依据，除了应符合前面所述的正确、完整、清晰的要求外，还要标注得合理。所谓合理，即标注的尺寸既符合零件的设计要求，又便于加工、测量和检验，这就要根据零件的设计和工艺要求，正确地选取尺寸基准，并恰当地配置尺寸。

尺寸基准就是标注和度量尺寸的起点。常用的尺寸基准有基准面（底板的安装面、重要的端面、装配接合面、零件的对称中心面等）和基准线（回转体的轴线）两种。具体标注尺寸时，零件在长、宽、高三个方向的尺寸各自至少要有一个尺寸基准，从基准出发标注定位尺寸和定形尺寸。显然，只有具备较多的零件设计和工艺知识，才能做到合理地标注尺寸，而这方面的知识要通过今后专业课的学习和参加生产实践来掌握，此处只做一些初步介绍。

二、合理标注尺寸的一般原则

1. 重要尺寸应直接注出

重要尺寸是指直接影响零件在机器中的工作性能和位置关系的尺寸，如零件之间的配合尺寸、重要的安装定位尺寸等。

如图 6-11 所示的轴承座，为了保证轴装入轴承座后两端的高度相同，轴承座孔的中心到底面的距离很重要，必须从为高度基准的底面直接标出；底板上两孔的轴线距离与其轴孔对称，应从长度基准通过轴线的对称中心平面直接标注。因此，图 6-11a 所示的标注方法是正确的；而图 6-11b 所示的标注方法容易造成误差的积累，不能满足装配要求，是错误的。

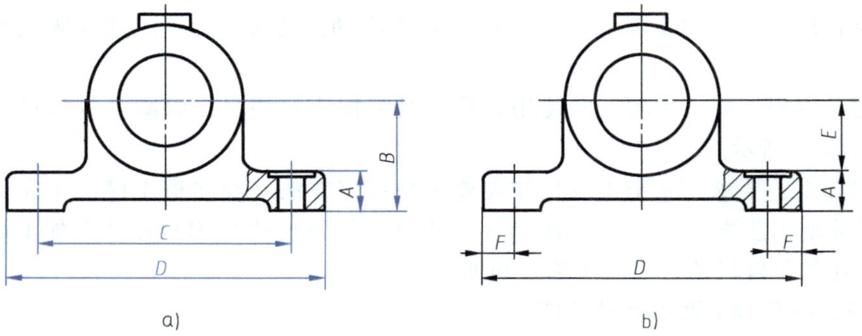

图 6-11 轴承座的重要尺寸应直接标注

a）正确 b）错误

2. 避免出现封闭尺寸链

图 6-12 所示为尺寸链的三种标注形式。

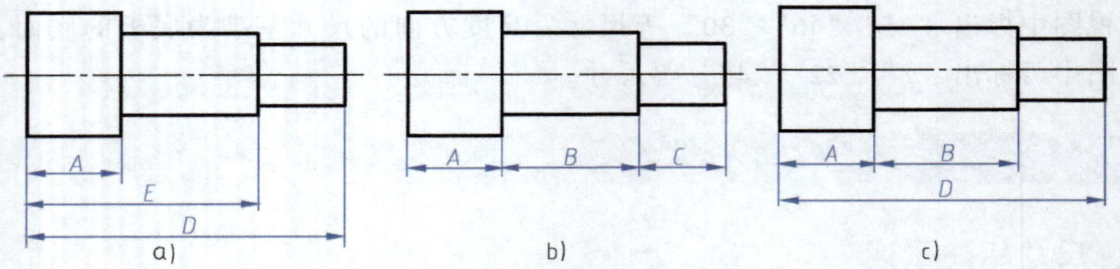

图 6-12 尺寸链的标注形式

a）坐标式 b）链状式 c）综合式

同一方向的多个尺寸可以从同一基准注起，各尺寸误差互不影响；也可以彼此首尾相接，前一尺寸的终点即为后一尺寸的起点；或者将两种形式综合使用。

封闭尺寸链是指尺寸线首尾相接，绕成一整圈的一组尺寸，如图 6-13b 所示。尺寸标注中应避免出现封闭尺寸链，因为每个尺寸的精度都受到其他尺寸的影响，图 6-13b 中尺寸 l_4 的误差是 l_1、l_2、l_3 各段误差的总和，其精度将难以保证。此时，应选一个尺寸链中最不重要的尺寸空出不注，以便使所有的尺寸误差都积累到这一段，从而保证重要尺寸的精度要求，如图 6-13a 所示。

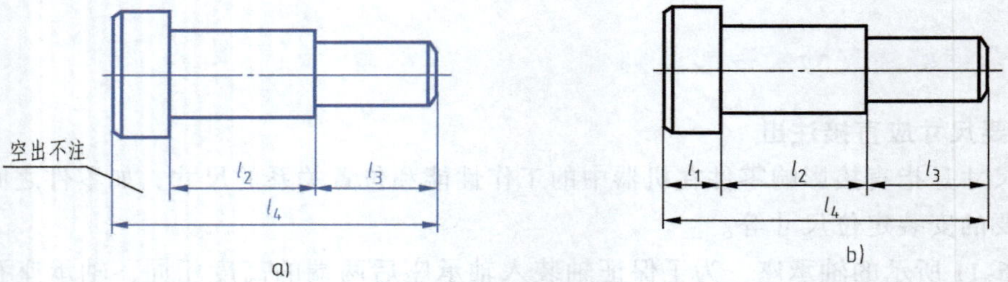

图 6-13 避免出现封闭尺寸链

a）正确 b）不正确

3. 便于加工和测量

（1）符合加工工序的要求　如图 6-14 所示的小轴，其每一加工工序所需尺寸都应在图中直接注出。

（2）测量方便　要考虑测量时使用普通工具就能直接测量，以减少专用量具的设计和制造，如图 6-15 所示。

（3）符合工艺要求　一个零件往往需要多种加工方法并经多道工序加工完成，标注尺寸时应尽量满足工艺要求。如图 6-16 所示，零件的圆弧键槽是用圆盘铣刀加工的，应标注出铣刀的直径和位置尺寸，以便于选刀和加工。

4. 非加工面与加工面的尺寸标注

对于铸造、锻造的零件，其在同一方向上的加工面和非加工面应各选择一个基准，分别标注有关尺寸，且两个基准之间只允许有一个联系尺寸，如图 6-17a 所示。

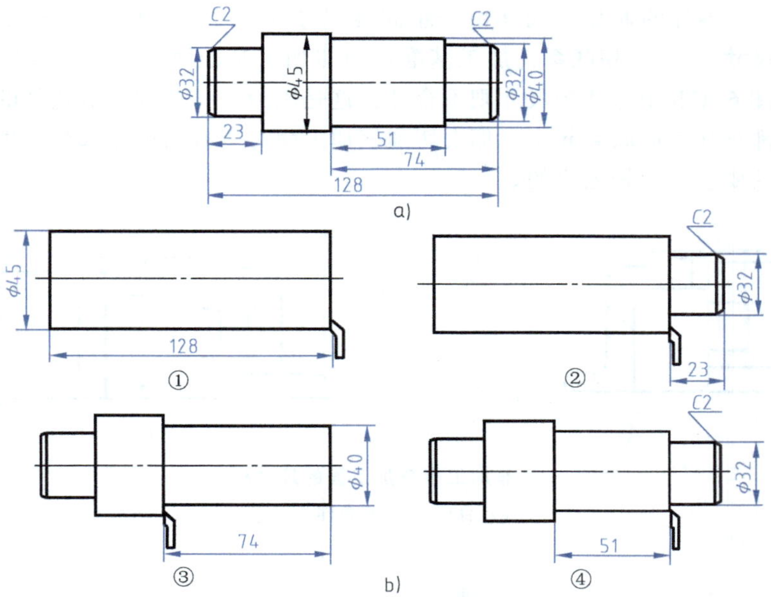

图 6-14　标注尺寸应符合加工工序

a) 轴的尺寸标注　b) 加工工序所需尺寸

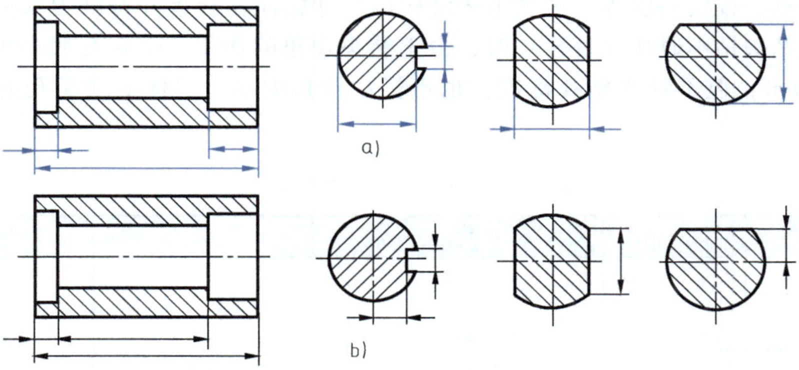

图 6-15　标注尺寸应便于测量

a) 合理　b) 不合理

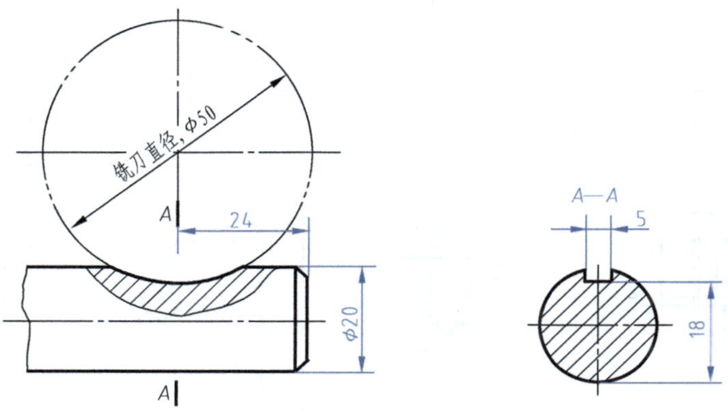

图 6-16　标注尺寸应符合工艺要求

在图 6-17a 中，零件的非加工面间由一组高度尺寸 M_1、M_2、M_3、M_4 相联系，加工面间由另一组高度尺寸 L_1、L_2 相联系，加工基准面与非加工基准面之间的高度尺寸由一个尺寸 A 相联系。而图 6-17b 中标注的尺寸则不合理，这是因为，铸造件、锻造件的表面误差较大，如每个毛面都与加工面联系起来，那么切削该加工面时所有的尺寸都会发生改变，要同时保证这些尺寸的要求是比较困难的。

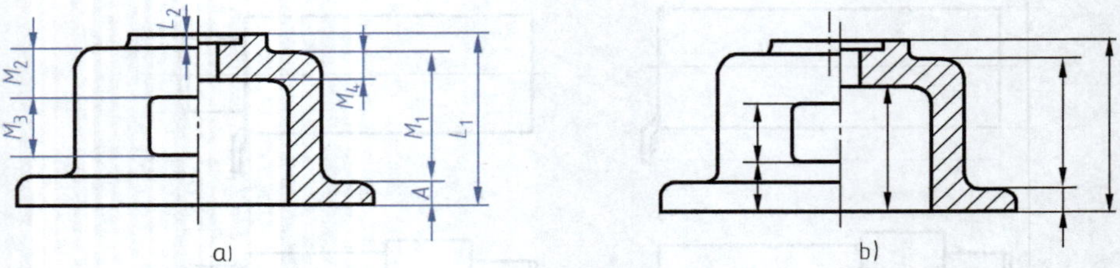

图 6-17　非加工面与加工面的尺寸标注

a）合理　b）不合理

三、零件上常见结构要素的尺寸标注

零件上有一些结构是因工艺要求而存在的，如中心孔、钻孔结构、倒角和圆角、退刀槽、砂轮越程槽、拔模斜度等。这些工艺结构的尺寸标注应合理并符合国家标准的相关规定。例如，用钻头钻不通孔（盲孔）时，由于钻头顶角的作用，会在孔底产生一锥面，画图时按 120°画出，但不计入钻孔深度，也不标注锥角大小。零件上常见孔的尺寸注法见表 6-1。

表 6-1　零件上常见孔的尺寸注法

类型	普通注法	旁注法		说明
光孔	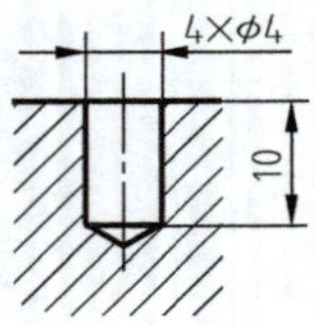	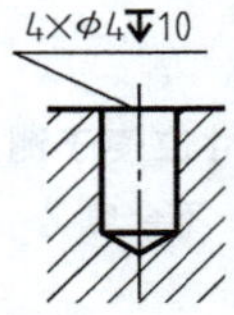	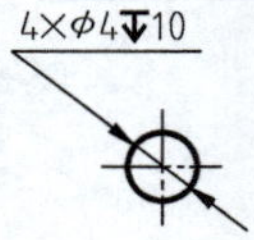	“↧”为孔深符号
	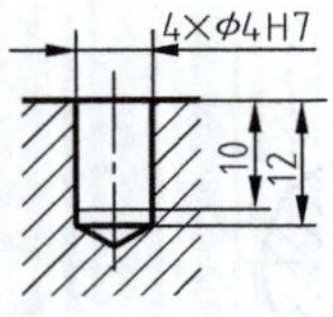	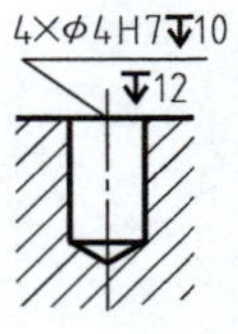	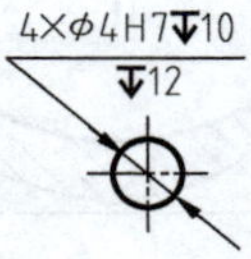	钻孔深度为 12mm，精加工孔（铰孔）深度为 10mm

（续）

类型	普通注法	旁注法		说明
光孔	该孔无普通注法，注意："φ4"是指与其相配作的圆锥销的公称直径（小端直径）	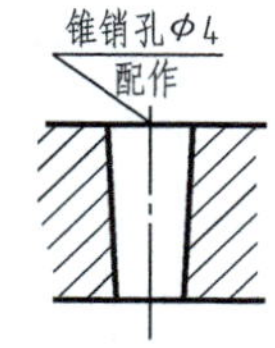	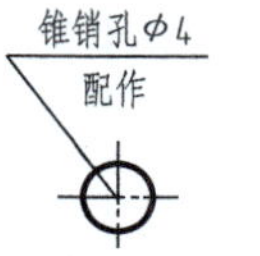	"配作"是指该孔与相邻零件的同位锥销孔一起加工
锪孔	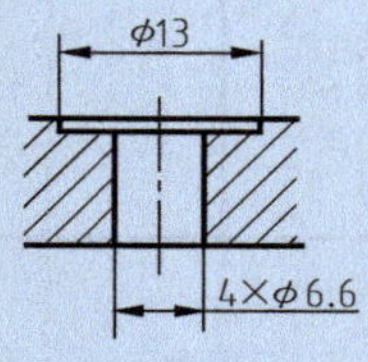	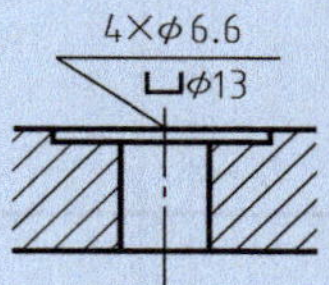	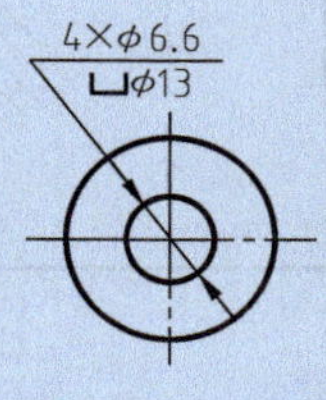	"⌴"为锪平、沉孔符号。锪孔通常只需锪出圆平面即可，因此沉孔深度一般不注
沉孔	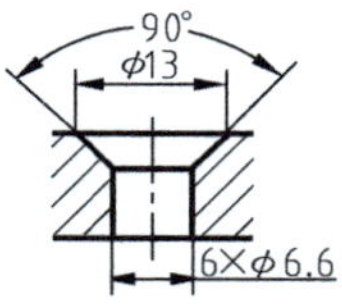	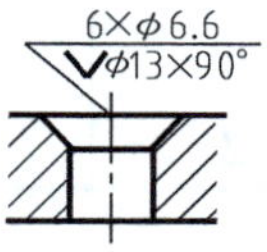	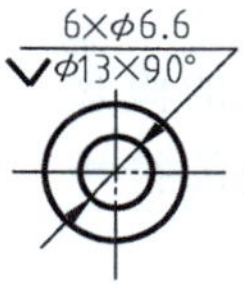	"⌵"为埋头孔符号，该孔为安装开槽沉头螺钉所用
	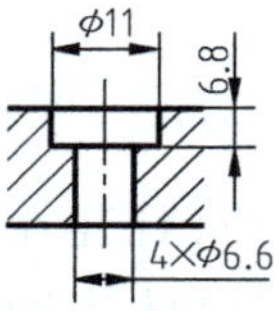	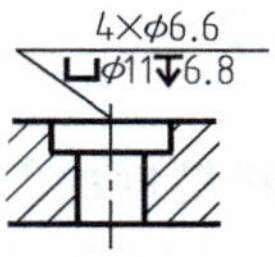	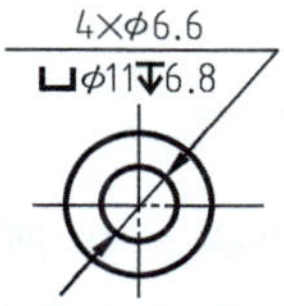	该孔为安装内六角圆柱头螺钉所用，承装头部的孔深应注出
螺孔	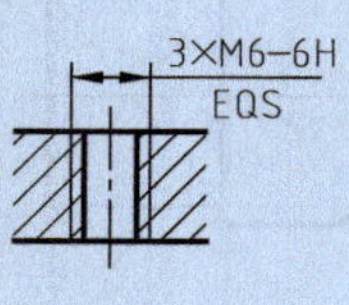	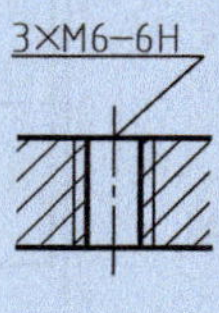	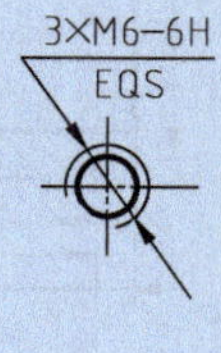	"EQS"为均布的缩写词

（续）

类型	普通注法	旁注法		说　明
螺孔	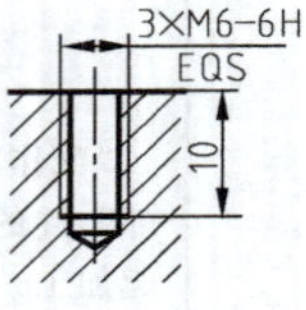	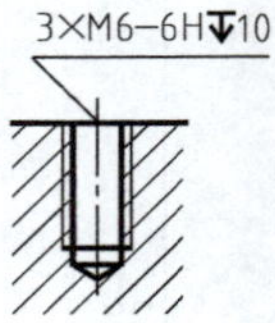	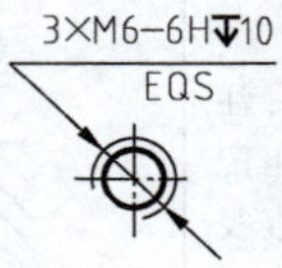	“EQS”为均布的缩写词
	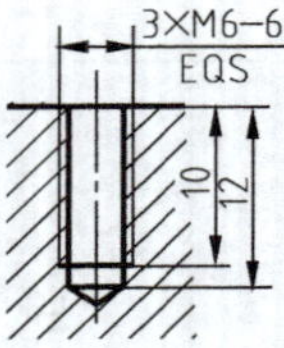	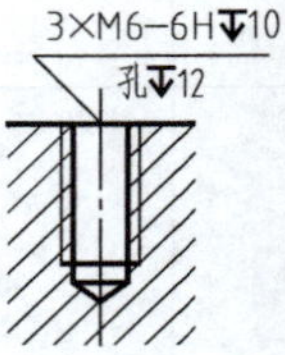	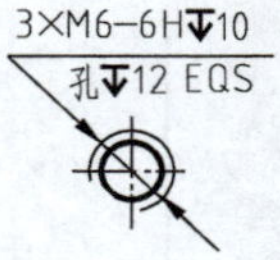	

任务四　学习表面粗糙度的注写

【任务目标】

1）掌握表面粗糙度的概念。
2）明确表面粗糙度的符号、代号及其含义。

【任务准备】

绘图工具一套。

【实践操作】

表面粗糙度的标注如图 6-18 所示。表面粗糙度的符号、代号应标注在可见轮廓线、尺寸界线、引出线或它们的延长线上，符号的尖端必须从材料外指向材料表面。在同一图样上，对每一个表面一般只标注一次，并尽可能靠近有关的尺寸线标注。

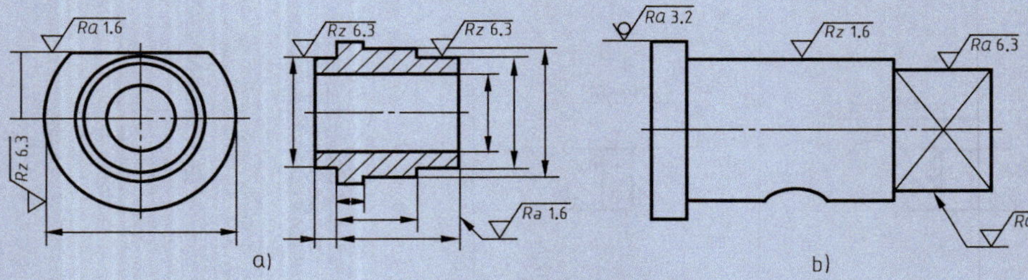

图 6-18　表面粗糙度的标注

【理论知识】

1. 表面粗糙度的概念

加工零件表面时，由于受刀具和工件之间的运动和摩擦、机床的振动、工件变形等因素的影响，零件表面不可能绝对平整和光滑，在放大镜或显微镜下，可看到零件表面有许多微小的凸峰和凹谷。

如图 6-19 所示，这种零件加工表面上具有的较小间距和微小峰谷的微观几何形状特征，称为表面粗糙度。其形成与工件材料、加工方法、刀具、设备、环境条件等因素有密切的关系。

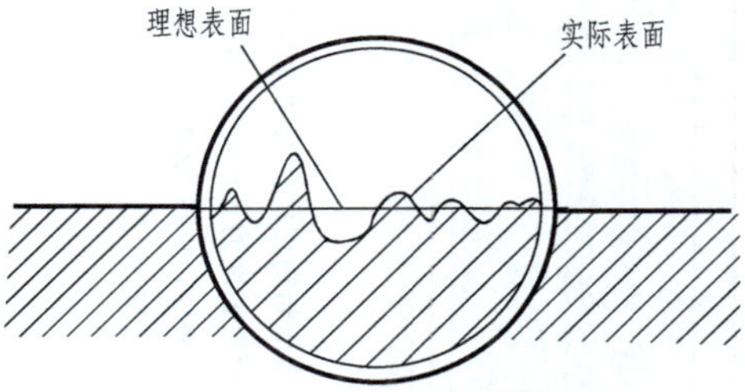

图 6-19　**表面粗糙度示意图**

表面粗糙度是评定零件表面质量的一项重要技术指标，它对零件的配合、耐磨性、耐蚀性及密封性都有显著的影响，是零件图中必不可少的技术要求。

2. 主要评定参数

国家标准规定，表面粗糙度的评定参数有两项：轮廓的算术平均偏差 Ra、轮廓的最大高度 Rz，优先推荐使用轮廓的算术平均偏差 Ra。

在一般情况下，凡是零件上有配合要求或有相对运动的表面，其 Ra 值要小；在同一零件上，工作表面的 Ra 值应小于非工作表面的 Ra 值。Ra 值越小，表示对表面质量的要求越高，但加工成本也越高。因此，在满足使用要求的前提下，应尽量选用较大的 Ra 值，以降低成本。

3. 表面粗糙度的符号、代号及其含义

（1）表面粗糙度的图形符号及其含义　见表 6-2。

表 6-2　表面粗糙度的图形符号及其含义

符号名称	符　号	含　义
基本图形符号		未指定工艺方法的表面，当通过一个注释解释时可单独使用
扩展图形符号	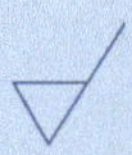	用去除材料方法获得的表面，仅当其含义是“被加工表面”时可单独使用
		不去除材料的表面，也可用于表示保持上道工序形成的表面，不管这种状况是通过去除材料或不去除材料的方法形成的
完整图形符号		在以上各种符号的长边上加一横线，以便注写对表面粗糙度的各种要求

（2）表面粗糙度代号　表面粗糙度符号中注写了具体参数代号及数值等要求后，即称为表面粗糙度代号。表面粗糙度符号、代号的画法及其在零件图中的标注方法见表 6-3。

表 6-3　表面粗糙度符号、代号的画法及其在零件图中的标注方法

规定画法	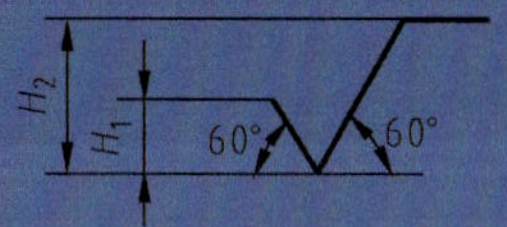 其中，当数字和字母高度 $h=3.5\text{mm}$ 时，d'（符号线宽）= 0.35mm，$H_1=5\text{mm}$，$H_2=10.5\text{mm}$	说　明
标注示例	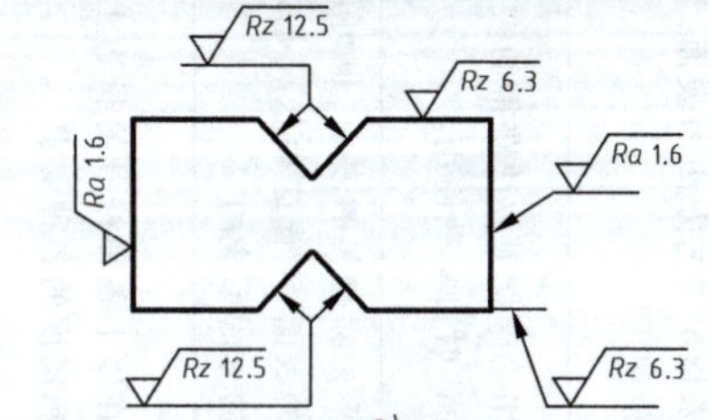 a) 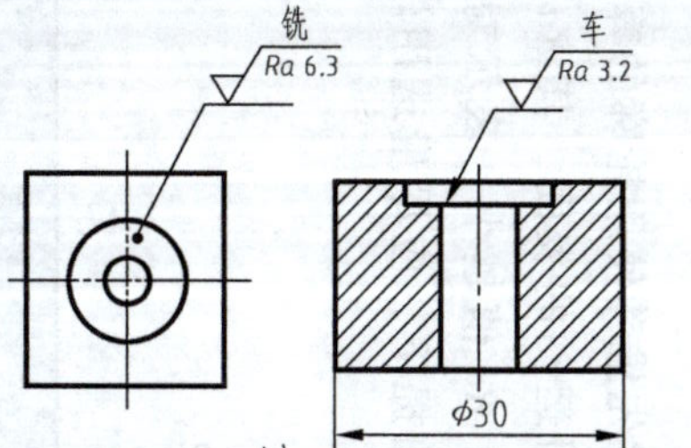 b)	表面粗糙度的注写和读取方向与尺寸的注写和读取方向一致。表面粗糙度的要求可标注在轮廓线上，其符号应从材料外指向并接触表面（图 a）；必要时，表面粗糙度也可用带箭头或黑点的指引线引出标注（图 b）
	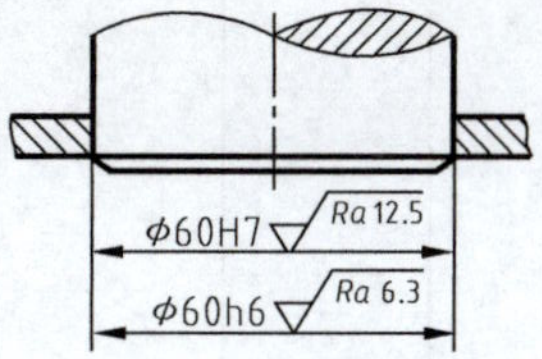 a) 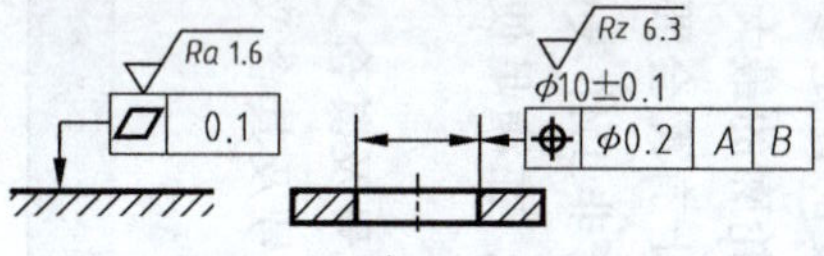 b)	在不致引起误解时，表面粗糙度要求可以标注在给定的尺寸线上（图 a），也可标注在几何公差框格的上方（图 b）
	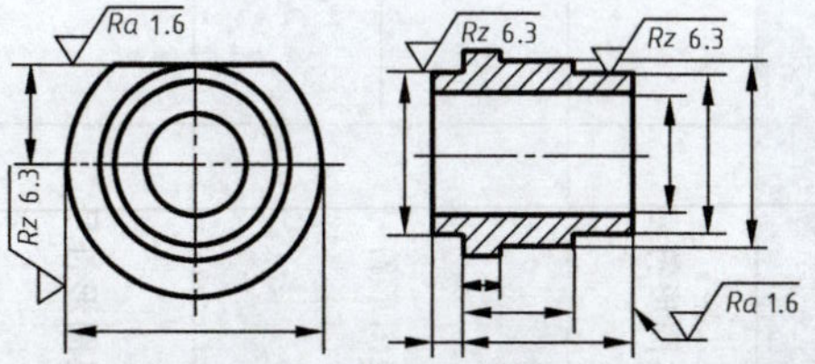 a) 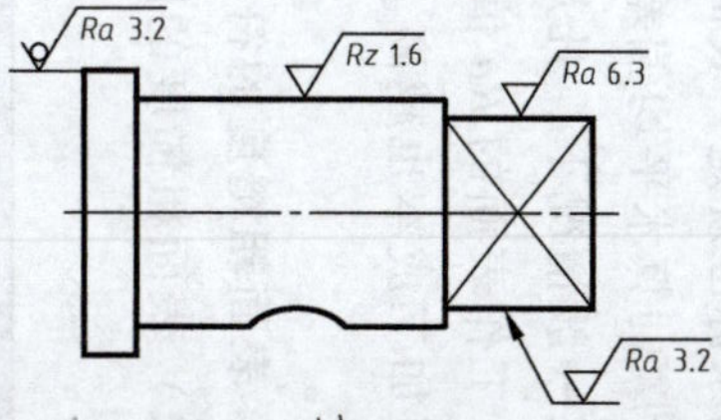 b)	圆柱和棱柱的表面粗糙度要求只标注一次（图 a）；如果每个棱柱表面有不同的表面粗糙度要求，则应分别标注（图 b）

任务五 学习极限与配合的注写

【任务目标】

1）掌握极限与配合的基本术语与定义。
2）了解公差带的确定方法，以及极限与配合在图样上的标注方法。
3）学会配合与配合制的相关内容。

【任务准备】

绘图工具一套。

【实践操作】

学习极限与配合在图样上的标注方法。

1. 零件图上的标注

在零件图上，一般在公称尺寸后标注极限偏差数值或公差带代号；也可在公称尺寸后注明公差带代号后用括号加注极限偏差数值，如图6-20所示。

2. 装配图上的标注

在装配图上，孔和轴有配合要求处必须标注配合尺寸，即应在公称尺寸后注上配合代号。配合代号由孔和轴的公差带代号组成，写成分数形式，分子为孔的公差带代号，分母为轴的公差带代号。

如图6-21所示，$\phi30\dfrac{H8}{f7}$表示公称尺寸为30mm；孔为公差等级为IT8的基准孔；轴的公差等级为IT7，基本偏差代号为f，孔轴相互接合组成间隙配合。

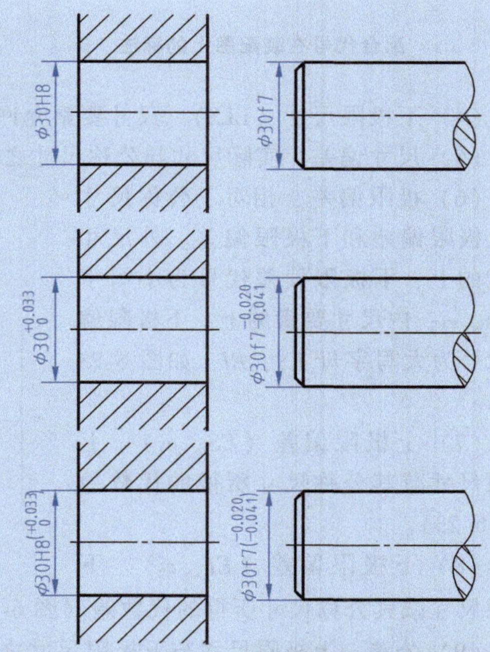

图6-20 极限偏差（公差带）在零件图上的标注

【理论知识】

从一批具有相同规格的零件中任取一件，不经任何修配就能顺利地与其他相关零件装配到一起，并达到预定的性能要求，这就是互换性。现代化的机械工业，要求机器零（部）件具有互换性。为了满足互换性的要求，必须制定和执行统一的标准。下面简要介绍国家标准《极限与配合》的基本内容。

一、基本术语与定义

（1）公称尺寸　由图样规范定义的理想形状要素的尺寸称为公称尺寸，如图 6-22 所示。

（2）实际尺寸　拟合组成要素的尺寸称为实际尺寸。实际尺寸通过测量获得。

（3）上极限尺寸（ULS）　尺寸要素允许的最大尺寸（图 6-22）。

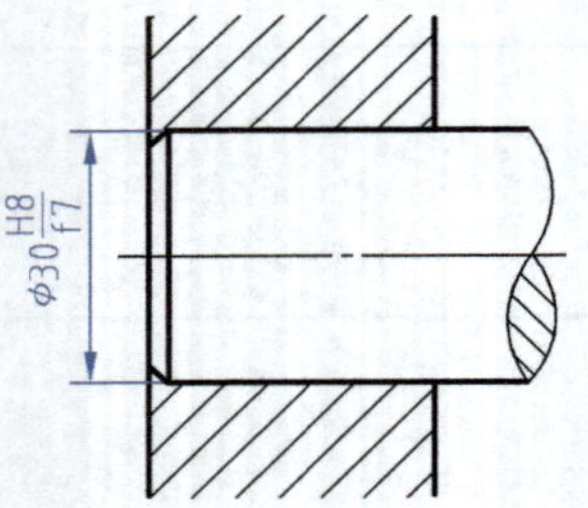

图 6-21　配合代号在装配图上的标注

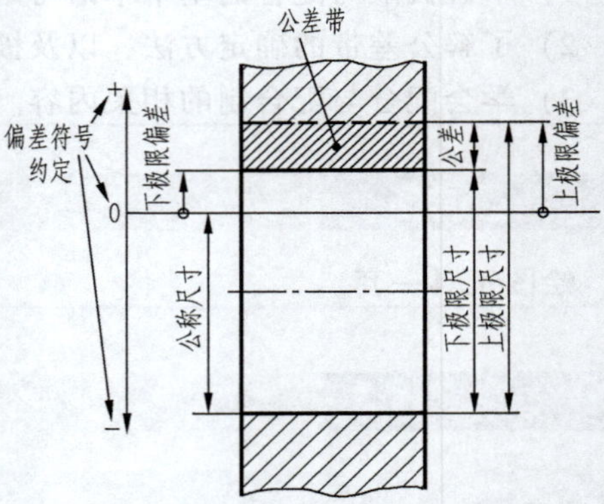

图 6-22　基本术语图解

（4）下极限尺寸（LLS）　尺寸要素允许的最小尺寸（图 6-22）。

（5）尺寸偏差　实际尺寸与公称尺寸之差。

（6）极限偏差　相对于公称尺寸的上极限偏差和下极限偏差。外尺寸要素的上、下极限偏差代号为小写字母 *es*、*ei*；内尺寸要素的上、下极限偏差代号为大写字母 *ES*、*EI*，如图 6-23 所示。

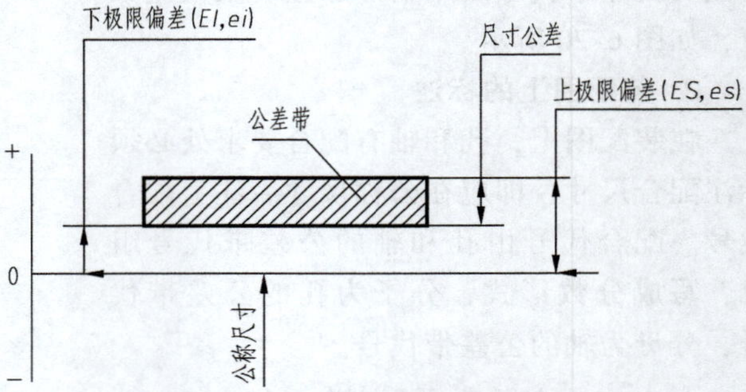

图 6-23　公差带图解

（7）上极限偏差（*ES*、*es*）　上极限尺寸减其公称尺寸所得的代数差（图 6-23）。

（8）下极限偏差（*EI*、*ei*）　下极限尺寸减其公称尺寸所得的代数差（图 6-23）。

（9）公差　上极限尺寸与下极限尺寸之差或上极限偏差与下极限偏差之差。它是允许尺寸的变动量，是一个没有符号的绝对值。

（10）公差极限　确定允许值上界限和/或下界限的特定值。

二、公差带的确定

1. 公差带

公差极限之间（包括公差极限）的尺寸变动值称为公差带。在公差带图解中，由代表上极限偏差和下极限偏差或上极限尺寸和下极限尺寸的两条直线所限定的一个区域。它是由公差大小和其相对公称尺寸的位置（如基本偏差）来确定的。

2. 标准公差（IT）

线性尺寸公差 ISO 代号体系中的任一公差称为标准公差，公差的大小由标准公差确定。标准公差分为 20 个等级，即 IT01、IT0、IT1～IT18。其中，IT01 的精确程度最高，公差数值最小；IT18 的精确程度最低，公差数值最大。标准公差数值可查表 6-4。

表 6-4 公称尺寸至 3150mm 的标准公差数值（GB/T 1800. 1—2020）

公称尺寸 mm		标准公差等级																			
		IT01	IT0	IT1	IT2	IT3	IT4	IT5	IT6	IT7	IT8	IT9	IT10	IT11	IT12	IT13	IT14	IT15	IT16	IT17	IT18
大于	至	标准公差值																			
		μm													mm						
—	3	0.3	0.5	0.8	1.2	2	3	4	6	10	14	25	40	60	0.1	0.14	0.25	0.4	0.6	1	1.4
3	6	0.4	0.6	1	1.5	2.5	4	5	8	12	18	30	48	75	0.12	0.18	0.3	0.48	0.75	1.2	1.8
6	10	0.4	0.6	1	1.5	2.5	4	6	9	15	22	36	58	90	0.15	0.22	0.36	0.58	0.9	1.5	2.2
10	18	0.5	0.8	1.2	2	3	5	8	11	18	27	43	70	110	0.18	0.27	0.43	0.7	1.1	1.8	2.7
18	30	0.6	1	1.5	2.5	4	6	9	13	21	33	52	84	130	0.21	0.33	0.52	0.84	1.3	2.1	3.3
30	50	0.6	1	1.5	2.5	4	7	11	16	25	39	62	100	160	0.25	0.39	0.62	1	1.6	2.5	3.9
50	80	0.8	1.2	2	3	5	8	13	19	30	46	74	120	190	0.3	0.46	0.74	1.2	1.9	3	4.6
80	120	1	1.5	2.5	4	6	10	15	22	35	54	87	140	220	0.35	0.54	0.87	1.4	2.2	3.5	5.4
120	180	1.2	2	3.5	5	8	12	18	25	40	63	100	160	250	0.4	0.63	1	1.6	2.5	4	6.3
180	250	2	3	4.5	7	10	14	20	29	46	72	115	185	290	0.46	0.72	1.15	1.85	2.9	4.6	7.2
250	315	2.5	4	6	8	12	16	23	32	52	81	130	210	320	0.52	0.81	1.3	2.1	3.2	5.2	8.1
315	400	3	5	7	9	13	18	25	36	57	89	140	230	360	0.57	0.89	1.4	2.3	3.6	5.7	8.9
400	500	4	6	8	10	15	20	27	40	63	97	155	250	400	0.63	0.97	1.55	2.5	4	6.3	9.7
500	630			9	11	16	22	32	44	70	110	175	280	440	0.7	1.1	1.75	2.8	4.4	7	11
630	800			10	13	18	25	36	50	80	125	200	320	500	0.8	1.25	2	3.2	5	8	12.5
800	1000			11	15	21	28	40	56	90	140	230	360	560	0.9	1.4	2.3	3.6	5.6	9	14
1000	1250			13	18	24	33	47	66	105	165	260	420	660	1.05	1.65	2.6	4.2	6.6	10.5	16.5
1250	1600			15	21	29	39	55	78	125	195	310	500	780	1.25	1.95	3.1	5	7.8	12.5	19.5
1600	2000			18	25	35	46	65	92	150	230	370	600	920	1.5	2.3	3.7	6	9.2	15	23
2000	2500			22	30	41	55	78	110	175	280	440	700	1100	1.75	2.8	4.4	7	11	17.5	28
2500	3150			26	36	50	68	96	135	210	330	540	860	1350	2.1	3.3	5.4	8.6	13.5	21	33

3. 基本偏差

确定公差带相对公称尺寸位置的那个极限偏差称为基本偏差。它可以是上极限偏差或下极限偏差，一般为接近公称尺寸的那个极限偏差。例如，图 6-23 中的下极限偏差为基本偏差。

国家标准对孔和轴分别规定了 28 种基本偏差，基本偏差系列如图 6-24 所示。基本偏差代号用拉丁字母表示，大写为孔（内尺寸要素），小写为轴（外尺寸要素）。基本偏差数值可查阅 GB/T 1800. 1—2020 中的基本偏差数值表。

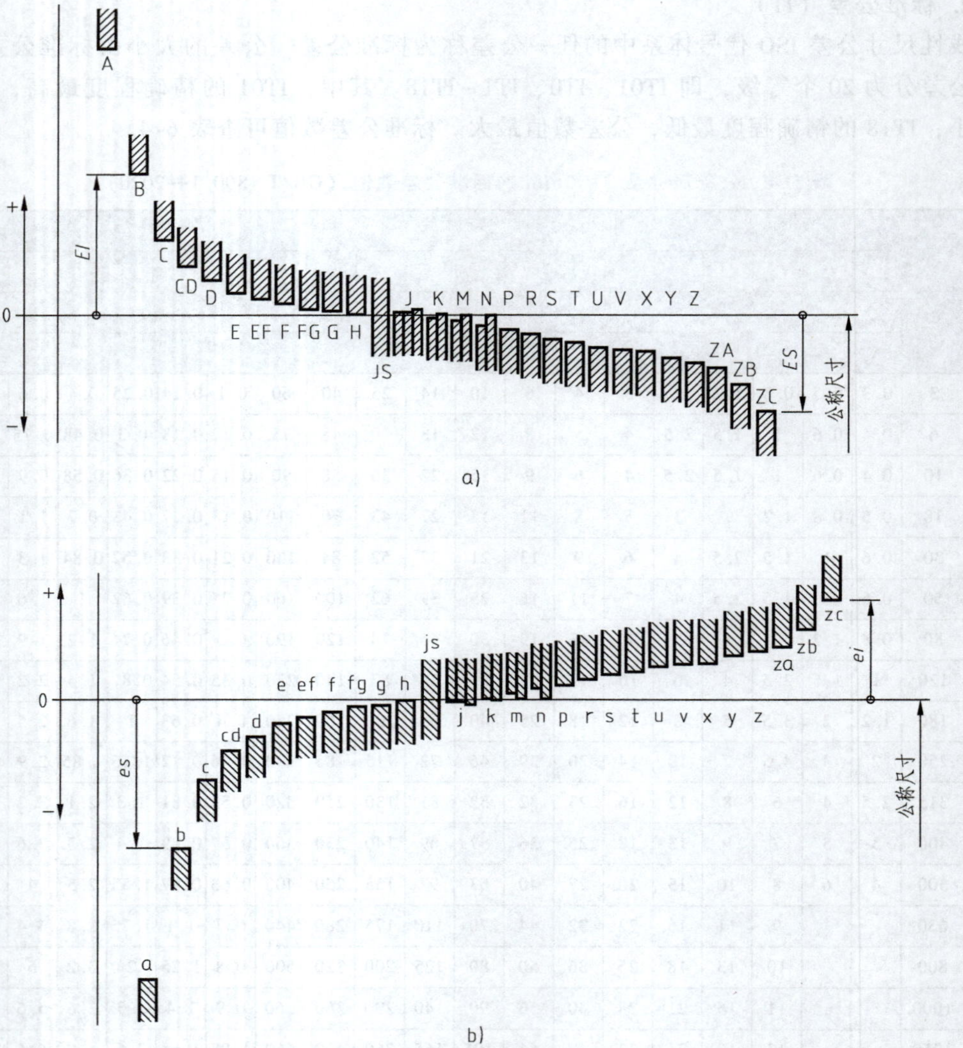

图 6-24　基本偏差系列

a) 孔（内尺寸要素）　b) 轴（外尺寸要素）

4. 公差带代号

孔和轴的公差带代号由基本偏差标示符与标准公差等级组成。例如：

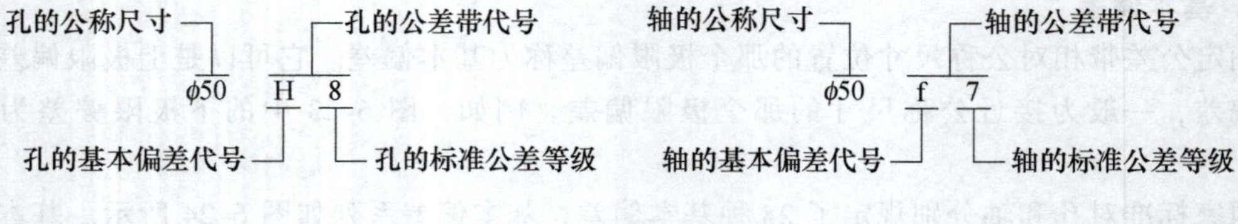

ϕ50H8 的含义：公称尺寸为 ϕ50mm，基本偏差标示符为 H、标准公差等级为 IT8 的孔。

ϕ50f7 的含义：公称尺寸为 ϕ50mm，基本偏差标示符为 f、标准公差等级为 IT7 的轴。

三、配合

类型相同且待装配的孔（内尺寸要素）和轴（外尺寸要素）之间的关系称为配合。配合分三类，即间隙配合、过盈配合和过渡配合。

1. 间隙配合

孔和轴装配时总是存在间隙的配合称为间隙配合。此时，孔的下极限尺寸大于或在极端情况下等于轴的上极限尺寸。间隙配合如图 6-25 所示。

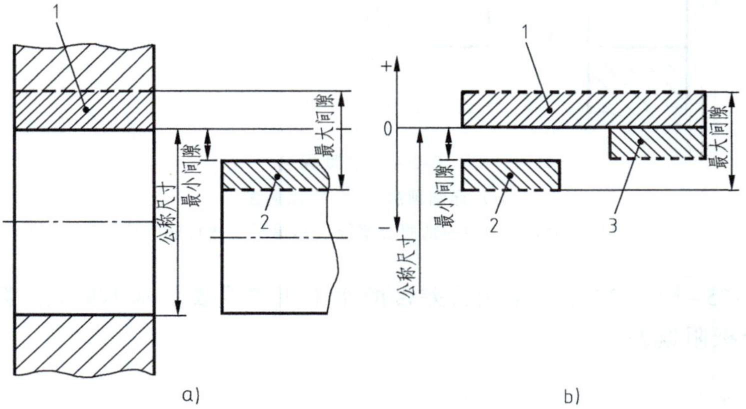

图 6-25　间隙配合

a）详细画法　b）简化画法

1—孔的公差带　2—轴的公差带情形 1　3—轴的公差带情形 2

2. 过盈配合

孔和轴装配时总是存在过盈的配合称为过盈配合。此时，孔的上极限尺寸小于或在极端情况下等于轴的下极限尺寸。过盈配合如图 6-26 所示。

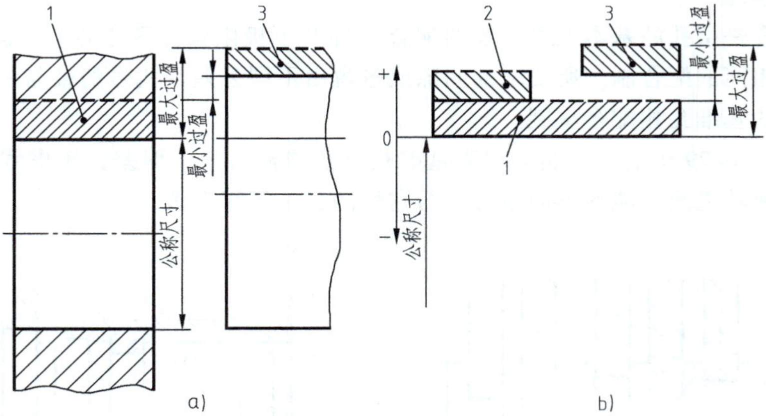

图 6-26　过盈配合

a）详细画法　b）简化画法

1—孔的公差带　2—轴的公差带情形 1　3—轴的公差带情形 2

3. 过渡配合

孔和轴装配时可能具有间隙或过盈的配合称为过渡配合。此时，孔的公差带与轴的公差带完全重叠或部分重叠，因此，是否形成间隙配合或过盈配合取决于孔和轴的实际尺寸。过渡配合如图 6-27 所示。

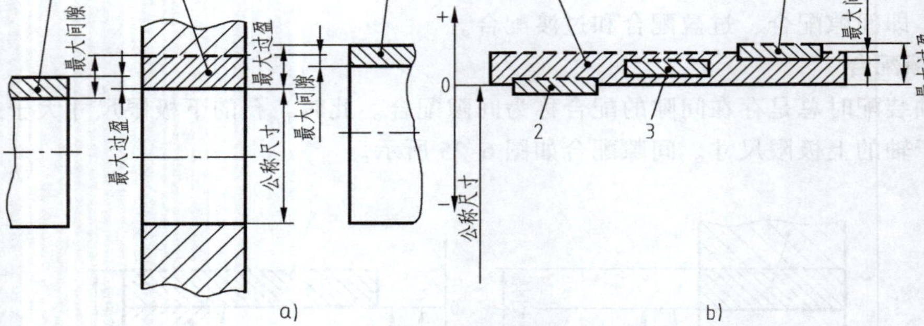

图 6-27　过渡配合

a）详细画法　b）简化画法

1—孔的公差带　2~4—轴的公差带（示出了一些可能的位置）

说明：图 6-25~图 6-27 中，限制公差带的水平粗实线表示基本偏差，限制公差带的粗虚线代表另一个极限偏差。

四、配合制

国家标准规定了基轴制和基孔制两种配合制度。

1. 基轴制配合

基轴制配合是指轴的基本偏差为零的配合（即其上极限偏差等于零），是轴的上极限尺寸与公称尺寸相同的配合制。所要求的间隙或过盈由不同公差带代号的孔与一基本偏差为零的公差带代号的基准轴相配合得到。

2. 基孔制配合

基孔制配合是指孔的基本偏差为零的配合（即其下极限偏差等于零），是孔的下极限尺寸与公称尺寸相同的配合制。所要求的间隙或过盈由不同公差带代号的轴与一基本偏差为零的公差带代号的基准孔相配合得到。

图 6-28、图 6-29 中的水平实线代表基准孔或基准轴的基本偏差；粗虚线代表另一极限偏差，表示孔和轴之间可能的不同组合，与它们的公差等级有关。

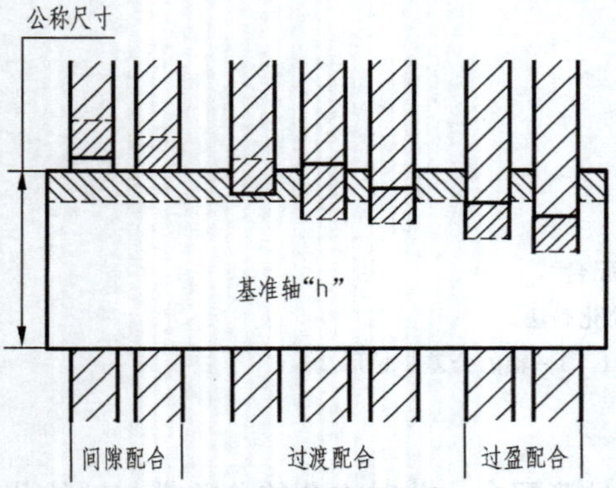

图 6-28　基轴制配合

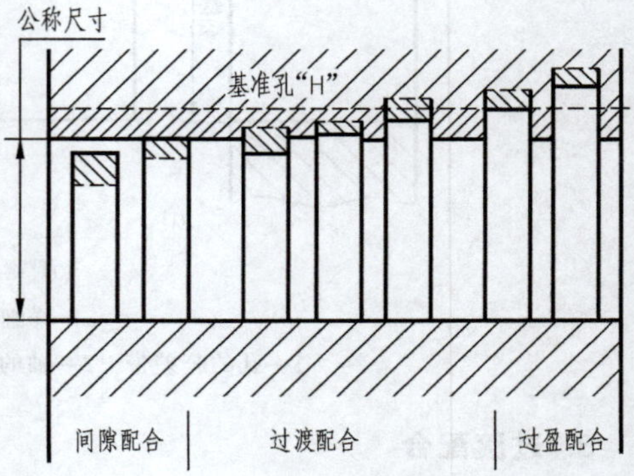

图 6-29　基孔制配合

任务六 学习几何公差的注写

【任务目标】

1）了解学习几何公差的重要性。
2）掌握几何公差的标注方法。

【任务准备】

绘图工具一套。

【实践操作】

几何公差的标注示例如图 6-30 所示。

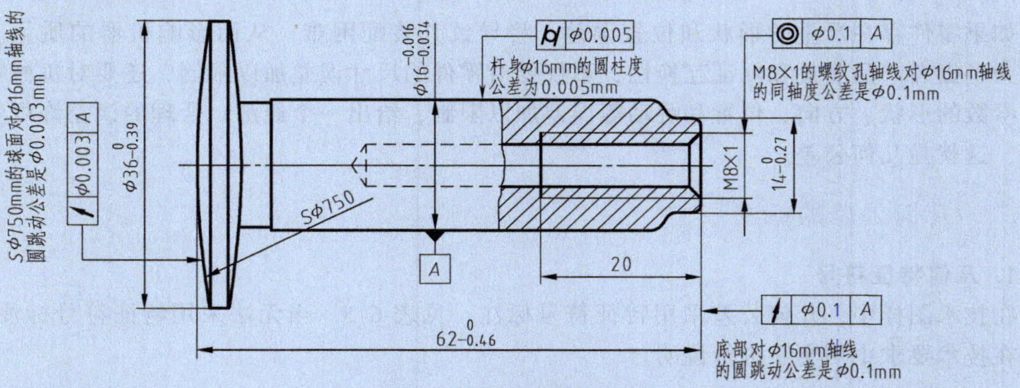

图 6-30 几何公差标注示例

图 6-30 所示是一根气门阀杆，图中用代号标注的各项几何公差附近又用文字做了说明。这是为了帮助读者了解代号的含义而写上去的，在正式图样中如果用了代号标注，则不应再用文字重复说明。

【理论知识】

一、概述

人们在生产中对零件加工质量的要求，除了对尺寸公差与表面粗糙度的要求外，对零件各要素的形状和位置要求也十分重要。随着生产与科学技术的不断发展，如果对零件的加工仅局限于给出尺寸公差与表面粗糙度的要求，显然是难以满足产品的使用要求的。

如图 6-31a 所示的齿轮轴，即使其加工后的尺寸公差和表面粗糙度都合格，但齿轮轴的形状弯曲了（图 6-31b），产生了直线度误差。

在图 6-32a 中，要求其顶面与底面平行，但加工后的实际位置却是上表面严重倾斜（图 6-32b），即产生了平行度误差。

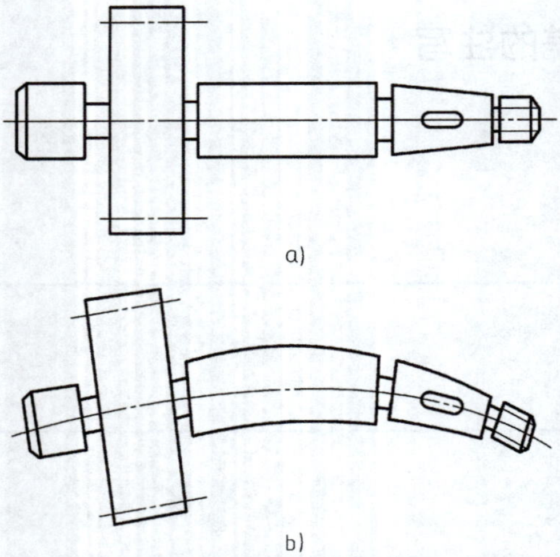

图 6-31　形状误差的影响

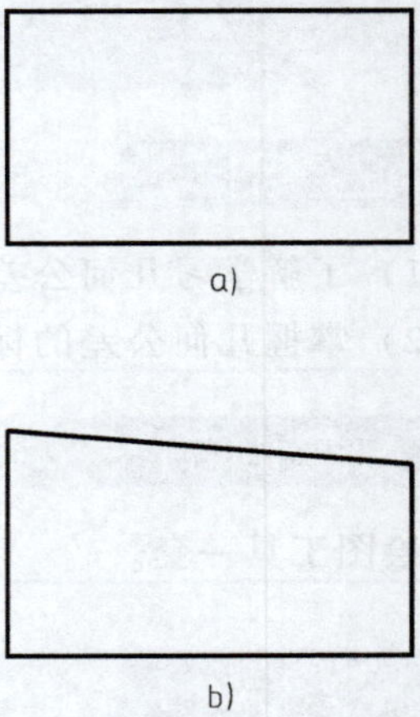

图 6-32　位置误差的影响

如果零件存在严重的形状和位置误差，将导致其装配困难，从而影响机器的质量。因此，为了提高产品质量和保证互换性，不仅要对零件的尺寸误差加以限制，还要对机械零件几何参数的形状、方向、位置和跳动等误差加以限制，给出一个经济、合理的误差许可变动范围，这就是几何公差。

二、几何公差的标注

1. 几何特征符号

在技术图样中，几何公差采用特征符号标注，见表 6-5。当无法采用特征符号标注时，允许在技术要求中用文字进行说明。

表 6-5　几何特征符号

公差类型	几何特征	符　号	有无基准
形状公差	直线度	—	无
	平面度	▱	无
	圆度	○	无
	圆柱度	⌭	无
	线轮廓度	⌒	无
	面轮廓度	⌓	无
方向公差	平行度	//	有
	垂直度	⊥	有
	倾斜度	∠	有
	线轮廓度	⌒	有
	面轮廓度	⌓	有

（续）

公差类型	几何特征	符号	有无基准
位置公差	位置度	⌖	有或无
	同心度（用于中心点）	◎	有
	同轴度（用于轴线）	◎	有
	对称度	⌯	有
	线轮廓度	⌒	有
	面轮廓度	⌓	有
跳动公差	圆跳动	↗	有
	全跳动	⌰	有

2. 几何公差在图样上的标注

（1）公差框格 用公差框格标注几何公差时，公差要求注写在划分成两格或多格的矩形框格内，如图 6-33 所示。

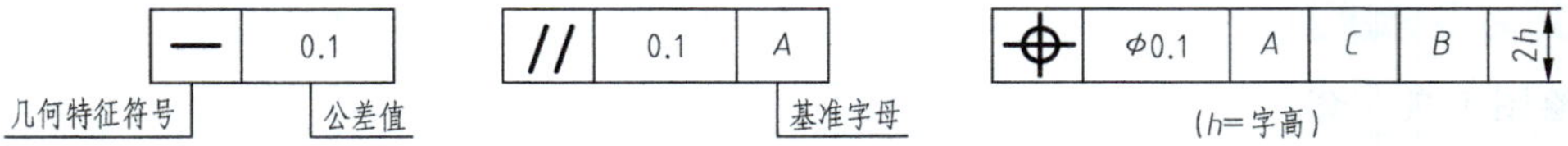

图 6-33 公差框格

（2）被测要素 按下列方式之一用指引线连接被测要素和公差框格，指引线引自框格的任意一侧，终端带一箭头。

1）当被测要素是轮廓线或轮廓面时，指引线箭头应指在该要素的轮廓线或其延长线上（应与尺寸线明显错开），如图 6-34 所示。

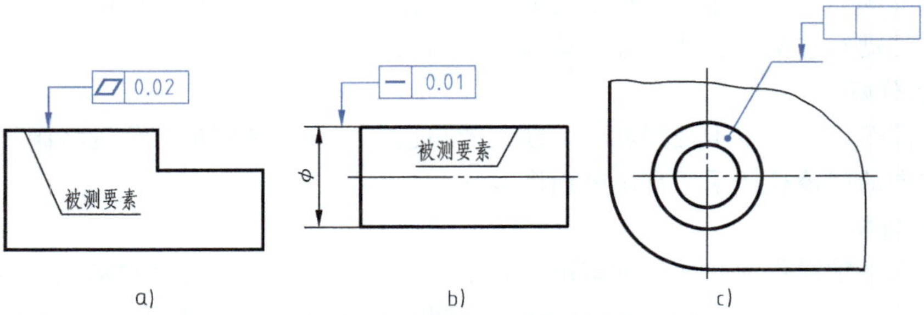

图 6-34 被测要素为轮廓线或轮廓面

2）当被测要素是轴线或对称中心平面时，指引线箭头应位于相应尺寸线的延长线上，如图 6-35a 所示。

（3）基准 与被测要素相关的基准用一个大写字母表示。字母标注在基准方格内，与一个涂黑的或空白的三角形相连以表示基准；表示基准的字母还应标注在公差框格内。当基准要素是轮廓线或轮廓面时，基准三角形放置在要素的轮廓线或其延长线上，并与尺寸线明显错开；当基准是尺寸要素确定的轴线、对称中心平面时，基准三角形应放置在该尺寸线的延长线上，如图 6-35b 所示。

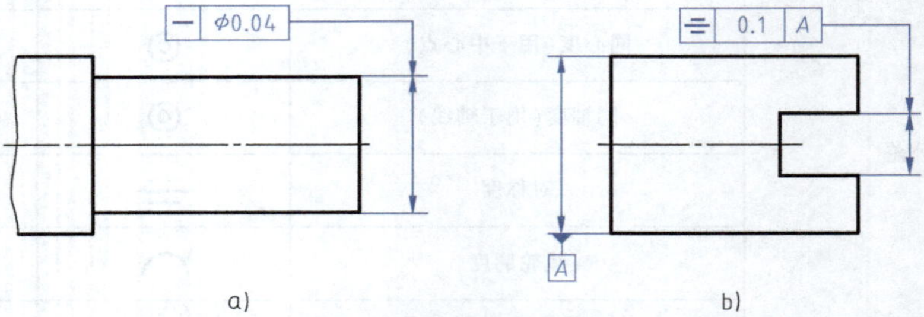

图 6-35　被测要素为轴线或对称中心平面

任务七　识读典型零件图

【任务目标】

学会识读典型零件图。

【任务准备】

绘图工具一套。

【实践操作】

一、识读阀杆零件图（见图 6-36）

1. 结构分析

阀杆的上部为四棱柱体，与扳手的方孔配合；阀杆下部有带球面的凸起，以便使用扳手转动阀杆带动阀芯旋转，从而控制球阀的启闭以控制流量。

2. 表达分析

阀杆零件图用一个基本视图和一个断面图表达，主视图按照加工位置将阀杆的轴线水平横放；左端的四棱柱体采用移出断面图表达。

3. 尺寸分析

阀杆以水平轴线作为径向尺寸基准，它也是高度和宽度方向的尺寸基准，由此注出径向的各部分尺寸“$\phi14$”“$\phi11$”“$\phi14c11\left(\begin{smallmatrix}-0.095\\-0.205\end{smallmatrix}\right)$”“$\phi18c11\left(\begin{smallmatrix}-0.095\\-0.205\end{smallmatrix}\right)$”。在尺寸数字后面注写公差带代号或偏差值，一般指零件该部分与其他零件有配合关系。

选择表面粗糙度为 $Ra12.5\mu m$ 的断面作为阀杆长度方向的主要尺寸基准，由此注出尺寸“$12_{-0.27}^{\ 0}$”；以右端面为轴向的第一辅助基准，注出尺寸“7”“50±0.5”；以左端面为轴向的第二辅助基准，注出尺寸“14”。

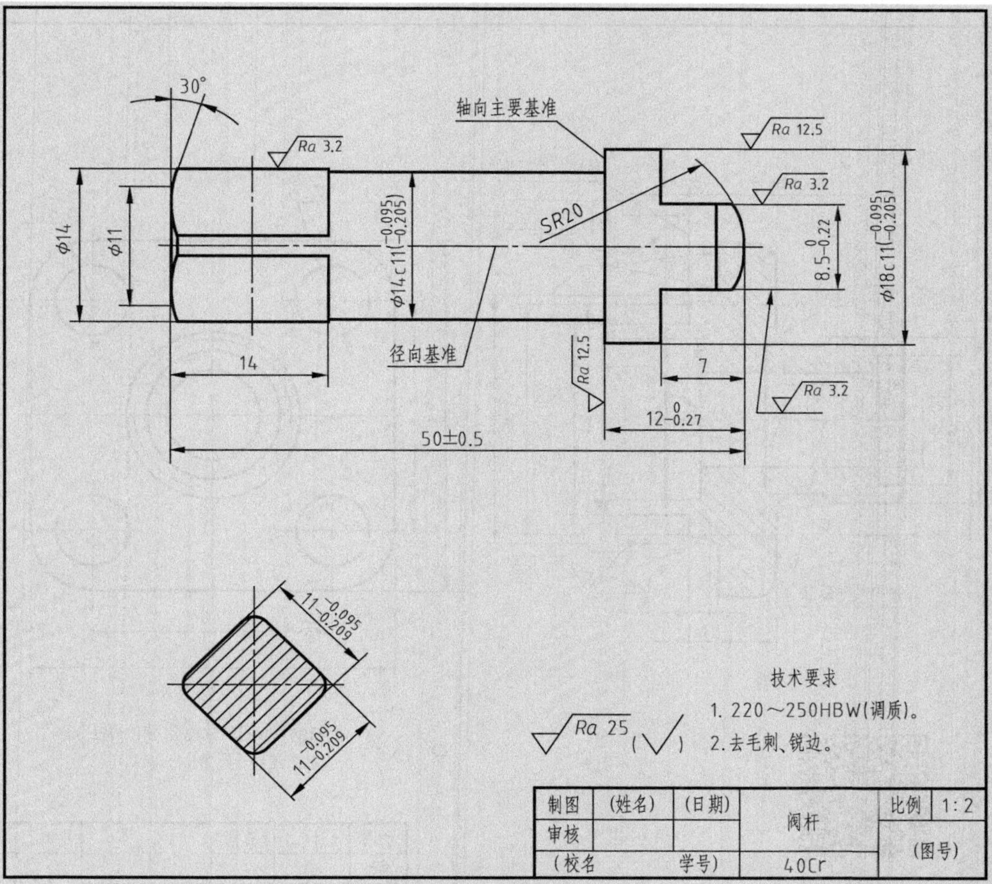

图 6-36　**阀杆**

4. 了解技术要求

阀杆应经过调制处理硬度达到 220~250HBW，以提高材料的韧性和强度。

二、识读阀盖零件图（见图 6-37）

1. 机构分析

阀盖通过螺柱与阀体联接，中间的通孔与阀芯的通孔对应。阀盖的左侧由与阀体右侧相通的外管螺纹联接管道，形成流体通道。

2. 表达分析

阀盖零件图用两个基本视图表达。主视图采用全剖视图，表达零件的空腔结构及左端的外螺纹，主视图的安放既符合主要加工位置，也符合阀盖在部件中的工作位置；左视图表达了带圆角的方形凸缘和四个均布的通孔。

3. 尺寸分析

多数盘盖零件的主体部分是回转体，因此通常以轴孔的轴线作为径向尺寸基准，由此注出阀盖部分同轴线的直径尺寸。方形凸缘也用它作为高度和宽度方向的尺寸基准，注有

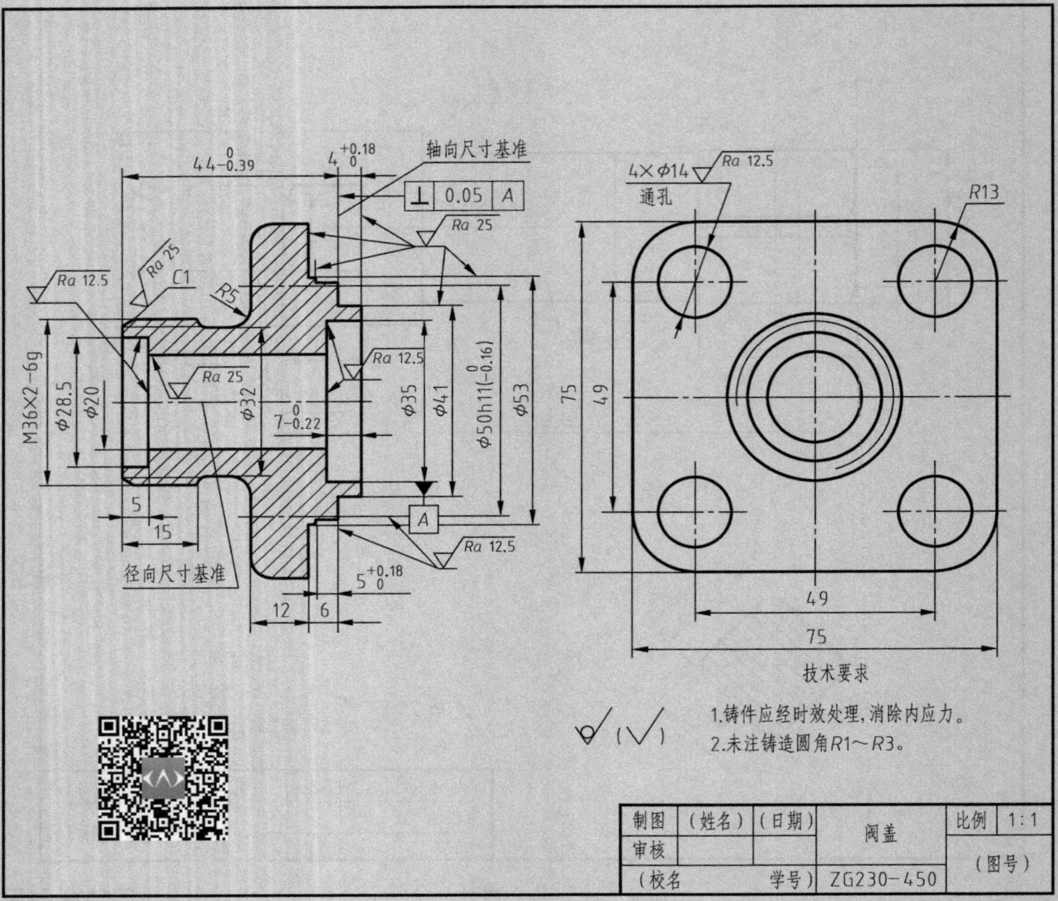

图 6-37 **阀盖**

公差的尺寸“φ50h11（$^{\ 0}_{-0.16}$）”，表明这里与阀体有配合要求。

将阀盖的重要端面作为轴向尺寸基准，即长度方向的主要尺寸基准。此例长度方向的主要尺寸基准为注有表面粗糙度值 *Ra*12.5μm 的右端凸缘的端面，由此注出尺寸“$4^{+0.18}_{\ 0}$”“$44^{\ 0}_{-0.39}$”“$5^{+0.18}_{\ 0}$”“6”等。有关长度方向的辅助基准和相关尺寸，请读者自行分析。

4. 了解技术要求

阀盖是铸件，需要进行时效处理，以消除内应力。视图中有小圆角（铸造圆角 *R*1～*R*3）过渡的表面是不加工表面。注有尺寸公差的“φ50”与阀体有配合关系，但由于其相互之间没有相对运动，因此表面粗糙度要求不严，*Ra* 值为 12.5μm。作为长度方向主要尺寸基准的断面相对阀盖水平轴线的垂直度公差为 0.05mm。

【理论知识】

读零件图的目的是根据零件图了解零件的名称、用途、材料等，通过分析视图、尺寸，想象出零件的结构形状和大小；了解零件的各种技术要求，以确定加工方法和检测手段。任何零件的零件图，其读图方法和步骤基本相同。

读零件图的方法是对零件图中各视图、剖视图和断面图等图样画法进行分析，想象出零件的形状。弄清楚该零件的全部尺寸及各项技术要求，并根据零件的功用和相关的工艺知识，对零件进行结构分析。

读零件图的一般步骤如下：

1. 读标题栏

从标题栏了解零件的名称、材料、绘图比例等内容。根据名称可判断该零件属于哪一类零件，根据材料可大致了解其加工方法，根据绘图比例可估计零件的实际大小。必要时，要对照机器、部件实物或装配图，了解该零件在装配体中的位置和功用，以及其与相关零件之间的装配关系等，从而对零件有初步了解。

2. 分析表达方案

从主视图入手，联系其他视图分析各视图之间的投影关系。运用形体分析法和结构分析法读懂零件各部分的结构，想象出零件的形状。读懂零件的结构形状是读零件图的重点，组合体的读图方法仍适用于读零件图。读图的一般顺序是先整体，后局部；先主体结构，后局部结构；先读懂简单部分，再分析复杂部分。

3. 分析尺寸和技术要求

分析尺寸时，首先要弄清楚图样中零件的长、宽、高三个方向的主要尺寸基准，从基准出发查找各部分的定形尺寸和定位尺寸，并分析尺寸的加工精度要求。必要时，还要联系机器或部件中与该零件有关的零件一起分析，以便深入理解尺寸之间的关系，以及所注的尺寸公差、几何公差和表面粗糙度等技术要求。

4. 综合归纳

通过以上分析，对零件的形状、结构、尺寸及技术要求等内容进行综合归纳，可对该零件形成比较完整的认识，达到读图的要求。必须注意，在读图过程中，上述步骤应穿插进行，而不是机械地割裂开来。

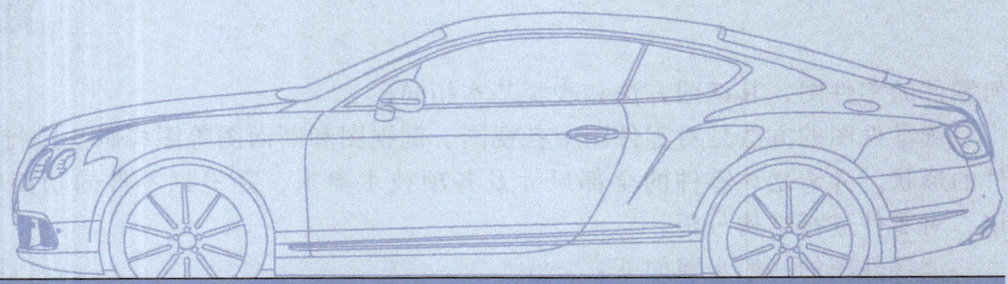

项目七

学习装配图

【学习目标】

1）掌握装配图的概念、内容和表达方法。

2）能读懂汽车部件的装配图。

任务一 认识装配图

【任务目标】

1）了解装配图的用途。

2）掌握装配图的内容。

【实践操作】

分析图 7-1 可知，装配图是由一组视图、必要的尺寸、技术要求、零件序号和明细栏、标题栏组成。

【理论知识】

一、装配图的用途

任何机器或部件都是由若干零件按一定的装配关系和技术要求装配而成的。生产中用以表达整台机器或机器中某些部件的图样称为总装配图或部件装配图。装配图是表示部件或机器的工作原理，零件之间的装配关系、相互位置和连接方式，以及装配、检验、安装时所需要的尺寸数据和要求的技术文件。

在设计过程中，一般先画出装配图，再根据装配图设计零件并绘制零件图。在生产过程中，装配图是制订装配工艺规程，进行装配、检验、安装及维修的技术依据。

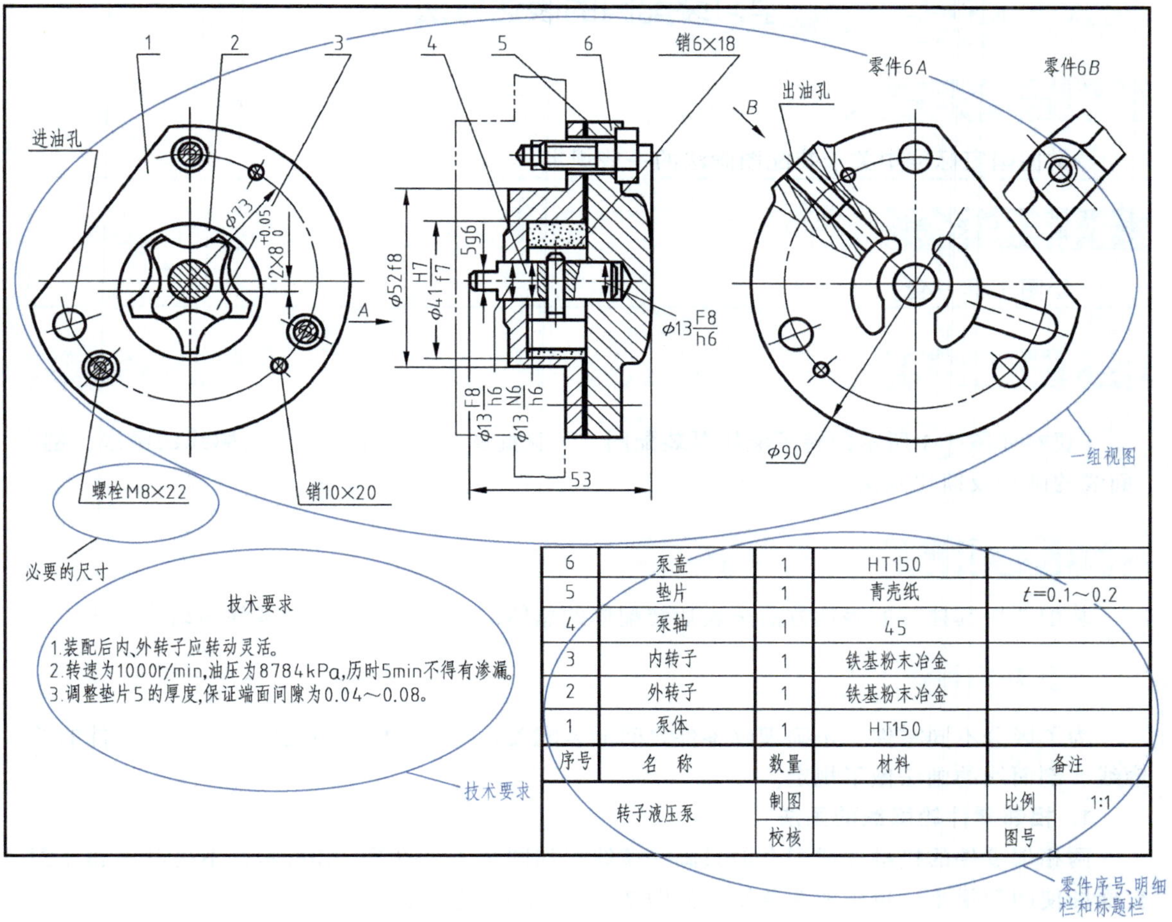

序号	名称	数量	材料	备注
6	泵盖	1	HT150	
5	垫片	1	青壳纸	t=0.1～0.2
4	泵轴	1	45	
3	内转子	1	铁基粉末冶金	
2	外转子	1	铁基粉末冶金	
1	泵体	1	HT150	
转子液压泵		制图		比例 1:1
		校核		图号

图 7-1　转子液压泵装配图

二、装配图的内容

一张完整的装配图一般具有以下五项内容。

（1）一组视图　用适当的视图、剖视图、断面图等表达方法和按装配图的规定画法及特殊画法，表达出机器、部件的形状、结构、装配关系和工作原理等内容。

（2）必要的尺寸　装配图中需要标注出与机器或部件的性能、规格、装配和安装有关的尺寸。

（3）技术要求　用文字、代号或符号说明装配体在装配、安装、调试等方面应达到的技术指标。

（4）零件序号和明细栏　在装配图中，每一种零件都应按顺序编有序号，并在标题栏上方列出明细栏。明细栏中注出各零件的名称、数量和材料等，以便于读图。

（5）标题栏　标题栏中应注明机器或部件的名称、比例、图号及图样责任者的签名和日期等。

任务二 学习装配图的表达方法

【任务目标】

掌握国家标准中关于装配图画法的一些规定。

【任务准备】

绘图工具一套。

【实践操作】

观察如图 7-1 所示的转子液压泵装配图，可见此图采用了相邻零件轮廓线的画法、剖面线的画法及简化画法。

【理论知识】

装配图用其独特的表达方法来表达装配体的总体结构，而不是单个零件的结构形状。

一、规定画法

为了区分不同零件，正确理解零件之间的装配关系，国家标准对装配图中相邻零件的轮廓线、剖面线的画法做了规定。

1. 相邻零件轮廓线的画法

两相邻零件的接触面或配合面只画一条线，如图 7-2 中的①、②所示；不接触面和非配合面即使间隙很小，也画成两条线，如图 7-2 中的③、④所示。

2. 剖面线的画法

1）相邻的两个或两个以上金属零件，其剖面线的倾斜方向应相反，或者方向一致但间隔不等，如图 7-2 中的⑤所示；同一零件在同一图样上的剖面线方向和间隔必须一致，如图 7-2 中的⑧所示。

2）当零件的厚度在 2mm 以下时，允许以涂黑的方式表示剖面符号。

3）对于螺钉等紧固件及实心零件，如轴、手柄、拉杆、球、销、键等，当剖切平面通过其轴线或对称中心时，按不剖绘制，如图 7-2 中的⑥所示；当需要特别表明零件的构造（如键槽、销孔）时，则可采用局部剖，如图 7-2 中的⑦所示。当剖切平面垂直于这些零件的轴线时，则照常画出剖面线。

二、装配图的特殊画法

1. 拆卸画法

当某一个或几个零件在装配图的某一视图中遮挡了需要表达的装配关系或其他零件时，可假想沿某些零件的结合面选取剖切平面，切去某零件的一部分，以便清楚地表达出想表达的内容；或者假想将某些零件拆卸后绘制。需要说明时，可以标注“拆去××”。例如，图 7-3 中的

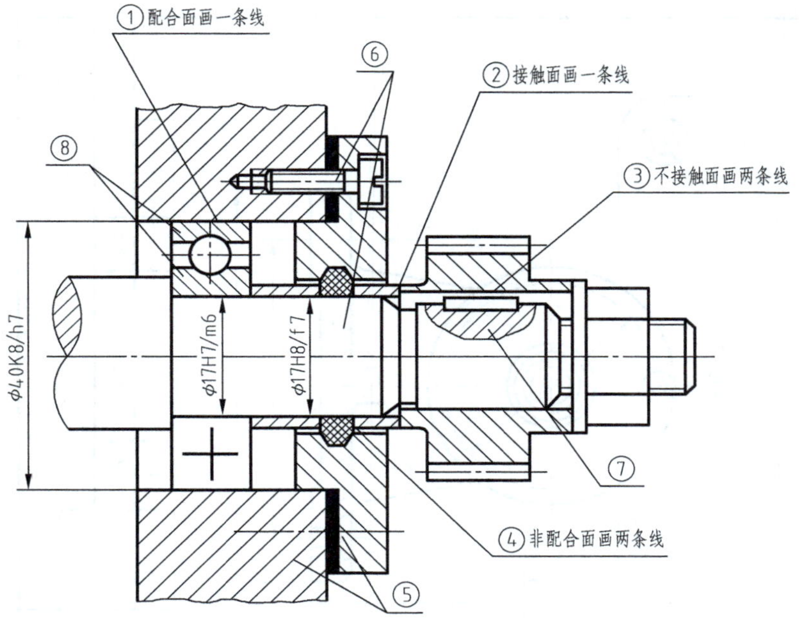

图 7-2　装配图的规定画法

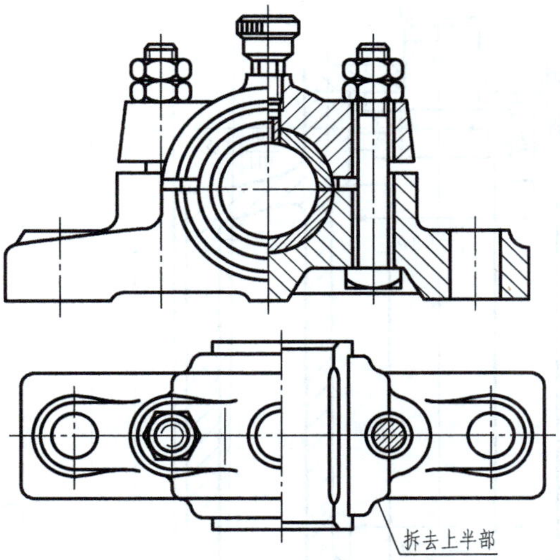

图 7-3　装配图中的拆卸画法

俯视图为了表示轴瓦与轴承座的装配情况，图的右半部是沿轴承盖与轴承座的接合面剖开，拆去上面部分以后绘制的；图 7-4 中的左视图为了表示铣刀头左端面螺钉的位置，是拆去带轮和键两个零件后绘制而成的。

2. 假想画法

1）当要表达与本部件有关但又不属于本部件的相邻零件时，可用细双点画线画出该零件的轮廓，如图 7-4 所示。

2）为了表示某些零件的运动范围和极限位置，可用细双点画线画出该零件的极限位置的外形，如图 7-5 中手柄的位置。

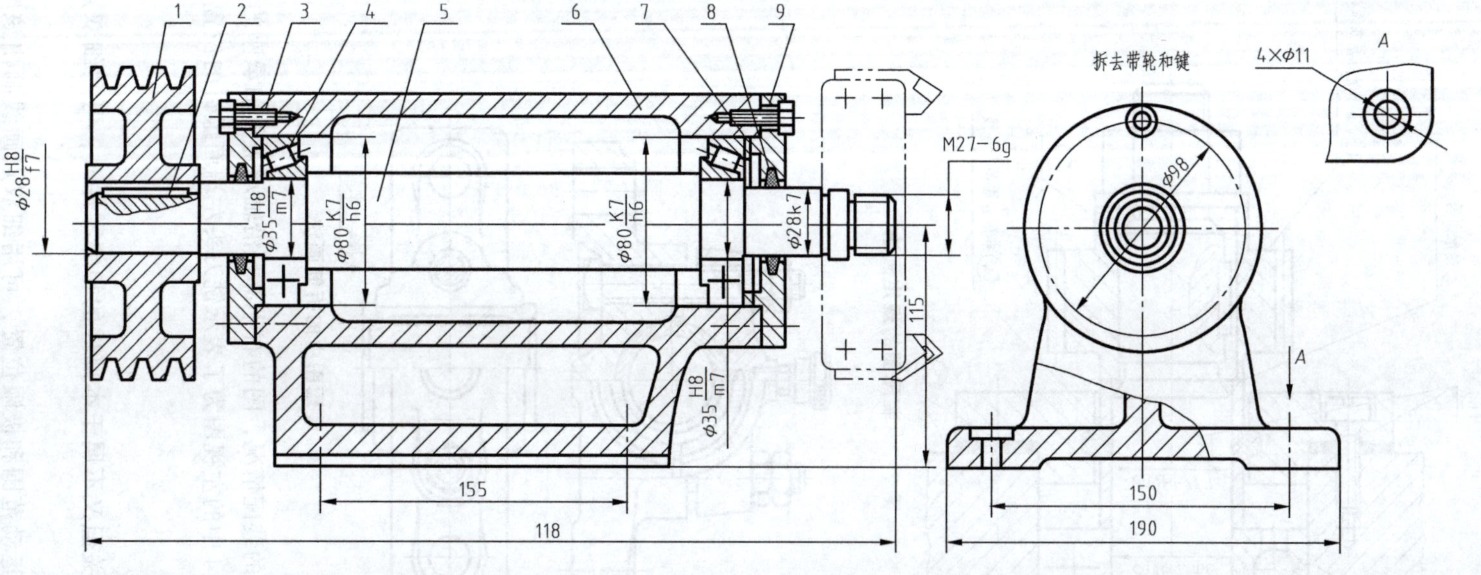

9	端盖	2	HT150		5	轴	1	45		1	带轮	1	HT200	
8	毡圈	2	毛毡		4	轴承7307	2		GB/T 297—2015	序号	零件名称	数量	材料	备注
7	调整环	1	35		3	螺钉M8×22	12	Q235A	GB/T 70.1—2008	铣刀头		比例	1:4	
6	座体	1	HT150		2	键8×7×30	1	45	GB/T 1096—2003			图号		

图 7-4　装配图中的拆卸画法和假想画法

阀　　手柄　　弹簧　　挡片　　阀体　　开口销　　放水开关

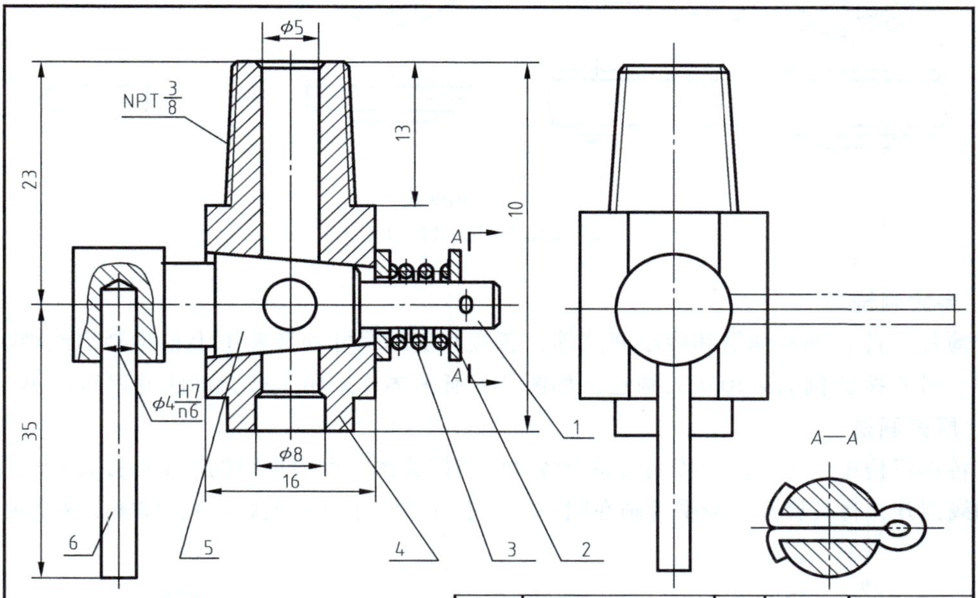

6	手柄	1	Q235A	
5	阀	1	ZCuZn38	
4	阀体	1	ZCuZn38	
3	弹簧	1	65Mn	
2	挡片	2	Q235A	
1	开口销	1	Q235A	GB/T 91—2000
序号	名称	数量	材料	备注
放水开关		比例	2:1	
		图号		

图 7-5　装配图中的假想画法

3. 简化画法

1）在装配图中，螺母、螺栓的头部允许采用简化画法。对于图中的螺纹联接件等若干相同的零件组，允许仅画出一处或几处，其余则以细点画线表示中心位置，如图 7-6 所示。

2）在装配图中表示滚动轴承时，允许只画出对称图形的一半，另一半画出其轮廓线，并用粗实线在该轮廓线内画出正十字形符号即可，如图 7-6 所示。

3）在装配图中，零件的工艺结构（如圆角、倒角、退刀槽等）允许不画。

4）在装配图中，可用粗实线表示带传动中的带，用细点画线表示链传动中的链，如图 7-7 所示。

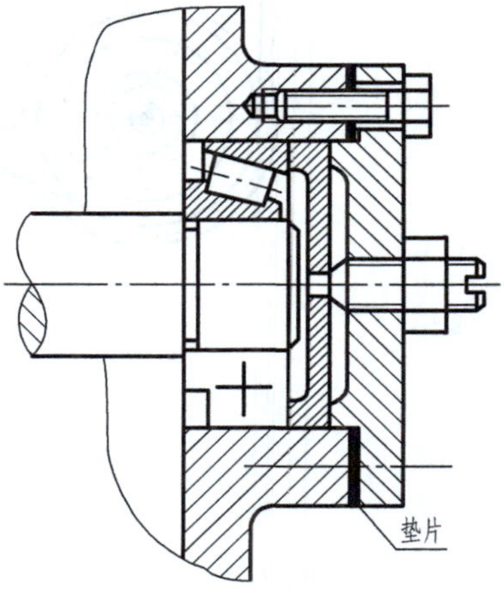

图 7-6　装配图中的简化画法

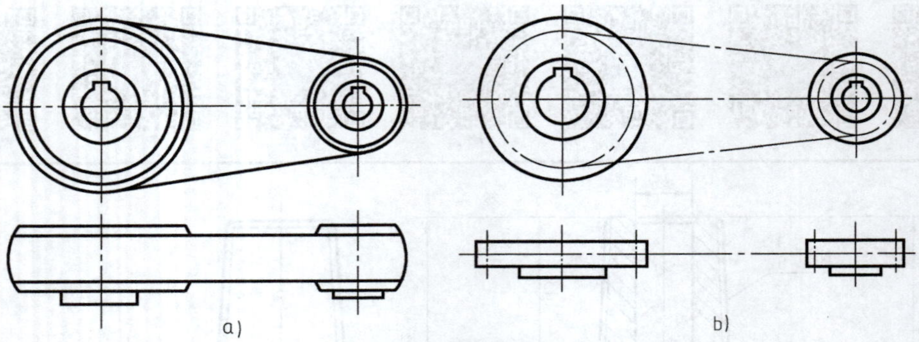

图 7-7　简化画法

a）带传动　b）链传动

4. 夸大画法

对薄片零件、细丝弹簧和微小间隙等，若按其实际尺寸在装配图上很难画出或难以明确表示时，可不按比例而采用夸大画法，如图 7-6 所示垫片采用了夸大画法并进行涂黑。

5. 展开画法

在传动机构中，为了表示传动关系及各轴的装配关系，可假想用剖切平面按传动顺序沿各轴的轴线剖开，将其展开、摊平后画在同一平面上（平行于某一投影面），如图 7-8 所示。

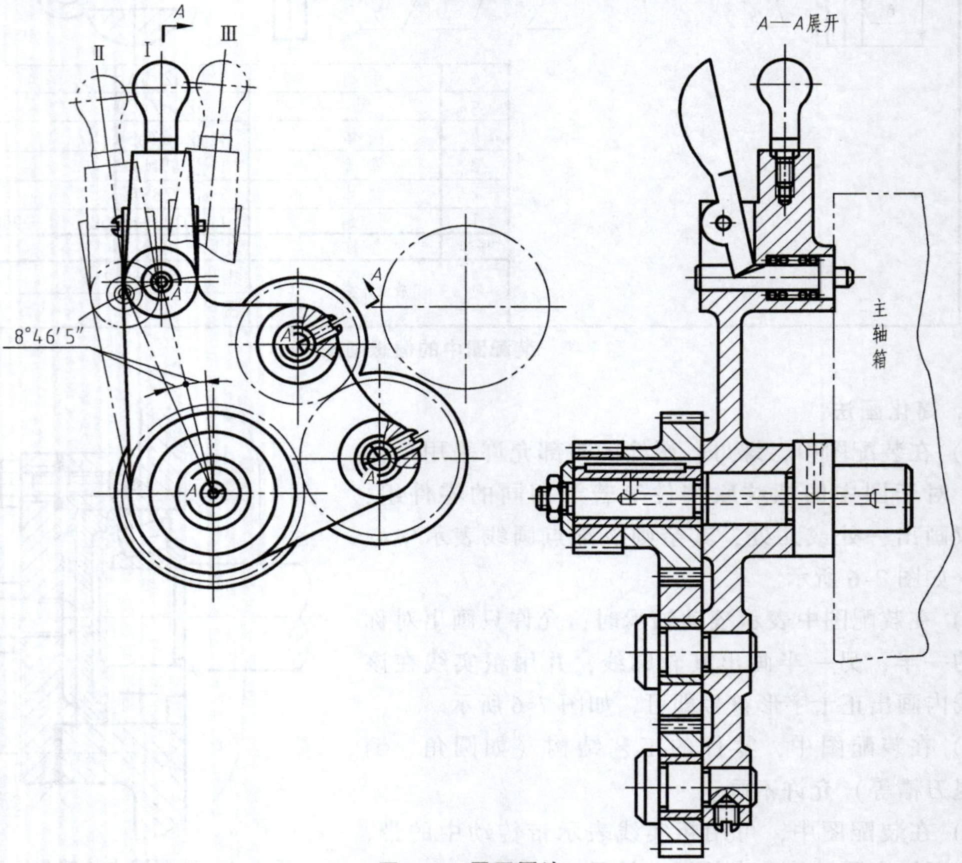

图 7-8　展开画法

任务三 学习装配图的其他内容

【任务目标】

了解装配图中的尺寸标注、技术要求，以及装配图中零部件的序号和明细栏的相关规定。

【实践操作】

观察如图 7-9 所示的台虎钳装配图，可见图中有尺寸标注、技术要求、零部件的序号和明细栏。

【理论知识】

一、尺寸标注

装配图中只需标注规格或性能尺寸、装配尺寸、安装尺寸、外形尺寸和其他重要尺寸。

1. 规格或性能尺寸

规格或性能尺寸是表示机器或部件的规格或性能的尺寸，可供选择机器或部件使用。如图 7-9 所示的台虎钳装配图中的钳口开度尺寸 0~135mm，即为台虎钳的规格尺寸。

2. 装配尺寸

为了保证机器的性能，装配图中需要注出各零件之间的配合尺寸和主要的相对位置尺寸，作为设计零件和装配零件的依据。例如，图 7-1 中的 $\phi41H7/f7$ 和 $\phi13F8/h6$ 都属于配合尺寸，图 7-9 中的螺杆与底座安装基面的距离 97mm 为主要的相对位置尺寸。

3. 安装尺寸

安装尺寸是将部件安装到其他零部件或基座上时所必需的尺寸，如图 7-9 中的底座孔的中心距 $\phi228$mm 即为安装尺寸。

4. 外形尺寸

外形尺寸是反映机器或部件外形轮廓大小的尺寸，即总长、总宽和总高，它为有关部门提供机器或部件在包装、运输和安装过程中所占用的空间。例如，图 7-1 中的 53mm（总长）和 $\phi90$mm（总宽和总高）即为外形尺寸。

5. 其他重要尺寸

其他重要尺寸是指根据机器或部件的特点和需要标注的尺寸。这类尺寸无法包括在上述四类尺寸中，如运动零件的极限位置尺寸、重要零件之间的定位尺寸，以及零件的主要结构尺寸等。

上述五种尺寸并不是孤立无关的，有的尺寸往往同时具有几种含义。例如，图 7-9 中的钳口尺寸 0~135mm 既是台虎钳的规格尺寸，又是运动零件的极限位置尺寸。

二、技术要求

不同性能的装配体，其技术要求也各不相同，拟订技术要求时一般从以下几个方面考虑。

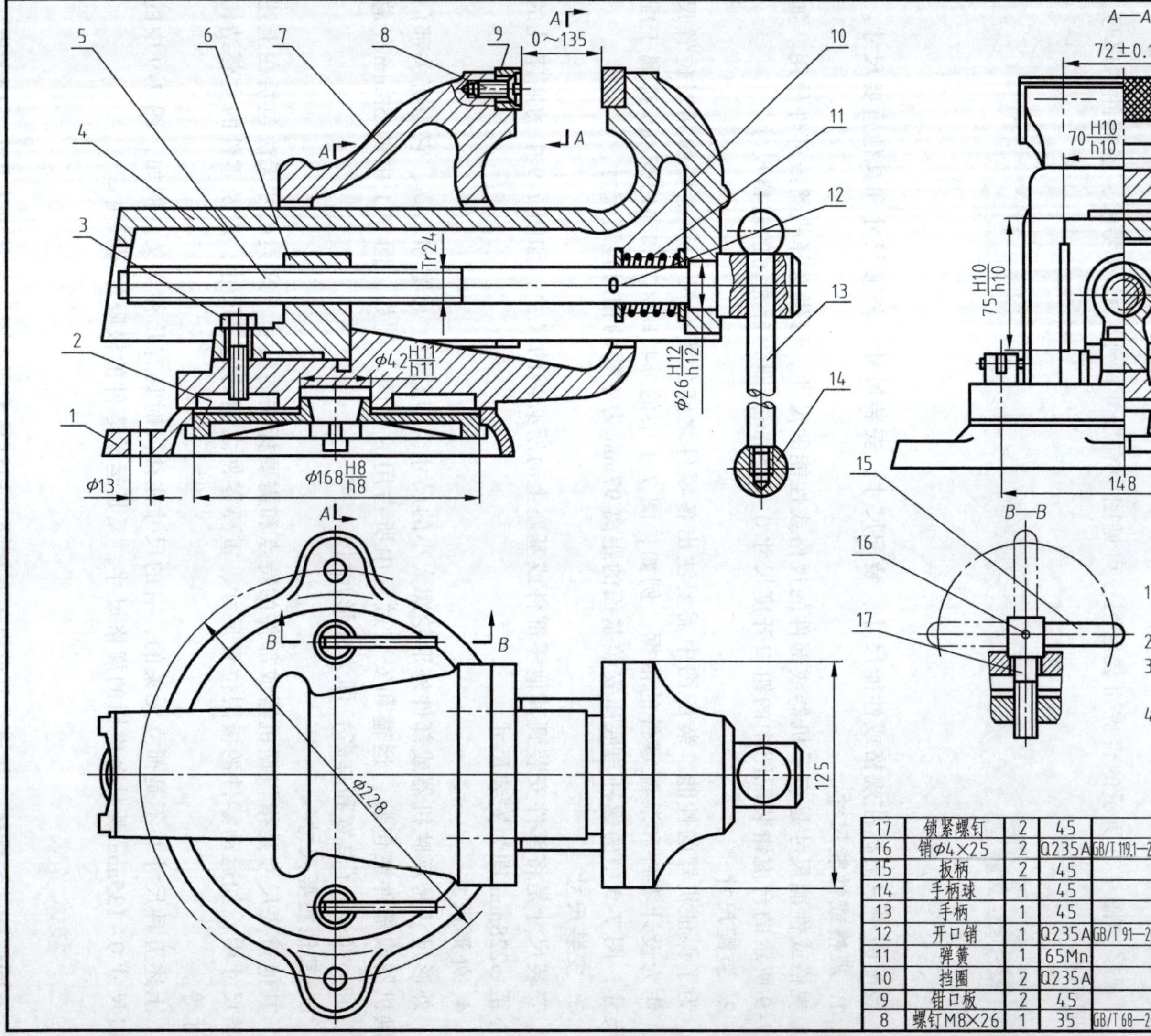

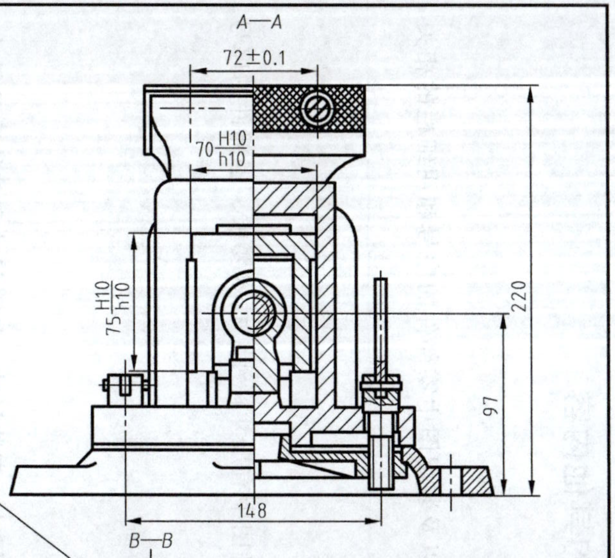

技术要求

1. 镶配的钳口板工作表面在闭合状态下，全部表面应紧密贴合，最大间隙应小于0.1。
2. 活动钳身移动时，应无松动或啃住现象。
3. 装配后进行工作试验，应有足够大的夹紧力，无工件移位现象。
4. 外表面喷绿色油漆。

17	锁紧螺钉	2	45		7	钳座	1	HT150	
16	销φ4×25	2	Q235A	GB/T 119.1—2000	6	螺母	1	KTH350-10	
15	扳柄	2	45		5	螺杆	1		
14	手柄球	1	45		4	钳身	1	HT200	
13	手柄	1	45		3	螺栓M12×40	1		GB/T 5784—1986
12	开口销	1	Q235A	GB/T 91—2000	2	转盘	1	HT150	
11	弹簧	1	65Mn		1	底座	1		
10	挡圈	2	Q235A		序号	名称	数量	材料	备注
9	钳口板	2	45		台虎钳		比例		
8	螺钉M8×26	1	35	GB/T 68—2016			图号		

图7-9 台虎钳装配图

1. 装配要求

装配体在装配过程中需要注意的事项，以及装配后应达到的要求，如准确度、装配间隙、润滑要求等。

2. 检验要求

对装配体基本性能进行检验、试验及操作时的要求。

3. 使用要求

对装配体规格、参数的要求，以及维护、保养、使用时的注意事项及要求。

装配图上的技术要求应根据装配体的具体情况而定，并应将其以文字的形式注写在明细栏的上方或图样下方的空白处。

三、装配图中零部件的序号和明细栏

在生产中，为了便于读图和进行生产管理，装配图中各零部件都必须编写序号，并填写明细栏。明细栏可直接画在装配图的标题栏上面，也可另列零部件的明细栏，其内容应包含零件的名称、材料及数量等，这样有利于读图时对照查阅，并可根据明细栏做好生产准备工作。

1. 零部件序号的编排方法

(1) 一般规则

1) 装配图中所有的零部件都必须编写序号。规格相同的零件只编一个序号，标准化组件，如油杯、滚动轴承、电动机等，可看作一个整体编一个序号。

2) 装配图中零、部件的序号应与明细栏中的序号一致。

(2) 零、部件序号的通用表示方法（见图 7-10）

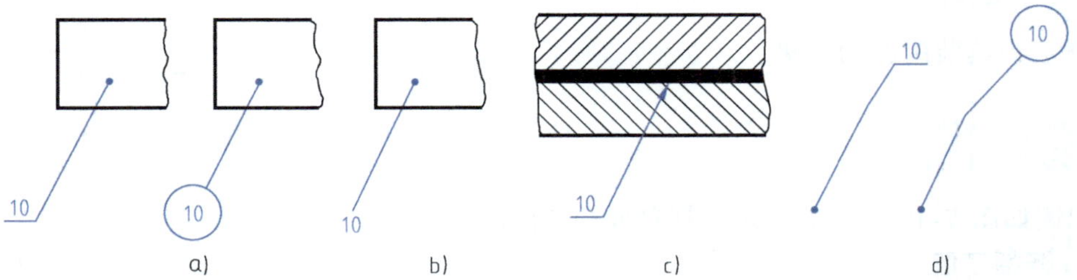

图 7-10　零部件序号的通用表示方法

1) 在所指零部件的可见轮廓内画一圆点，自圆点画指引线（细实线）。指引线的另一端画出水平细实线或细实线圆，在水平线上或圆内注写序号，序号字高比装配图中所注尺寸数字的高度大一号或两号，如图 7-10a 所示。

2) 在指引线附近直接注写序号，序号字高比装配图中所注尺寸数字的高度大一号或两号，如图 7-10b 所示。

3) 若所指部分是很薄的零件或涂黑的剖面，不便于画圆点，可用箭头代替圆点并指向该部分轮廓，如图 7-10c 所示。

但应注意，同一张装配图中编注序号的形式应一致。

2. 指引线

指引线相互不能相交，也不要与剖面线平行。必要时可画成折线，但只允许转折一次，如

图 7-10d 所示。对于一组紧固件及装配关系清楚的零件组，可采用公共指引线，如图 7-11 所示。

3. 序号

序号应按顺时针或逆时针方向顺次排列整齐。当在整个图上无法连续排列序号时，应尽量在每个水平或垂直方向顺次排列。

4. 明细栏

明细栏一般由序号、代号、名称、数量、材料、备注等组成，格式可按 GB/T 10609.2—2009 的规定绘制，也可按实际需要设置其内容。

明细栏一般配置在装配图中标题栏的上方，按由下而上的顺序填写。当位置不够时，可紧靠在标题栏的左边自下而上延伸。当不能在标题栏的上方配置明细栏时，可将其作为装配图的续页按 A4 的幅面单独给出，但其顺序应是由上而下填写的。

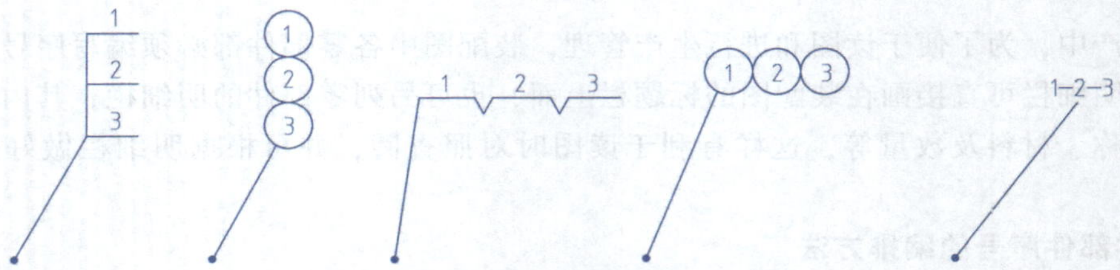

图 7-11　零件组序号的编注方法

任务四　识读装配图

【任务目标】

学会识读装配图的方法。

【实践操作】

识读如图 7-12 所示的活塞连杆总成的装配图。

1. 概括了解

由标题栏可知，该部件为“活塞连杆总成”，6 个为一组，其作用是推动曲轴的旋转。由明细栏和图上的零件序号可知，该部件共由 14 种零件组成。同时，也可了解各零件的相对位置。

由装配图可以看出，表达方案采用了主视图和左视图两个基本视图，主视图上采用了局部剖，用来表达活塞内部的结构形状，以及活塞 1、活塞销 6、连杆衬套 7 和连杆 8 的相对位置和装配关系；左视图表达了活塞连杆总成的外形。

2. 了解装配关系和工作原理

由主视图可以看出，活塞销两端与活塞销孔相配合；连杆衬套的内圆柱面与活塞销中部的外圆柱面相配合，连杆衬套的外圆柱面与连杆小头孔相配合。连杆盖用连杆螺栓 9 联接，内孔中装有连杆轴瓦 14，活塞环 2、3 装在活塞上部的环槽内；为了防止活塞销左右轴向移动，在活塞销孔的两端装有锁环 5，为了防止连杆螺母 12 松动，采用了开口销 13 进行锁定。

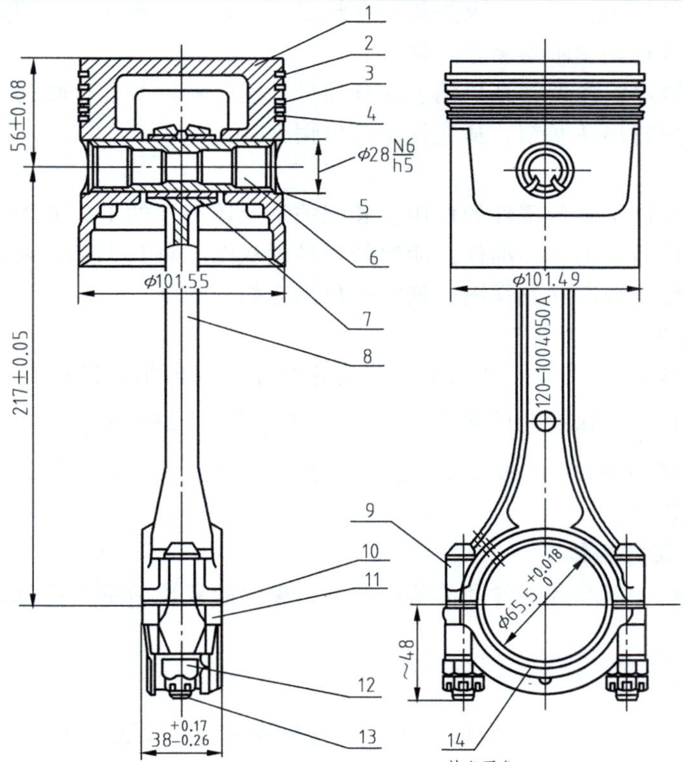

技术要求

按说明书No.120 3902122进行装配。

14	连杆轴瓦	12	巴氏合金	
13	开口销	12	15	
12	连杆螺母	12	35	
11	连杆盖	6	40	
10	调整垫片		08	数量视需要
9	连杆螺栓	12	40Cr	调质
8	连　杆	6	40	
7	连杆衬套	6	QSn4-4-2.5	
6	活塞销	6	15Cr	渗碳
5	锁　环	12	65Mn	
4	油　环	6	合金铸铁	
3	中活塞环	12	合金铸铁	
2	上活塞环	6	合金铸铁	
1	活　塞	6	铝合金	
序号	名　称	数量	材　料	备　注

活塞连杆总成	比例	重量	共　张	(图号)
	1:2		第　张	
制图			(单位)	
审核				

图 7-12　活塞连杆总成的装配图

由于活塞装在气缸内，而连杆大头是与曲轴上的连杆轴颈相连的，因此，当活塞上下运动时，通过连杆来推动曲轴做旋转运动。

该部件的拆卸顺序：先拆卸开口销、连杆螺母、连杆螺栓和连杆轴瓦，然后用尖嘴钳夹出锁环，从活塞内打出活塞销，从连杆中打出铜套。

3. 分析零件

通过以上分析可以了解各零件的作用、装配关系及该部件的工作原理。对于部件中的标准件及一些结构较简单的非标准件，能比较容易地从图上将其识别出来；对于较复杂的活塞、连杆等，对照主视图和左视图，就能想象出它们的形状。

4. 分析技术要求

由尺寸“$\phi28N6/h5$”可知，活塞销与其孔的配合为基轴制的过渡配合，且配合要求较高，拆卸时应特别注意保护孔的表面。对于“$38_{-0.26}^{+0.17}$”“$\phi65.5_{0}^{+0.018}$”等重要尺寸，技术要求提出“按说明书 No. 120 3902122 进行装配”，因此，装配前必须查阅说明书，并按说明书的要求进行装配。

5. 综合归纳，想象整体

由各零件的形状，以及各零件间的装配关系，综合想象出活塞连杆总成的整体形状。

【理论知识】

读装配图的方法是通过对装配图的分析，弄清楚装配图的表达方法，了解装配关系和工作原理，了解有关性能和要求，最后归纳总结、想象整体。

项目八

绘制展开图和识读焊接图

任务一　求线段实长

【任务目标】

掌握根据投影求实长的方法。

【任务准备】

三角板、圆规、图纸等。

【实践操作】

一、用三角形法求线段实长

如图 8-1 所示，已知直线 AB 的投影 ab、$a'b'$，要求根据投影求出 AB 的实长。如果已知直角三角形的两边，就可以得到三角形的第三边的长度。如图 8-1a 所示，在直角三角形 ABB_0 中，$AB_0=ab$、$BB_0=Z_B-Z_A$（点 A、点 B 的 Z 坐标之差），AB 为实长。因此，若已知线段的两面投影，便可以求其实长。如图 8-1b 所示，已知直线 AB 的投影 ab、$a'b'$，可以按照如下步骤求 AB 的实长。

1）作一般位置直线的三面投影，并标注字母。

2）在主视图或左视图上求得 Z_B-Z_A。

3）通过俯视图上的点 b（或点 a）作直线 $bB_0=Z_B-Z_A$，

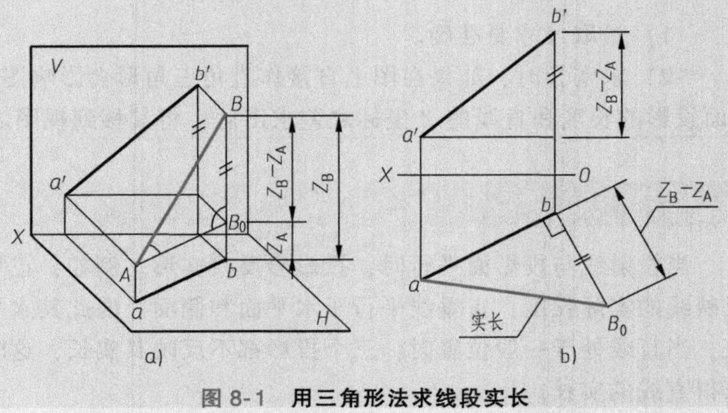

图 8-1　用三角形法求线段实长

且垂直于 ab。

4）连接 $a\ B_0$ 即得 AB 的实长。

二、用旋转法求线段实长

如图 8-2 所示，已知直线 AB 的两面投影 ab、$a'b'$，用旋转法求直线 AB 的实长。

如图 8-2a 所示，将 AB 以固定的角度绕 OO_1 旋转，当旋转到 AB 与正面平行时，其正面投影反映实长，即 $AB=a'b'$。此时，ab 旋转到 ab_1 的位置，与 X 轴平行。因此，已知直线 AB 的两面投影 ab、$a'b'$，可以根据如下步骤求 AB 的实长。

1）作一条一般位置直线的三面投影，并标注字母。

2）在俯视图上以点 a 为圆心，以 ab 为半径，将 ab 旋转到与 X 轴平行的位置 ab_1。

3）在主视图上过 b' 作 X 轴的平行线，过 b_1 作 X 轴的垂线，两直线相交于点 b_1'。

4）连接主视图中的 a'、b_1'，即为 AB 实长，如图 8-2b 所示。

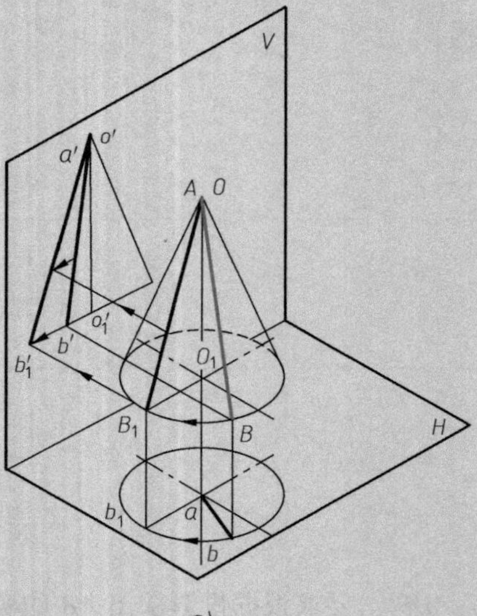

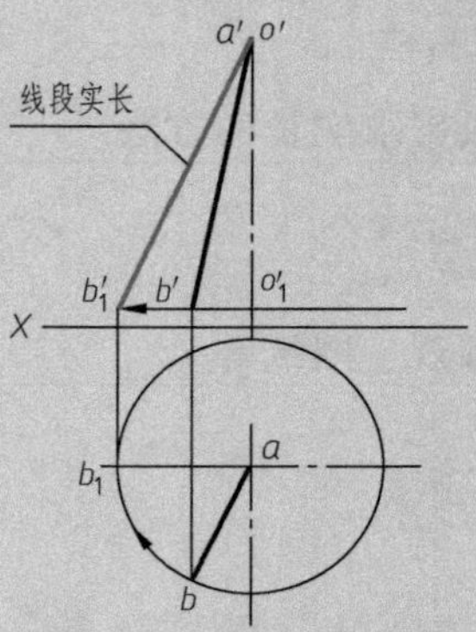

图 8-2　用旋转法求线段实长

【操作注意事项】

1）量取尺寸要准确。

2）求实长时，如果在图上直接作直角三角形会影响图形的清晰度，可以把直线水平面投影的长度和直线的 Z 坐标之差求出后，将其移到视图之外作直角三角形。

【理论知识】

当投射线与投影面平行时，投影会反映实形。例如，正平线平行于正面，则其正面投影反映线的实际长度；正垂线平行于水平面和侧面，因此其水平投影和侧面投影反映实长。但是，当直线处于一般位置时，三个投影都不反映其实长，这时就需要根据投影用一定的方法求得直线的实长。

任务二　用平行线展开法展开斜口棱柱、斜口圆柱

【任务目标】

掌握用平行线展开法展开物体的操作步骤。

【任务准备】

粉笔盒、圆柱、四棱柱、斜口四棱柱、斜口圆柱、硬纸板、铅笔、三角板、剪刀（铅笔刀）。

【实践操作】

一、斜口四棱柱的展开

斜口四棱柱如图 8-3a 所示，图 8-3b 所示为其投影图，求其展开图。

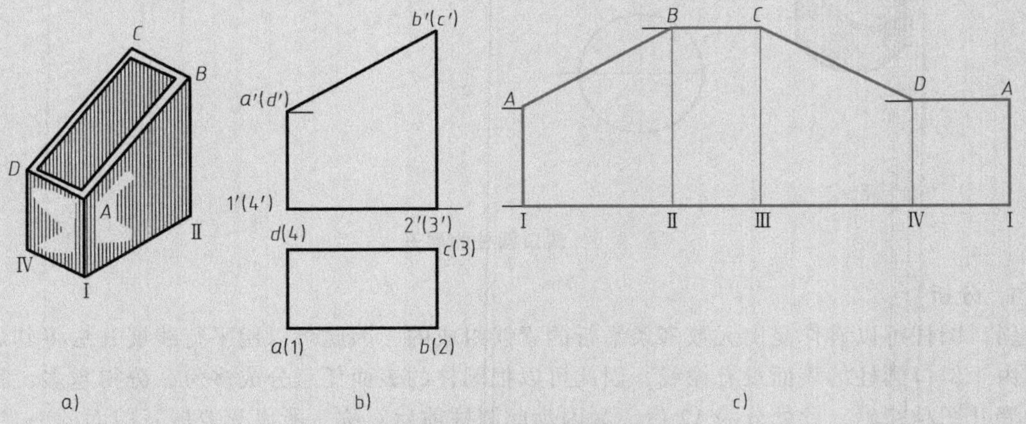

图 8-3　斜口四棱柱的展开

1. 分析

斜口四棱柱的表面可以看作是由无数条平行的素线构成的，因此可以用平行线展开法将其展开。其四条棱边均平行，可以把四个面依次展开。在视图中可以看到，主视图反映其一个面的实形为 *AB*ⅡⅠ，与之相对的面 *CD*ⅣⅢ也是一样的形状；右侧的面 *BC*ⅢⅡ是一个长方形，其高度为主视图中的 *b′2′*，宽度为俯视图中的 *bc*；左侧的面 *AD*ⅣⅠ也是一个长方形，其高度为主视图中的 *a′1′*，宽度为俯视图中的 *ad*。这样就可以根据斜口四棱柱的视图，得到其展开图，这里假设从 *A*Ⅰ棱线的切口展开。

2. 作展开图

1）作一个斜口四棱柱的三视图，并标注字母。

2）画 *AB*ⅡⅠ面（与主视图形状相同）。

3）画相邻的 BCⅢⅡ面；延长ⅠⅡ到Ⅲ，使ⅡⅢ＝bc；过Ⅲ点作垂线 CⅢ＝$b'2'$，连接 BC。

4）画 ABⅡⅠ对面的面 CDⅣ Ⅲ；延长ⅡⅢ到Ⅳ，使Ⅲ Ⅳ＝$1'2'$；过Ⅳ作垂线 DⅣ＝$a'1'$，连接 DC。

5）画 ADⅣⅠ面；延长Ⅲ Ⅳ到Ⅰ，使ⅣⅠ＝ad；过Ⅰ作垂线ⅠA＝$a'1'$，连接 DA。

经过以上五步，即可将四个平面连接到一起并展开，如图 8-3c 所示。

二、斜口圆柱的展开

斜口圆柱如图 8-4a 所示，图 8-4b 所示为其投影图，求其展开图。

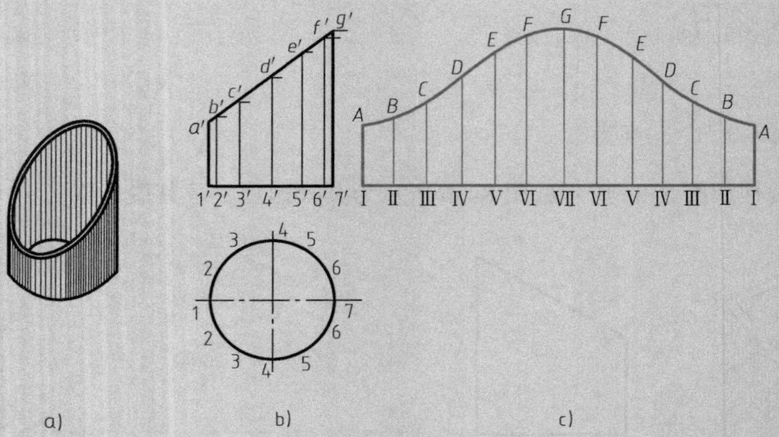

图 8-4 斜口圆柱的展开

1. 分析

斜口圆柱可以看作是由无数多条平行的素线组成的，因此可以用平行线展开法将其展开。由于斜口圆柱的表面没有棱线，因此可以把圆柱的表面任意分成多份，分得越多，得到的展开图越精确，此处分为 12 份。又因为此圆柱前后对称，所以只要展开前面的一半，后面的一半与前面一半的展开图完全相同。选择从最左面或最右面的素线展开比较简单。

2. 作展开图

1）作一个斜口圆柱的三视图。

2）把圆柱的水平面圆投影作 12 等分，一份为 $\pi D/12$。先展开前面的一半，得到等分点 1、2、3、4、5、6、7。

3）过等分点作垂线，在主视图上找到等分点上对应素线的长度，即 $1'a'$，$2'b'$，…，$7'g'$。

4）作直线ⅠⅦ＝$\pi D/2$，并将其 6 等分，等分点为Ⅰ、Ⅱ、Ⅲ、Ⅳ、Ⅴ、Ⅵ、Ⅶ。

5）过等分点分别作对应的素线，即ⅠA＝$1'a'$，ⅡB＝$2'b'$，…，ⅦG＝$7'g'$。

6）光滑连接各点 A、B、C、D、E、F、G，即可得到斜口圆柱一半的展开图，另外一半与之对称。最后可得到如图 8-4c 所示的展开图。

三、相贯两圆柱面的展开

图 8-5a 所示为不等径圆柱正交相贯，求其展开图。

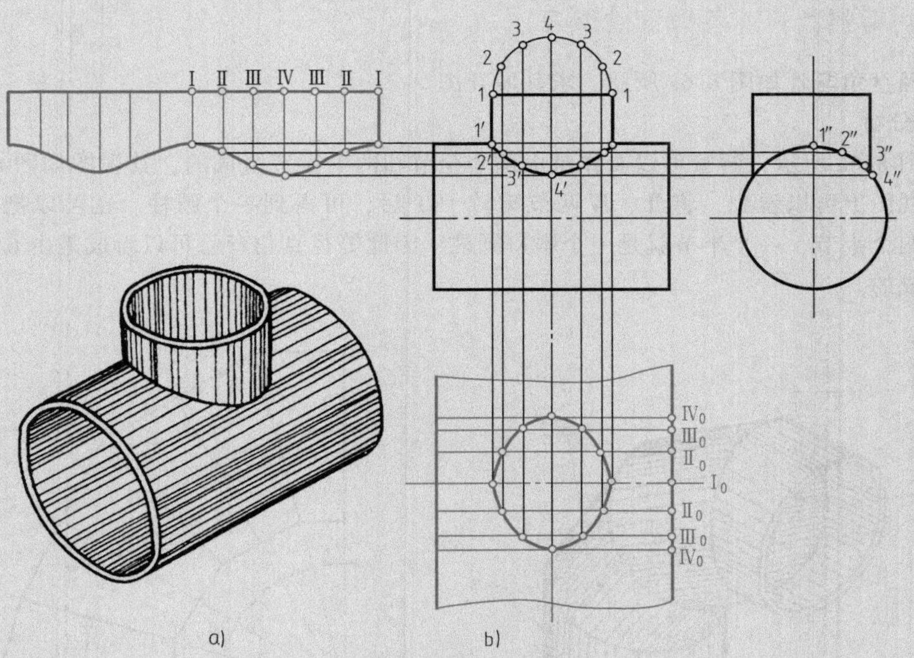

图 8-5 正交相贯不等径圆柱的展开

1. 分析

此立体由两段圆柱组成，直径较小的圆柱与斜口圆柱的展开方式相同；直径较大的圆柱需要先展开成长方形，再求相贯线的形状。

2. 作展开图

首先作正交相贯不等径圆柱的三视图，然后按展开斜口圆柱的方法展开小圆柱，接着展开大圆柱。

展开小圆柱时，先把小圆柱等分为 12 份。因为相贯线是两立体表面的共有线，因此，展开大圆柱时，可利用同样的点把大圆柱上的相贯线作 12 等分。

如图 8-5b 所示，因为相贯线前后对称，所以可以只展开前面一半，后面一半和前面一样。

1）把大圆柱展成一个长方形。

2）画出相贯线的对称中心线，也就是过 I_0 的水平线。

3）量取 $\mathrm{I}_0\mathrm{II}_0=1''2''$，$\mathrm{II}_0\mathrm{III}_0=2''3''$，$\mathrm{III}_0\mathrm{IV}_0=3''4''$，可以近似地用弦长代替弧长，过 II_0、III_0、IV_0 作水平线。

4）在主视图上过 1、2、3、4 向下作垂线，它们与水平线的交点连线即为大圆柱上相贯线的展开图。

3. 实际操作

在实际操作中，都是先求小圆管的展开图，然后制作小圆管的形状，把相贯线的一端安放在大圆管上后划线，再切割。这样就不用再展开大圆管了，操作比较简便。

四、等径直角弯管表面的展开

等径直角弯管如图 8-6a 所示，求其展开图。

1. 分析

如图 8-6a 所示，弯管可以看作是由两个全节和两个半节组成的，其视图如图 8-6b 所示。从视图上可以看到，将Ⅱ、Ⅳ两节旋转 180°后，可得到一个圆柱。也可以把一个全节分成两个半节，一个半节就是一个斜口圆柱，因此等径直角弯管可以看成是由 6 个斜口圆柱组成的。

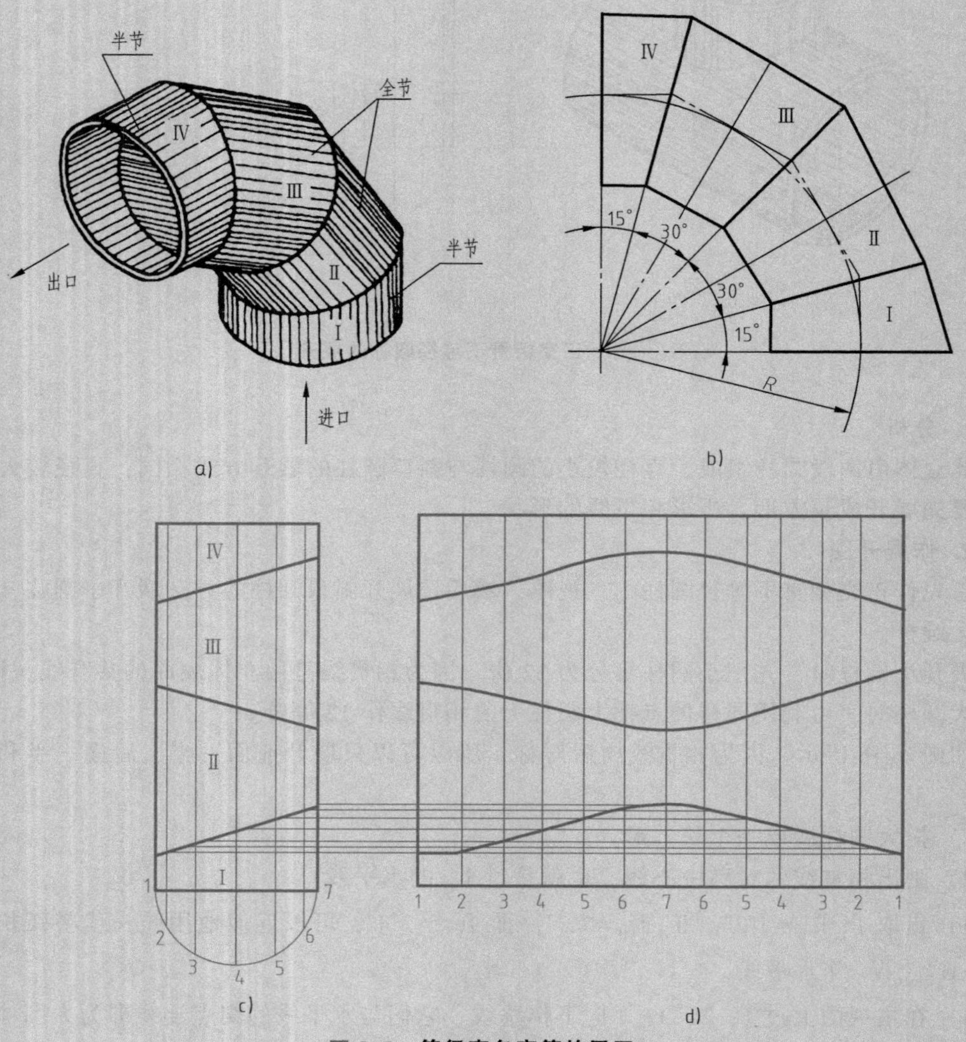

图 8-6 等径直角弯管的展开

2. 作图

展开图如图 8-6c、d 所示，其展开方法同斜口圆柱的展开。

3. 实际操作

在实际工作中，如果用管料制作直角弯管，可以根据一定的角度直接切割管料，然后焊接成所需的弯管。如果用薄板弯曲，可以只画半节的展开图，半节就是一个斜口圆柱，以此作为样板划线，就可以得到所需的弯管。因此，实际工作中并不需要把直角弯管全部展开，只展开半节即可。

【操作注意事项】

1）量取尺寸要准确。

2）正交相贯不等径圆柱的展开，也可以先将小圆柱和大圆柱的三视图分别画出来，然后分别展开。

【理论知识】

在机器零件中常见各种由板料制成的构件，如水箱、防护罩、管道等。制造这类机件时，通常先根据其投影图将其展开，然后根据展开图将板料切割，接着卷曲，加工成形。最后经过焊接、冲压或铆接等工艺制成机件。

以粉笔盒（正方体）为例，把粉笔盒撕开，可得到粉笔盒的展开图。粉笔盒由 6 个面组成，有多种展开方式。制作粉笔盒时，必须先剪裁出合适的形状，如图 8-7 所示。

在实际生产中，有一部分零件的表面是由无数条彼此平行的直素线构成的，这类零件可

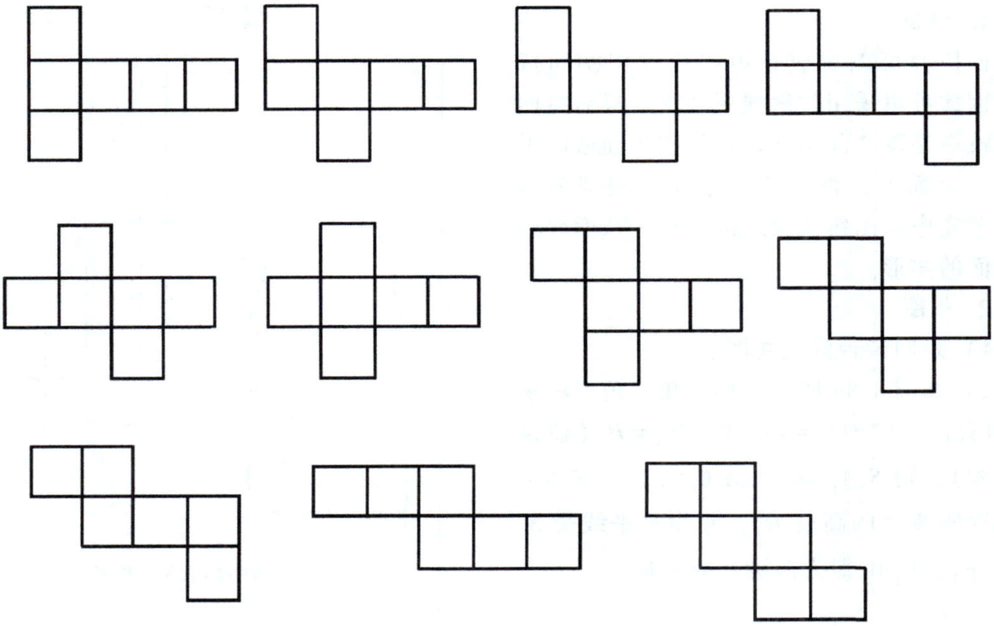

图 8-7　粉笔盒的展开

以采用平行线展开法展开。即当相邻很近的两条素线及上端口和下端口的直线（棱柱）或曲线（圆柱）所围成的图形为长方形或近似于长方形的图形时，把这些图形依次铺开，即可得到所要的展开图。

任务三 用放射线展开法展开棱台、圆锥

有一些机件不是由平行的素线构成的，如四棱台，而是由一组交汇于一点的直素线构成的，用平行线展开法展开这样的机件是不适合的，那么，如何展开这类机件呢？

【任务目标】

学会判断何种机件适合用放射线展开法展开，并掌握其展开方式。

【任务准备】

三角板、圆规、图纸等。

【实践操作】

一、四棱台的展开

已知如图8-8a所示四棱台的两面投影，求其展开图。

1. 分析

四棱台可以看成是由四棱锥切割而成的，因此可以采用放射线展开法。只需将四棱台没有切割之前的四棱锥的四个面依次平铺在一个面上，再切割掉不需要的部分即可。首先应求出每条棱线的实长，从而得到四个面的实形。

2. 作图

1）画四棱台的三视图。

2）如图8-8b所示，用直角三角形法求SA的实长。作$OA_1 = sa$，作$OS_1 = H$（棱锥的高度），则S_1A_1即为SA的实长。在OS_1上截取四棱台的高度H_1，并作水平线交S_1A_1于E_1，E_1A_1即为四棱台的棱长。

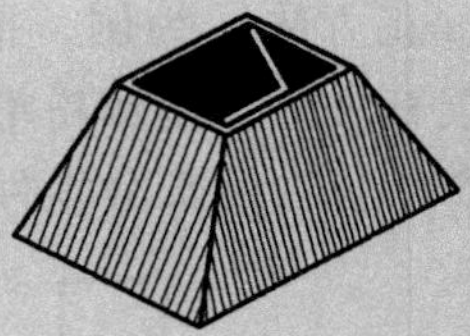
a)

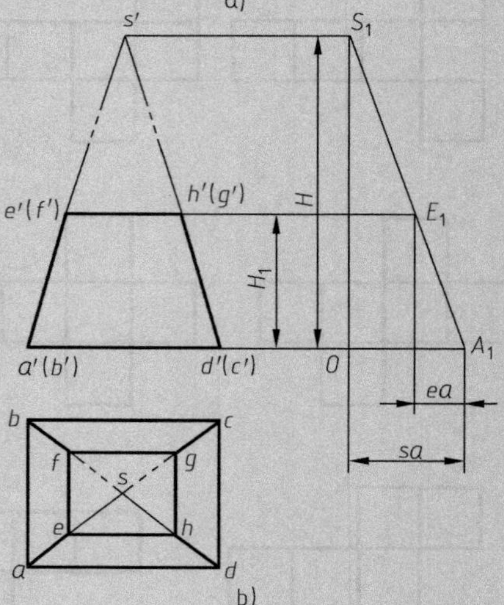

b)

图8-8 四棱台的展开图

3）如图 8-8c 所示，展开四棱锥。在俯视图上可以量得四棱台底边的实际长度，得到四棱锥四个面的实形，分别为△SAB、△SBC、△SCD、△SDA，把这四个三角形依次展开即可得到四棱锥的展开图。展开时可以先画△SAB，然后以 S 为圆心，以 SA 为半径画圆；以 B 为圆心，以 BC 为半径画圆，得到两圆的交点 C，依次可以得到点 D、A。

4）截取 $SE=S_1E_1$，过点 E 作底边展开线的水平线，即可将四棱锥的展开图切割为四棱台的展开图。

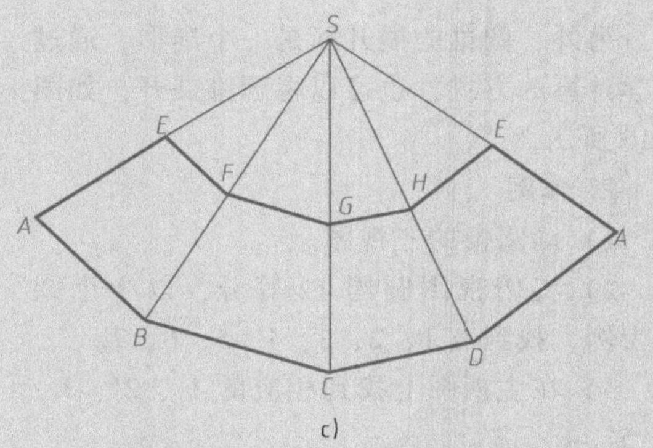

图 8-8　四棱台的展开图（续）

二、圆锥的展开

求如图 8-9a 所示圆锥的展开图。

1. 分析

圆锥的表面可以看作是由无数条相交于一点的直素线构成的，可以采用放射线展开法将其展开。将圆锥的表面近似地看作是由无数个小三角形组成的，这里把圆锥表面等分为 12 份。

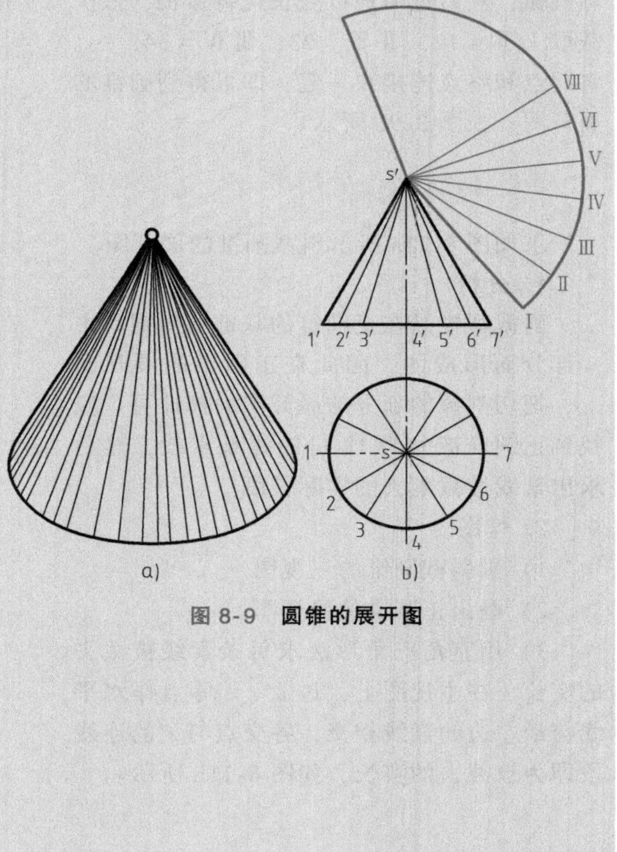

图 8-9　圆锥的展开图

另外，圆锥的展开面是一个扇形，通过数学计算的方式，也可以将圆锥展开，如图 8-10 所示。

2. 作图

1）画圆锥的三视图。

2）将俯视图圆周 12 等分，以半个圆锥为例，找到点 1、2、3、4、5、6、7。

3）在主视图上找到相应的 1′、2′、3′、4、5′、6′、7′。

4）以主视图上的 s' 为圆心、$s1$ 为半径画圆弧，然后近似地以弦长代替弧长，依次截取 Ⅰ Ⅱ = 12，Ⅱ Ⅲ = 23，Ⅲ Ⅳ = 34，…。将起点和终点连接在一起，即可得到圆锥的展开图，如图 8-9b 所示。

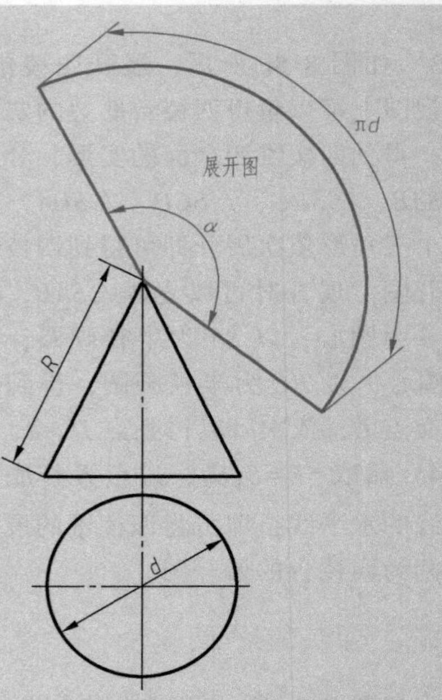

图 8-10　**用数学计算展开圆锥**

三、斜截圆锥的展开

求如图 8-11a 所示斜截圆锥的展开图。

1. 分析

斜截圆锥是在正圆锥的基础上斜截割去一部分而形成的，因此在正圆锥的展开图上，把切割掉的部分的展开图去掉即可。应找到正圆锥被分为 12 份的每条素线，然后求出素线被截割去的实际长度。

2. 作图

1）画斜截圆锥的三视图。

2）画出正圆锥的展开图。

3）用直角三角形法求每条素线被截去的实长。在主视图上，过 b'、c' 等点作水平线与最左边的素线相交，各交点与 s' 的连线段即为被截去的实长，如图 8-11b 所示。

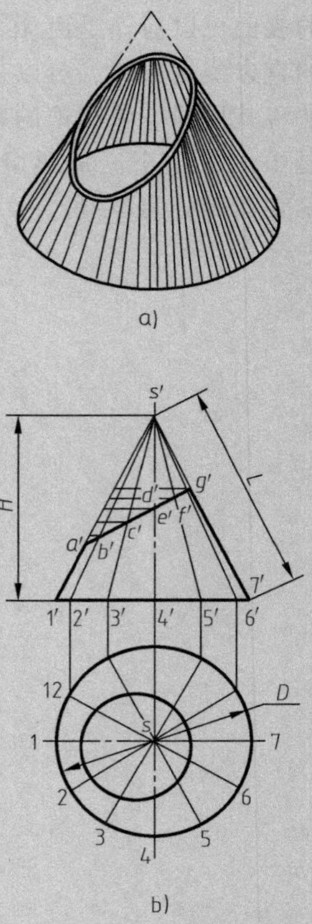

图 8-11　**斜截圆锥的展开图**

4）在正圆锥的展开图上截取切割掉的素线长度。例如，在 S Ⅰ 上截取 $SA=s'a'$，找到点 A 的位置，同样可求得其他 11 个点的位置。光滑连接这些点，即可得到斜截圆锥的展开图，如图 8-11c 所示。

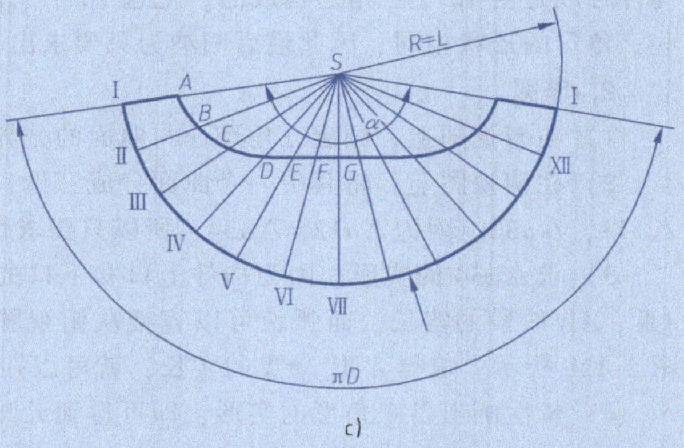

图 8-11　斜截圆锥的展开图（续）

【操作注意事项】

1）量取尺寸要准确。

2）求实长时，要根据具体的零件选取合适的方法。

【理论知识】

运用放射线展开法展开的机件形体的表面是由一组交汇于一点的直素线构成的，该机件形体是锥体，如棱锥、圆锥。展开后的素线都交于一点，呈放射状。同理，锥台、圆台的切割体也可以采用放射线展开法展开。

任务四　用三角形展开法展开形体

观察天圆地方构件，可以发现它的表面不是由单一的平面或曲面构成的，其素线不平行也不相交。虽然可以用学过的方法展开，但是比较麻烦。

【任务目标】

能够判断哪些构件适合用三角形展开法展开，并掌握其展开方式。

【任务准备】

三角板、圆规、图纸等。

【实践操作】

求作图 8-12a 所示的天圆地方构件的展开图。

1. 分析

天圆地方构件的表面可以看成是由四个三角形平面、四个部分圆锥曲面构成的。只要将曲面分成若干个近似的小三角形，然后求其实形即可。将一个曲面分为三份，即可以把构件看成是由 16 个三角形构成的，把这 16 个三角形的实形求出，然后平铺即可。这里有些三角形的形状相同，因此最后归纳为只要求出三个三角形的实形即可。

2. 作图

1）在俯视图上，画出三角形面与曲面的分界线。

2）在俯视图上，将其中一个曲面分成三份，得到 1、2、3、4 各点，即可得到△a12、△a23、△a34。因为△a12＝△a34，所以只要求得△a34 和△a23 的实形，然后展开即可。

3）求△a34 的实形。因为构件上口和下口的俯视图投影反应其实形，所以需要求得 AⅢ、AⅣ线段的实长，而弧长可以直接从俯视图上量取。用直角三角形法求其实长，如图 8-12b 所示。求得 AⅢ、AⅣ的实长，就可以知道所有三角形的实形。

4）依次画出各三角形的实形，即可得到天圆地方构件的展开图，如图 8-12c 所示。

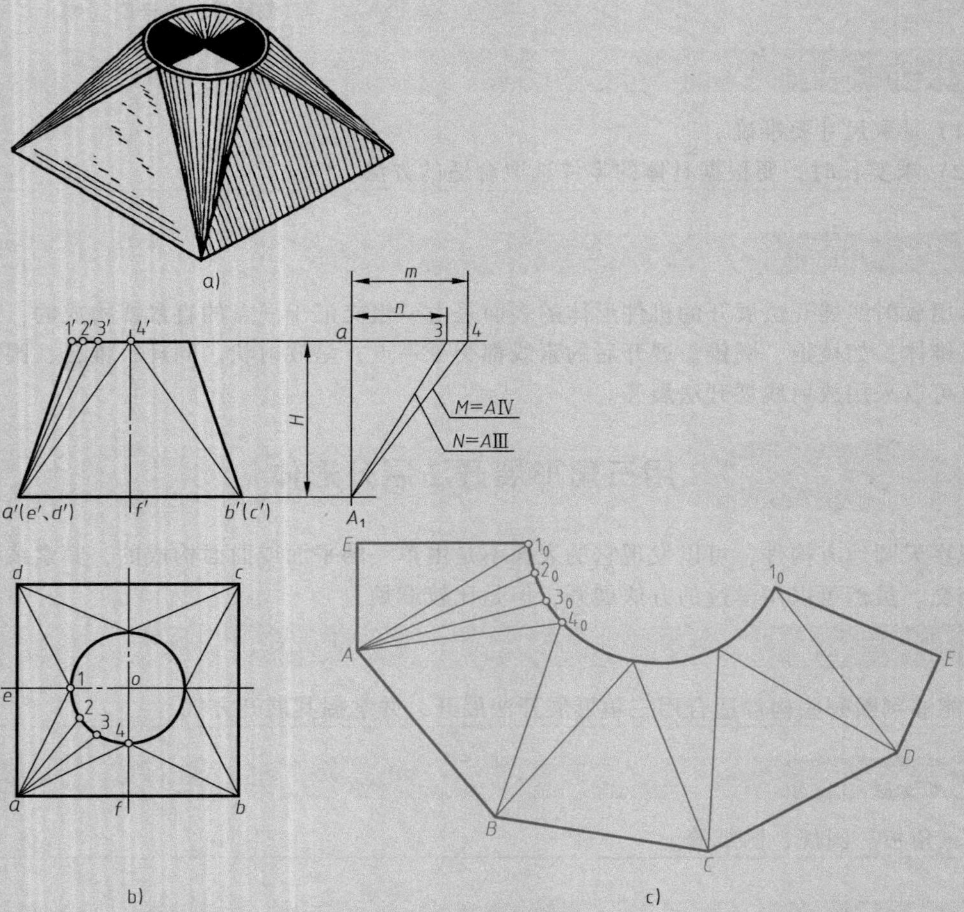

图 8-12 天圆地方构件的展开图

【操作注意事项】

1）量取尺寸要准确。

2）要把 16 个三角形依次排开，不能遗漏。

【理论知识】

天圆地方构件的表面中有平面有曲面，当然也是可以展开的，但是它与之前展开过的构件不同，其素线不平行、不相交，这种构件用三角形法展开比较简单。即把形体的表面划分成若干个小三角形，然后得到各小三角形的实形，并按照一定的顺序将其展开在一个平面上，即可得到展开图。

前面的展开示例都是在理论状态下进行的，实际情况中的板料是有厚度的，其弯曲时可能被拉伸或压缩，因此要考虑板厚对构件的影响，一般取平均值作为计算依据。

任务五　学习焊缝的表示方法和标注方法

【任务目标】

掌握焊缝的表示方法，熟悉焊缝的标注。

【任务准备】

三角板、铅笔、图纸等。

【实践操作】

一、识读常见焊缝

1. 对接接头（图 8-13）

在图 8-13b 中，V 表示 V 形焊缝，α 表示坡口角度，b 表示根部间隙，○表示环绕工件的周围施焊。

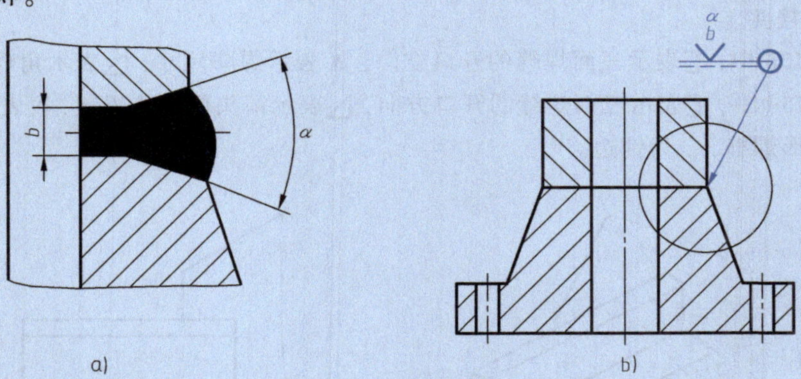

图 8-13　对接接头

a）焊缝形式　b）标注示例

2. T 形接头（图 8-14）

在图 8-14b 中，K▷表示双面角焊缝，K 为焊脚尺寸，n 表示焊缝段数，l 表示焊缝长度，e 表示焊缝间距。

在图 8-14d 中，表示现场焊接，K 为焊脚尺寸，K表示双面角焊缝，8 表示有 8 条相同的焊缝。

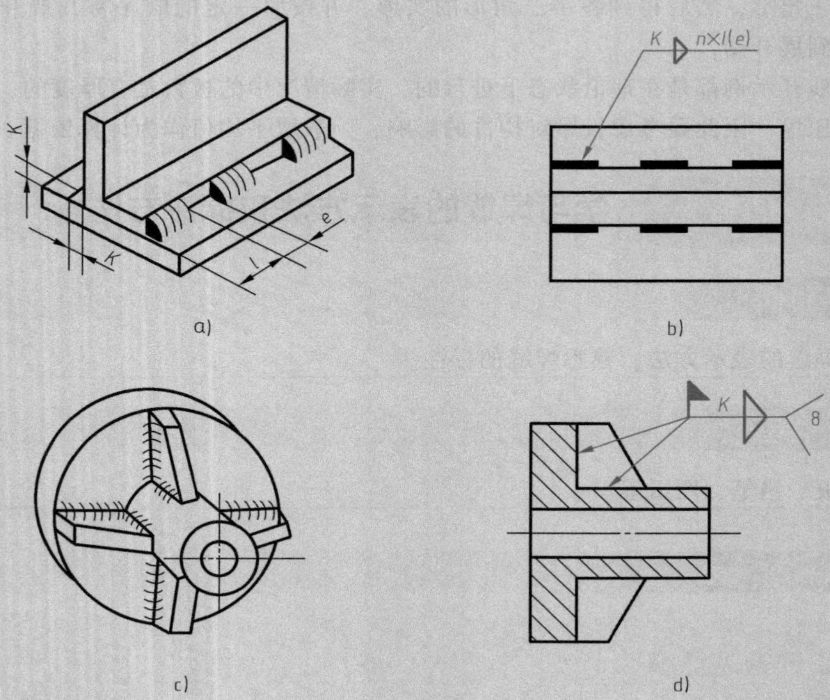

图 8-14　T 形接头

a）焊缝形式 1　b）标注示例 1　c）焊缝形式 2　d）标注示例 2

3. 角接接头

在图 8-15b 中，表示三面焊缝的开口方向，K 表示焊脚尺寸，表示角焊缝。

在图 8-15d 中，表示三面焊缝的开口方向，表示箭头侧为角焊缝，表示箭头另一侧为单边 V 形焊缝，p 为钝边。

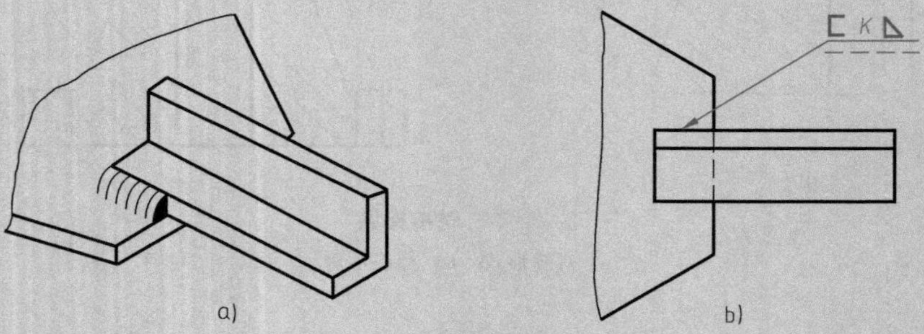

图 8-15　角接接头

a）焊缝形式 1　b）标注示例 1

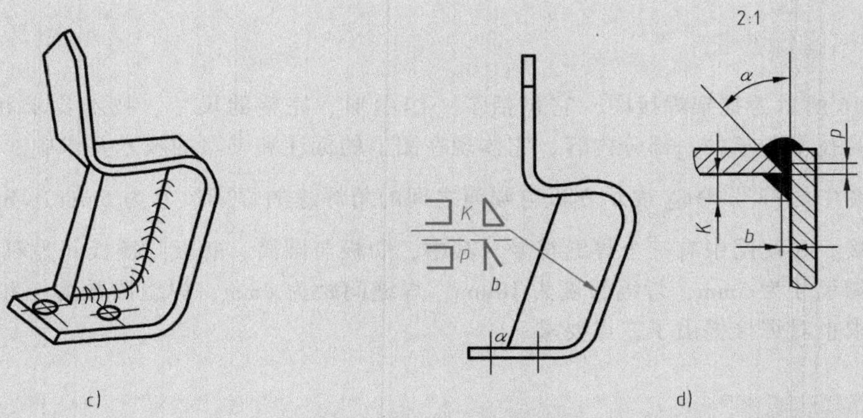

图 8-15　角接接头（续）

c）焊缝形式 2　d）标注示例 2

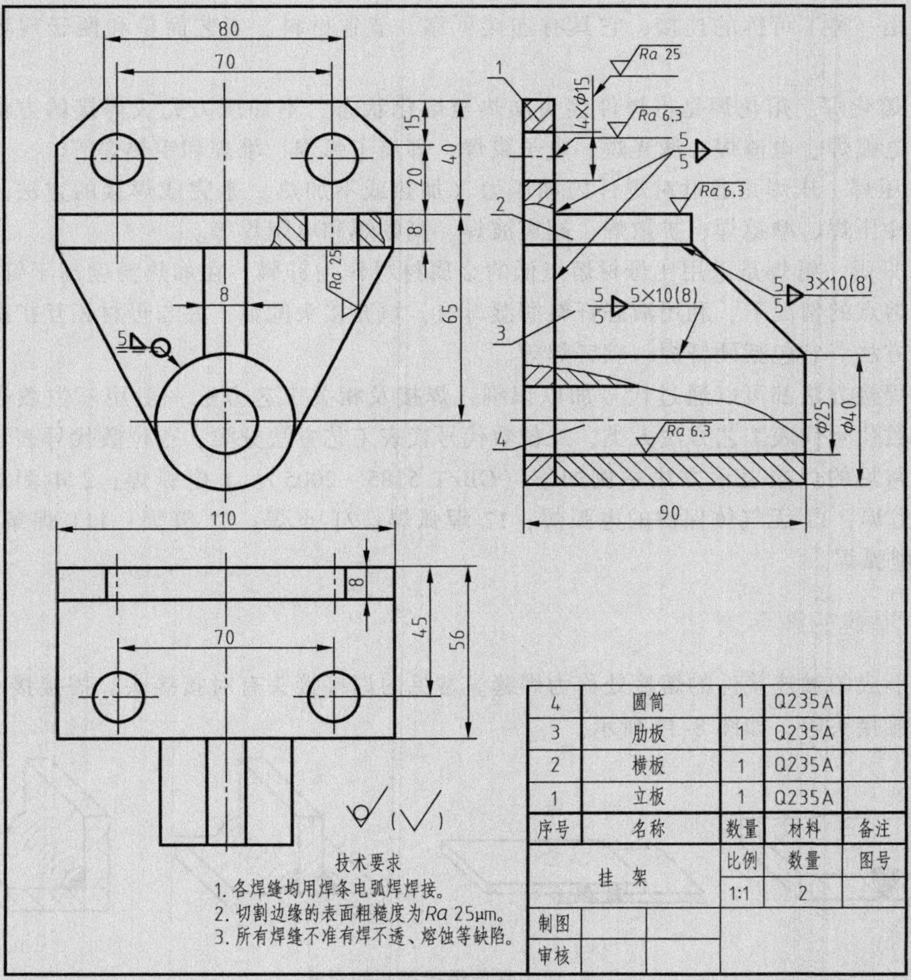

4	圆筒	1	Q235A	
3	肋板	1	Q235A	
2	横板	1	Q235A	
1	立板	1	Q235A	
序号	名称	数量	材料	备注
挂　架		比例	数量	图号
		1:1	2	
制图				
审核				

技术要求

1. 各焊缝均用焊条电弧焊焊接。
2. 切割边缘的表面粗糙度为 Ra 25μm。
3. 所有焊缝不准有焊不透、熔蚀等缺陷。

图 8-16　挂架焊接图

二、识读焊接图

图 8-16 所示为挂架焊接图，它包括了一组图形、完整的尺寸、技术要求和标题栏。焊接要求为技术要求的一部分内容，它体现在图上的标注和书写的技术要求中。

主视图中的符号 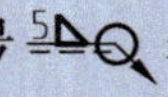 表示立板与圆筒之间的角焊缝的焊脚尺寸为 5mm，环绕圆筒周围进行焊接。左视图中有三个焊缝符号，其中，肋板与圆筒、肋板与横板间为双面断续角焊缝，焊脚尺寸为 5mm，焊缝长度为 10mm，焊缝间距为 8mm，焊缝段数为 5 和 3。书写的技术要求也对焊接提出了三点要求。

【理论知识】

一、常用焊接方法及其代号

焊接是一种不可拆的连接，它具有连接可靠、节省材料、工艺简单和便于现场操作等优点。

（1）熔化焊　熔化焊是将焊件接头加热至熔化状态，不加压力完成焊接的方法。它包括气焊、电弧焊、电渣焊、激光焊、电子束焊、等离子弧焊、堆焊和铝热焊等。

（2）压焊　压焊是通过对焊件施加压力（加热或不加热）来完成焊接的方法。它包括爆炸焊、冷压焊、摩擦焊、扩散焊、超声波焊、高频焊和电阻焊等。

（3）钎焊　钎焊是采用比母材熔点低的金属材料作为钎料，在加热温度高于钎料熔点、低于母材熔点的情况下，利用液态钎料润湿母材，填充接头间隙，并与母材相互扩散实现连接焊件的方法。它包括硬钎焊、软钎焊等。

每种焊接方法都可以通过代号加以识别，焊接及相关工艺方法一般用三位数表示。其中，一位数代号代表工艺方法大类，二位数代号代表工艺方法分类，三位数代号表示某种工艺方法。常见的焊接表示方法举例如下（GB/T 5185—2005）：1 电弧焊；2 电阻焊；3 气焊；4 压力焊；11 无气体保护的电弧焊；12 埋弧焊；21 点焊；22 缝焊；111 焊条电弧焊；121 单弧埋弧焊。

二、焊缝的图示方法

焊接形成的被连接件的熔接处称为焊缝。常见的焊接接头有对接接头、搭接接头、T 形接头、角接接头等，如图 8-17 所示。

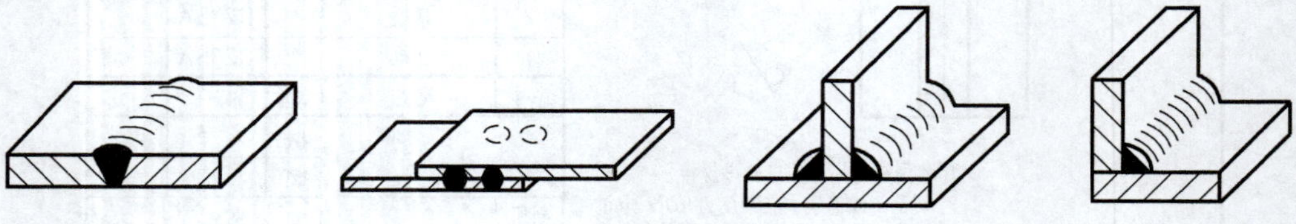

a)　b)　c)　d)

图 8-17　常见焊接接头的形式

a）对接接头　b）搭接接头　c）T 形接头　d）角接接头

焊缝的形式主要有对接焊缝、点焊缝和角接焊缝等。焊缝可以用视图、剖视图、断面图来表示，也可以用轴测图示意表示，如图 8-17 所示。在视图中，焊缝用一系列细实线或粗实线表示，一张图样只能采用一种表示方法。在剖视图、断面图中，焊缝的剖开部分应涂黑。焊缝的规定画法如图 8-18 所示。必要时，允许用局部放大图将焊缝部位单独画出，如图 8-19 所示。

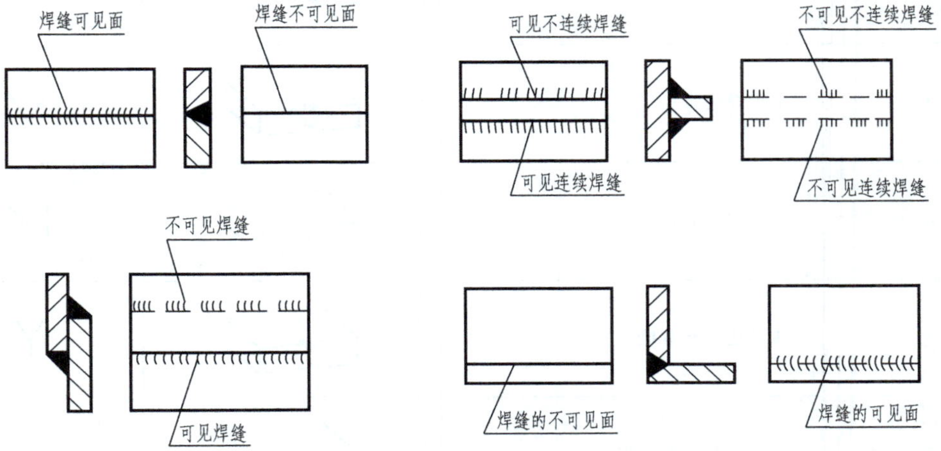

图 8-18　**焊缝的规定画法**

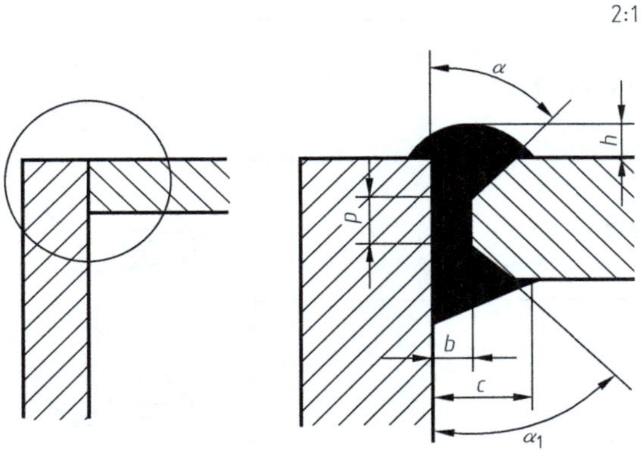

图 8-19　**焊缝局部放大图**

三、焊缝符号

国家标准 GB/T 324—2008 对焊缝的符号做了详细的规定。

1. 基本符号

基本符号用于表示焊缝横截面的基本形状或特征，见表 8-1。

表 8-1　常用焊缝的基本符号及标注

序　号	名　称	示 意 图	符　号
1	卷边焊缝(卷边完全熔化)		
2	I 形焊缝		
3	V 形焊缝		
4	单边 V 形焊缝		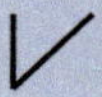
5	带钝边 V 形焊缝		
6	带钝边单边 V 形焊缝	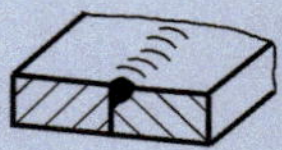	
7	带钝边 U 形焊缝		
8	带钝边 J 形焊缝	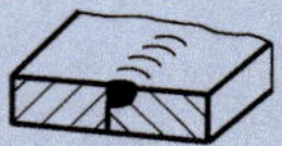	
9	封底焊缝		
10	角焊缝		
11	塞焊缝或槽焊缝		
12	点焊缝	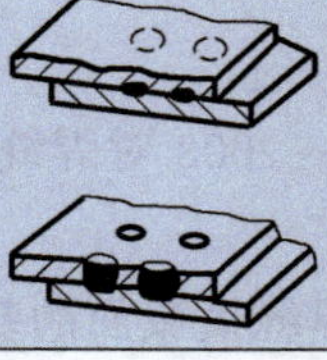	

（续）

序　号	名　　称	示　意　图	符　　号
13	缝焊缝	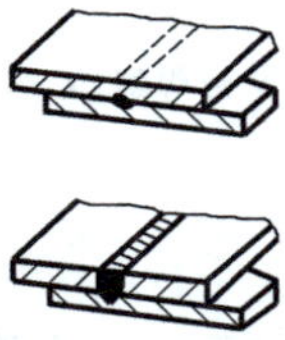	
14	陡边 V 形焊缝		
15	陡边单 V 形焊缝		
16	端焊缝		
17	堆焊缝		
18	平面连接（钎焊）	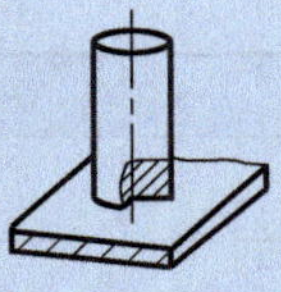 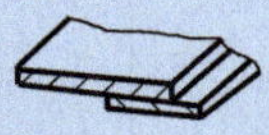	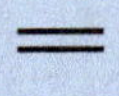
19	斜面连接（钎焊）		
20	折叠连接（钎焊）	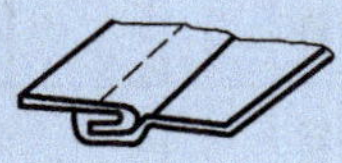	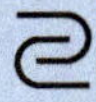

2. 基本符号的组合

表示双面焊焊缝或接头时，基本符号可以组合使用，见表 8-2。

表 8-2　基本符号的组合

序　号	名　　称	示　意　图	符　　号
1	双面 V 形焊缝（X 焊缝）		

（续）

序　号	名　称	示　意　图	符　号
2	双面单 V 形焊缝（K 焊缝）	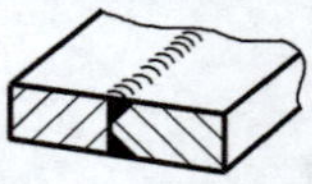	
3	带钝边的双面 V 形焊缝	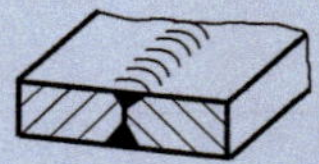	
4	带钝边的双面单 V 形焊缝	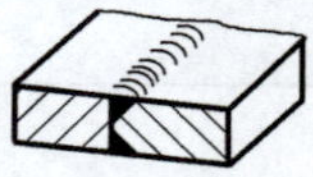	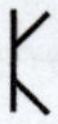
5	双面 U 形焊缝	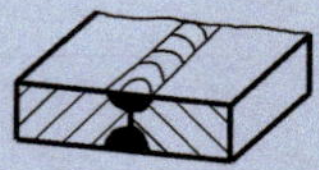	

3. 补充符号

补充符号用来补充说明有关焊缝或接头的某些特征（如表面形状、衬垫、焊缝分布、施焊地点等），见表 8-3。

表 8-3　补充符号

序　号	名　称	符　号	说　明
1	平面		焊缝表面通常经过加工后平整
2	凹面	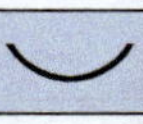	焊缝表面凹陷
3	凸面		焊缝表面凸起
4	圆滑过渡	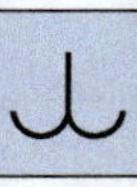	焊趾处过渡圆滑
5	永久衬垫	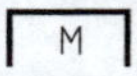	衬垫永久保留
6	临时衬垫		衬垫在焊接完成后拆除
7	三面焊缝		三面带有焊缝
8	周围焊缝		沿着工件周边施焊的焊缝 标注位置为基准线与箭头线的交点处
9	现场焊缝		在现场焊接的焊缝
10	尾部		可以表示所需的信息

4. 指引线

在焊缝符号中，基本符号和指引线是基本要素。焊缝的准确位置通常由基本符号和指引线之间的相对位置决定，具体位置包括箭头线的位置、基准线的位置和基本符号的位置。

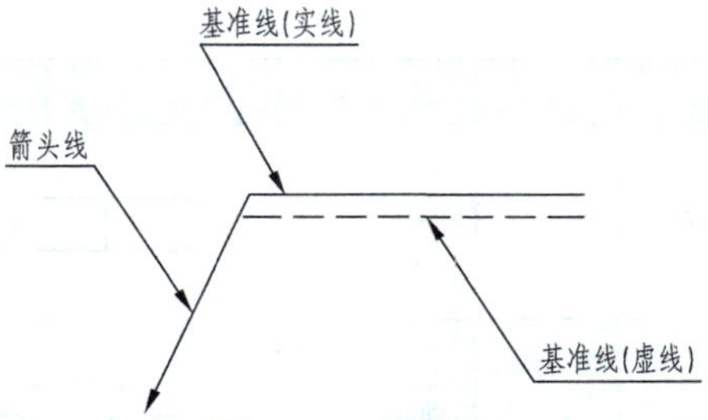

图 8-20　**指引线**

指引线由箭头线和基准线两部分组成，如图 8-20 所示。箭头线用细实线绘制，箭头指向焊接处，必要时允许弯折一次；基准线由一条细实线和一条细虚线组成，两线相互平行。当需要说明焊接方法时，可在基准线末端增加尾部符号。

5. 箭头线

箭头直接指向的接头侧为“接头的箭头侧”，与之对应的为“接头的非箭头侧”，如图 8-21 所示。

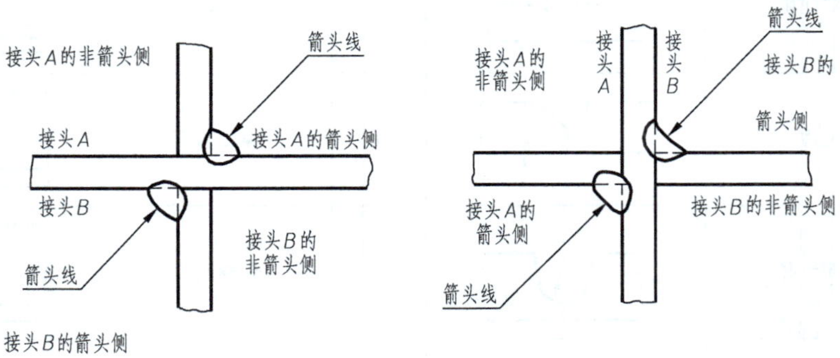

图 8-21　**箭头线**

6. 基准线

基准线一般应与图样的底边平行，必要时也可与底边垂直，实线和虚线的位置可以根据需要互换。

7. 基本符号与基准线的相对位置

1）基本符号在实线侧时，表示焊缝在箭头侧，如图 8-22a 所示。

2）基本符号在虚线侧时，表示焊缝在非箭头侧，如图 8-22b 所示。

3）对称焊缝允许省略虚线，如图 8-22c 所示。

4）在明确焊缝分布位置的情况下，有些双面焊缝也可以省略虚线，如图 8-22d 所示。

8. 尺寸标注

必要时，可以在焊缝符号中标注尺寸，见表 8-4。

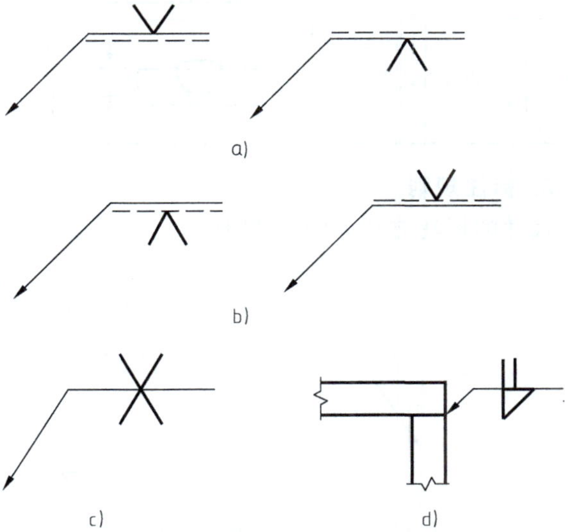

图 8-22　**基本符号与基准线的相对位置**

a）焊缝在接头的箭头侧　b）焊缝在接头的非箭头侧　c）对称焊缝　d）双面焊缝

表 8-4　尺寸标注

符号	名　称	示意图	符号	名　称	示意图
δ	工件厚度	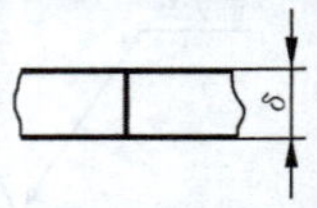	c	焊缝宽度	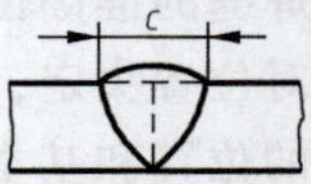
α	坡口角度	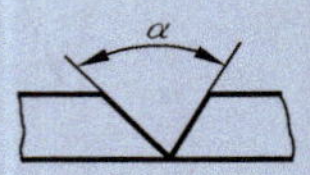	K	焊脚尺寸	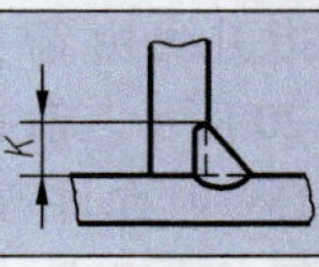
β	坡口面角度	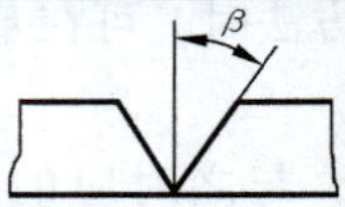	d	点焊：熔接直径 塞焊：孔径	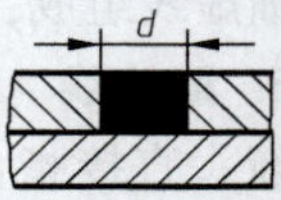
b	根部间隙	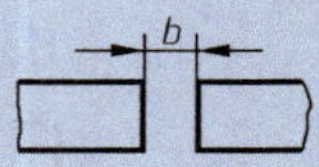	n	焊缝段数	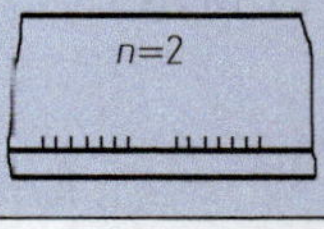
p	钝边	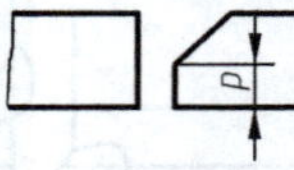	l	焊缝长度	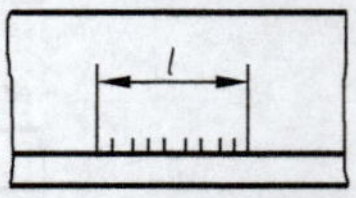
R	根部半径	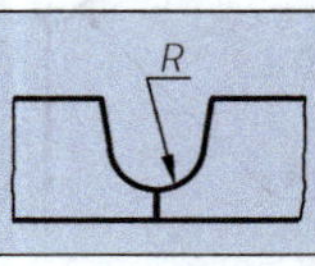	e	焊缝间距	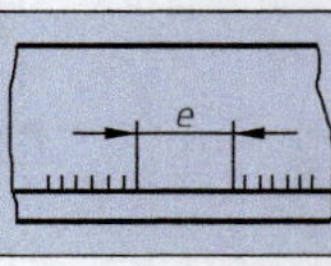
H	坡口深度	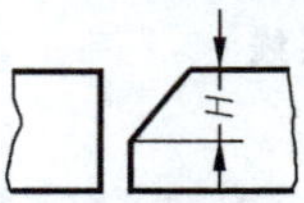	N	相同焊缝数量	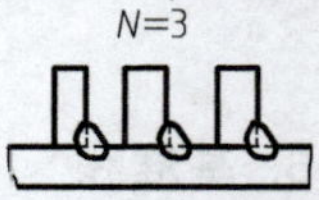
S	焊缝有效厚度	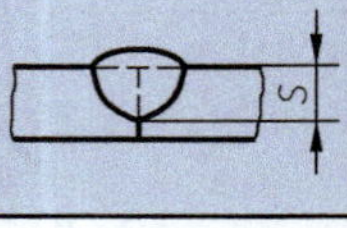	h	余高	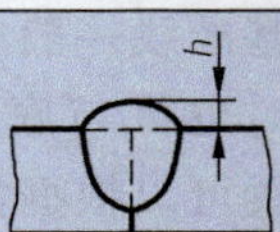

9. 标注规则

尺寸的标注方法如图 8-23 所示。

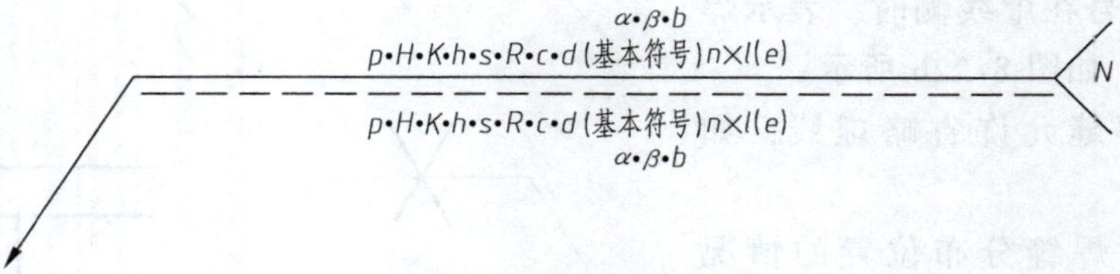

图 8-23　尺寸的标注方法

1）横向尺寸标注在基本符号的左侧。

2）纵向尺寸标注在基本符号的右侧。

3）坡口角度、坡口面角度、根部间隙标注在基本符号的上侧或下侧。

4）相同焊缝数量标注在符号的尾部。

5）当尺寸较多不易分辨时，可在尺寸数据前标注相应的尺寸符号。

当箭头线方向改变时，上述规则不变。

10. 关于尺寸的其他规定

1）确定焊缝位置的尺寸不在焊缝符号中标注，应将其标注在图样上。

2）当基本符号的右侧无任何尺寸标注又无其他说明时，意味着焊缝在工件的整个长度方向上是连续的。

3）当基本符号的左侧无任何尺寸标注又无其他说明时，意味着对接焊缝应完全焊透。

4）当塞焊缝、槽焊缝带有斜边时，应标注其底部的尺寸。

附录

附表 1　孔 A~M 的基本偏差数值（摘自 GB/T 1800.1—2020）

公称尺寸/mm		基本偏差数值																		
		下极限偏差（*EI*）/μm												上极限偏差（*ES*）/μm						
大于	至	所有公差等级												IT6	IT7	IT8	≤IT8	>IT8	≤IT8	>IT8
		A[①]	B[①]	C	CD	D	E	EF	F	FG	G	H	JS	J			K[③④]		M[②③④]	
—	3	+270	+140	+60	+34	+20	+14	+10	+6	+4	+2	0	偏差=±IT*n*/2，式中 *n* 为标准公差等级数	+2	+4	+6	0	0	−2	−2
3	6	+270	+140	+70	+46	+30	+20	+14	+10	+6	+4	0		+5	+6	+10	−1+Δ		−4+Δ	−4
6	10	+280	+150	+80	+56	+40	+25	+18	+13	+8	+5	0		+5	+8	+12	−1+Δ		−6+Δ	−6
10	14	+290	+150	+95	+70	+50	+32	+23	+16	+10	+6	0		+6	+10	+15	−1+Δ		−7+Δ	−7
14	18																			
18	24	+300	+160	+110	+85	+65	+40	+28	+20	+12	+7	0		+8	+12	+20	−2+Δ		−8+Δ	−8
24	30																			
30	40	+310	+170	+120	+100	+80	+50	+35	+25	+15	+9	0		+10	+14	+24	−2+Δ		−9+Δ	−9
40	50	+320	+180	+130																
50	65	+340	+190	+140		+100	+60		+30		+10	0		+13	+18	+28	−2+Δ		−11+Δ	−11
65	80	+360	+200	+150																
80	100	+380	+220	+170		+120	+72		+36		+12	0		+16	+22	+34	−3+Δ		−13+Δ	−13
100	120	+410	+240	+180																
120	140	+460	+260	+200		+145	+85		+43		+14	0		+18	+26	+41	−3+Δ		−15+Δ	−15
140	160	+520	+280	+210																
160	180	+580	+310	+230																
180	200	+660	+340	+240		+170	+100		+50		+15	0		+22	+30	+47	−4+Δ		−17+Δ	−17
200	225	+740	+380	+260																
225	250	+820	+420	+280																

（续）

公称尺寸/mm		基本偏差数值																		
		下极限偏差（*EI*）/μm												上极限偏差（*ES*）/μm						
大于	至	所有公差等级												IT6	IT7	IT8	≤IT8	>IT8	≤IT8	>IT8
		A①	B①	C	CD	D	E	EF	F	FG	G	H	JS	J			K③④		M②③④	
250	280	+920	+480	+300		+190	+110		+56		+17	0	偏差=±IT*n*/2,式中*n*为标准公差等级数	+25	+36	+55	−4+Δ		−20+Δ	−20
280	315	+1050	+540	+330																
315	355	+1200	+600	+360		+210	+125		+62		+18	0		+29	+39	+60	−4+Δ		−21+Δ	−21
355	400	+1350	+680	+400																
400	450	+1500	+760	+440		+230	+135		+68		+20	0		+33	+43	+66	−5+Δ		−23+Δ	−23
450	500	+1650	+840	+480																
500	560					+260	+145		+76		+22	0					0		−26	
560	630																			
630	710					+290	+160		+80		+24	0					0		−30	
710	800																			
800	900					+320	+170		+86		+26	0					0		−34	
900	1000																			
1000	1120					+350	+195		+98		+28	0					0		−40	
1120	1250																			
1250	1400					+390	+220		+110		+30	0					0		−48	
1400	1600																			
1600	1800					+430	+240		+120		+32	0					0		−58	
1800	2000																			
2000	2240					+480	+260		+130		+34	0					0		−68	
2240	2500																			
2500	2800					+520	+290		+145		+38	0					0		−76	
2800	3150																			

① 公称尺寸≤1mm 时，不适用基本偏差 A 和 B。

② 特例：对于公称尺寸大于 250~315mm 的公差带代号 M6，*ES*=−9μm（计算结果不是−11μm）。

③ 为确定 K 和 M 的值，见 GB/T 1800.1—2020 中 4.3.2.5.

④ 对于 Δ 值，见附表 2。

附表 2 孔 N~ZC 的基本偏差数值（摘自 GB/T 1800.1—2020）

公称尺寸/mm		基本偏差数值 上极限偏（ES）/μm																Δ值/μm					
		≤IT8	>IT8	≤IT7	>IT7 的标准公差等级													标准公差等级					
大于	至	N[①②]		P~ZC[①]	P	R	S	T	U	V	X	Y	Z	ZA	ZB	ZC	IT3	IT4	IT5	IT6	IT7	IT8
—	3	-4	-4	在>IT7 的标准公差等级的基本偏差数值上增加一个Δ值	-6	-10	-14		-18		-20		-26	-32	-40	-60	0	0	0	0	0	0
3	6	-8+Δ	0		-12	-15	-19		-23		-28		-35	-42	-50	-80	1	1.5	1	3	4	6
6	10	-10+Δ	0		-15	-19	-23		-28		-34		-42	-52	-67	-97	1	1.5	2	3	6	7
10	14	-12+Δ	0		-18	-23	-28		-33		-40		-50	-64	-90	-130	1	2	3	3	7	9
14	18									-39	-45		-60	-77	-108	-150						
18	24	-15+Δ	0		-22	-28	-35		-41	-47	-54	-63	-73	-98	-136	-188	1.5	2	3	4	8	12
24	30							-41	-48	-55	-64	-75	-88	-118	-160	-218						
30	40	-17+Δ	0		-26	-34	-43	-48	-60	-68	-80	-94	-112	-148	-200	-274	1.5	3	4	5	9	14
40	50							-54	-70	-81	-97	-114	-136	-180	-242	-325						
50	65	-20+Δ	0		-32	-41	-53	-66	-87	-102	-122	-144	-172	-226	-300	-405	2	3	5	6	11	16
65	80					-43	-59	-75	-102	-120	-146	-174	-210	-274	-360	-480						
80	100	-23+Δ	0		-37	-51	-71	-91	-124	-146	-178	-214	-258	-335	-445	-585	2	4	5	7	13	19
100	120					-54	-79	-104	-144	-172	-210	-254	-310	-400	-525	-690						
120	140	-27+Δ	0		-43	-63	-92	-122	-170	-202	-248	-300	-365	-470	-620	-800	3	4	6	7	15	23
140	160					-65	-100	-134	-190	-228	-280	-340	-415	-535	-700	-900						
160	180					-68	-108	-146	-210	-252	-310	-380	-465	-600	-780	-1000						
180	200	-31+Δ	0		-50	-77	-122	-166	-236	-284	-350	-425	-520	-670	-880	-1150	3	4	6	9	17	26
200	225					-80	-130	-180	-258	-310	-385	-470	-575	-740	-960	-1250						
225	250					-84	-140	-196	-284	-340	-425	-520	-640	-820	-1050	-1350						
250	280	-34+Δ	0		-56	-94	-158	-218	-315	-385	-475	-580	-710	-920	-1200	-1550	4	4	7	9	20	29
280	315					-98	-170	-240	-350	-425	-525	-650	-790	-1000	-1300	-1700						
315	355	-37+Δ	0		-62	-108	-190	-268	-390	-475	-590	-730	-900	-1150	-1500	-1900	4	5	7	11	21	32
355	400					-114	-208	-294	-435	-530	-660	-820	-1000	-1300	-1650	-2100						
400	450	-40+Δ	0		-68	-126	-232	-330	-490	-595	-740	-920	-1100	-1450	-1850	-2400	5	5	7	13	23	34
450	500					-132	-252	-360	-540	-660	-820	-1000	-1250	-1600	-2100	-2600						

（续）

公称尺寸/mm		基本偏差数值 上极限偏差（ES）/μm							
大于	至	≤IT8	>IT8	≤IT7	>IT7 的标准公差等级				
		N①②		P~ZC①	P	R	S	T	U
500	560	-44		在>IT7 的标准公差等级的基本偏差数值上增加一个 Δ 值	-78	-150	-280	-400	-600
560	630					-155	-310	-450	-660
630	710	-50			-88	-175	-340	-500	-740
710	800					-185	-380	-560	-840
800	900	-56			-100	-210	-430	-620	-940
900	1000					-220	-470	-680	-1050
1000	1120	-66			-120	-250	-520	-780	-1150
1120	1250					-260	-580	-840	-1300
1250	1400	-78			-140	-300	-640	-960	-1450
1400	1600					-330	-720	-1050	-1600
1600	1800	-92			-170	-370	-820	-1200	-1850
1800	2000					-400	-920	-1350	-2000
2000	2240	-110			-195	-440	-1000	-1500	-2300
2240	2500					-460	-1100	-1650	-2500
2500	2800	-135			-240	-550	-1250	-1900	-2900
2800	3150					-580	-1400	-2100	-3200

① 为确定 N 和 P~ZC 的值，见 GB/T 1800.1—2020 中 4.3.2.5。

② 公称尺寸≤1mm 时，不使用标准公差等级>IT8 的基本偏差 N。

附表 3　轴 a~j 的基本偏差数值（摘自 GB/T 1800.1—2020）

公称尺寸/mm		基本偏差数值														
		上极限偏差（es）/μm												下极限偏差（ei）/μm		
大于	至	所有公差等级												IT5 和 IT6	IT7	IT8
		a①	b①	c	cd	d	e	ef	f	fg	g	h	js	j		
—	3	-270	-140	-60	-34	-20	-14	-10	-6	-4	-2	0	偏差=±ITn/2，式中 n 为标准公差等级数	-2	-4	-6
3	6	-270	-140	-70	-46	-30	-20	-14	-10	-6	-4	0		-2	-4	
6	10	-280	-150	-80	-56	-40	-25	-18	-13	-8	-5	0		-2	-5	
10	14	-290	-150	-95	-70	-50	-32	-23	-16	-10	-6	0		-3	-6	
14	18															
18	24	-300	-160	-110	-85	-65	-40	-25	-20	-12	-7	0		-4	-8	
24	30															
30	40	-310	-170	-120	-100	-80	-50	-35	-25	-15	-9	0		-5	-10	
40	50	-320	-180	-130												

（续）

公称尺寸/mm		基本偏差数值														
		上极限偏差（es）/μm												下极限偏差（ei）/μm		
大于	至	所有公差等级												IT5 和 IT6	IT7	IT8
		a[①]	b[①]	c	cd	d	e	ef	f	fg	g	h	js	j		
50	65	-340	-190	-140		-100	-60		-30		-10	0	偏差 = ±ITn/2，式中 n 为标准公差等级数	-7	-12	
65	80	-360	-200	-150												
80	100	-380	-220	-170		-120	-72		-36		-12	0		-9	-15	
100	120	-410	-240	-180												
120	140	-460	-260	-200		-145	-85		-43		-14	0		-11	-18	
140	160	-520	-280	-210												
160	180	-580	-310	-230												
180	200	-660	-340	-240		-170	-100		-50		-15	0		-13	-21	
200	225	-740	-380	-260												
225	250	-820	-420	-280												
250	280	-920	-480	-300		-190	-110		-56		-17	0		-16	-26	
280	315	-1050	-540	-330												
315	355	-1200	-600	-360		-210	-125		-62		-18	0		-18	-28	
355	400	-1350	-680	-400												
400	450	-1500	-760	-440		-230	-135		-68		-20	0		-20	-32	
450	500	-1650	-840	-480												
500	560					-260	-145		-76		-22	0				
560	630															
630	710					-290	-160		-80		-24	0				
710	800															
800	900					-320	-170		-86		-26	0				
900	1000															
1000	1120					-350	-195		-98		-28	0				
1120	1250															
1250	1400					-390	-220		-110		-30	0				
1400	1600															
1600	1800					-430	-240		-120		-32	0				
1800	2000															
2000	2240					-480	-260		-130		-34	0				
2240	2500															
2500	2800					-520	-290		-145		-38	0				
2800	3150															

① 公称尺寸≤1mm 时，不使用基本偏差 a 和 b。

附表 4　轴 k～zc 的基本偏差数值（摘自 GB/T 1800. 1—2020）

公称尺寸/mm		基本偏差数值															
		下极限偏差(*ei*)/μm															
大于	至	IT4 至 IT7	≤IT3, >IT7	所有公差等级													
		k		m	n	p	r	s	t	u	v	x	y	z	za	zb	zc
—	3	0	0	+2	+4	+6	+10	+14		+18		+20		+26	+32	+40	+60
3	6	+1	0	+4	+8	+12	+15	+19		+23		+28		+35	+42	+50	+80
6	10	+1	0	+6	+10	+15	+19	+23		+28		+34		+42	+52	+67	+97
10	14	+1	0	+7	+12	+18	+23	+28		+33		+40		+50	+64	+90	+130
14	18										+39	+45		+60	+77	+108	+150
18	24	+2	0	+8	+15	+22	+28	+35		+41	+47	+54	+63	+73	+98	+136	+188
24	30								+41	+48	+55	+64	+75	+88	+118	+160	+218
30	40	+2	0	+9	+17	+26	+34	+43	+48	+60	+68	+80	+94	+112	+148	+200	+274
40	50								+54	+70	+81	+97	+114	+136	+180	+242	+325
50	65	+2	0	+11	+20	+32	+41	+53	+66	+87	+102	+122	+144	+172	+226	+300	+405
65	80						+43	+59	+75	+102	+120	+146	+174	+210	+274	+360	+480
80	100	+3	0	+13	+23	+37	+51	+71	+91	+124	+146	+178	+214	+258	+335	+445	+585
100	120						+54	+79	+104	+144	+172	+210	+254	+310	+400	+525	+690
120	140	+3	0	+15	+27	+43	+63	+92	+122	+170	+202	+248	+300	+365	+470	+620	+800
140	160						+65	+100	+134	+190	+228	+280	+340	+415	+535	+700	+900
160	180						+68	+108	+146	+210	+252	+310	+380	+465	+600	+780	+1000
180	200	+4	0	+17	+31	+50	+77	+122	+166	+236	+284	+350	+425	+520	+670	+880	+1150
200	225						+80	+130	+180	+258	+310	+385	+470	+575	+740	+960	+1250
225	250						+84	+140	+196	+284	+340	+425	+520	+640	+820	+1050	+1350
250	280	+4	0	+20	+34	+56	+94	+158	+218	+315	+385	+475	+580	+710	+920	+1200	+1550
280	315						+98	+170	+240	+350	+425	+525	+650	+790	+1000	+1300	+1700
315	355	+4	0	+21	+37	+62	+108	+190	+268	+390	+475	+590	+730	+900	+1150	+1500	+1900
355	400						+114	+208	+294	+435	+530	+660	+820	+1000	+1300	+1650	+2100
400	450	+5	0	+23	+40	+68	+126	+232	+330	+490	+595	+740	+920	+1100	+1450	+1850	+2400
450	500						+132	+252	+360	+540	+660	+820	+1000	+1250	+1600	+2100	+2600
500	560	0	0	+26	+44	+78	+150	+280	+400	+600							
560	630						+155	+310	+450	+660							
630	710	0	0	+30	+50	+88	+175	+340	+500	+740							
710	800						+185	+380	+560	+840							
800	900	0	0	+34	+56	+100	+210	+430	+620	+940							
900	1000						+220	+470	+680	+1050							
1000	1120	0	0	+40	+66	+120	+250	+520	+780	+1150							
1120	1250						+260	+580	+840	+1300							
1250	1400	0	0	+48	+78	+140	+300	+640	+960	+1450							
1400	1600						+330	+720	+1050	+1600							
1600	1800	0	0	+58	+92	+170	+370	+820	+1200	+1850							
1800	2000						+400	+920	+1350	+2000							
2000	2240	0	0	+68	+110	+195	+440	+1000	+1500	+2300							
2240	2500						+460	+1100	+1650	+2500							
2500	2800	0	0	+76	+135	+240	+550	+1250	+1900	+2900							
2800	3150						+580	+1400	+2100	+3200							

参考文献

[1] 李虹，暴建岗，程军. 画法几何及机械制图［M］. 2版. 北京：国防工业出版社，2008.

[2] 刘魁敏. 机械制图：非机械类专业［M］. 北京：机械工业出版社，2007.

[3] 钱可强，姜尤德. 机械制图：多学时［M］. 2版. 北京：机械工业出版社，2016.

职业教育汽车类专业“互联网+”创新教材

汽车机械识图习题册

第 2 版

班级：＿＿＿＿＿＿＿＿

姓名：＿＿＿＿＿＿＿＿

学号：＿＿＿＿＿＿＿＿

机 械 工 业 出 版 社

目　录

项目一　认识图样

1-1　图纸幅面、字体练习

1. 在图中括号处标出图纸幅面的大小。

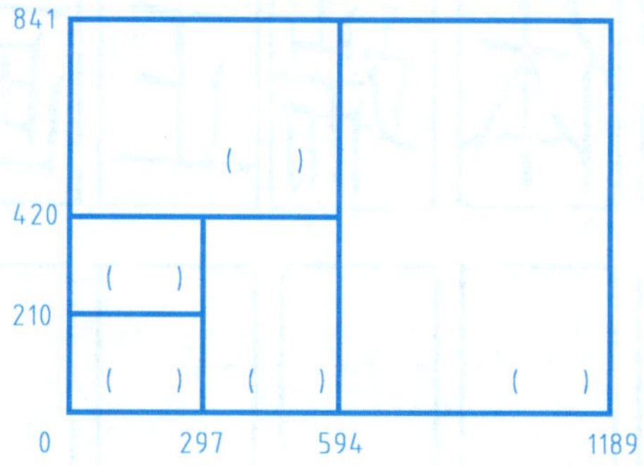

2. 数字书写练习。

0 1 2 3 4 5 6 7 8 9

3. 字母书写练习。

AB CD EF GH

IJ KL MN OP

QR ST UV WX

书写的字必须字体端正画

1-3 线型练习

1. 抄画粗实线和细虚线。

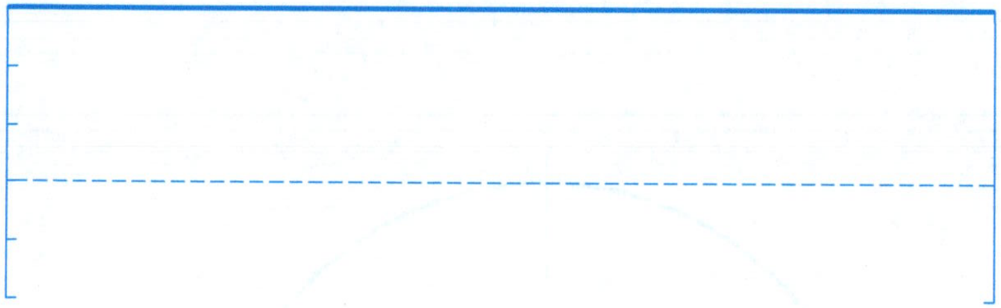

2. 抄画细实线和细点画线。

3. 抄画图形。

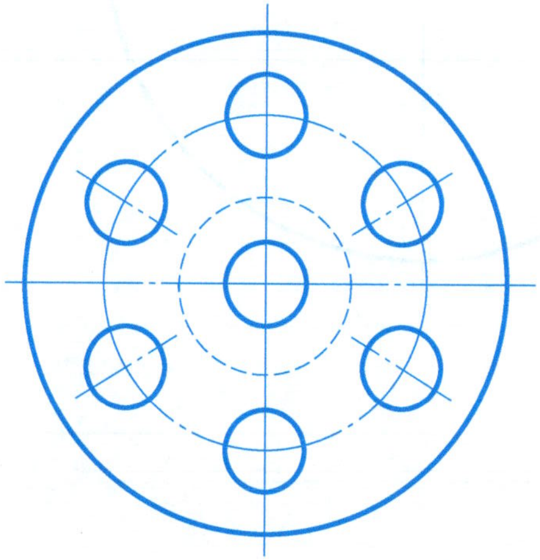

1-4 正多边形练习

1. 在圆内画正三角形。

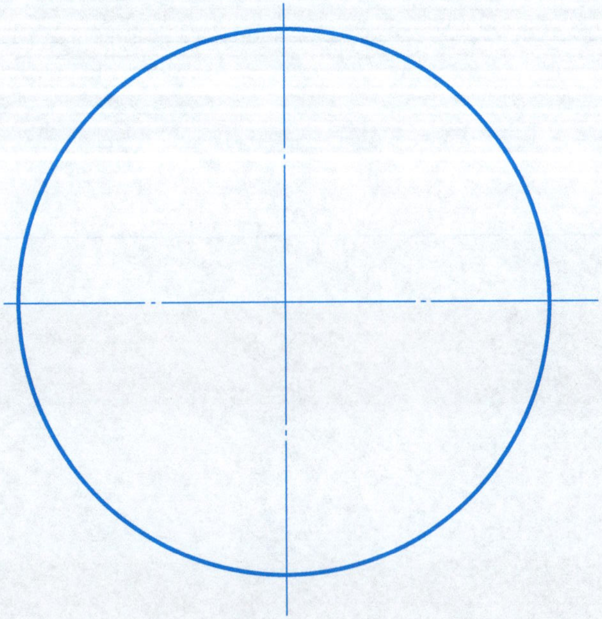

2. 在圆内画正六边形。

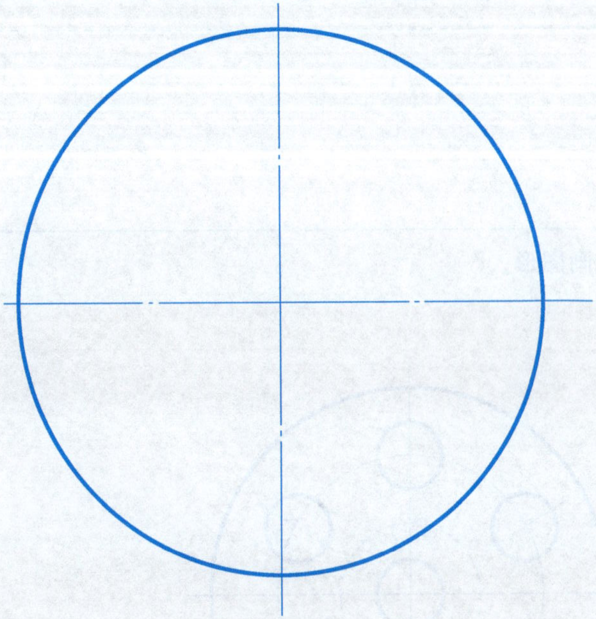

1-5 线段连接练习

1.

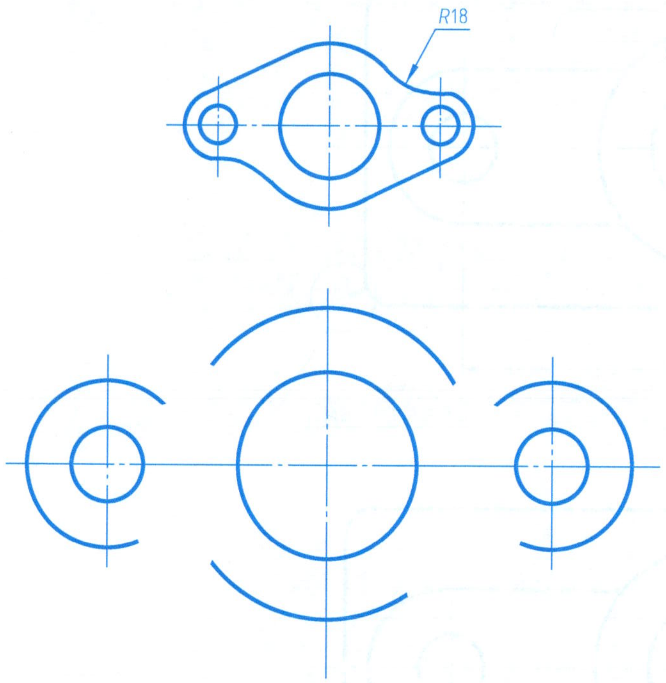

2.

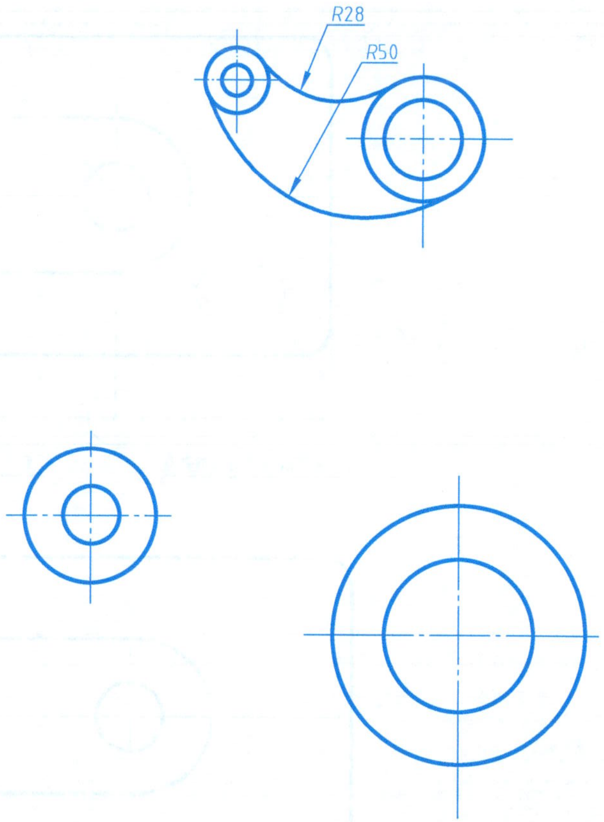

1-6 对照上图中的错误说明，把正确的尺寸标注在下图上

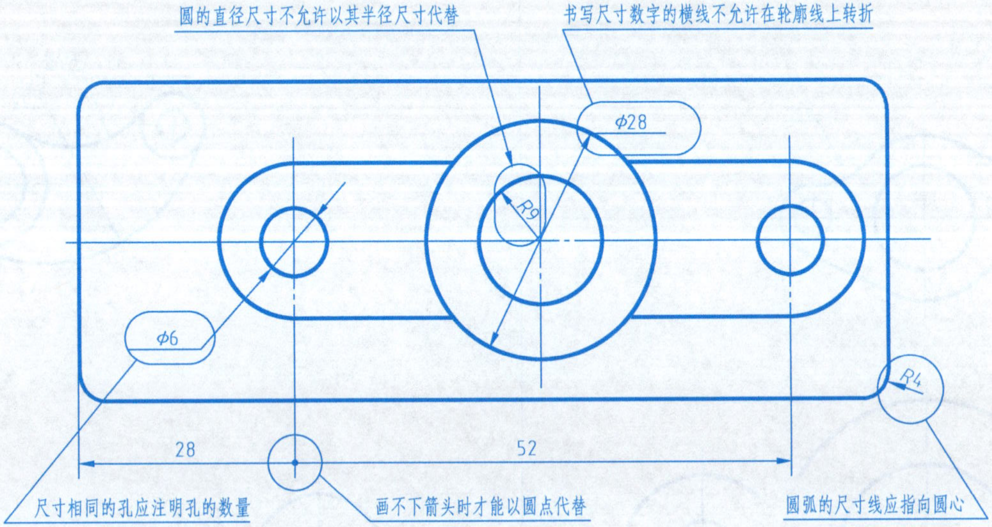

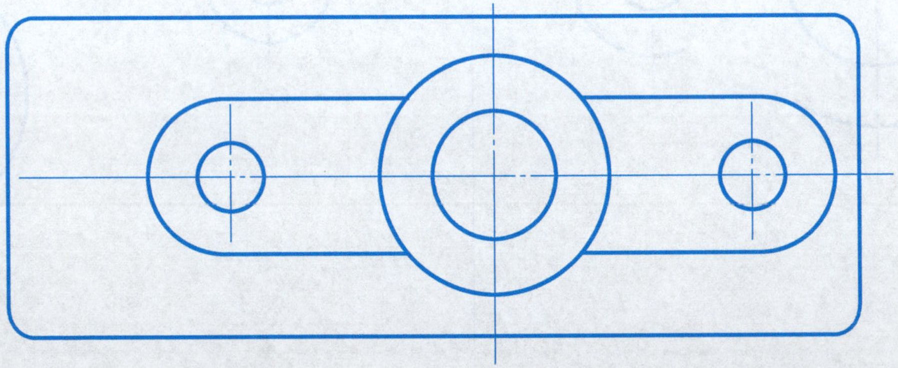

1-7 找出左图中尺寸标注的错误，在右图上正确地注出

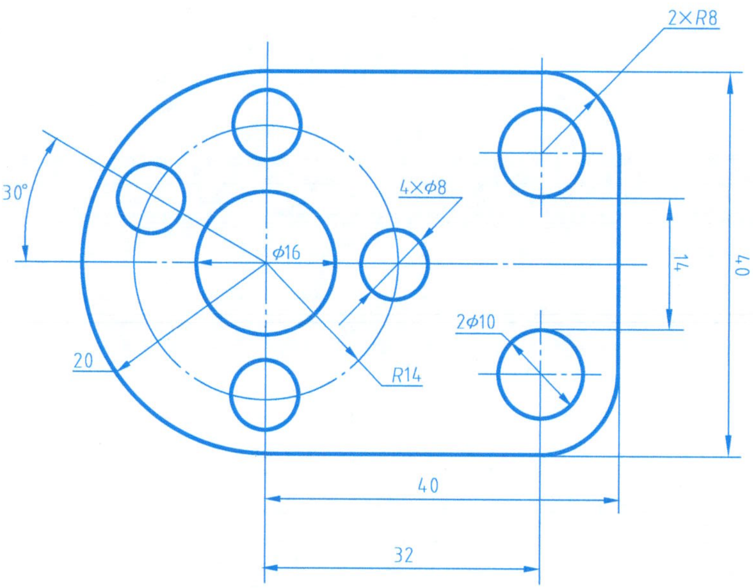

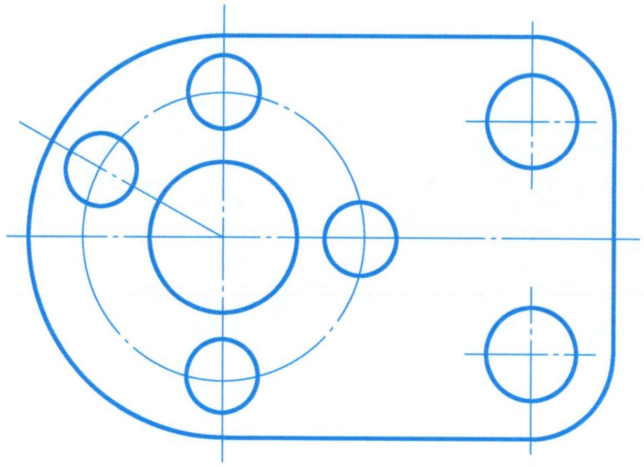

项目二　学习用投影法作图

2-1　投影基础

1. 投影作图。

（1）投影法就是__________通过物体，向选定的__________投射，并在该面上得到__________的方法。

（2）根据光源、投射线和投射面三要素的相对位置，投影法可分为__________投影法和__________投影法。

（3）正投影法的优点是能够完整而真实地表达物体的__________，不仅__________，而且__________。

2. 直线段和平面图形的投影特性。

（1）线段平行于投影面，其投影__________，称为__________性；线段垂直于投影面，其投影__________，称为__________性；线段倾斜于投影面，其投影__________，称为__________性。

（2）平面平行于投影面，其投影__________，称为__________性；平面垂直于投影面，其投影__________，称为__________性；平面倾斜于投影面，其投影__________，称为__________性。

3. 三视图的形成及其关系。

（1）在三投影面体系中，*V* 面称为__________投影面，*V* 面上的视图称为__________图；*H* 面称为__________投影面，*H* 面上的视图称为__________图；*W* 面称为__________投影面，*W* 面上的视图称为__________图。

（2）三视图以主视图为__________，__________图在主视图的正下方，__________图在主视图的正右方。

（3）各视图的尺寸关系是：主、俯视图__________，主、左视图__________，俯、左视图__________。

（4）主视图反映形体上各结构之间__________、__________的位置关系；俯视图反映形体上各结构之间__________、__________的位置关系；左视图反映形体上各结构之间__________、__________的位置关系。

2-2　对照立体图，在（　）内填写视图长、宽、高的“三等”对应关系

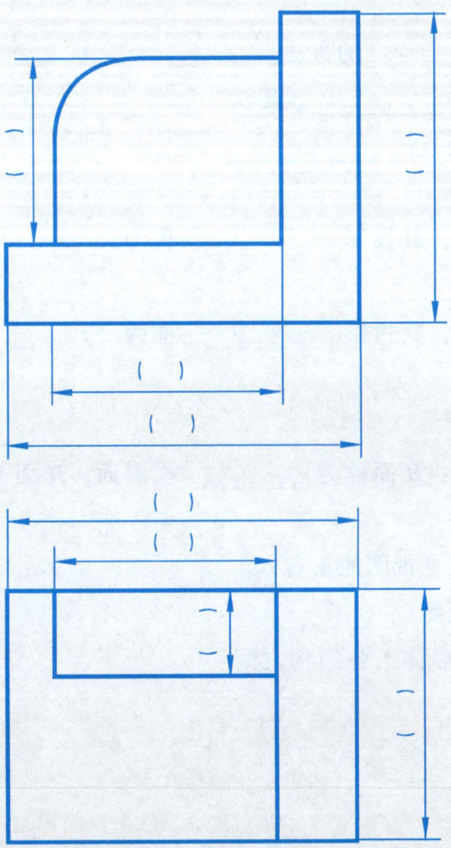

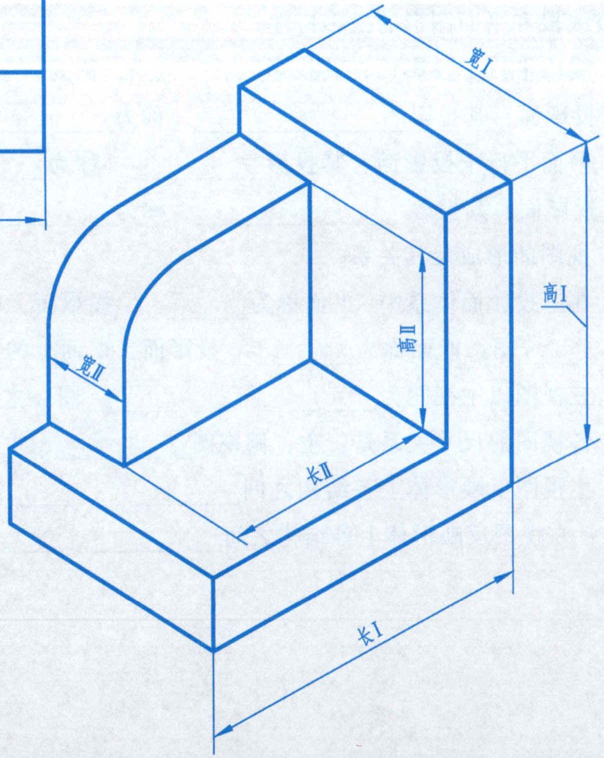

2-3 对照立体图，在（　　）内填写立体的“六向”方位关系，并完成填空题

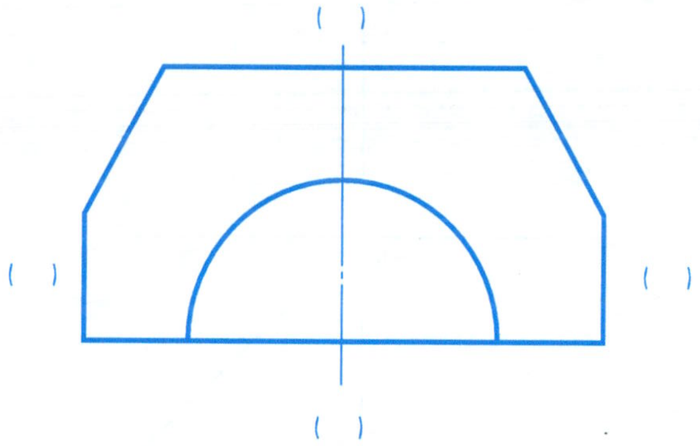

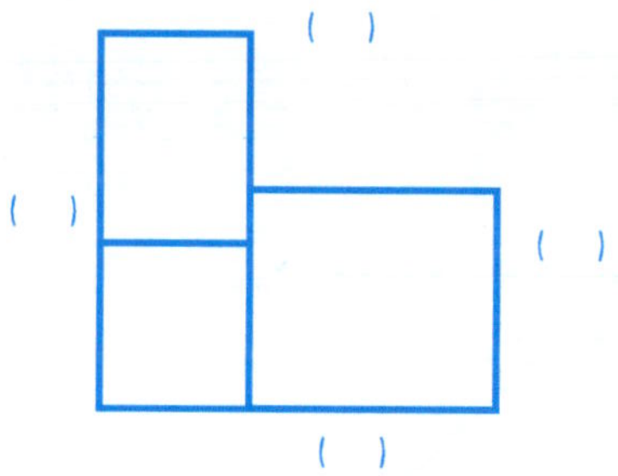

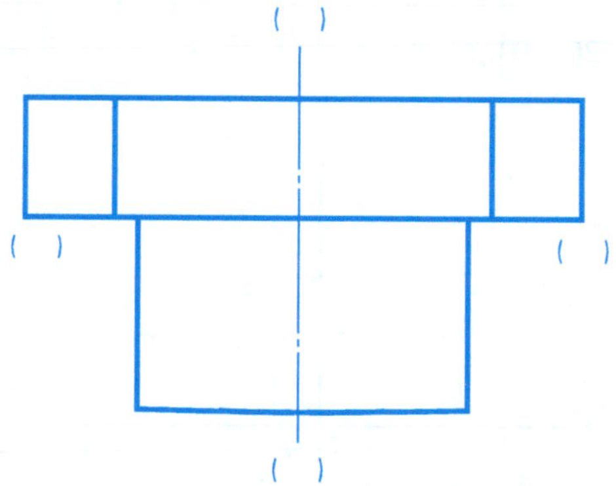

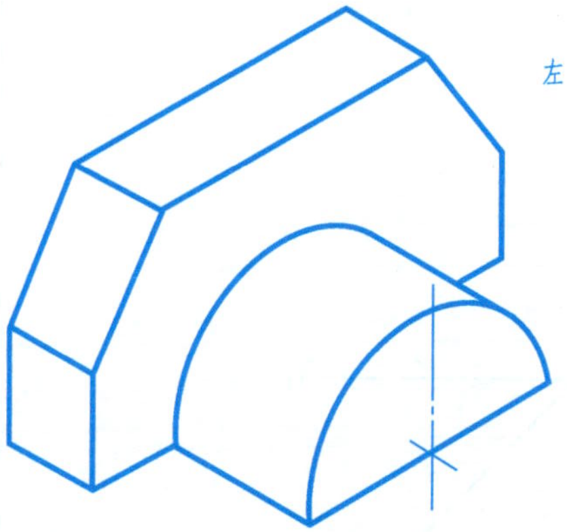

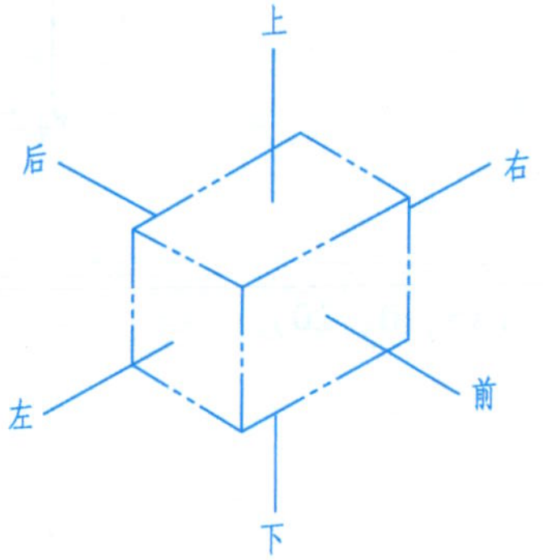

在俯、左视图中，离主视图远的一面，一定是物体的________面。

2-4 根据点的坐标作出点的三面投影

1. *A*（30，20，15）。

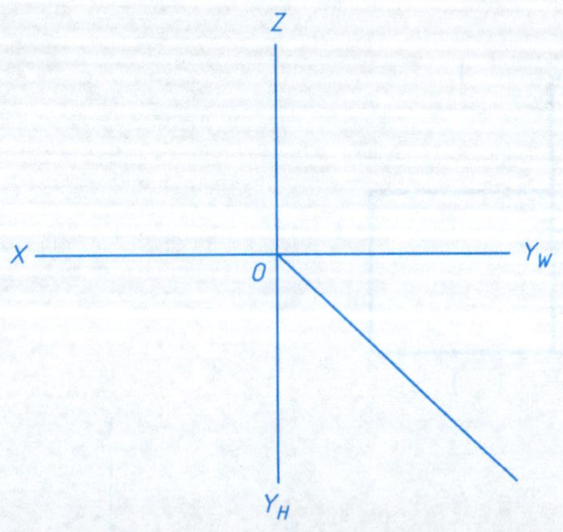

2. *B*（20，15，0）。

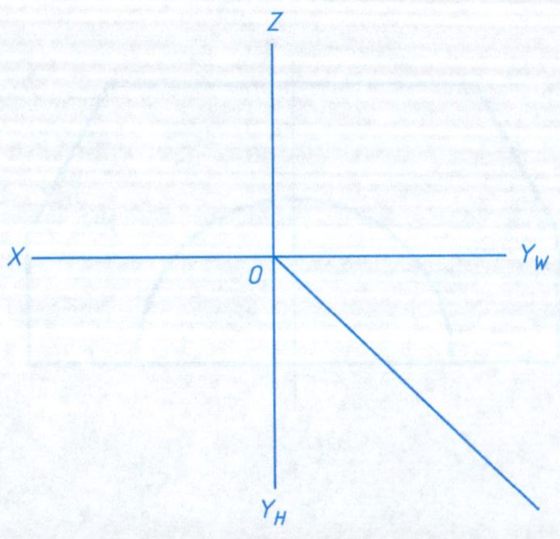

3. *C*（15，0，20）。

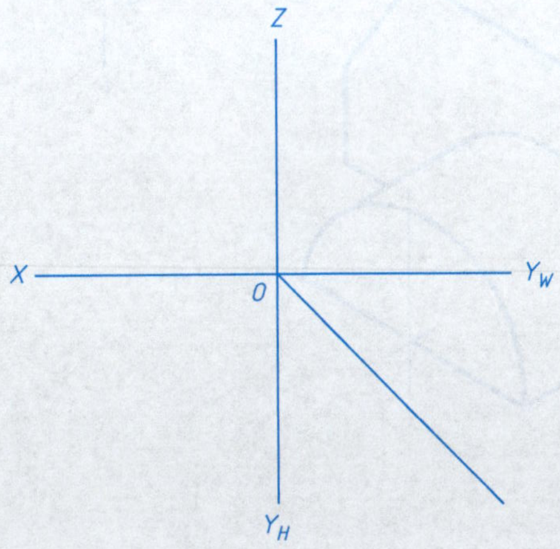

4. *D*（0，20，0）。

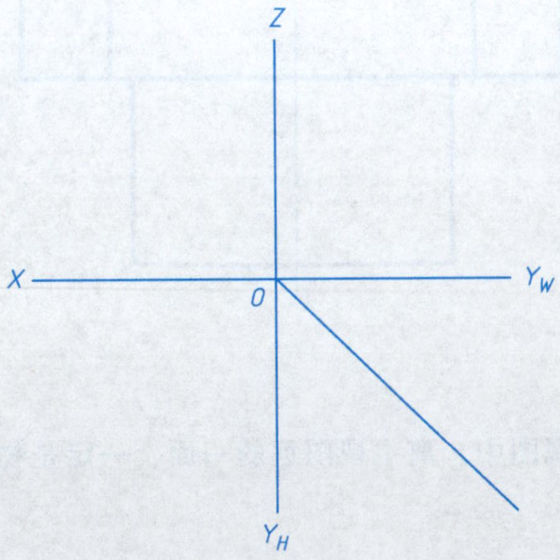

2-5 点的投影

1. 已知点的两面投影，求第三面投影。

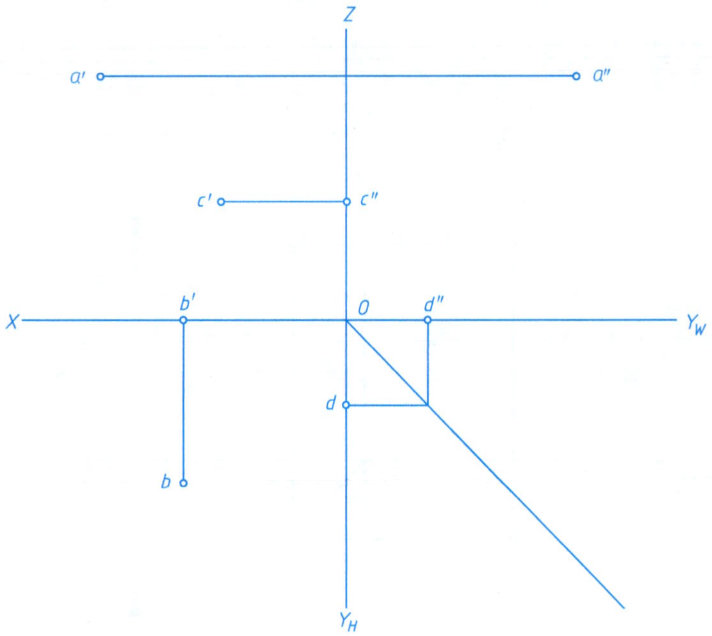

2. 按给定条件补画所缺投影轴，并求 C、D 两点的第三面投影。

(1)

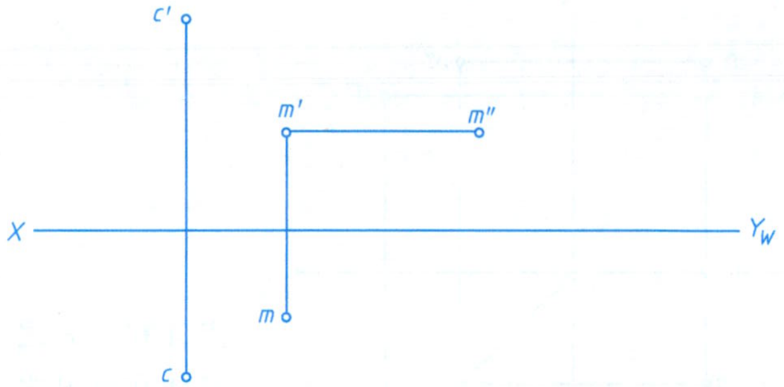

(2)

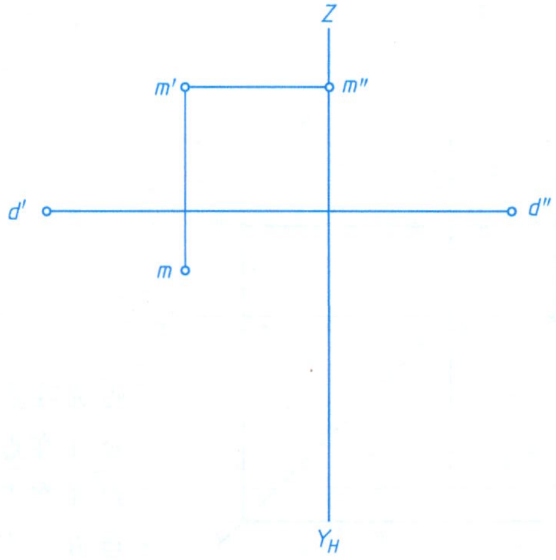

2-6 点的相对位置

1. 判断 A、B 两点的相对位置，按上、下，左、右，前、后的顺序填写（尺寸从图中量取并取整数）。

（1）

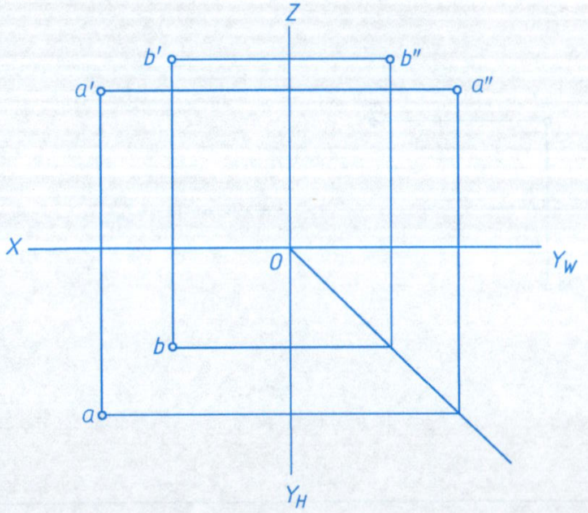

点 A 在点 B 之______，

点 A 在点 B 之______，

点 A 在点 B 之______，

点 A 比点 B 靠前____ mm。

（2）

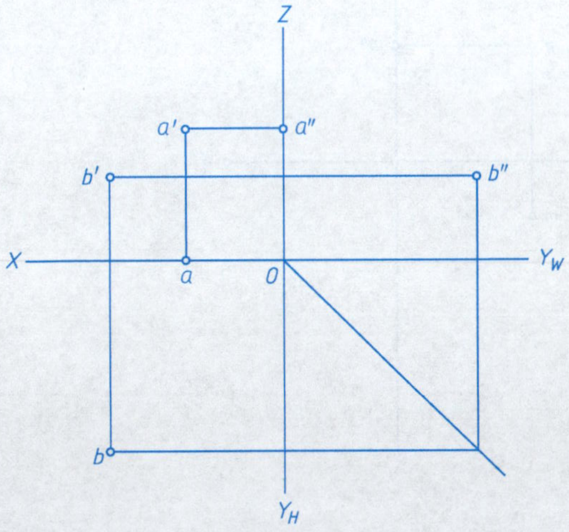

点 A 在点 B 之______，

点 A 在点 B 之______，

点 A 在点 B 之______，

点 B 比点 A 低____ mm。

2. 已知 A 点的三面投影，求作 B、C、D 三点的三面投影，要求 B 点在 A 点的正左方 10mm，C 点在 A 点的正前方 15mm，D 点在 A 点的正下方 8mm，并判断重影点的可见性。

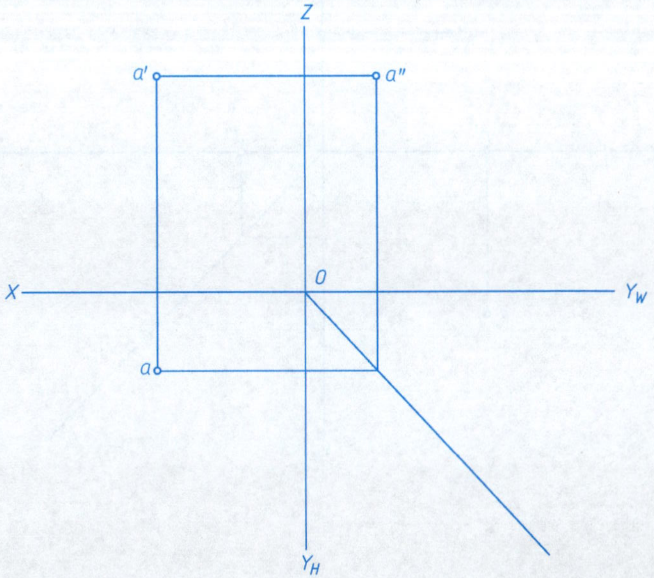

2-7 直线的投影（一）

1. 已知线段的两端点 A（20，12，6）和 B（5，5，20），求作 AB 的三面投影。

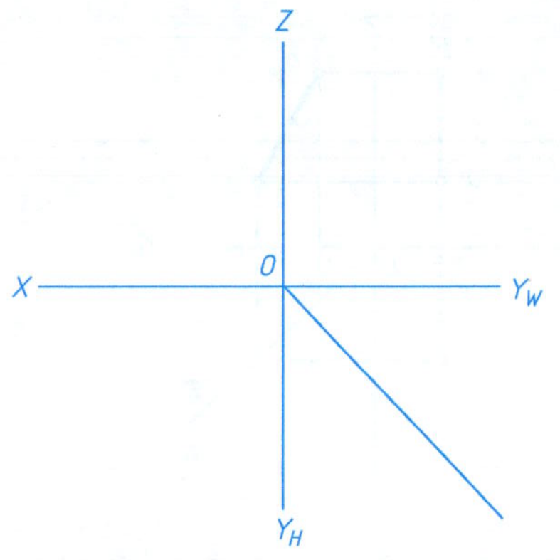

2. 已知线段 AB 的端点 A 在 H 面上方 5m、V 面前方 5mm、W 面左方 20mm；端点 B 在点 A 右面 12mm、前面 10mm 且比点 A 高 15mm，求作 AB 的三面投影。

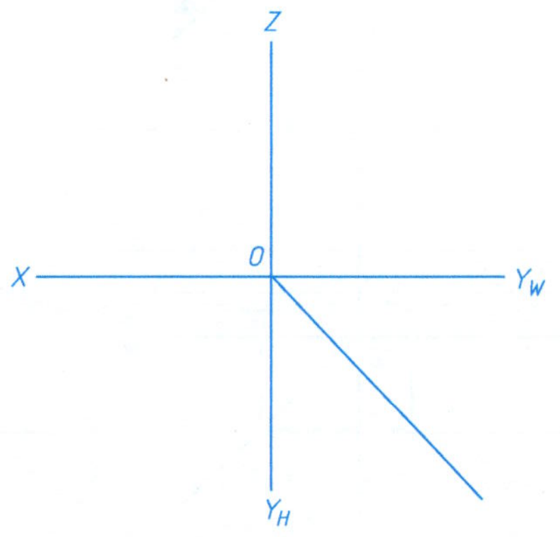

3. 已知直线的两面投影，求作第三面投影。

（1）

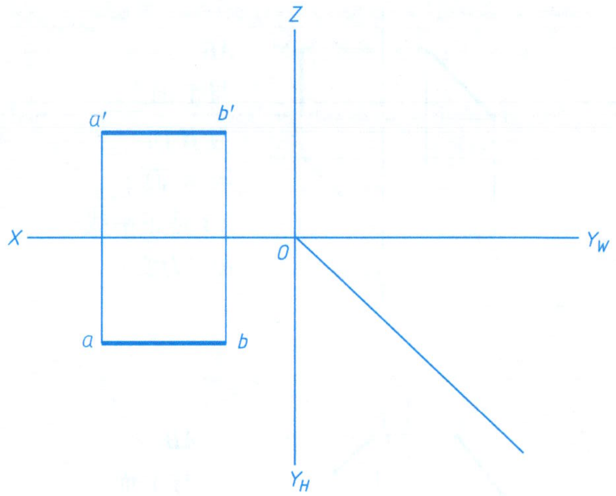

（2）

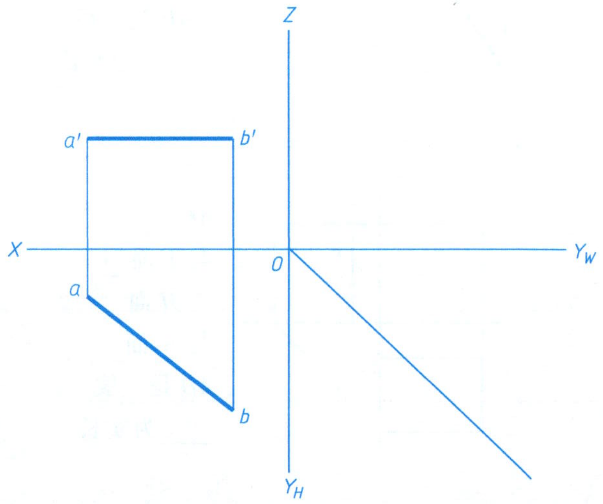

2-8 直线的投影（二）

1. 看图分析直线 *AB* 与投影面的相对位置，并按要求填空［以（1）为例］。

（1）

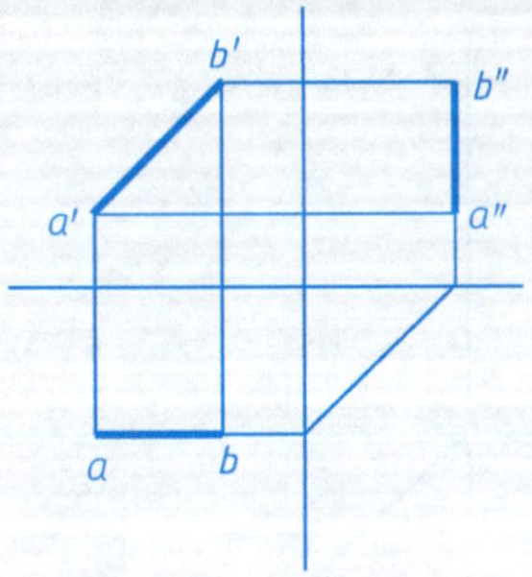

AB

与 *V* 面//__

与 *H* 面∠__

与 *W* 面∠__

AB 是正平线

*a'b'*为实长

（2）

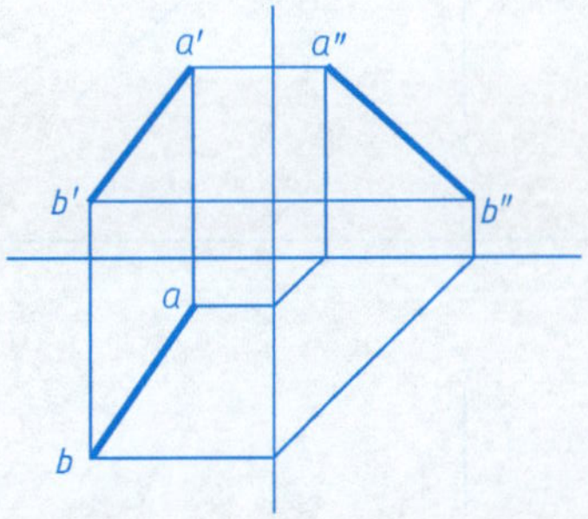

AB

与 *V* 面__

与 *H* 面__

与 *W* 面__

AB 是__线

____为实长

（3）

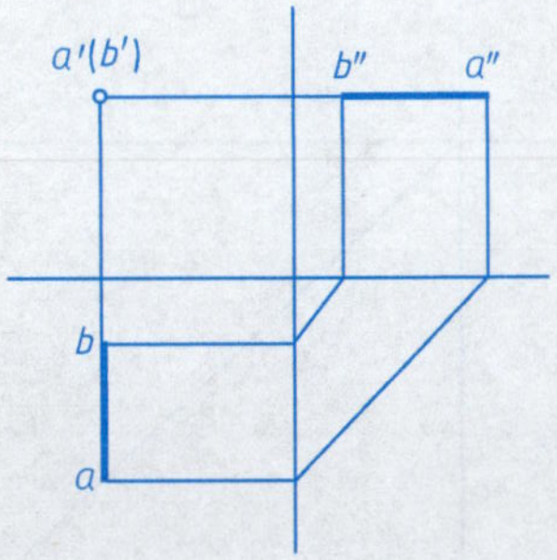

AB

与 *V* 面__

与 *H* 面__

与 *W* 面__

AB 是__线

____为实长

2. 已知 *A* 点的投影，试过点 *A* 按给定条件作出直线 *AB* 的三面投影，长度及其相对投影面的倾斜度自定［以 1.（1）为例］。

（1）作侧平线。

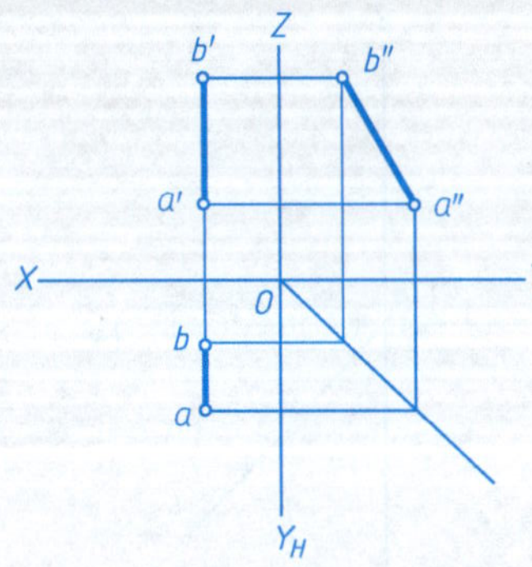

（2）作铅垂线。

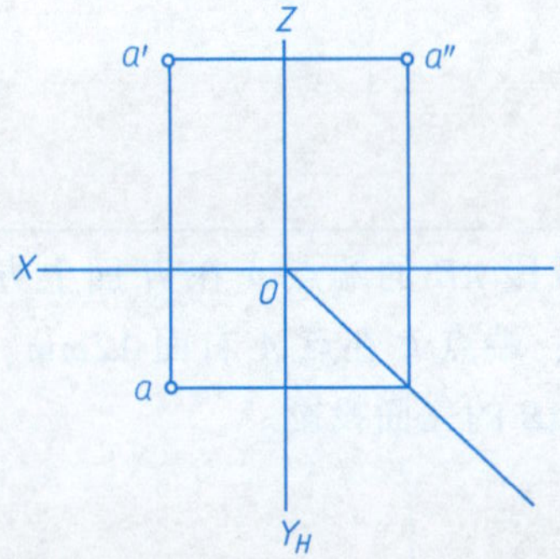

（3）作倾斜线。

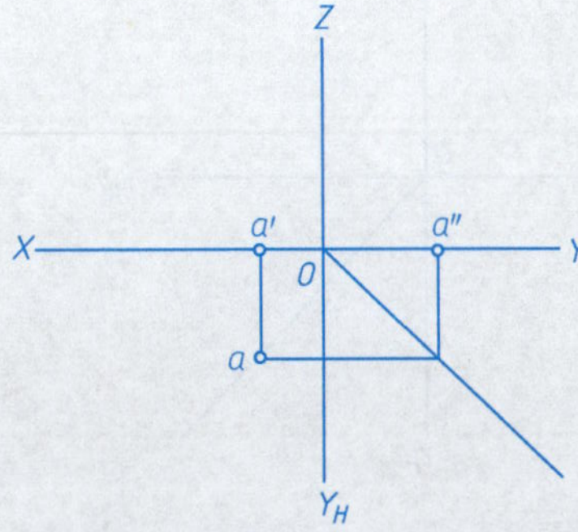

2-9 面的投影（一）

已知平面的两面投影，求作第三面投影。

1.

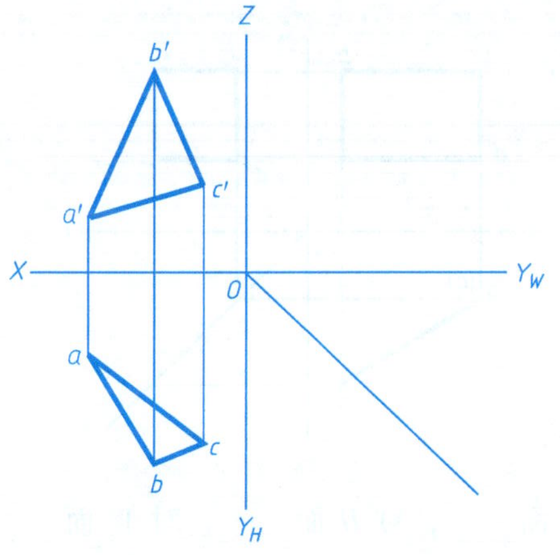

2.

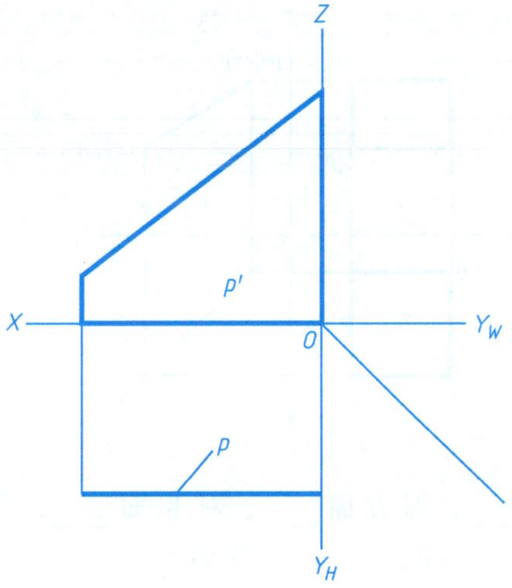

3.

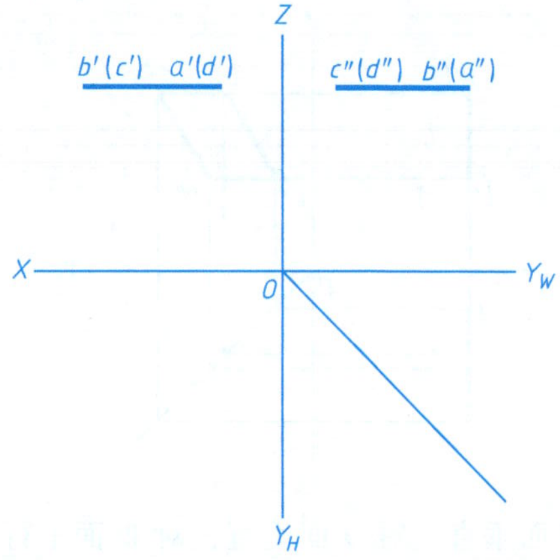

4.

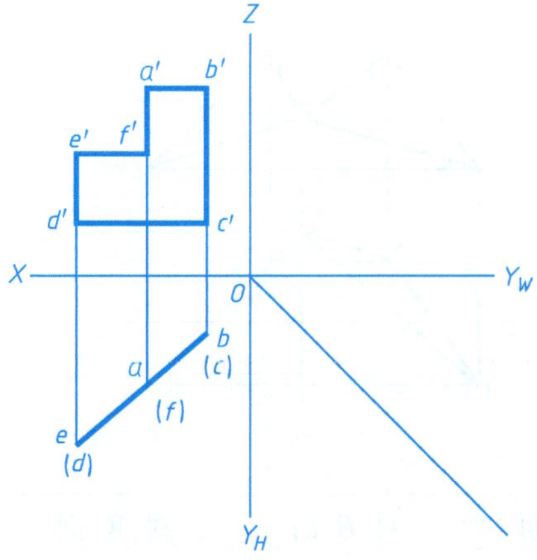

5.

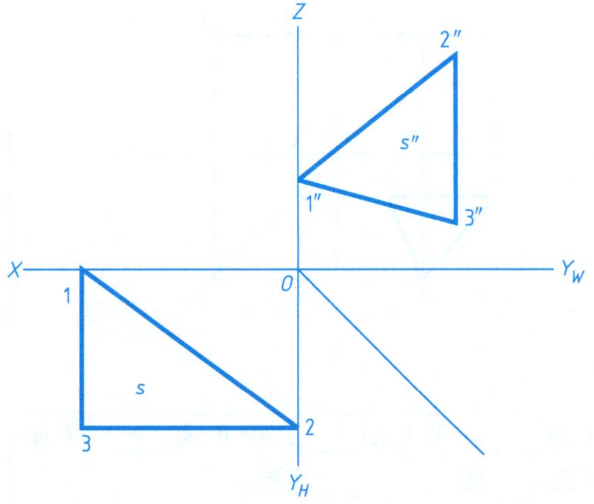

6.

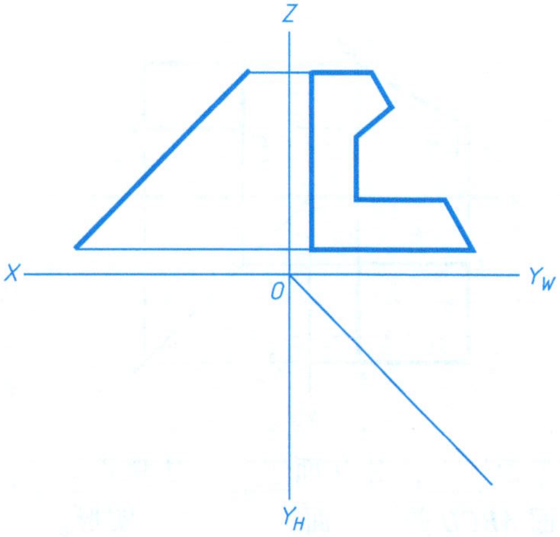

2-10 面的投影（二）

根据平面的三面投影，判断其空间位置，注明其名称，并把有实形的投影填在横线上（投影无实形填“无”字）（以 1. 为例）。

1.

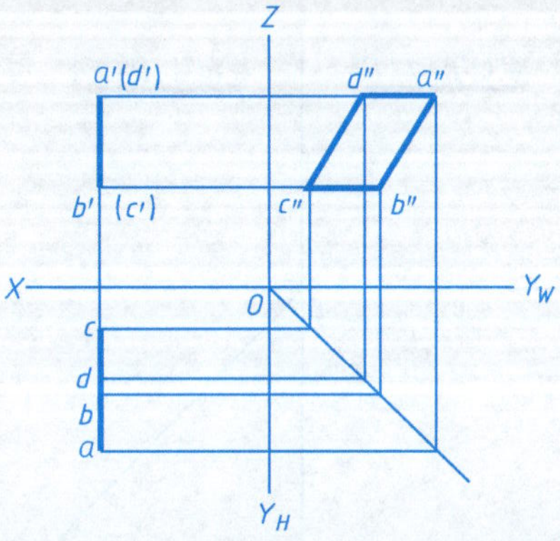

对 *V* 面垂直，对 *H* 面垂直，对 *W* 面平行，平面 *ABCD* 是侧平面，*a''b''c''d''*是实形。

2.

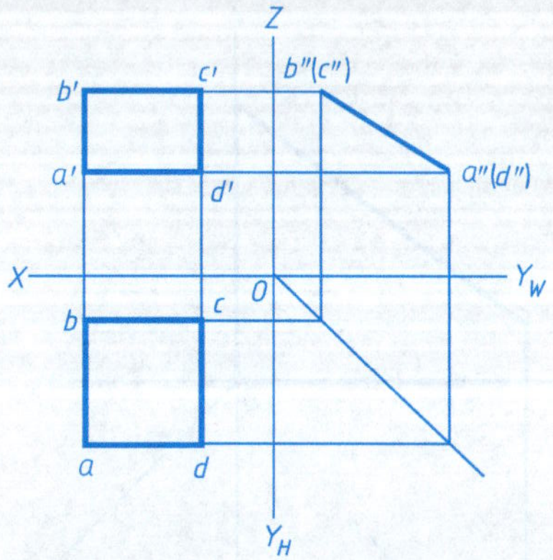

对 *V* 面____，对 *H* 面____，对 *W* 面____，平面 *ABCD* 是____面，________实形。

3.

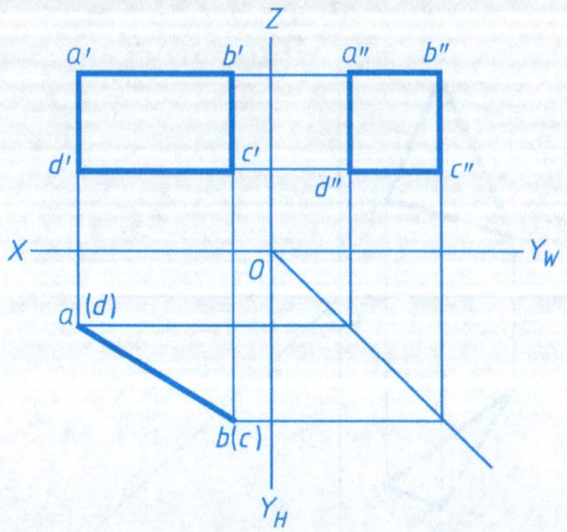

对 *V* 面____，对 *H* 面____，对 *W* 面____，平面 *ABCD* 是____面，________实形。

4.

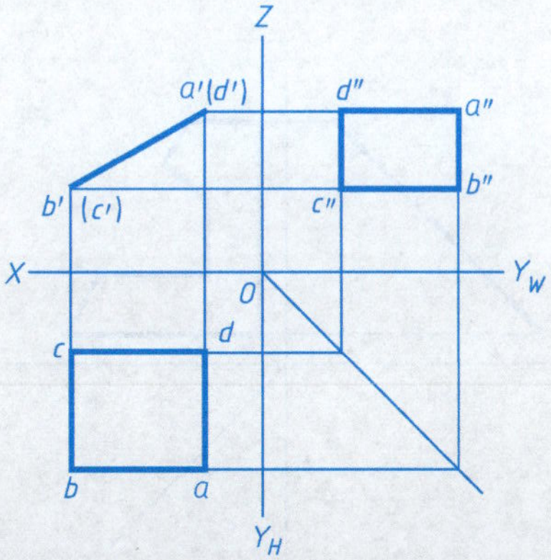

对 *V* 面____，对 *H* 面____，对 *W* 面____，平面 *ABCD* 是____面，________实形。

5.

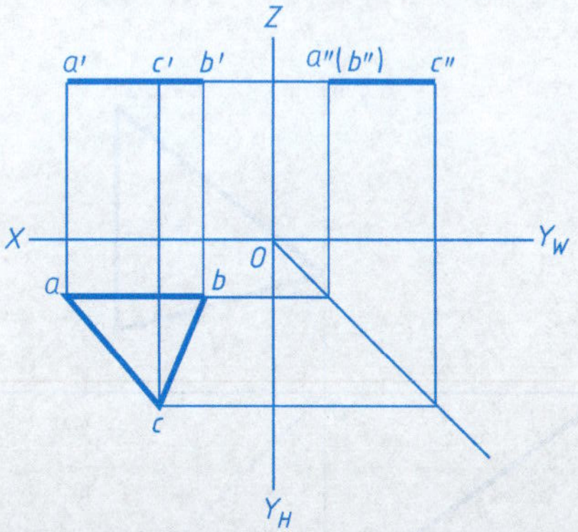

对 *V* 面____，对 *H* 面____，对 *W* 面____，平面 *ABC* 是____面，________实形。

6.

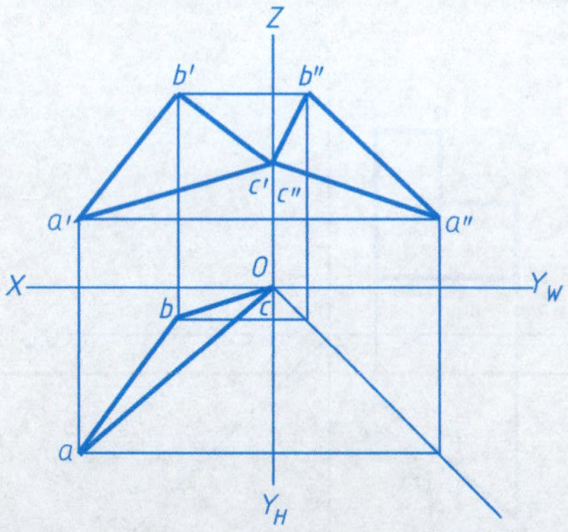

对 *V* 面____，对 *H* 面____，对 *W* 面____，平面 *ABC* 是____面，________实形。

2-11 根据给定条件，画全几何体的三视图并标注尺寸

1. 正六棱柱（长 30mm）。

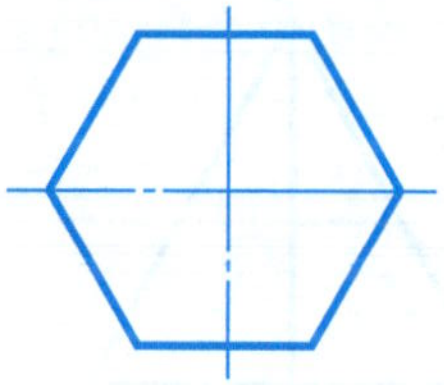

2. 三棱柱（宽 12mm）。

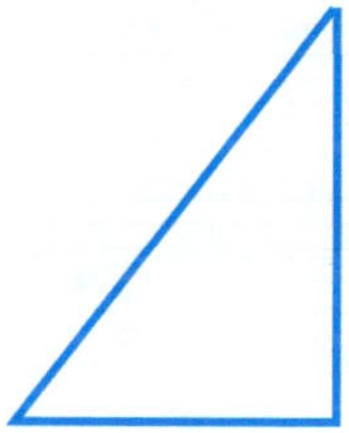

3.

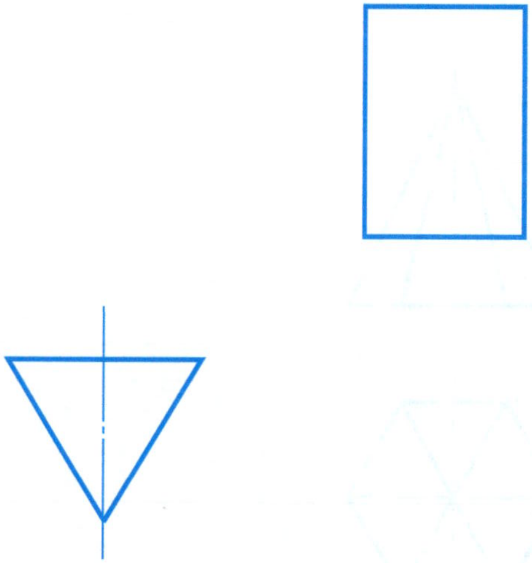

4.

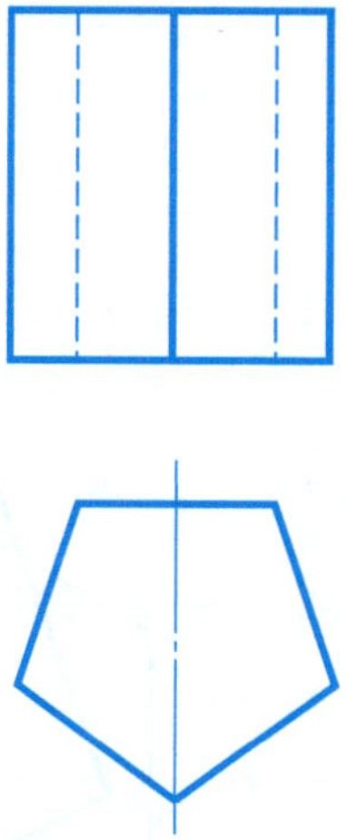

2-12 根据给定条件，画全几何体的三视图并标注尺寸（标注实测尺寸，取整数）

1. 正四棱锥。

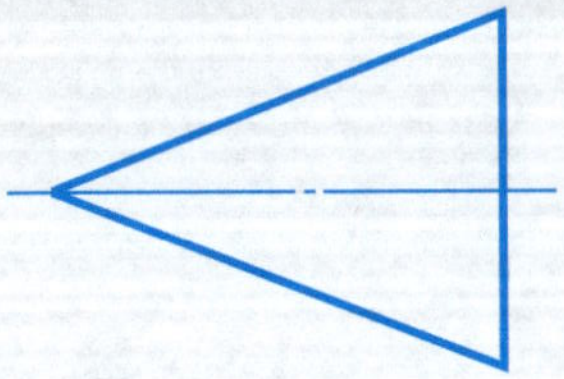

2. 三棱锥。

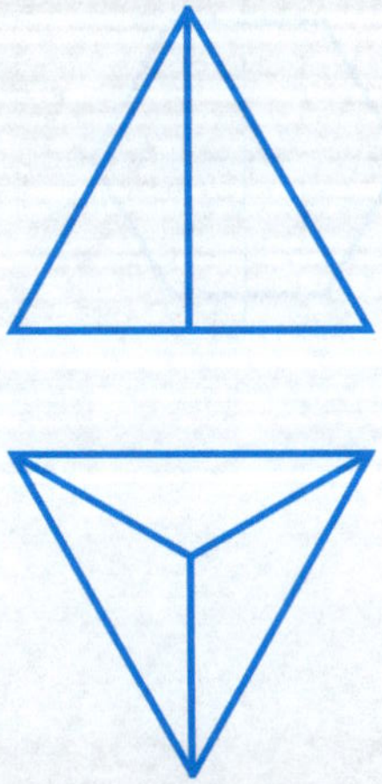

3. 正四棱台。

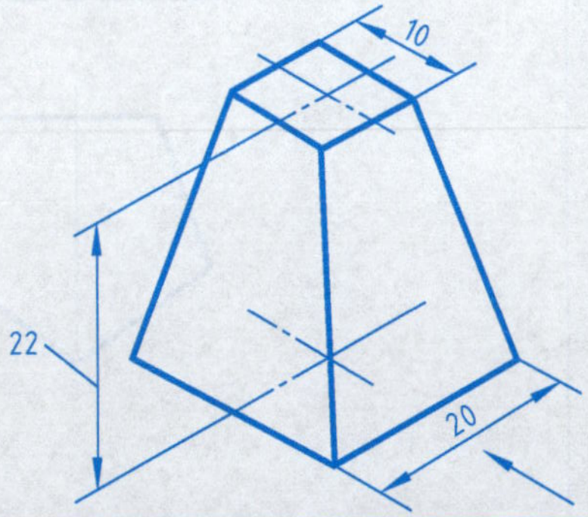

4. 六棱锥。

2-13 根据给定条件，画全几何体的三视图并标注尺寸（标注实测尺寸，取整数）

1. 根据立体图画三视图。

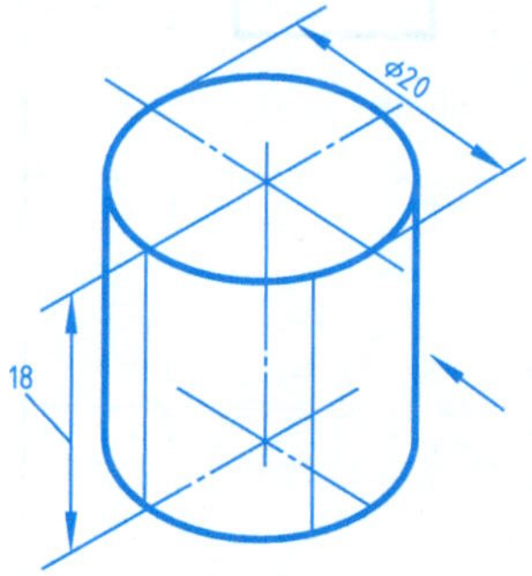

2. 根据给定的两视图补画左视图。

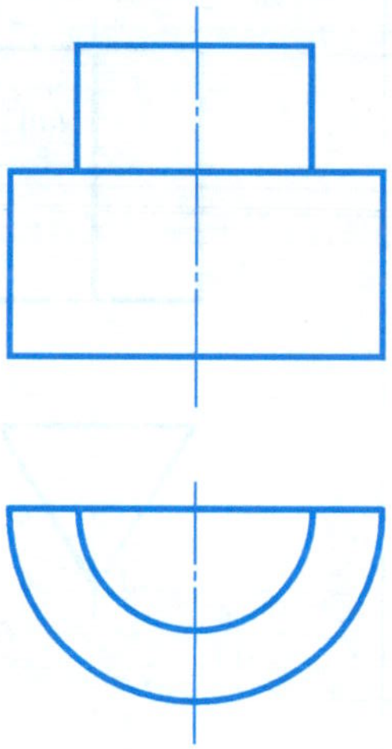

3. 根据立体图画三视图。

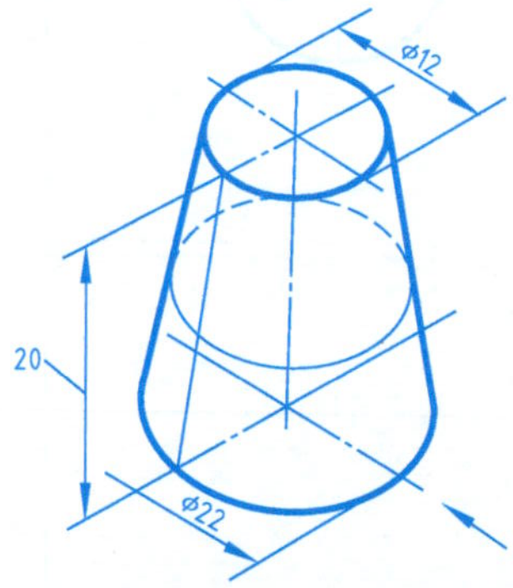

4. 根据给定的两视图补画左视图。

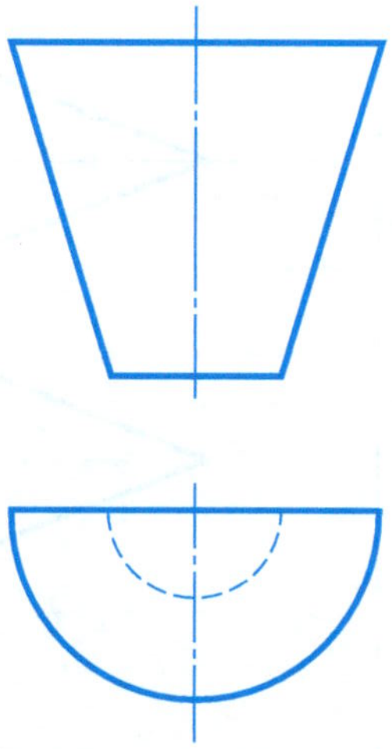

2-14 已知形体表面上点的一面投影，求作另外两面投影

1.

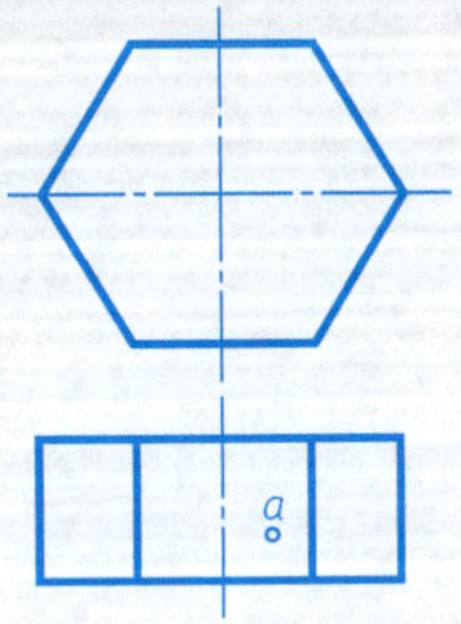

2.

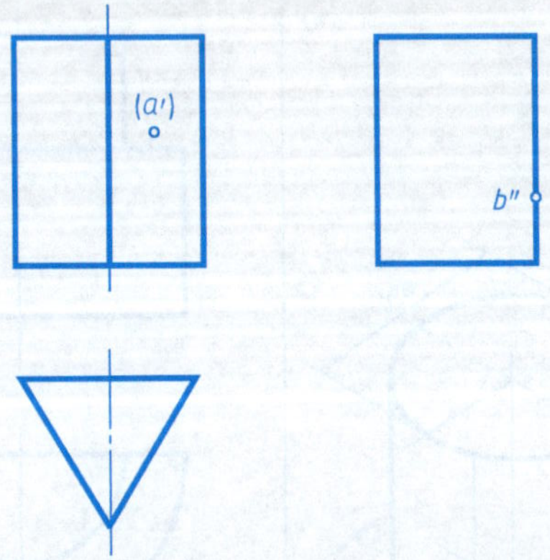

3.

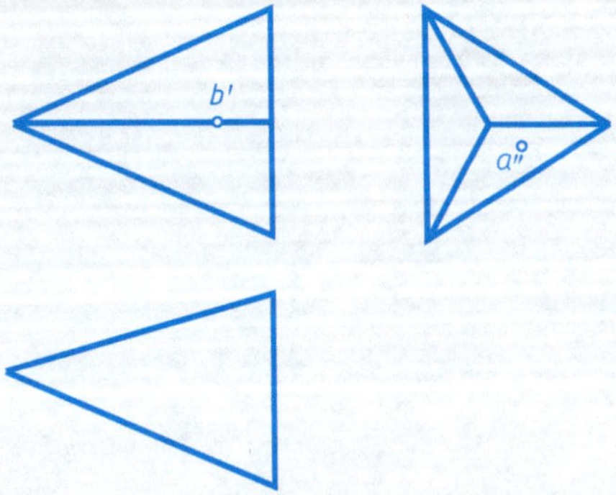

4.

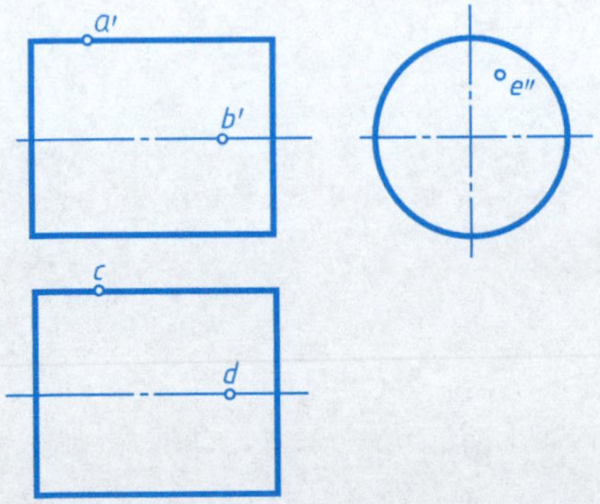

5.

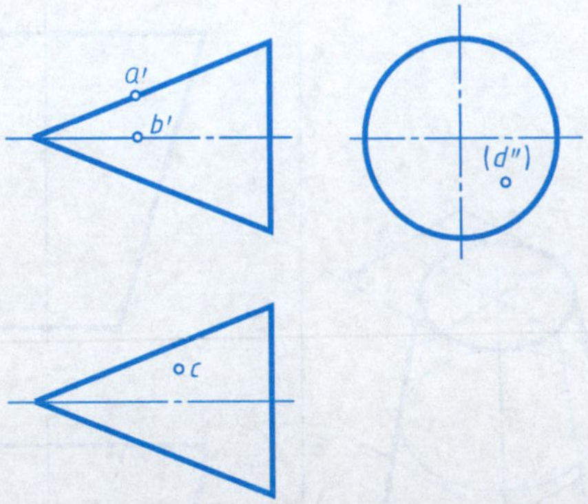

6.

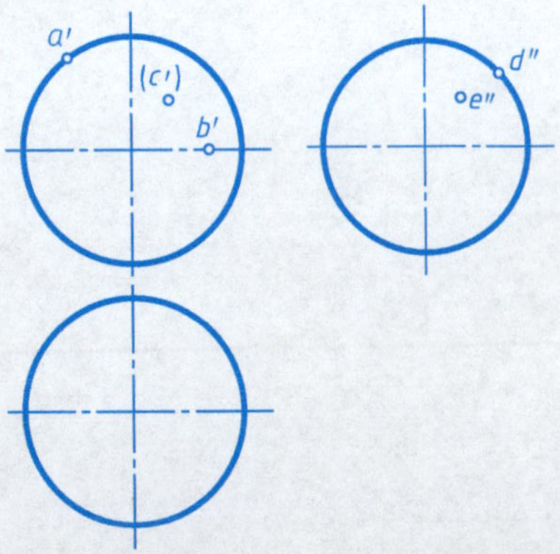

2-15 完成立体截切后的三面投影

1.

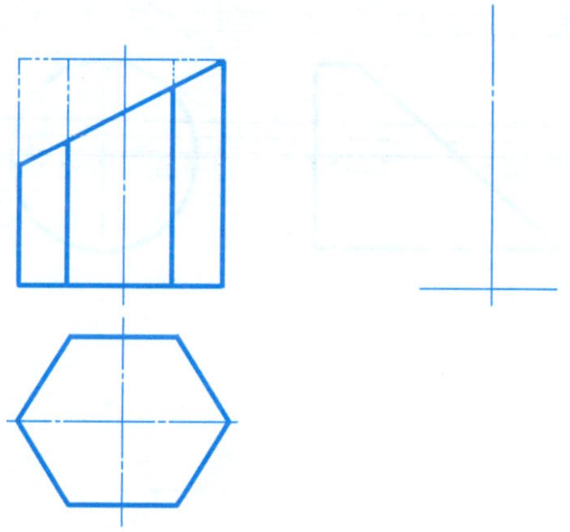

2.

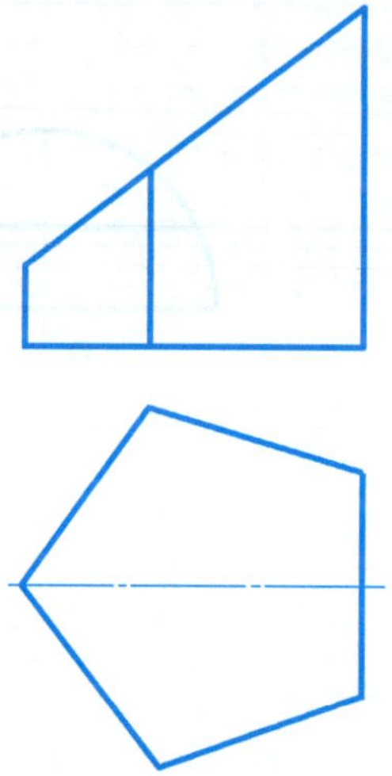

3.

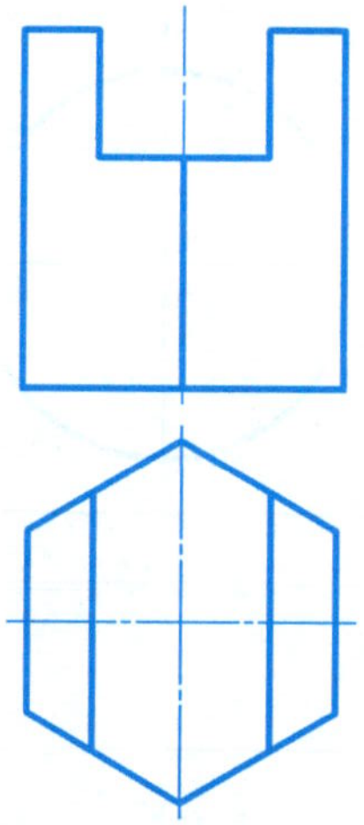

4.

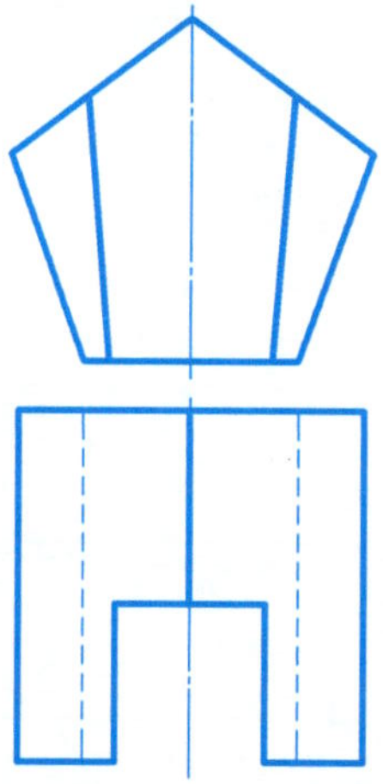

2-16 截交线

根据已知条件补画视图。

1.

2.

3.

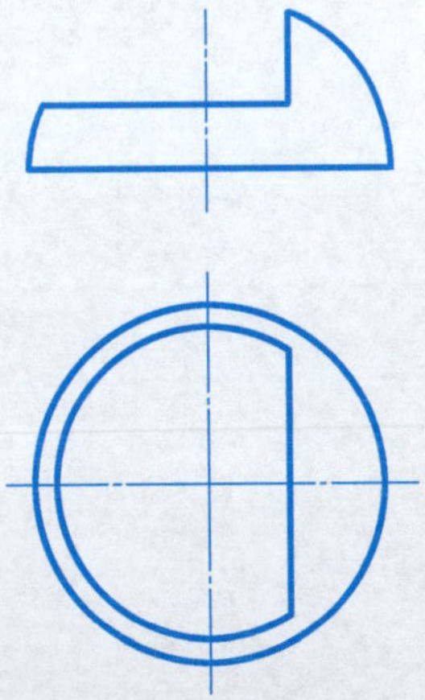

4.

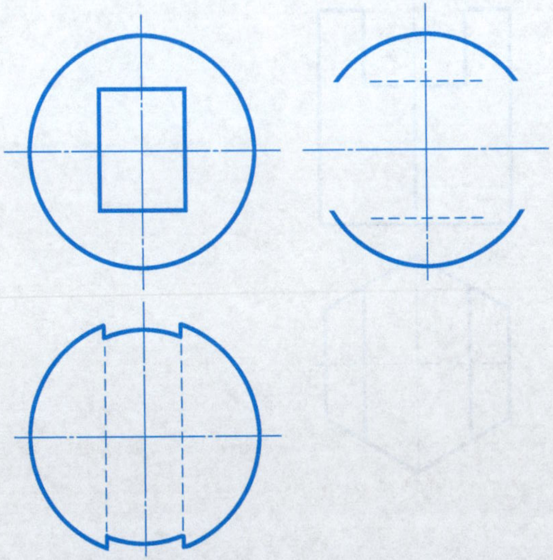

2-17 相贯线

根据已知条件补画视图。

1.

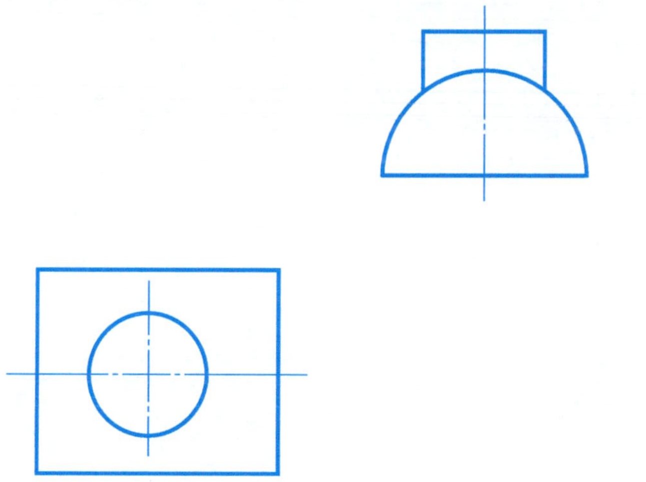

2.

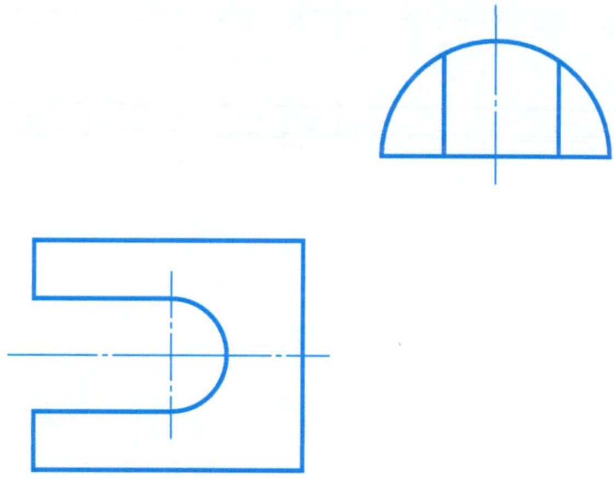

3.

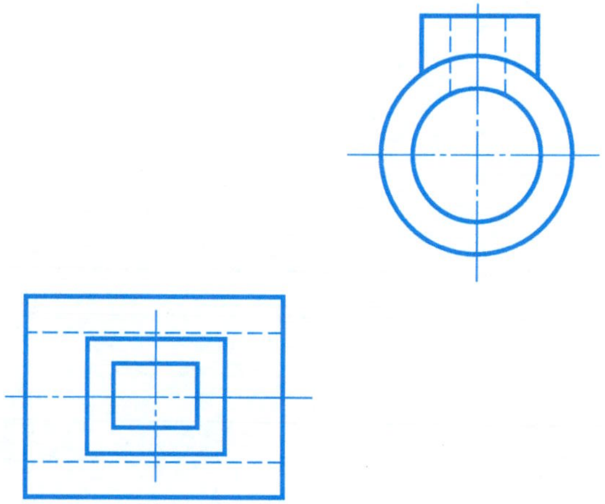

4.

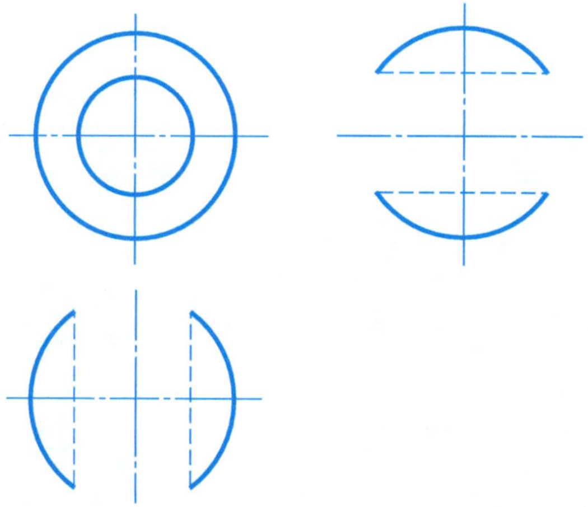

项目三　认识组合体视图

3-1　根据轴测图补画视图中所缺的图线

1.

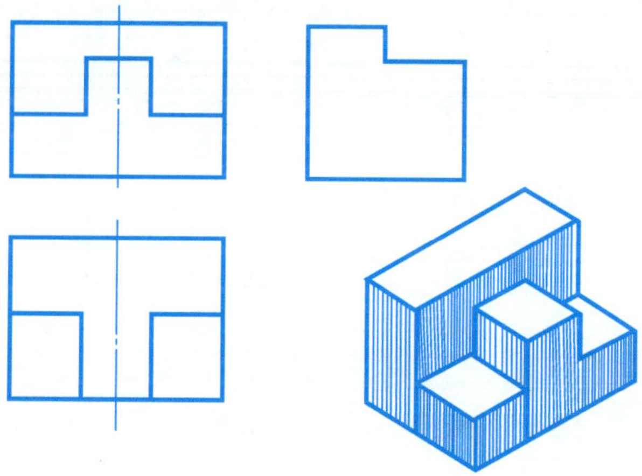

2.

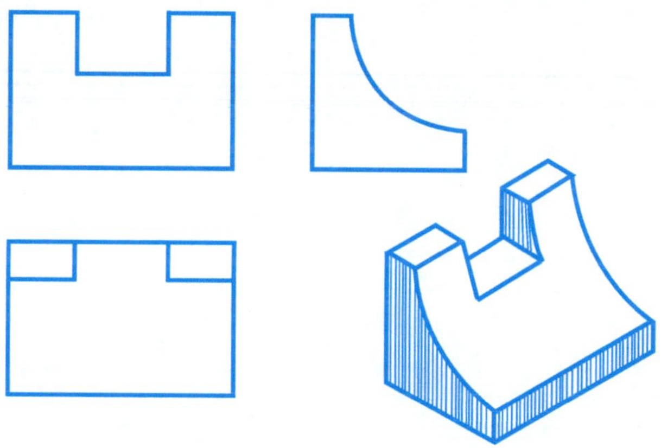

3.

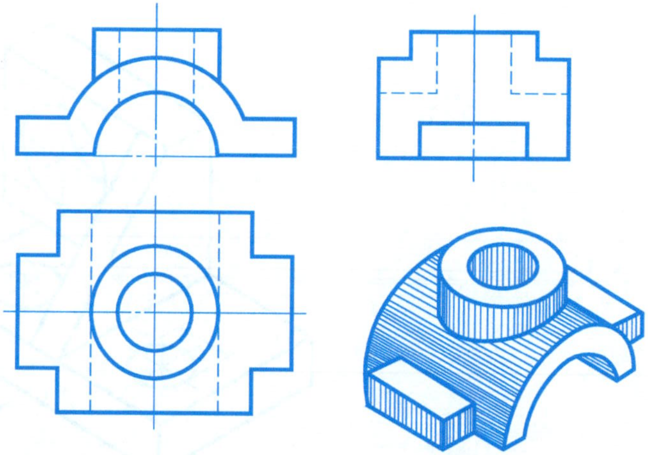

4.

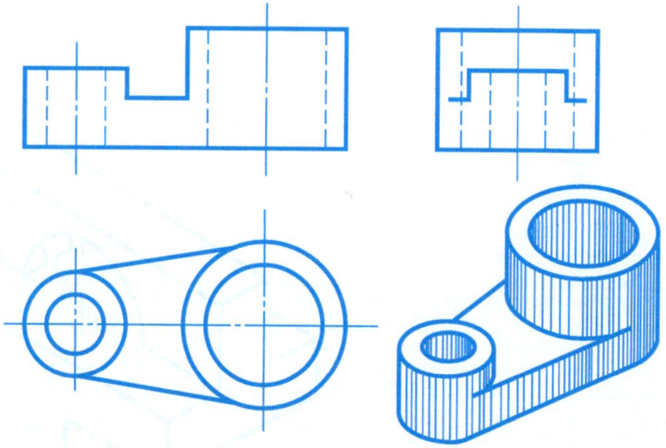

3-2 根据轴测图，画组合体的三视图（尺寸从轴测图中直接量取，并圆整为整数）

1.

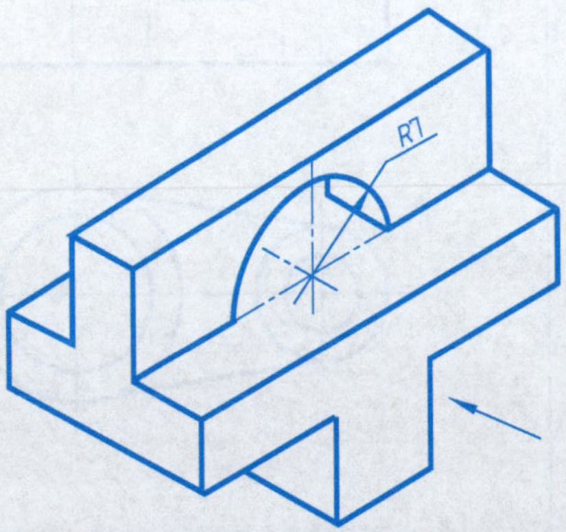

2.

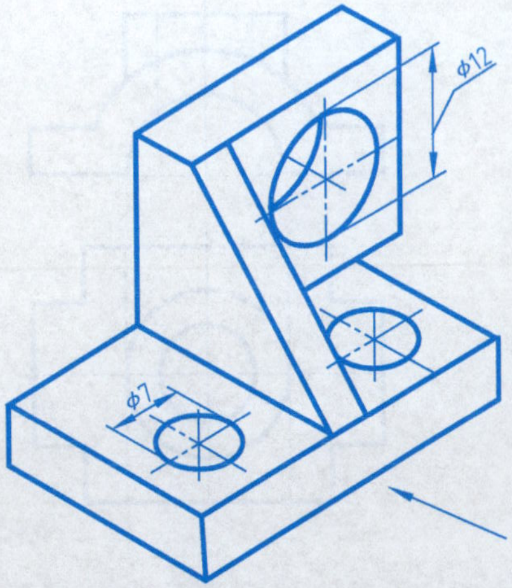

3-3 根据轴测图，按 1 : 1 的绘图比例画出三视图

1.

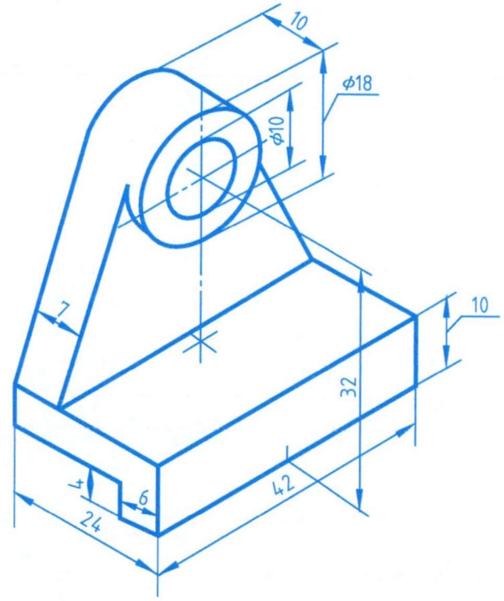

3-3 根据轴测图，按 1：1 的绘图比例画出三视图（续）

2.

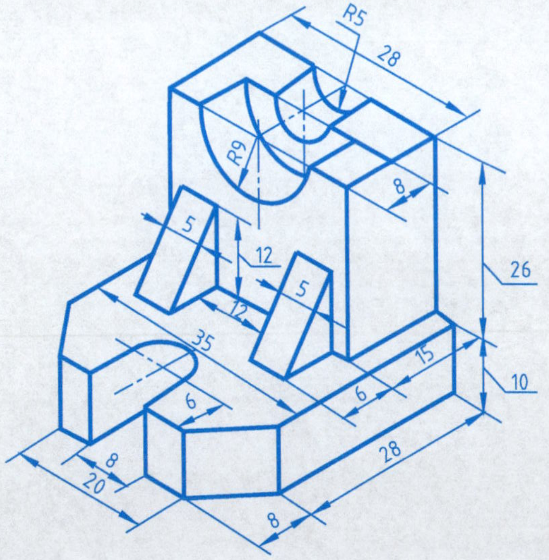

3-4 读懂视图，并按给定的高度基准、长度基准、宽度基准标注尺寸（数值从图中量取，取整数）

1.

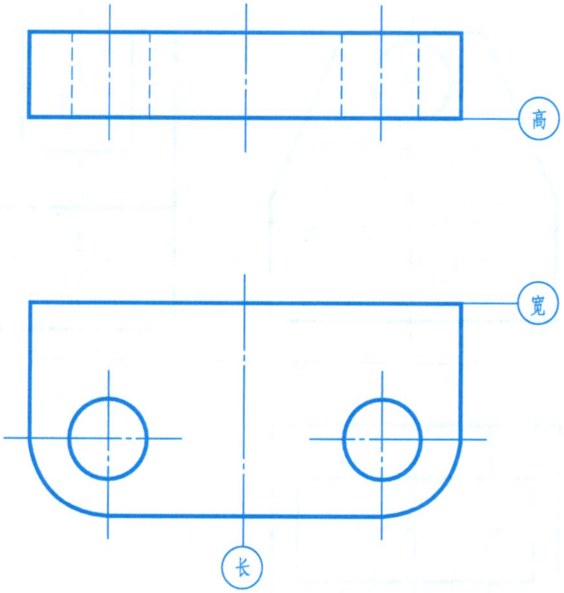

2.

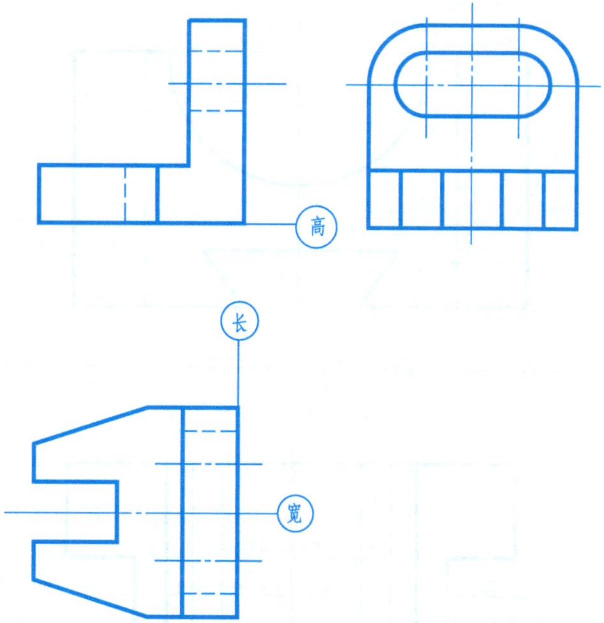

3-5 读懂视图，标注尺寸（数值从图中直接量取，圆整为整数）

1.

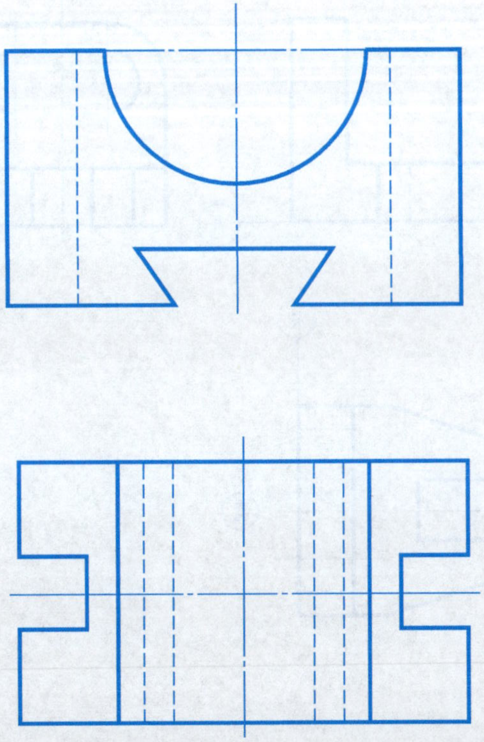

2.

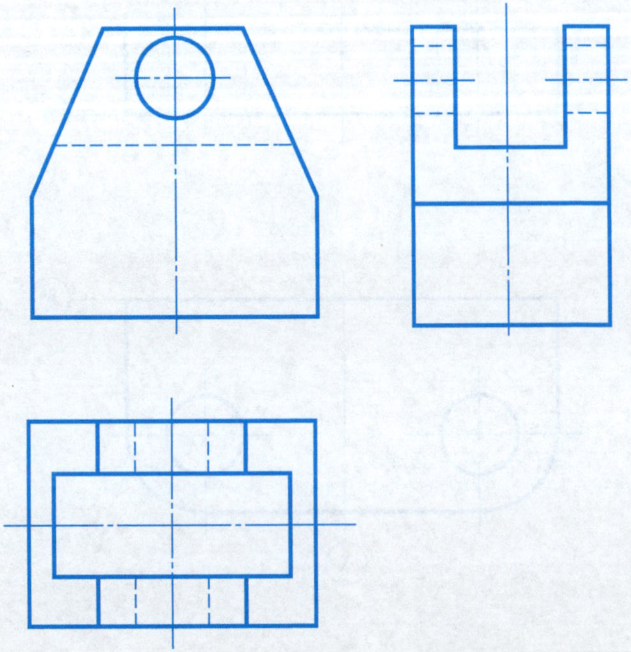

3-6 已知两面视图，找出对应的第三视图，并在其编号处打“√”

1.

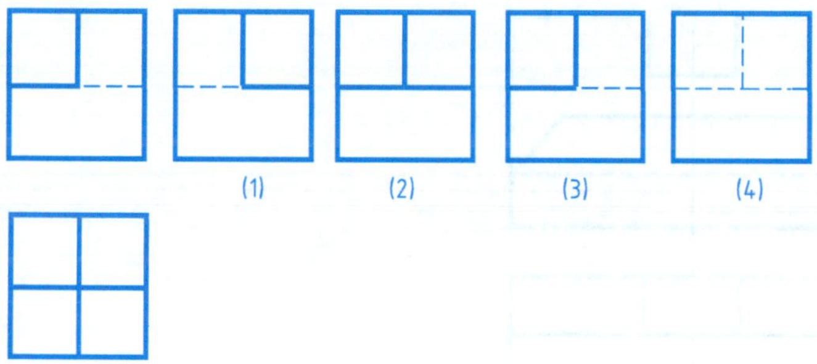

2.

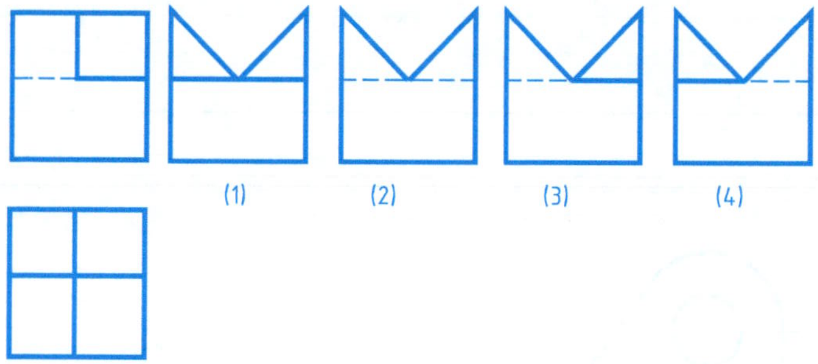

3.

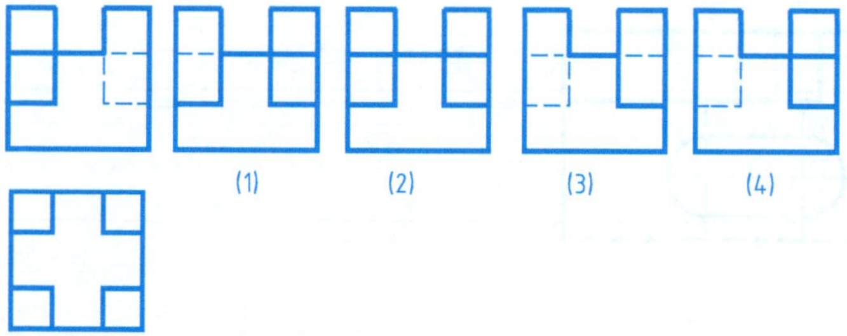

4.

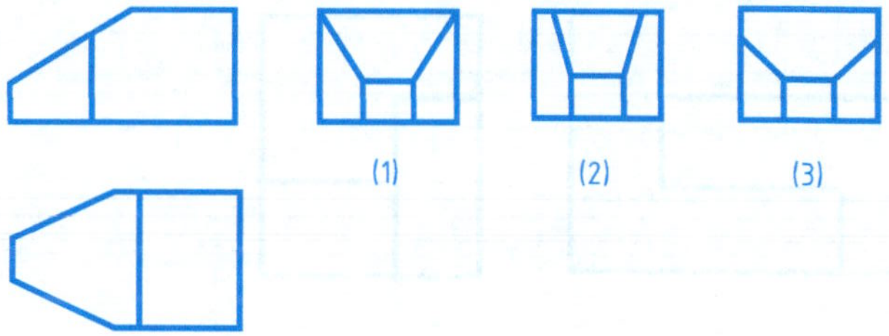

5.

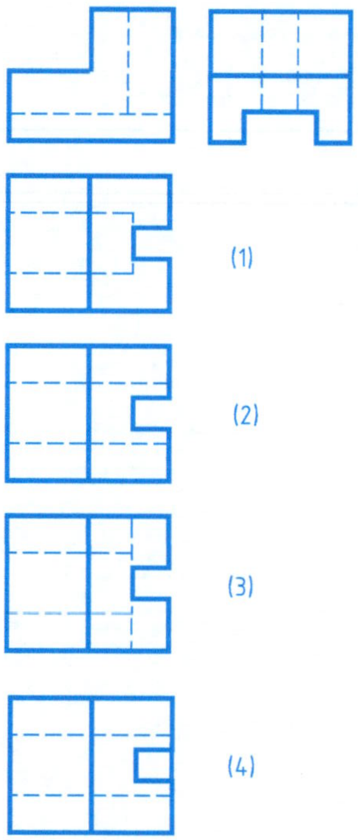

6.

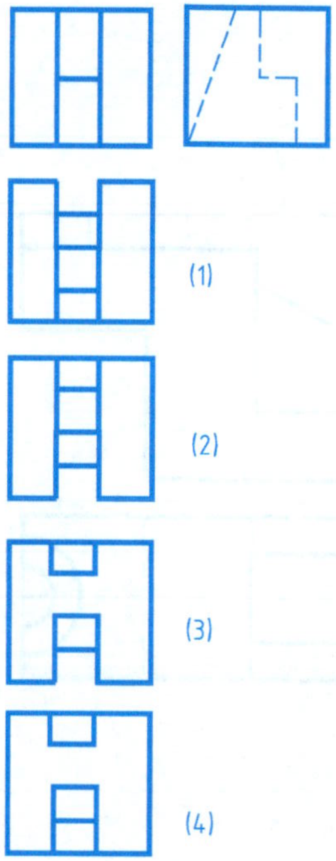

3-7 读懂两面视图，想象立体形状，补画第三视图

1.

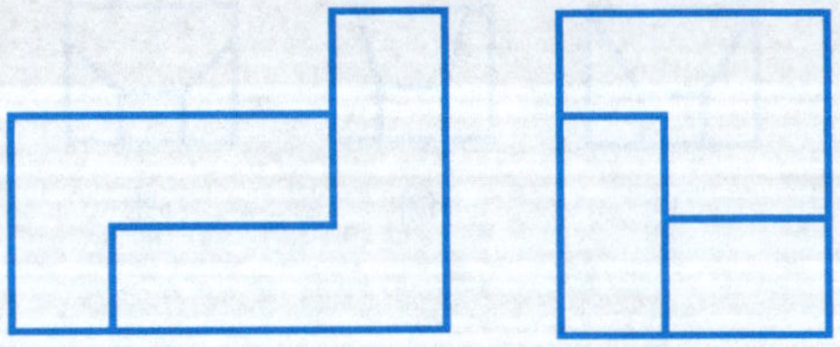

2.

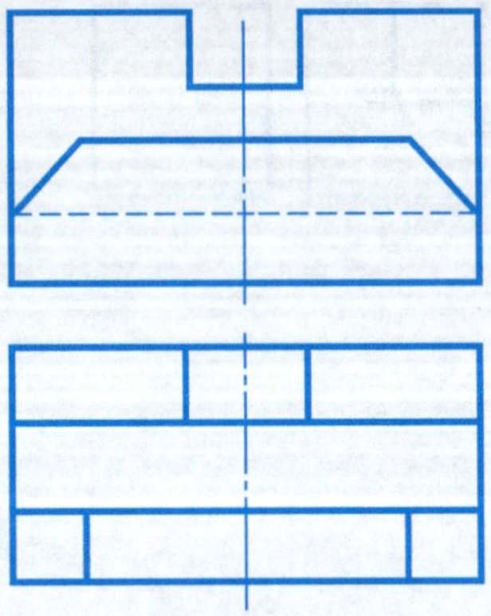

3.

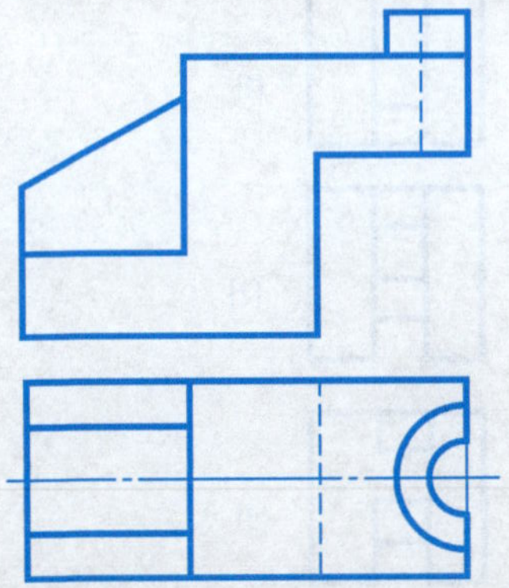

4.

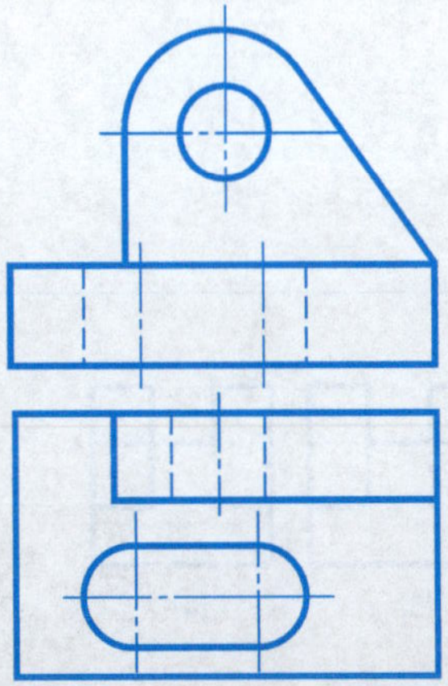

3-8 根据给出的主、俯视图，补画左视图

1.

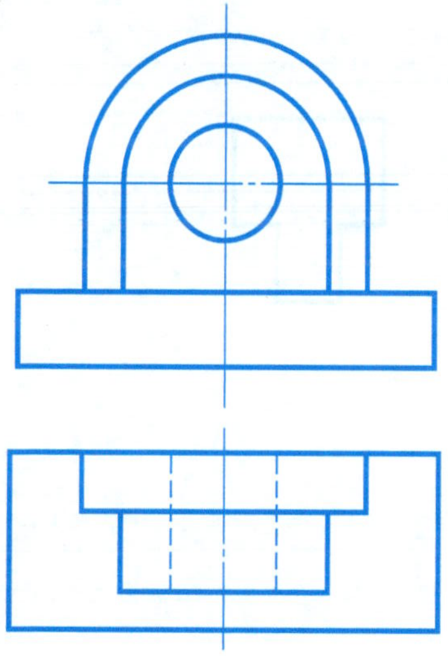

2.

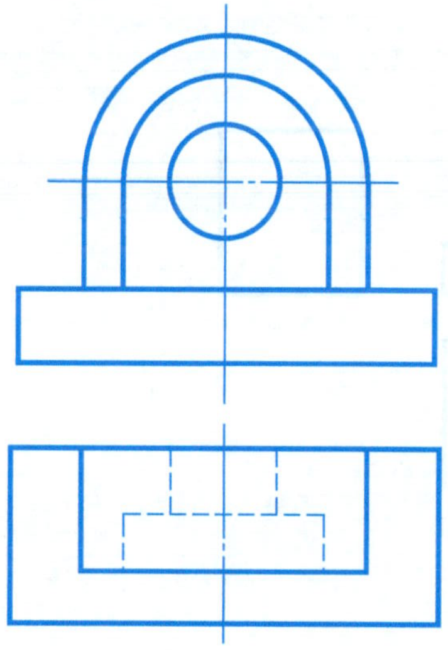

3.

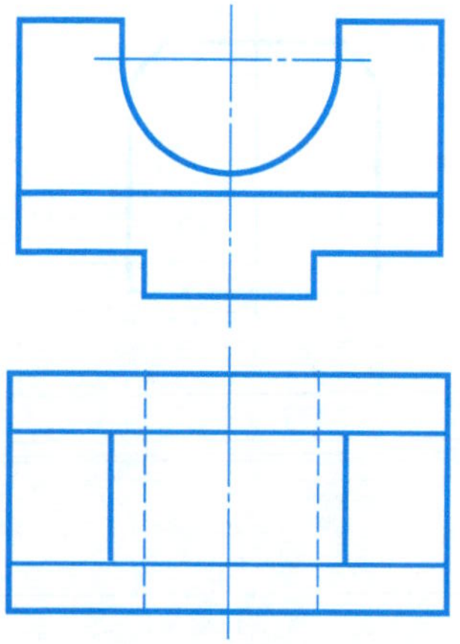

4.

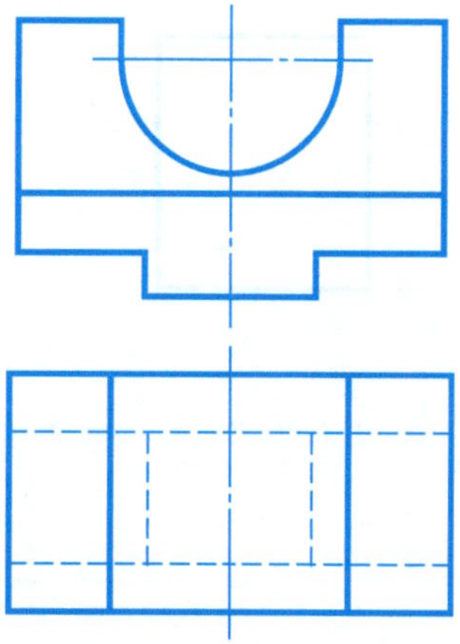

3-9 读懂视图，补齐缺线

1.

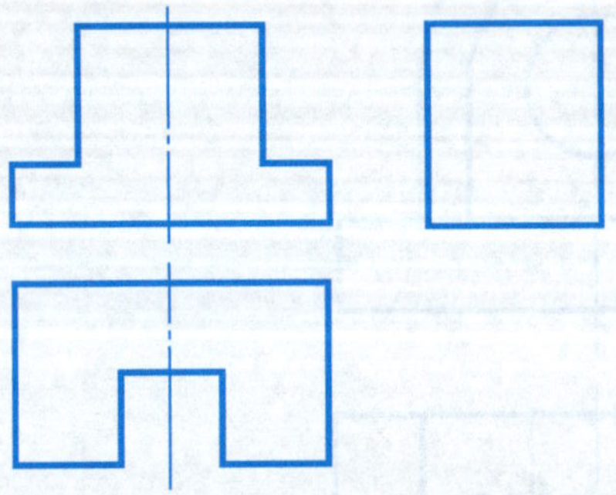

2.

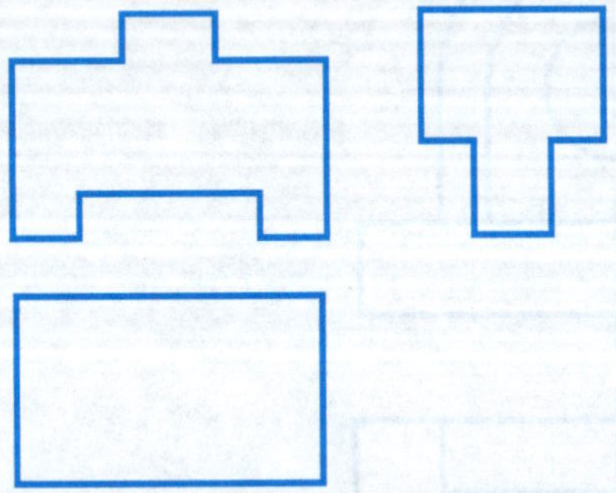

3.

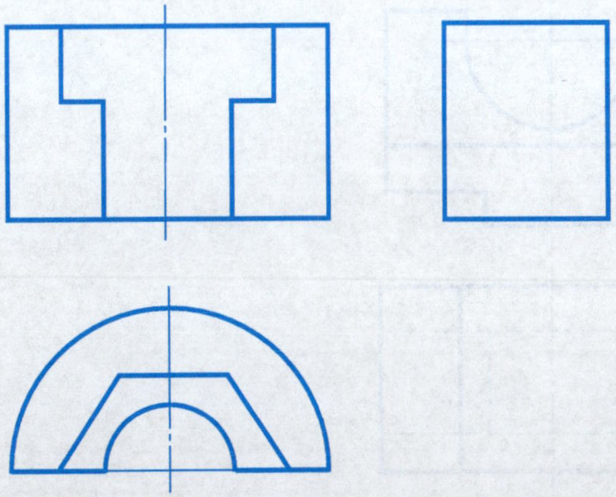

4.

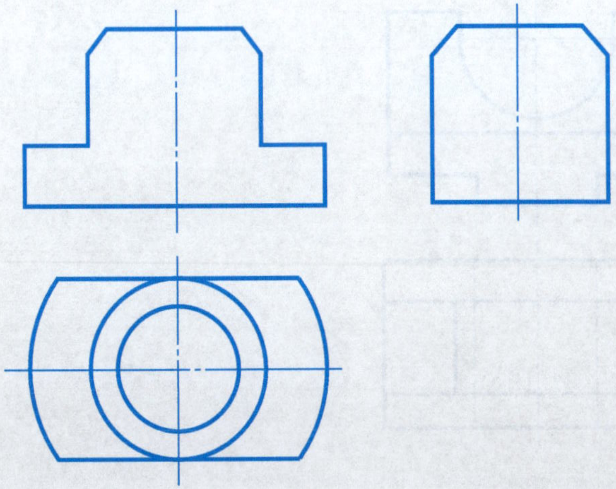

3-10 根据俯视图，补齐主视图中所缺的图线

1.

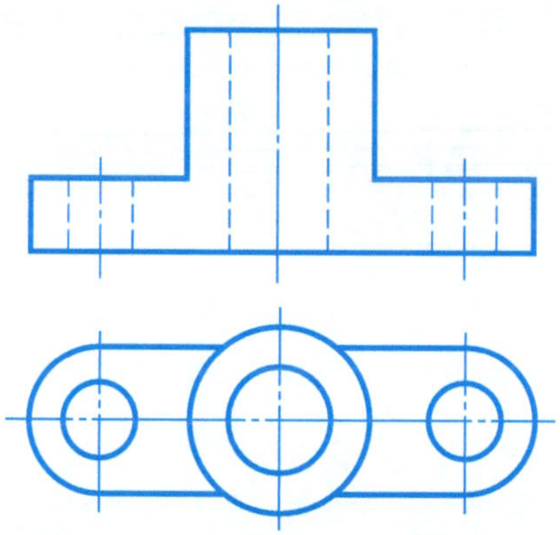

2.

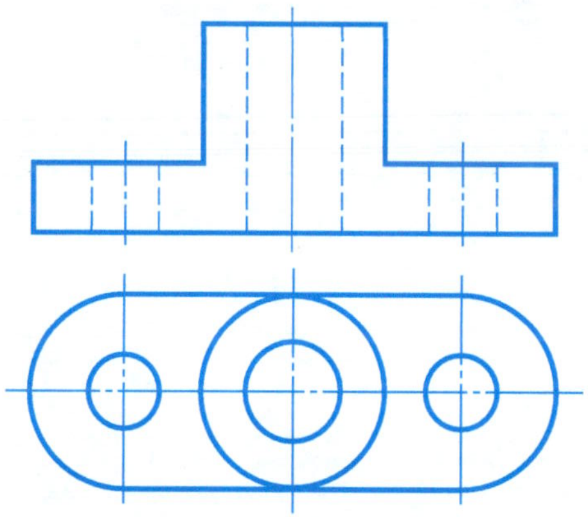

3.

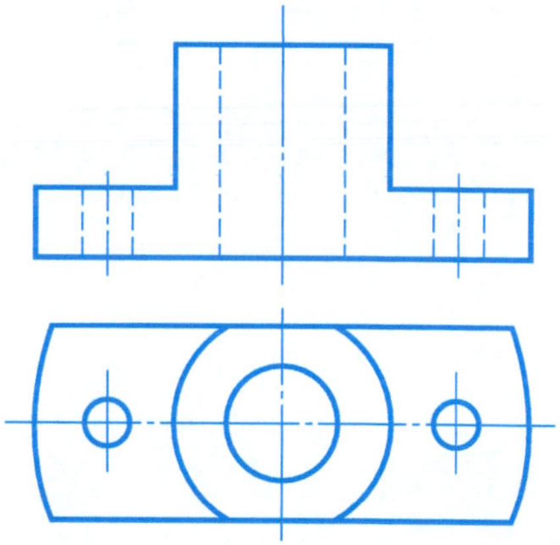

4.

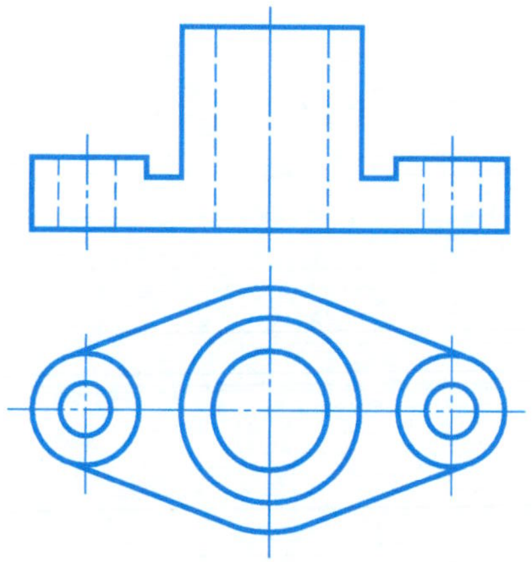

5.

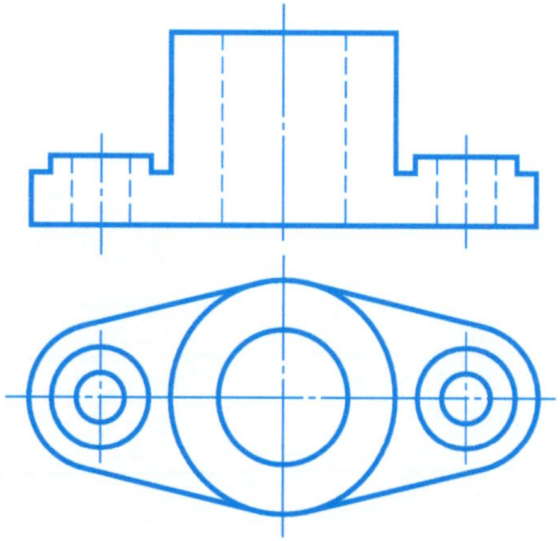

6.

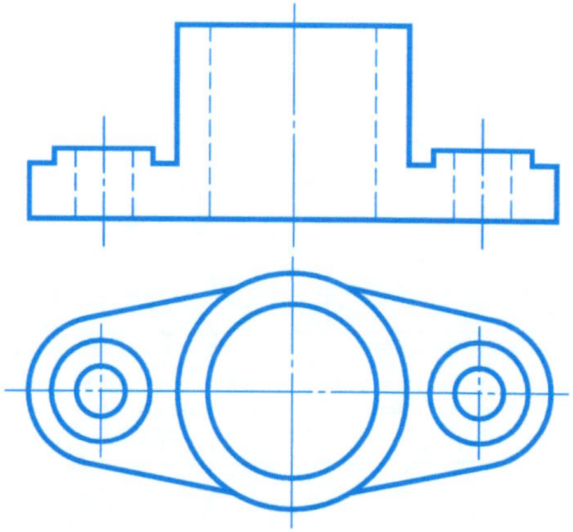

项目四　学习图样的画法

4-1　补画视图（一）

根据主、俯、左三视图，补画右、后、仰视图。

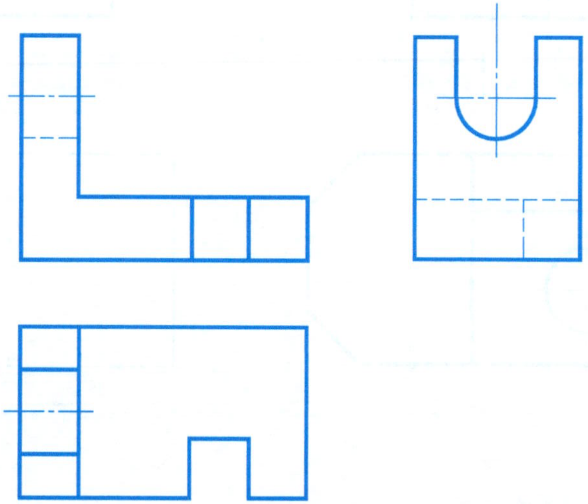

4-2 补画视图（二）

根据已知视图，补画指定的向视图。

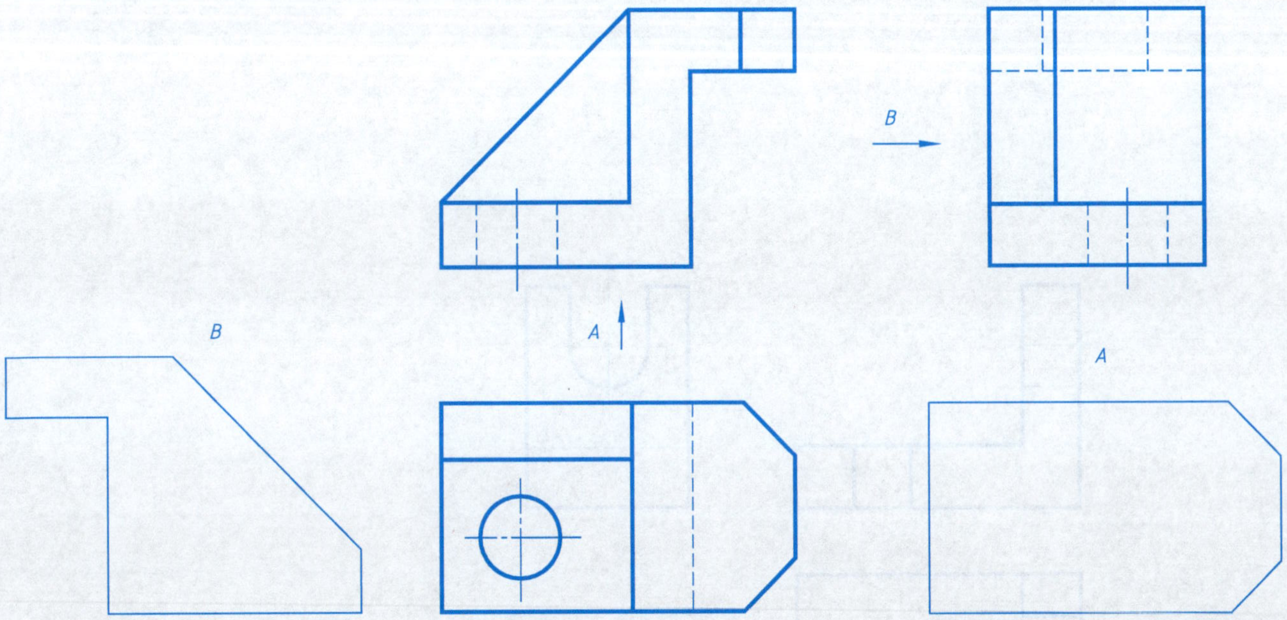

4-3 补画视图（三）

在指定位置画出箭头指向的局部视图和斜视图。

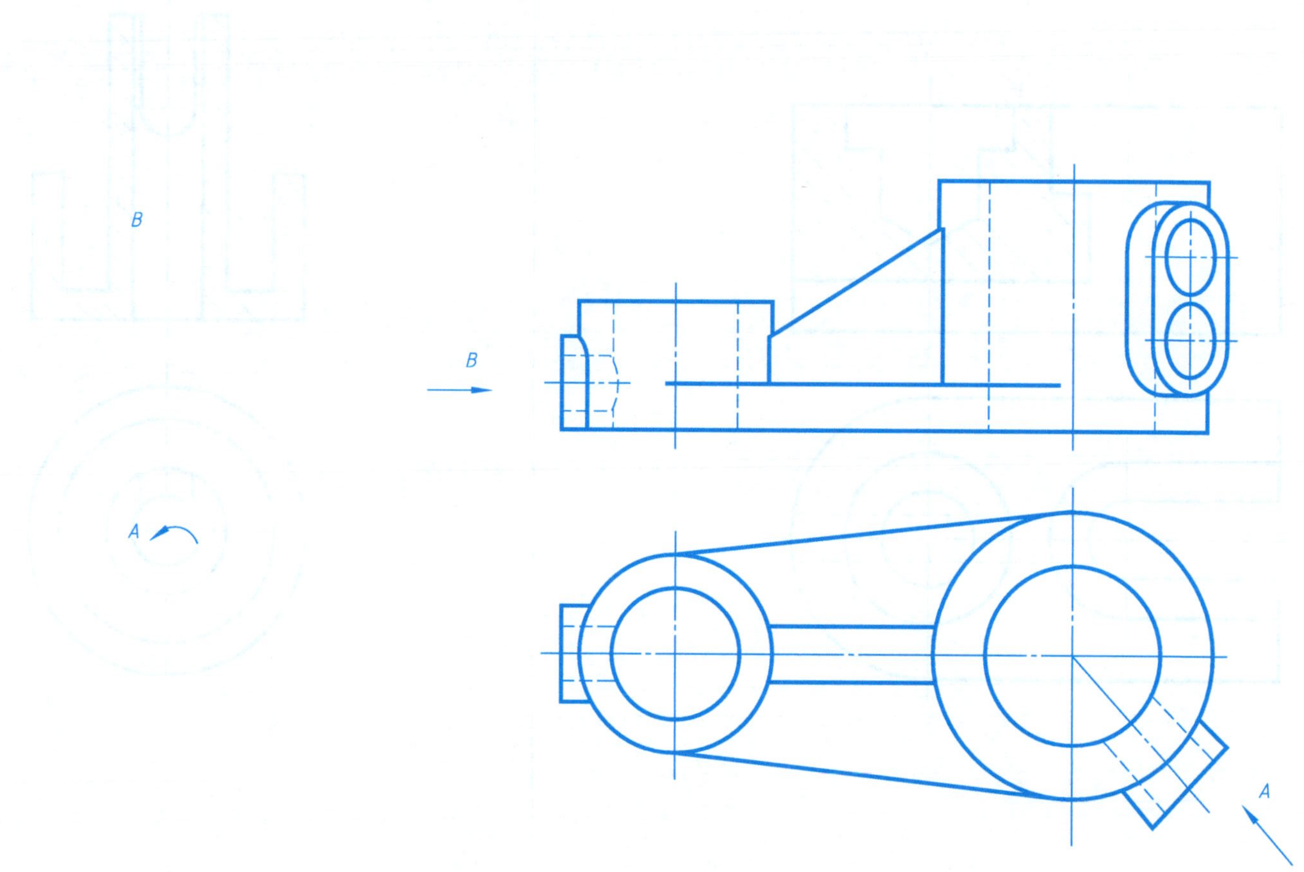

4-4　补全剖视图中漏画的图线

1.

2.

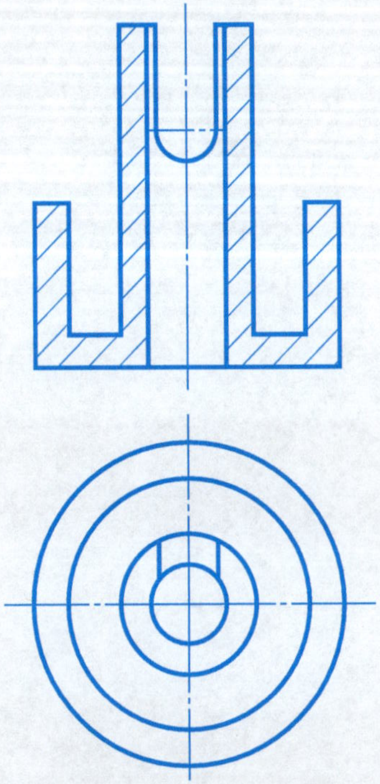

4-5 在指定位置将主视图改画为全剖视图

1.

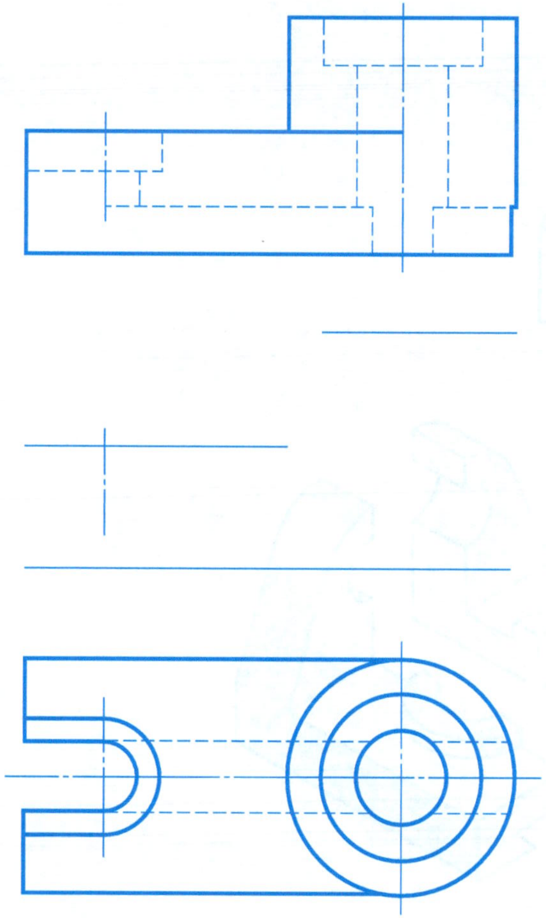

2.

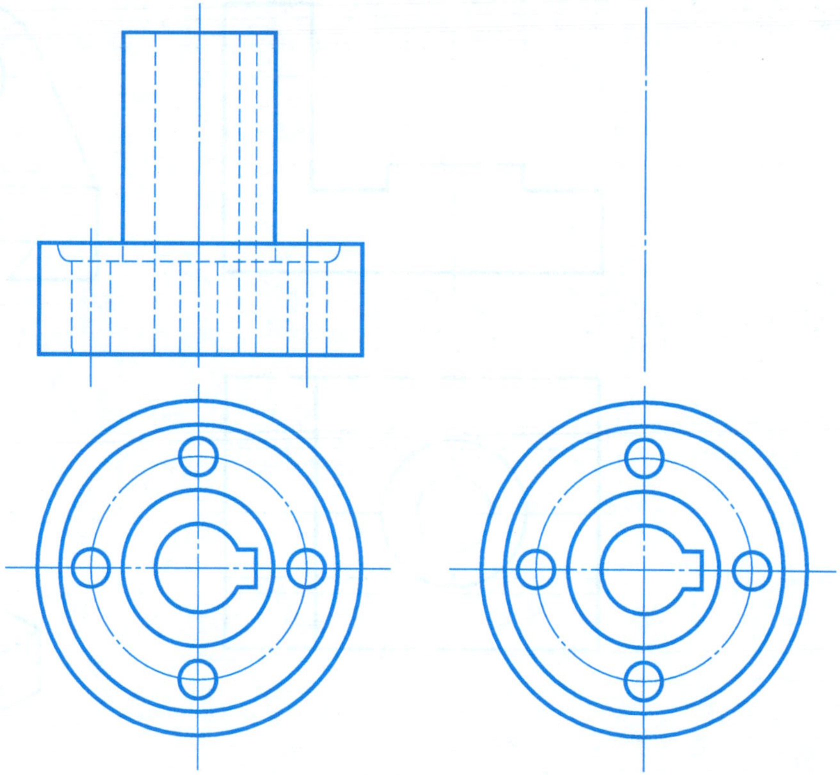

4-6 将主视图画成剖视图

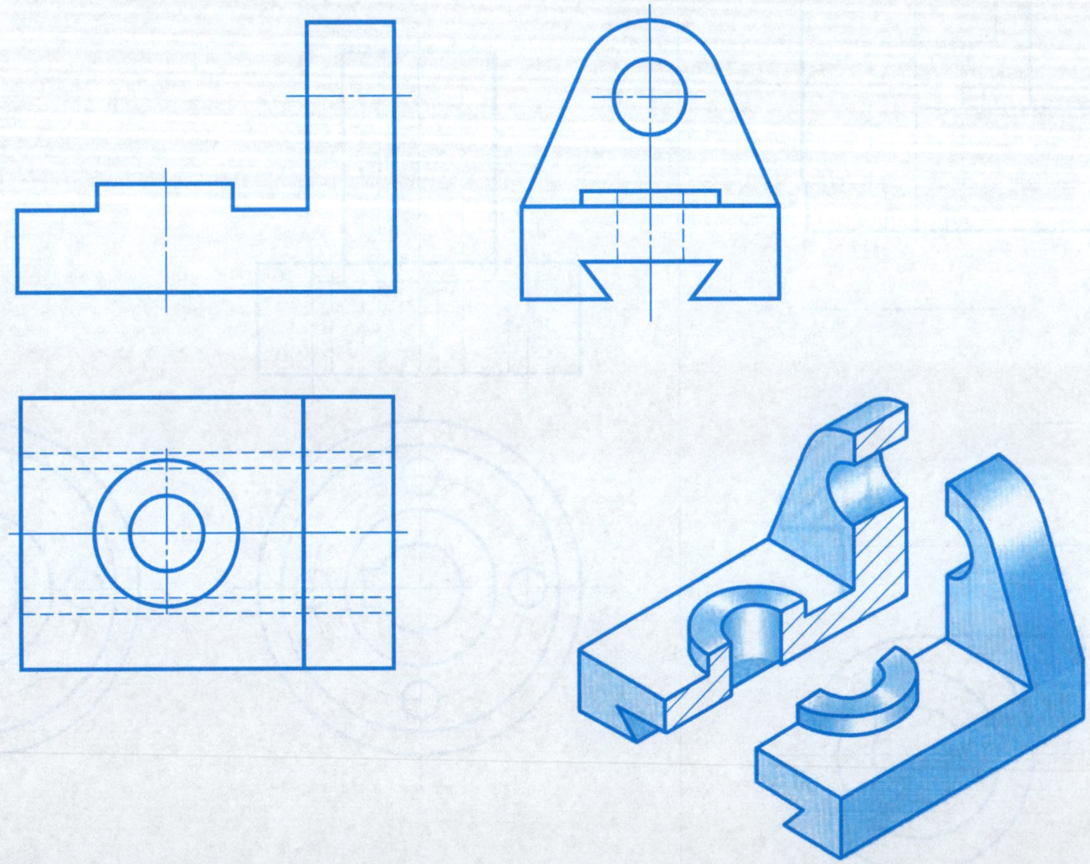

4-7 在指定位置将主视图改画为半剖视图

1.

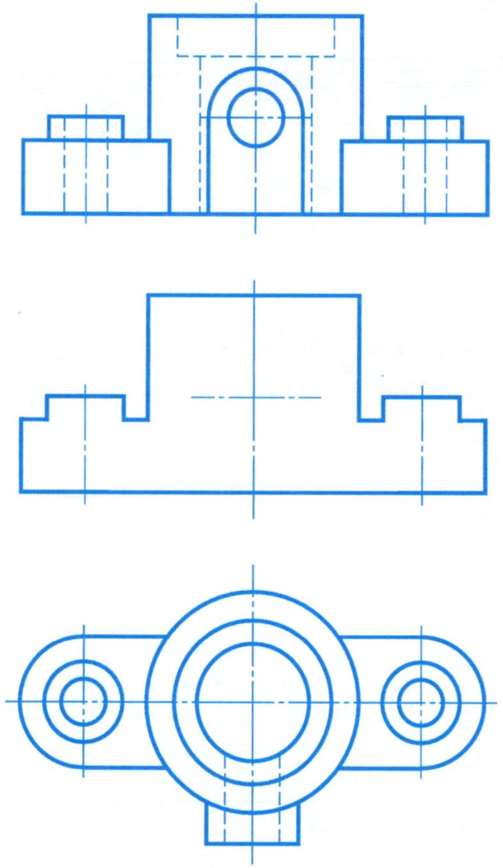

2.

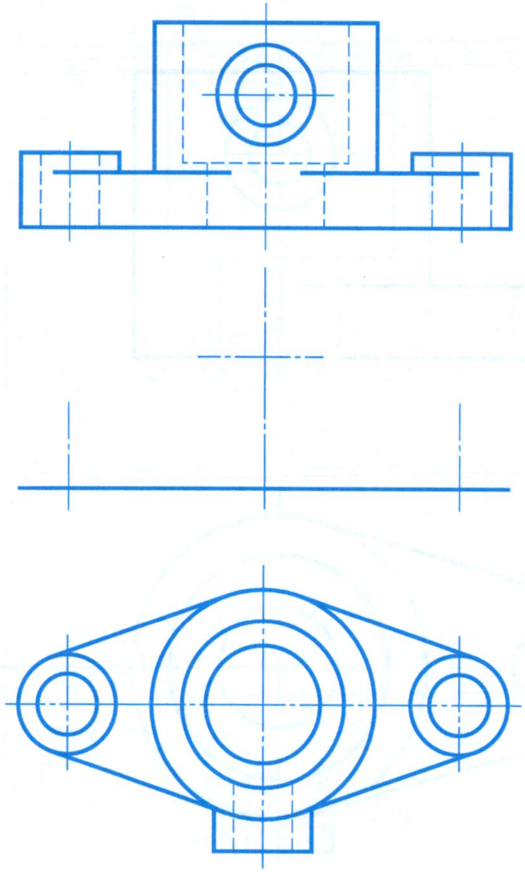

4-8　在指定位置将视图改画为局部剖视图

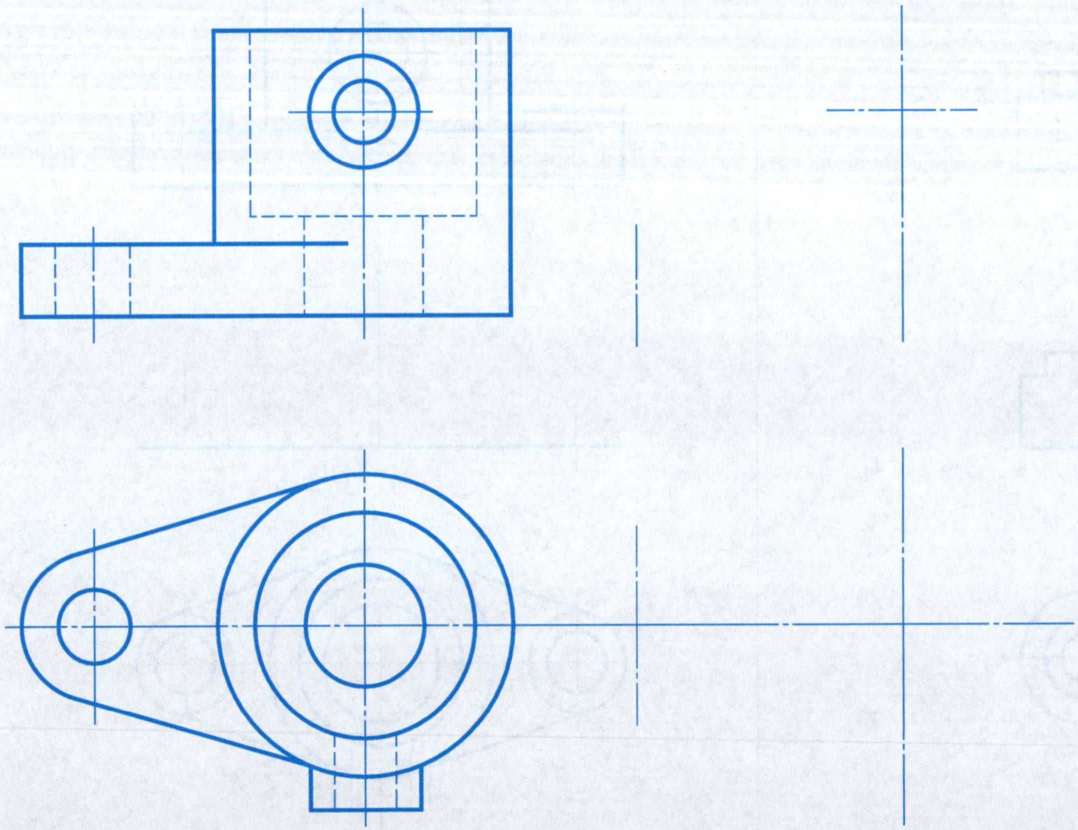

4-9 在指定位置把主视图画成全剖视图（用几个平行或相交的剖切平面剖切），并标注尺寸（一）

1.

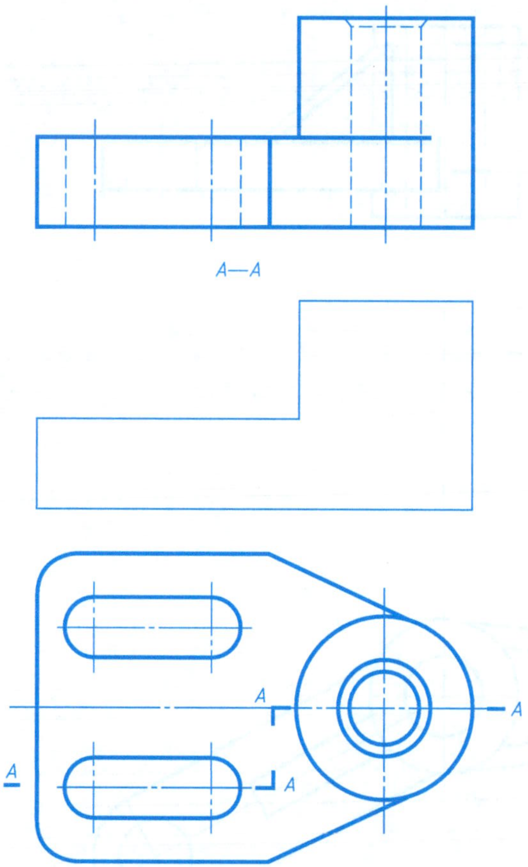

2.

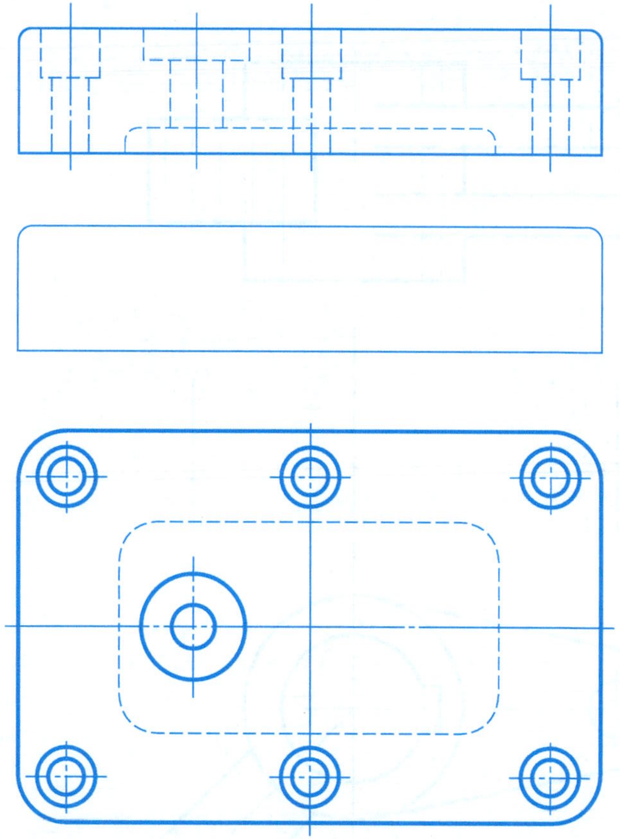

4-10 在指定位置把主视图画成全剖视图（用几个平行或相交的剖切平面剖切），并标注尺寸（二）

1.

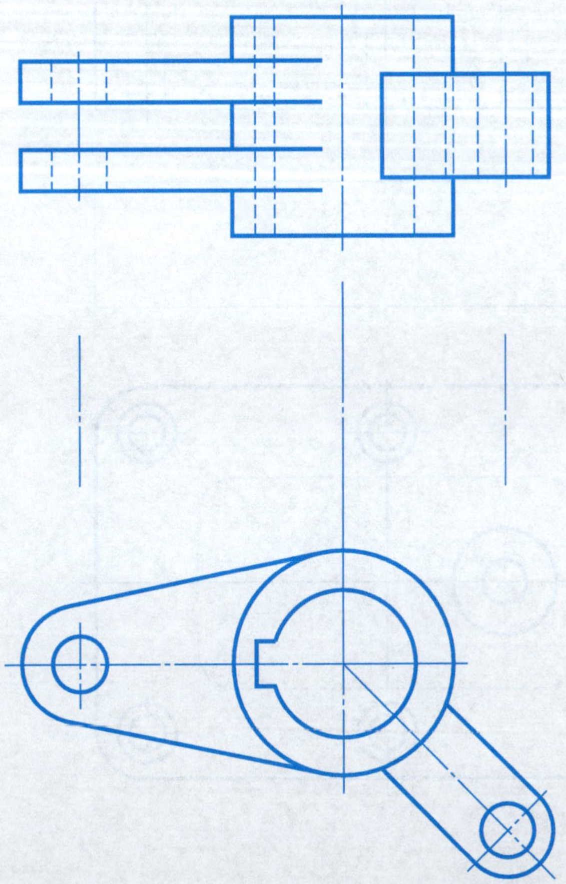

2.

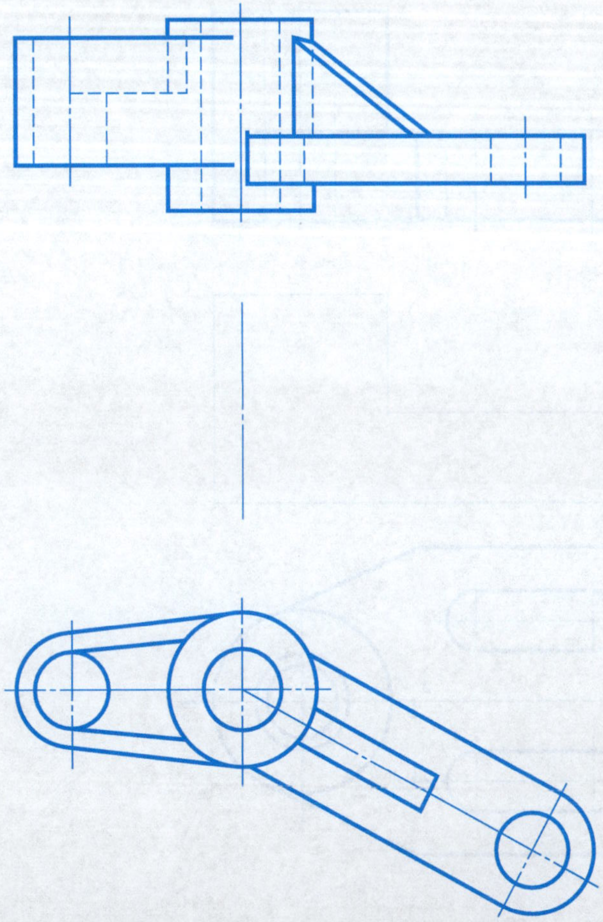

4-11 在指定位置画出移出断面图（左键槽深 4mm，右键槽深 3mm）

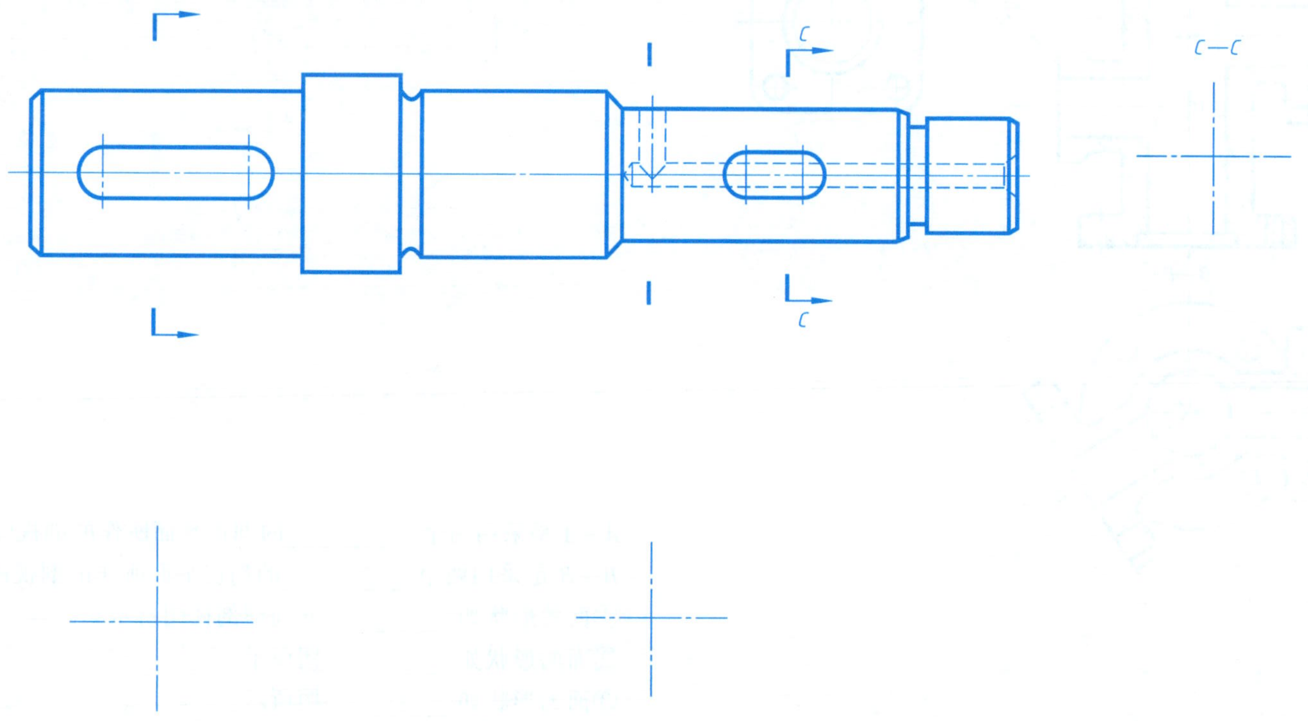

4-12 读懂视图，并填空

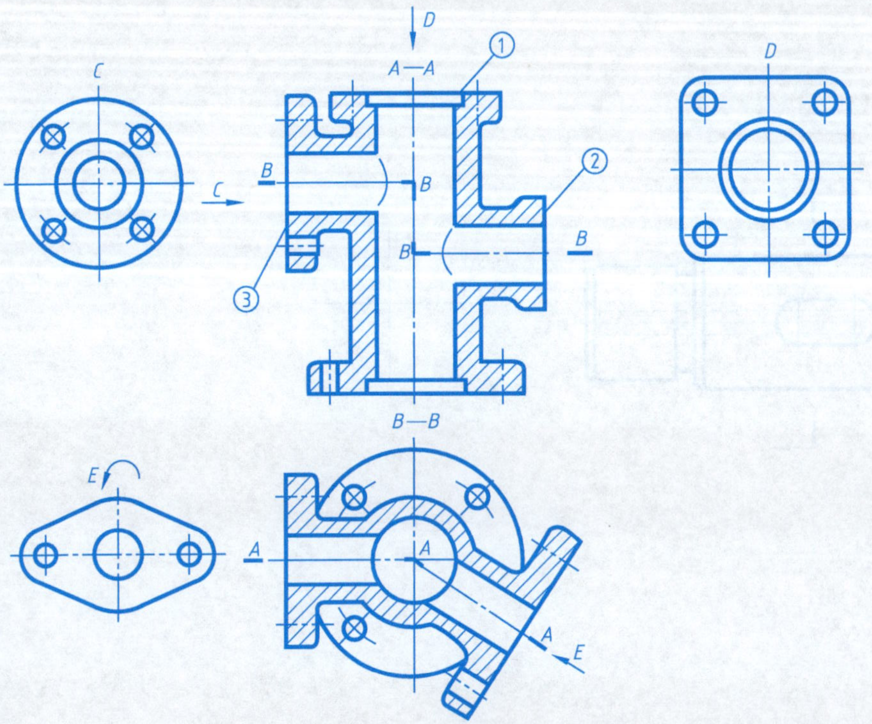

A—A 是采用两个__________的剖切平面所作的剖视图。

B—B 是采用两个__________的剖切平面所作的剖视图。

①面的形状如__________向局部剖视图所示。

②面的形状如__________图所示。

③面的形状如__________图所示。

项目五　学习常用结构要素表示法

5-1　找出下列螺纹图样中的错误，并将正确的图形画在指定的位置

1.

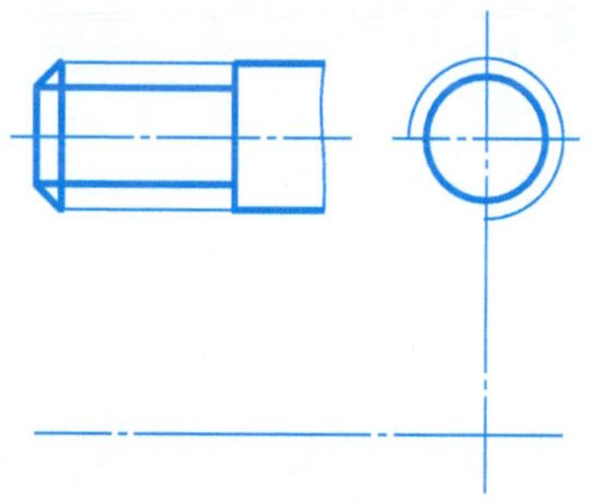

2.

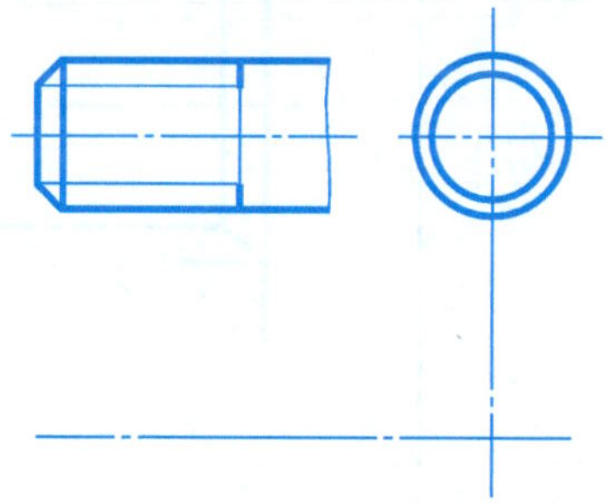

3.

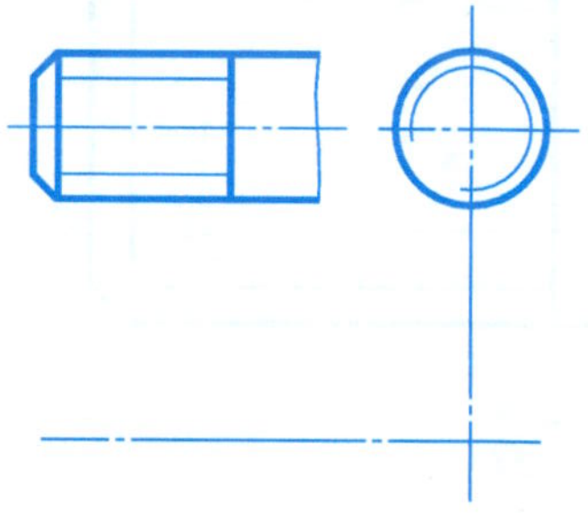

4.

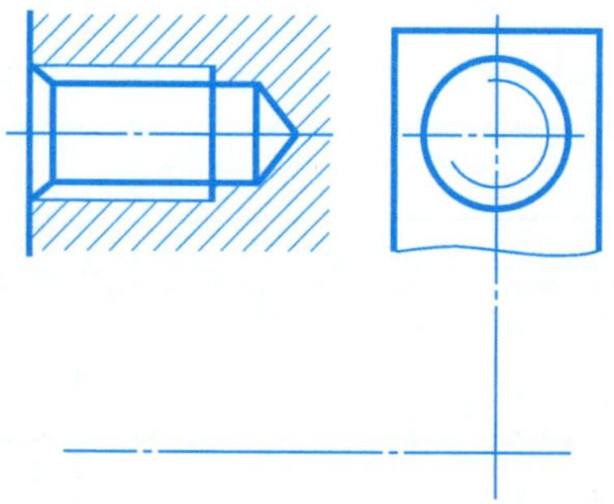

5.

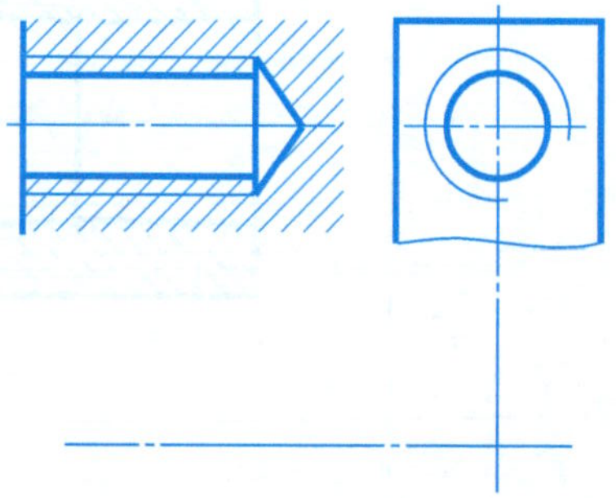

6.

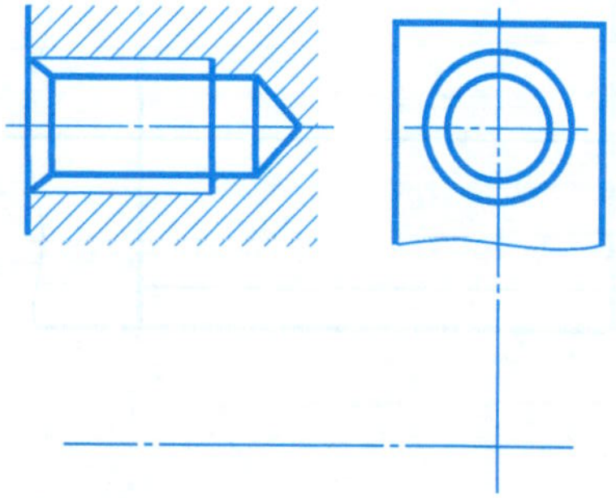

5-2 在图上注出螺纹的标记

1. 细牙普通螺纹，大径为 24mm，螺距为 1.5mm，右旋，中径、顶径公差带分别为 5g 和 6g，短旋合长度。

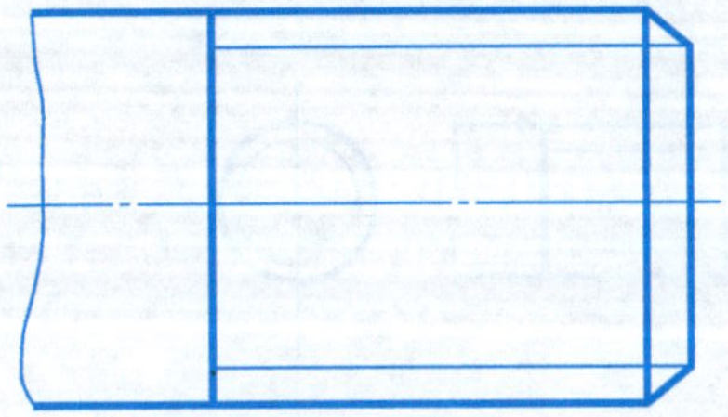

2. 普通螺纹，大径为 24mm，螺距为 3mm，右旋，中径、顶径公差带均为 7H，长旋合长度。

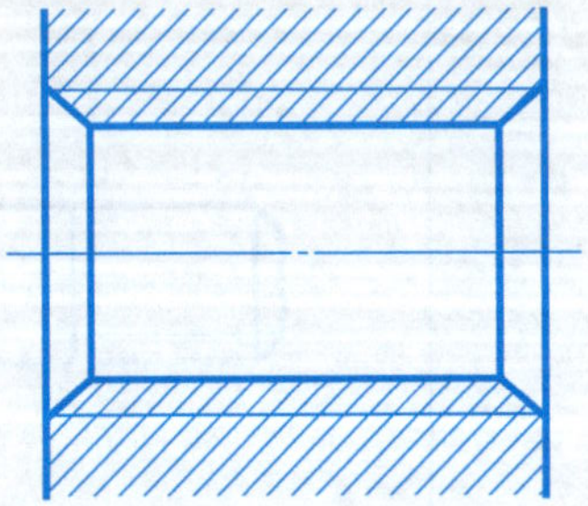

3. 梯形螺纹，大径为 26mm，螺距为 5mm，双线，右旋，中径公差带为 9c，长旋合长度。

4. 55°密封管螺纹，尺寸代号为 3/4。

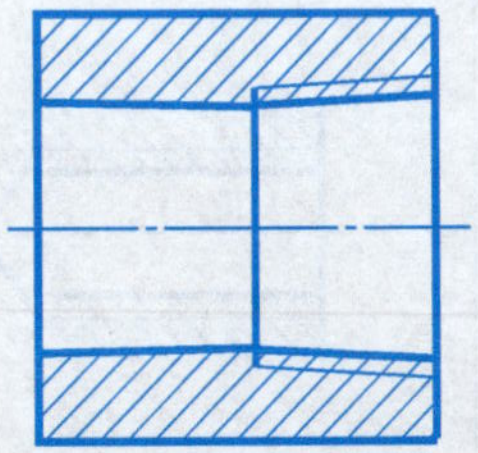

5-3 选择下列螺纹尺寸标注正确的一项

1.

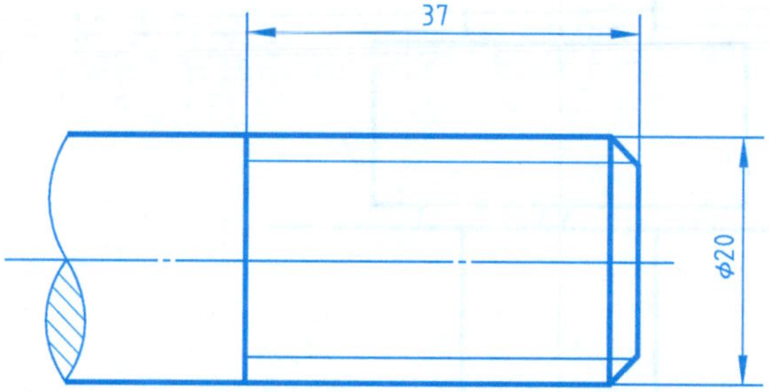

2.

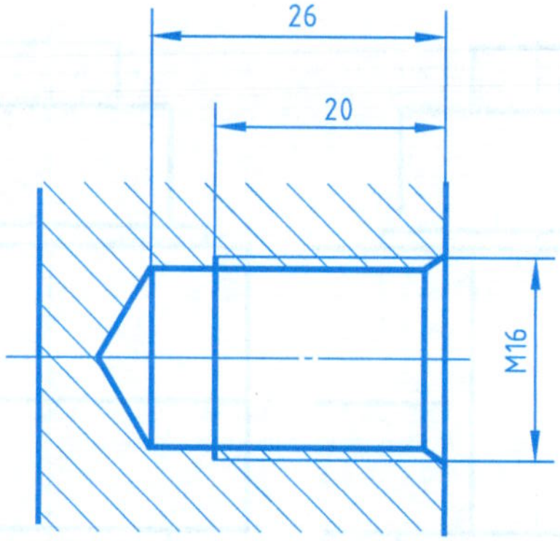

3.

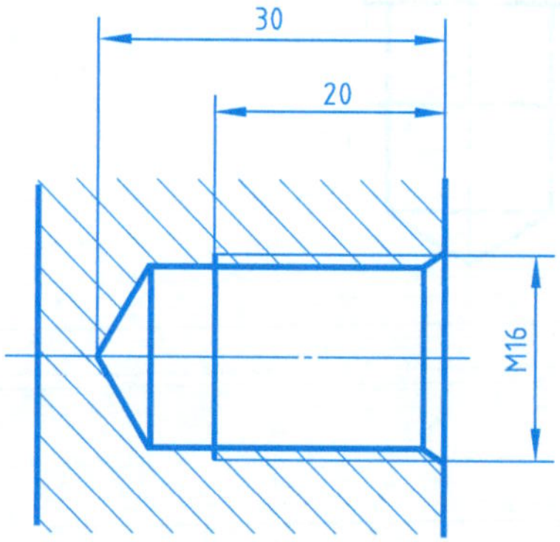

4.

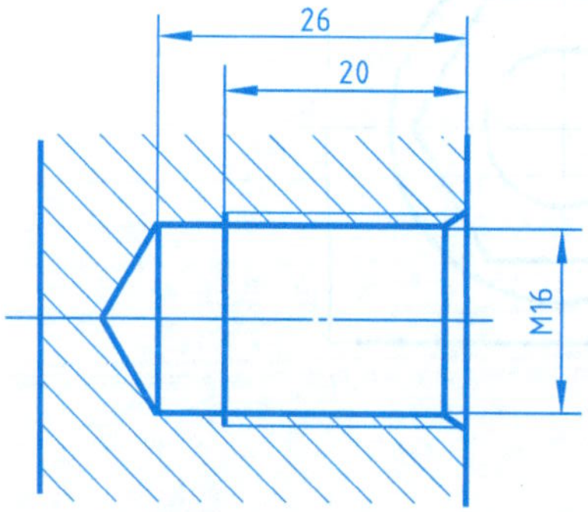

5-4 分析螺栓联接、螺柱联接的三视图，补全所缺的图线

1.

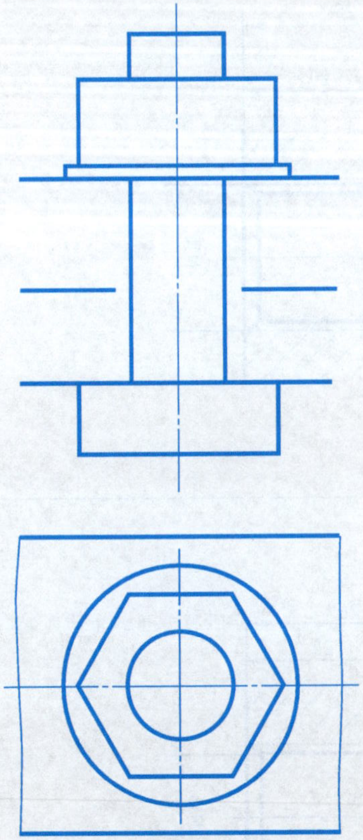

2.

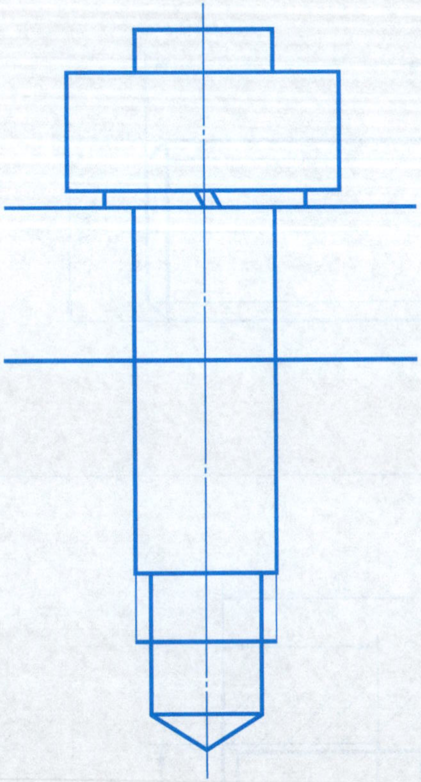

5-5 找出螺栓联接视图中的错误，并把正确视图的序号填入括号内

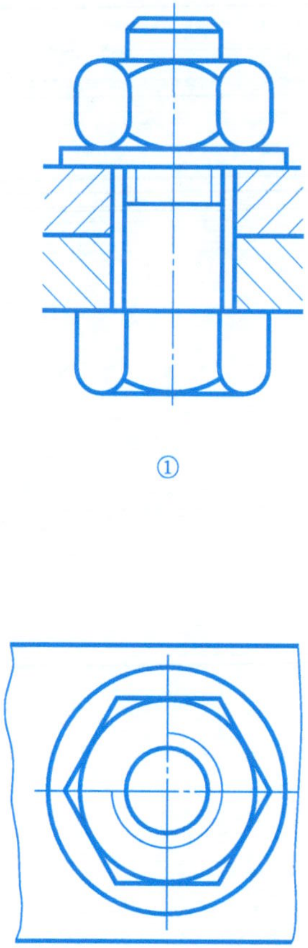

①

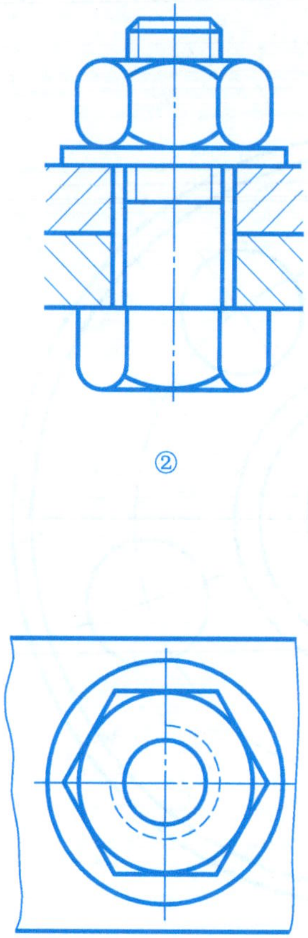

②

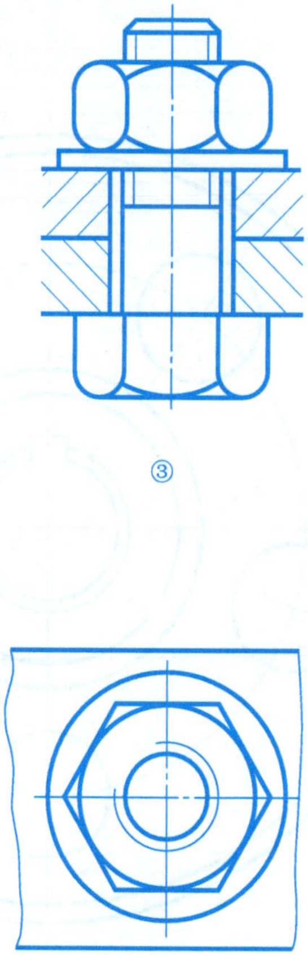

③

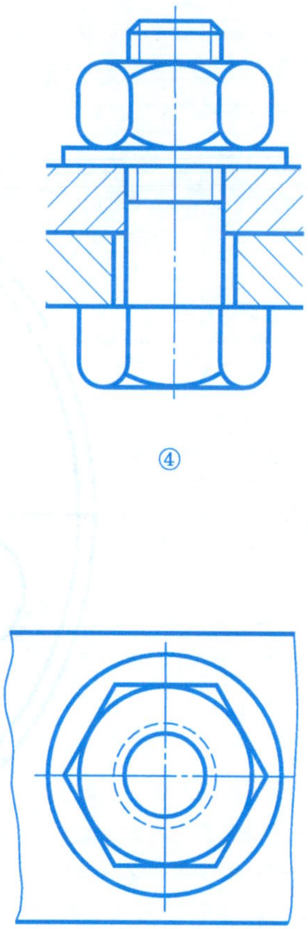

④

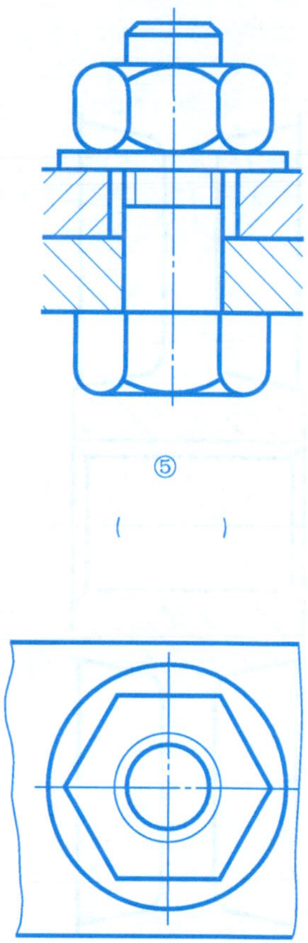

⑤

(   )

5-6　已知 m=5mm，z=42，画全圆柱齿轮

5-7 已知大齿轮的模数 $m=2\text{mm}$，齿数 $z_2=40$，两齿的中心距 $a=60\text{mm}$，试计算齿轮的有关尺寸，并完成啮合图

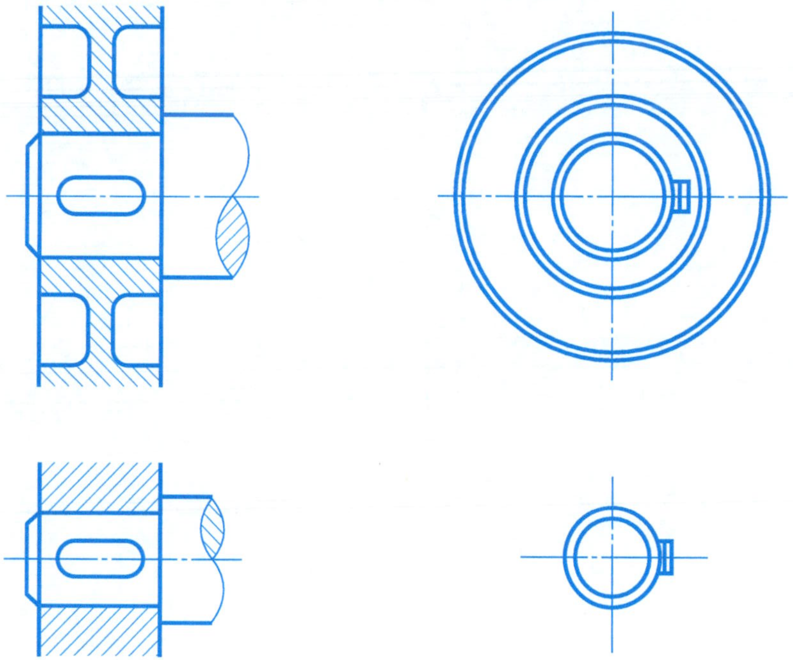

（1）小齿轮：分度圆 $d_1=$________，齿顶圆 $d_{a1}=$________，齿根圆 $d_{f1}=$________。

（2）大齿轮：分度圆 $d_2=$________，齿顶圆 $d_{a2}=$________，齿根圆 $d_{f2}=$________。

（3）传动比 $i=$________。

项目六　学习零件图

6-1　选择视图

根据泵体的三视图想象出其结构，并在下页泵体的各种视图表达法中选出一组最佳表达方案，抄画在本页右边空白处。

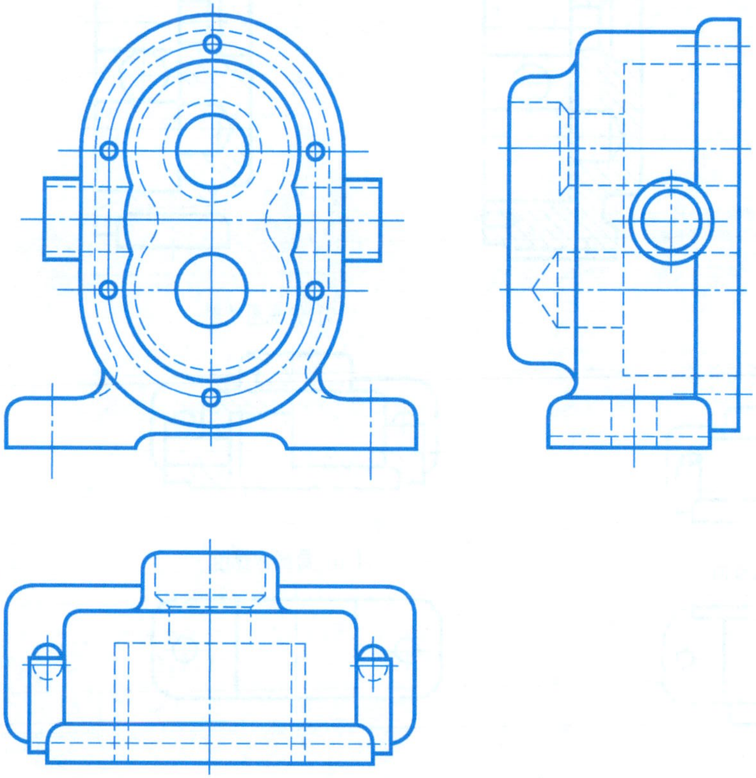

6-2 选择视图

(1) 主视图半剖

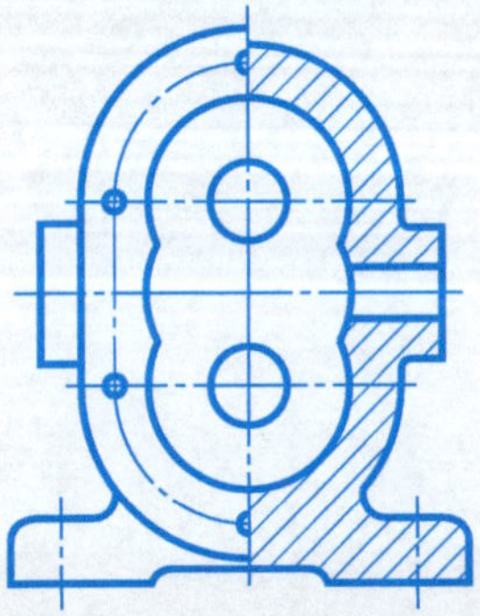

(2) 主视图局部剖

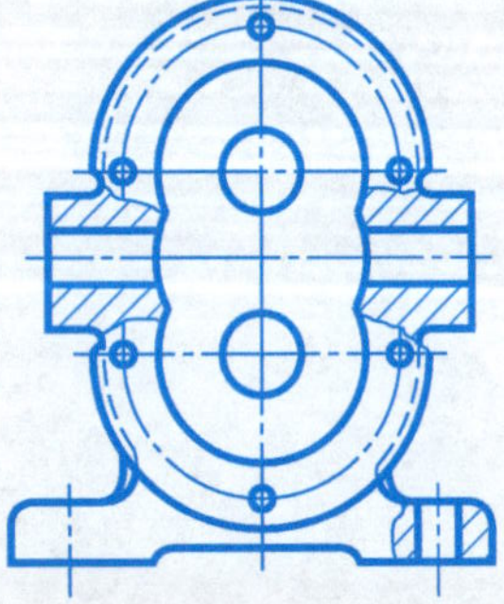

(3) 左视图全剖

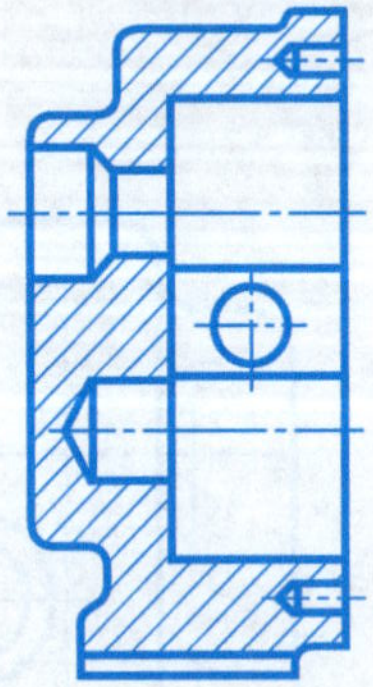

(4) 左视图局部剖

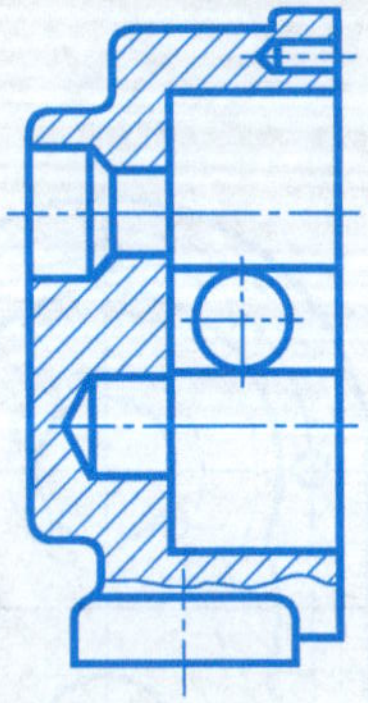

(5) 后视图外形

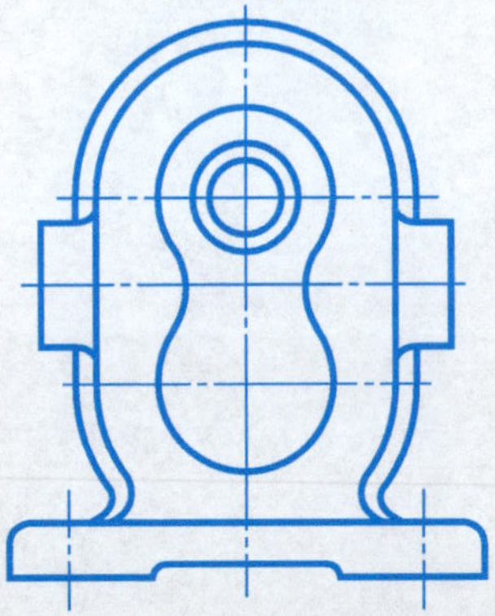

(6) 局部后视图

(7) 俯视图外形

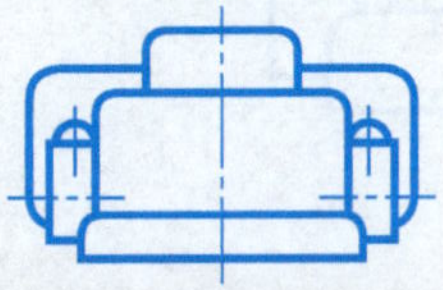

(8) 仰视图

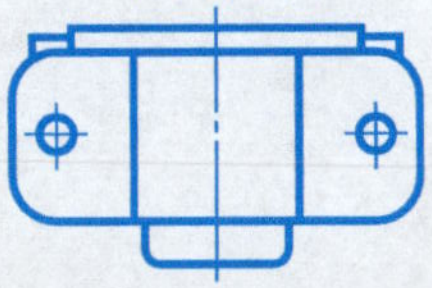

(9) 俯视图半剖

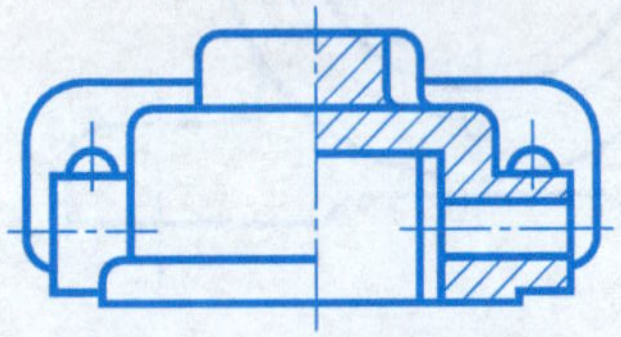

(10) 局部仰视图

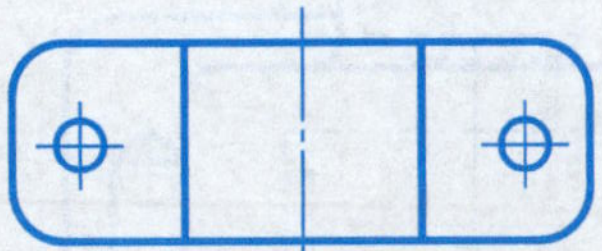

6-3 指出视图中重复的尺寸（打叉），并标注遗漏的尺寸（不注尺寸数字）（一）

1.

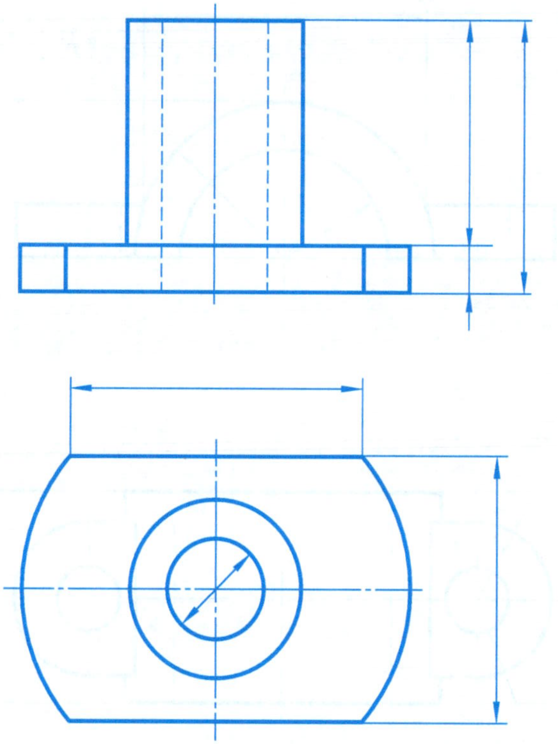

2.

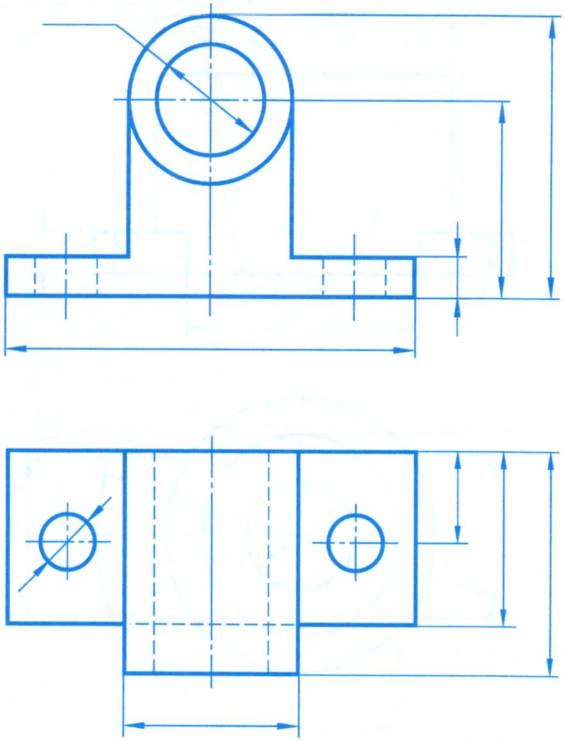

6-4 指出视图中重复的尺寸（打叉），并标注遗漏的尺寸（不注尺寸数字）（二）

1.

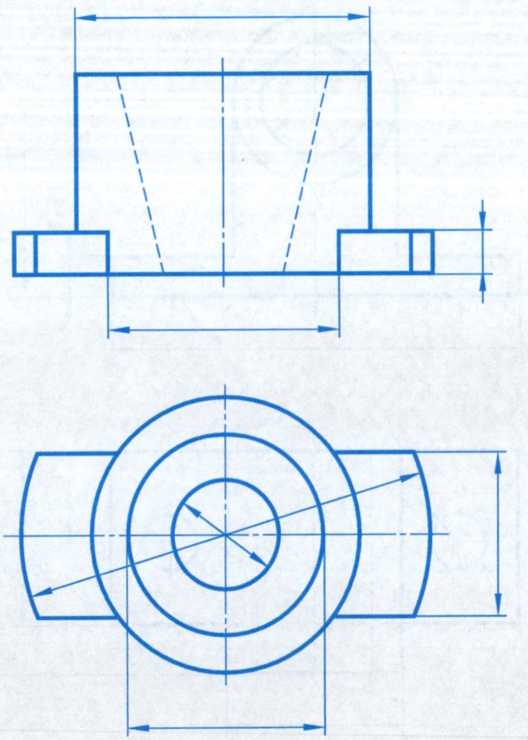

2.

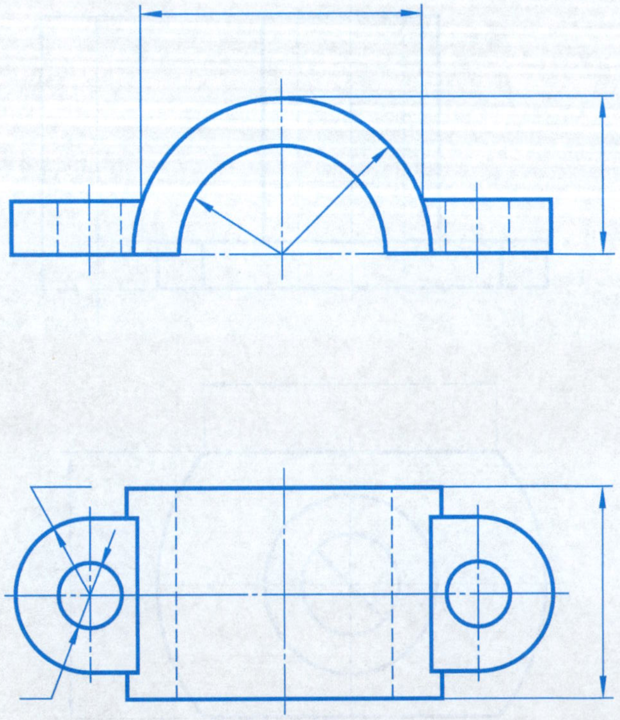

6-5 分析壳体结构，标注遗漏的尺寸（数字从图中量取，取整数），并按要求标注尺寸基准

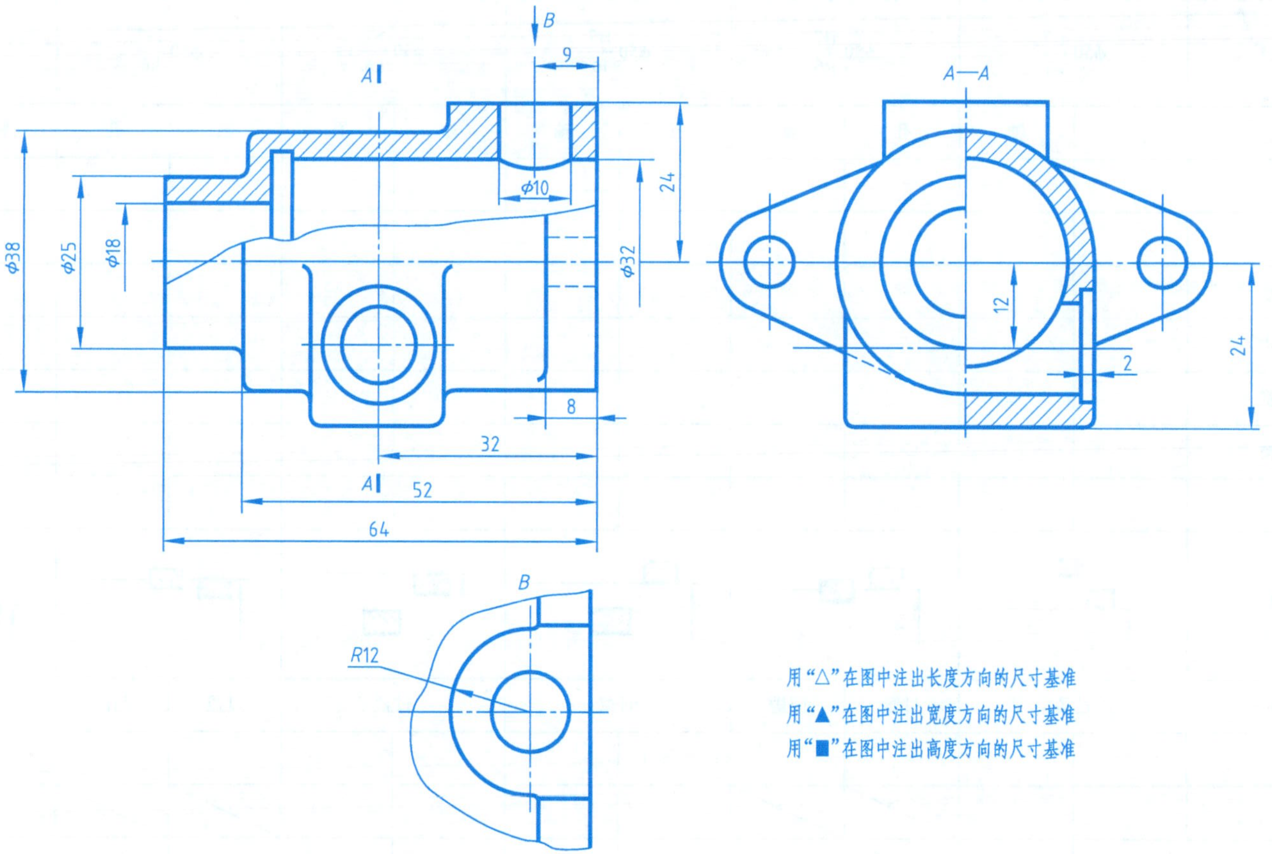

用“△”在图中注出长度方向的尺寸基准

用“▲”在图中注出宽度方向的尺寸基准

用“■”在图中注出高度方向的尺寸基准

6-6 填表

基准制	基孔制						基轴制					
配合公差代号	$\phi50\frac{H7}{s6}$		$\phi50\frac{H7}{js6}$		$\phi50\frac{H7}{f6}$		$\phi50\frac{S7}{h6}$		$\phi50\frac{JS7}{h6}$		$\phi50\frac{F7}{h6}$	
孔或轴	孔	轴	孔	轴	孔	轴	轴	孔	轴	孔	轴	孔
尺寸公差代号												
公称尺寸												
上极限尺寸												
下极限尺寸												
上极限偏差												
下极限偏差												
公差												
公差带图	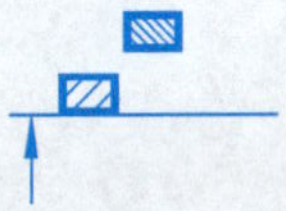		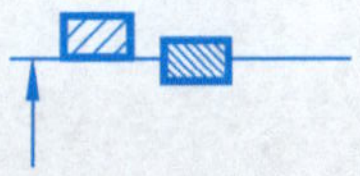								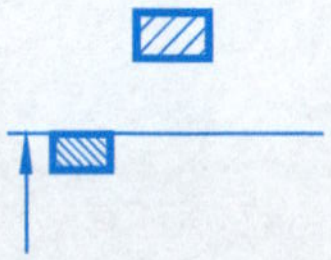	
配合类型	过盈		过盈	间隙	间隙		过盈		过盈	间隙	间隙	
最大												
最小												
配合公差												

6-7 解释图中配合代号的含义，查出其偏差值并标注在零件图上

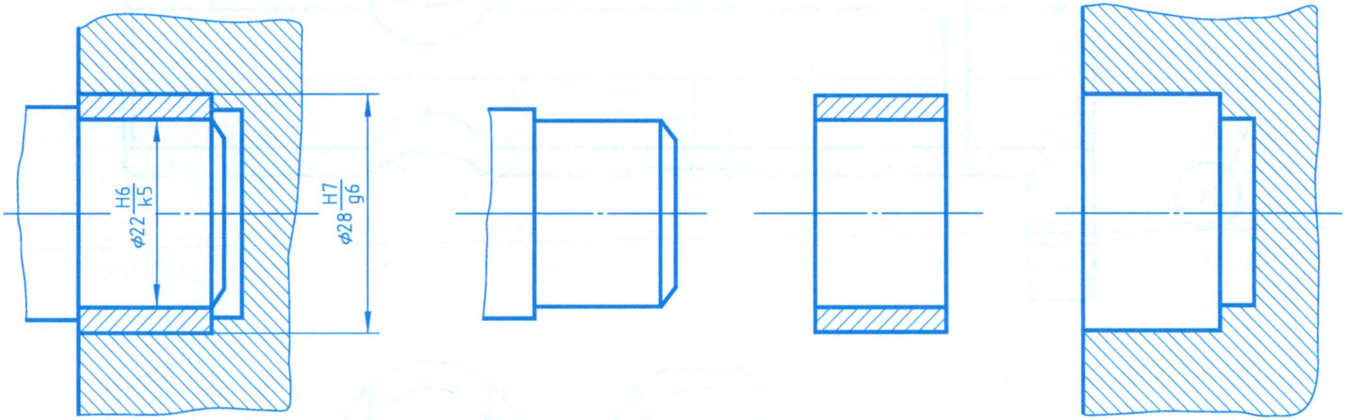

6-8　选择尺寸基准，标注零件尺寸（尺寸数字由图中量取，取整数）

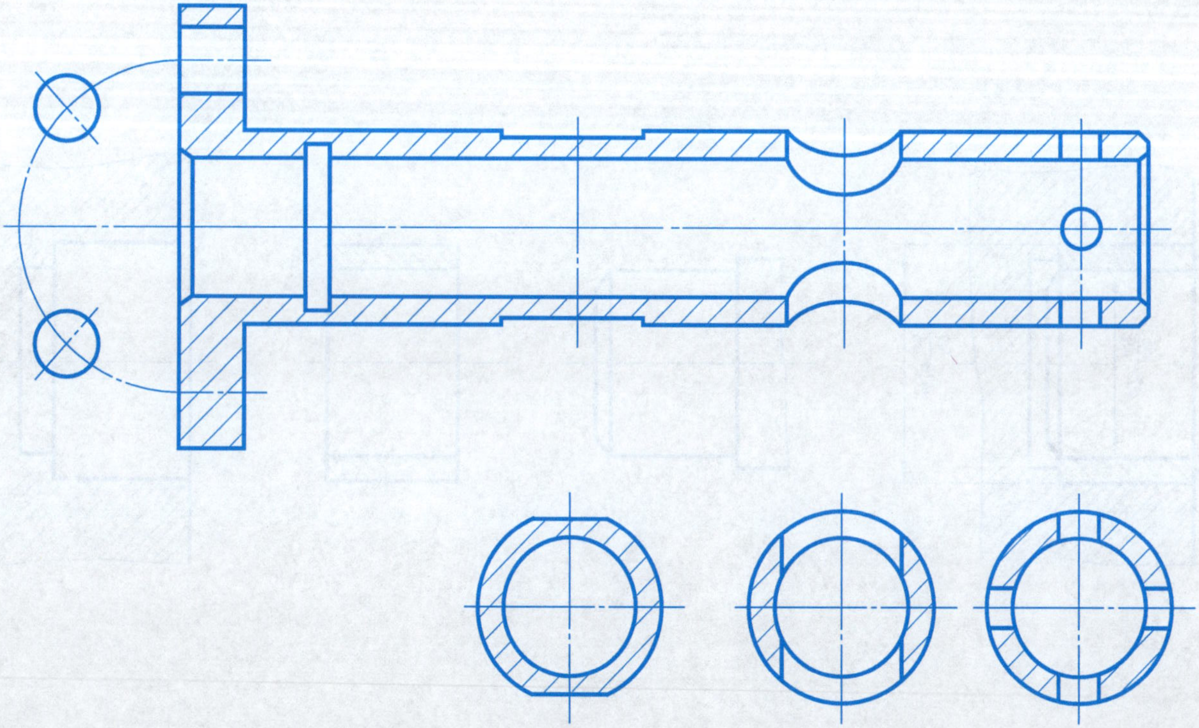

6-9 标注表面粗糙度

1. 各表面均标注相同的表面粗糙度（*Ra*1.6μm）。

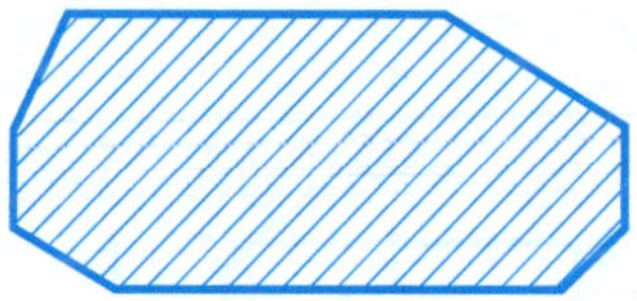

2. 给定表面粗糙度数值，将其标注在图形上。

（1）ϕ30mm、ϕ28mm 外圆柱面的 *Ra* 值为 1.6μm。

（2）M20×1.5 螺纹工作表面的 *Ra* 值为 3.2μm。

（3）键槽工作面的 *Ra* 值为 3.2μm，底面的 *Ra* 值为 6.3μm。

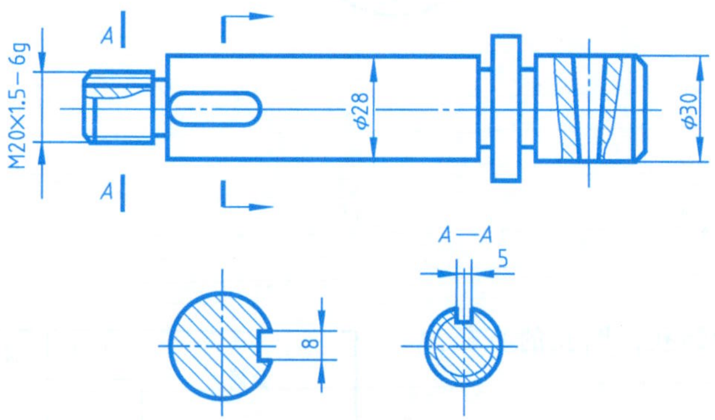

3. 按要求标注零件的表面粗糙度。

（1）90°V 形槽两工作面的 *Ra* 值为 0.8μm。

（2）底面 *K* 的 *Ra* 值为 1.6μm。

（3）两个 ϕ6mm 销孔配作时，*Ra* 值为 3.2μm。

（4）两组 ϕ9mm 圆柱头沉孔各表面的 *Ra* 值为 25μm。

（5）其余表面的 *Ra* 值为 12.5μm。

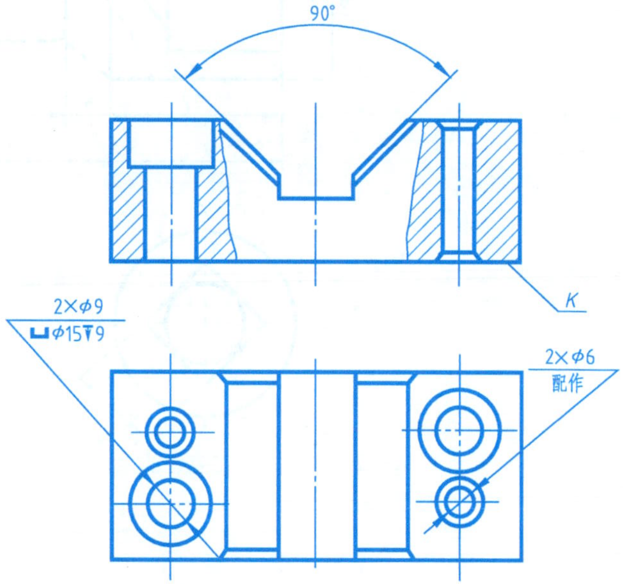

6-10 读图填空

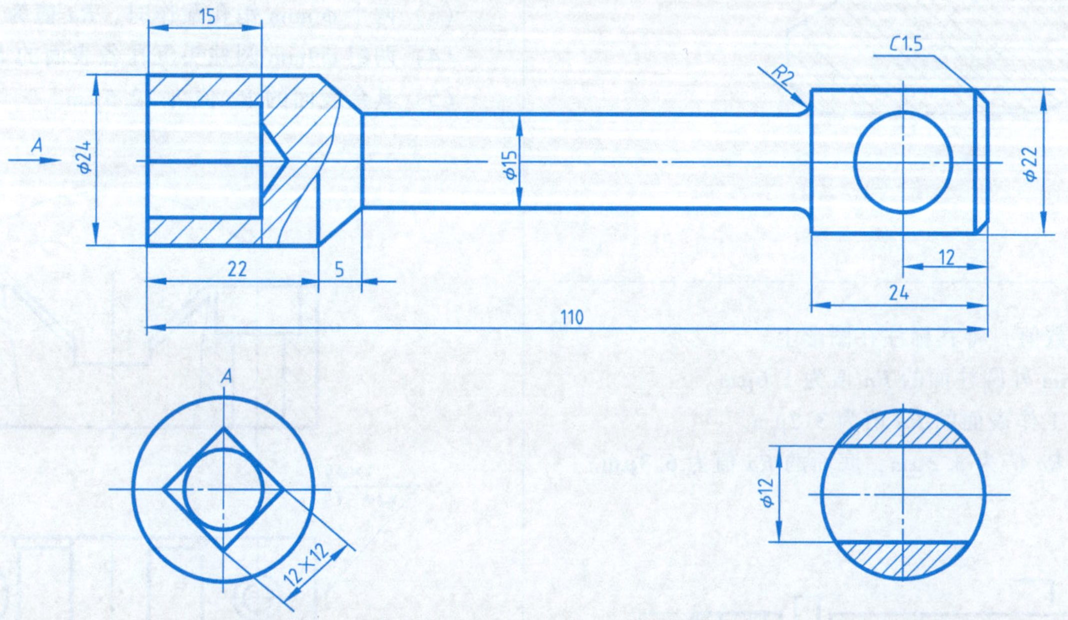

套筒	比例	材料	(图号)
		45	
制图			(单位)
校核			

(1) 该零件的名称为____________。

(2) 该零件右端圆柱的直径为________；这段圆柱上有一穿手柄的圆孔，圆孔的直径为______，该圆孔的轴线到套筒右端面的距离为________。

(3) 该零件最小的外圆直径为________，这段圆柱的长度为________。

项目七　学习装配图

7-1　读图填空（一）

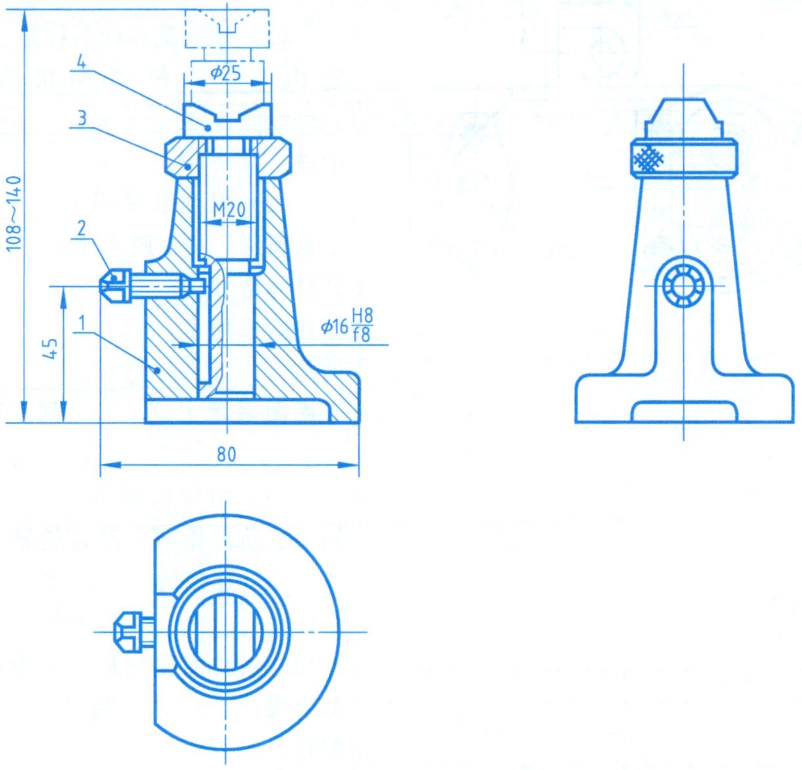

4	顶杆	1	45	
3	螺母	1	35	
2	方头长圆柱端紧定螺钉	1	35	GB/T 85—2018
1	支座	1	HT150	
序号	名　称	数量	材　料	备注
千　斤　顶		比例	质量	共　张 / 第　张	(图号)
制图			(厂　名)	
校核				

（1）该装配体的名称是________，共由____种零件组成。这张图样由________个图形组成，主视图采用了________；顶杆上有________剖，并有________画法。

（2）件 3 与件 4 由________联接，件 3 是________体，其滚花起________作用。

（3）件 4 是通过件____做____运动而使其上升和下降的。

（4）图中 ϕ16H8/f8 表示件________与件______的配合制度为基____制，公差等级为______，配合性质为________配合。在零件图上用公差带代号标注这些公差要求时，在孔的零件图上应注写________，在轴的零件图上应注写________。

（5）件 2 在装配体中起________作用。

（6）主视图中标注的“108~140”表示该装配体的________范围，其最小为________，最大为________。

（7）图中 M20 表示____螺纹，其公称直径为______。

7-2 读图填空（二）

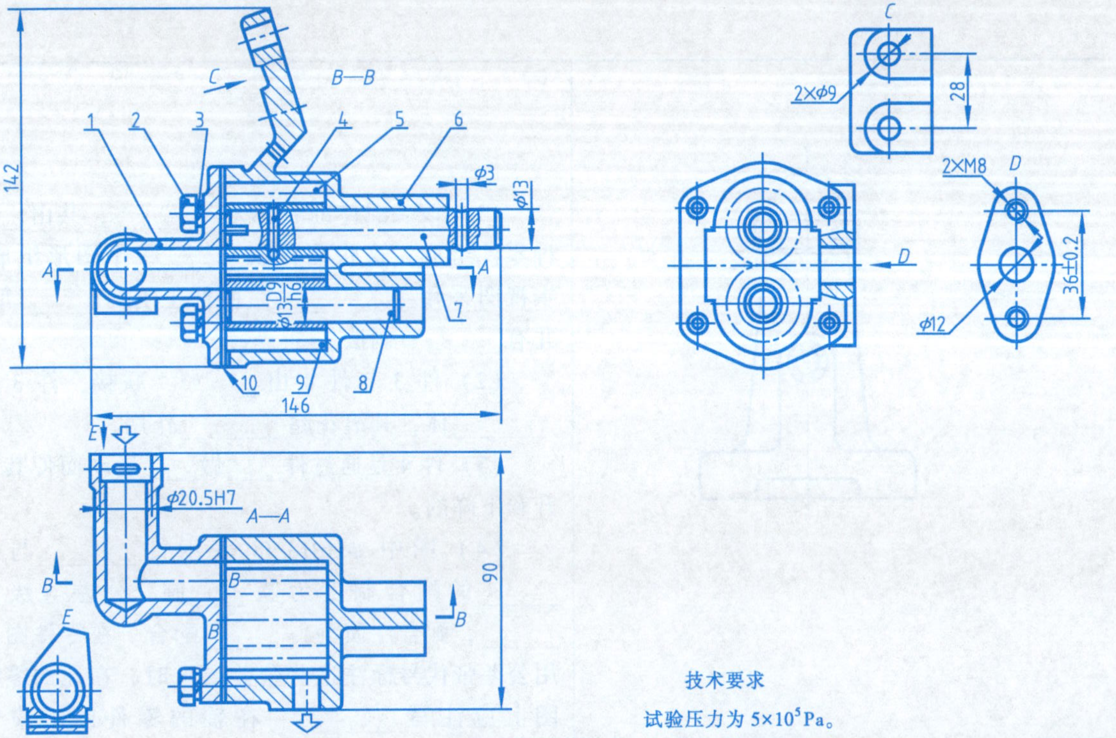

技术要求

试验压力为 5×10^{5}Pa。

10	垫片	1	石棉橡胶板	
9	从动齿轮	1	15Cr	$m=3.5, z=7$
8	从动轴	1	45	
7	主动轴	1	45	
6	泵体	1	ZAlSi9Mg(ZL104)	
5	主动齿轮	1	15Cr	
4	销 3 m6×18	1	35	GB/T 119.1—2000
3	垫圈	1	65Mn	GB/T 93—1987
2	螺栓 M6×16	4	Q235A	GB/T 5783—2016
1	泵盖	1	HT150	
序号	名称	数量	材料	备注
机油泵			比例	
			图号	

（1）该装配体的名称是________，它由______种零件组成，其中________、________、________是标准件。

（2）机油泵采用了________个图形来表达。主视图采用了________剖，其目的是________________；俯视图采用了________________，其目的是________________；左视图采用了________剖，其目的是________________。

（3）由主视图中的________剖可知，主动齿轮与主动齿轮轴之间是用________连接的，其直径为________，长度为______。由配合代号 φ13D9/h6 可知，从动齿轮与从动齿轮轴之间的配合是________制的________配合。

（4）根据表示机油进、出方向的箭头，在左视图的齿轮分度圆旁画出表示齿轮旋转方向的箭头。

（5）简述机油泵的拆卸顺序和方法。

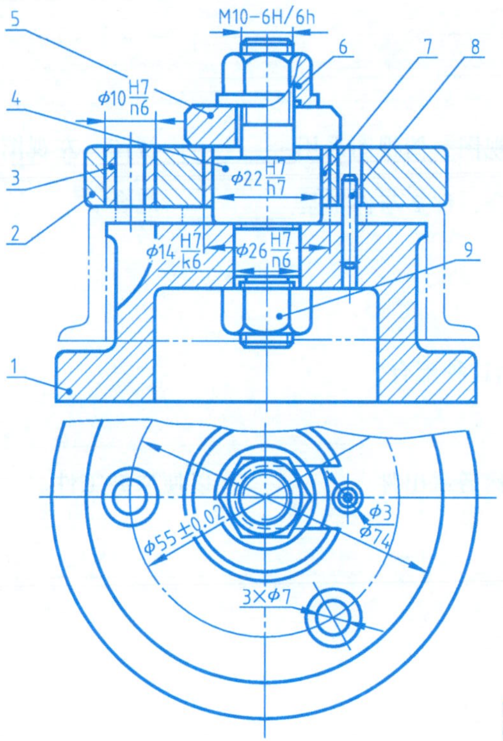

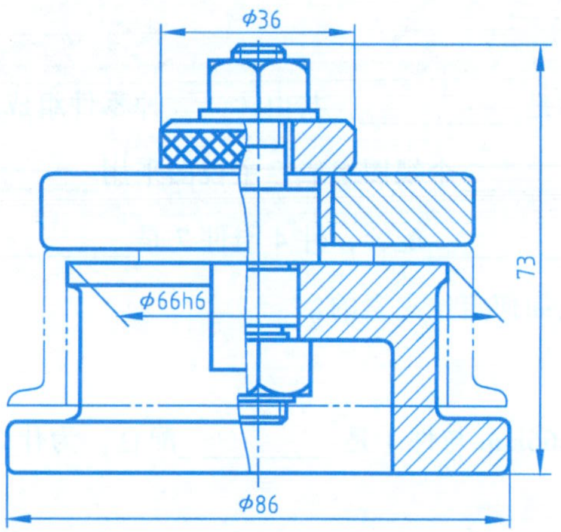

9	六角螺母	1	35	
8	销 3 m6×28	1	40	GB/T 119.1—2000
7	衬套	1	45	
6	特制螺母	1	35	
5	开口垫圈	1	40	
4	轴	1	40	
3	钻套	3	T8	
2	钻模板	1	40	
1	底座	1	HT150	
序号	名称	数量	材料	备注

钻　模		比例	质量	共　张	（图号）
				第　张	
制图		（厂　　名）			
校核					

7-3 读图填空（三）（续）

（1）该装配体的名称是__________，共由______种零件组成。

（2）这张图样由__________个视图组成，主视图采用__________视图，俯视图采用__________视图，左视图采用______视图。

（3）件 2 与件 3 是__________配合，件 4 与件 7 是__________配合，件 2 与件 7 是__________配合。

（4）工件在钻模中是如何定位夹紧的？

答：

（5）工件的定位孔 ϕ66mm 与件 1 是__________配合，为什么选用这种配合？

答：

（6）钻完孔后，应先旋松件__________，再取下件__________，然后拿出件__________，以便取卸工件。

7-4 读图填空（四）

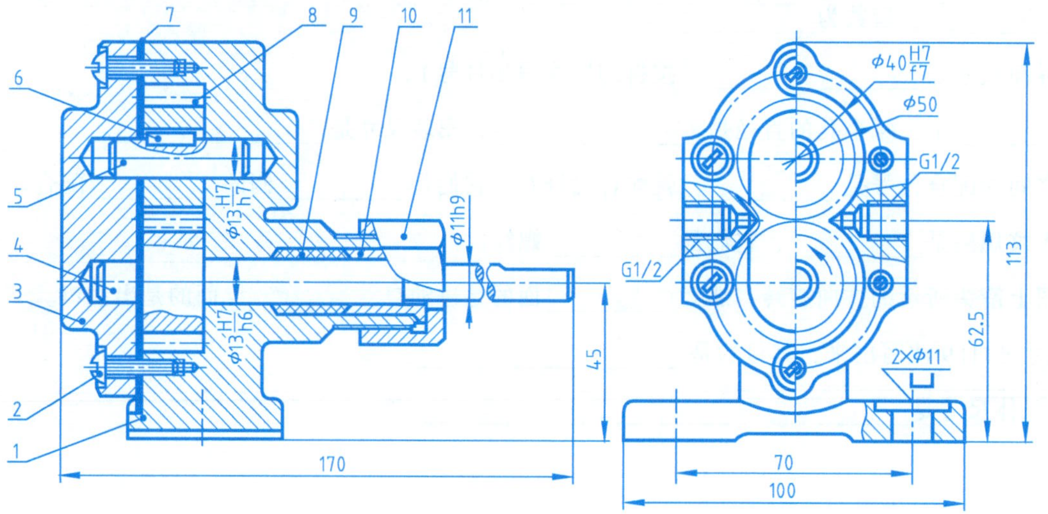

技术要求

1. 装配后齿轮运转灵活。
2. 两齿轮轮齿啮合宽度应占全齿宽的 3/4。

11	压紧螺母	1	Q235A		4	齿轮轴	1	45	$m=2.5, z=14$
10	填料压盖	1	Q235A		3	泵盖	1	HT150	
9	填料	1	石棉绳		2	螺钉 M5×20	6		GB/T 67—2016
8	齿轮	1	45	$m=2.5, z=14$	1	泵体	1	HT150	
7	垫片	1	工业纸		序号	名称	数量	材料	备注
6	键 5×5×14	1	45	GB/T 1096—2003	齿轮液压泵			比例	
5	轴	1	45					图号	

7-4 读图填空（四）（续）

（1）件 3 与件 1 之间用件________联接，该件共有________个。

（2）件 9 用件________压紧，又用件________拧紧。

（3）件 9 的作用是____________。

（4）件 8 的模数为________，齿数为________。

（5）更换件 6 时，拆卸顺序是____________（按拆卸顺序写出件号）。

（6）安装孔共有________个，每个孔的直径是____________，安装尺寸是____________。

（7）齿轮轴与泵体之间的配合代号是________，就配合代号看，它们是________制的________配合。

（8）进、出油孔的螺纹规格是________，它们是________螺纹。

（9）若齿轮按左视图上箭头所示的方向旋转，那么________面的是进油口，________面的是出油口。

（10）图中特意将尺寸 $\phi 11h9$ 注写出来，其目的是________________。

（11）齿轮液压泵的总体尺寸是________、________、________。

项目八　绘制展开图和识读焊接图

8-1　求实长

在右侧图形上画出线段实长。

1.

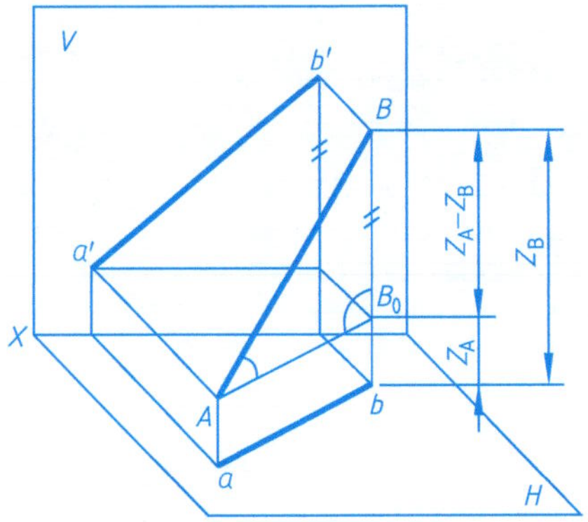

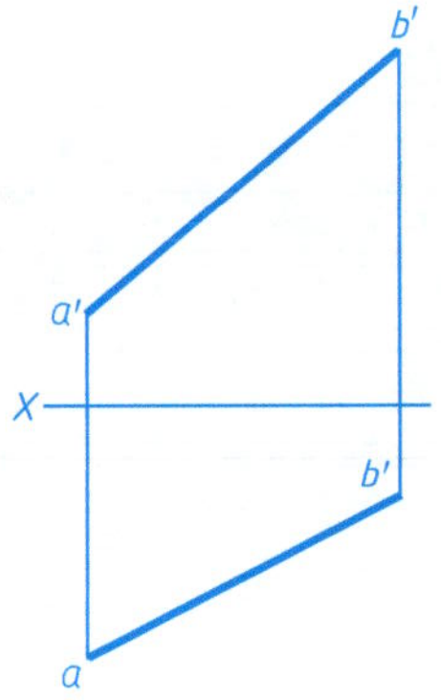

2.

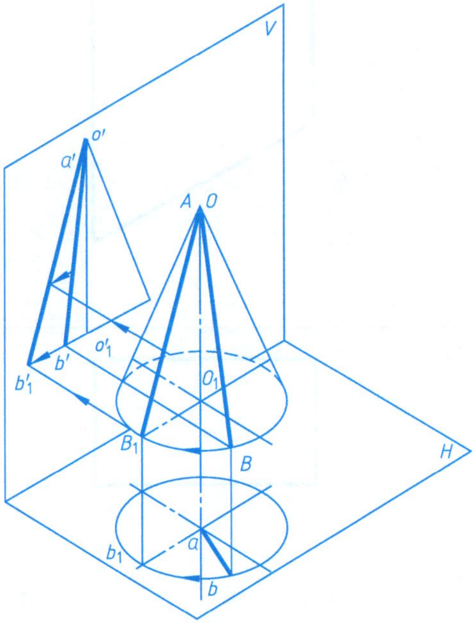

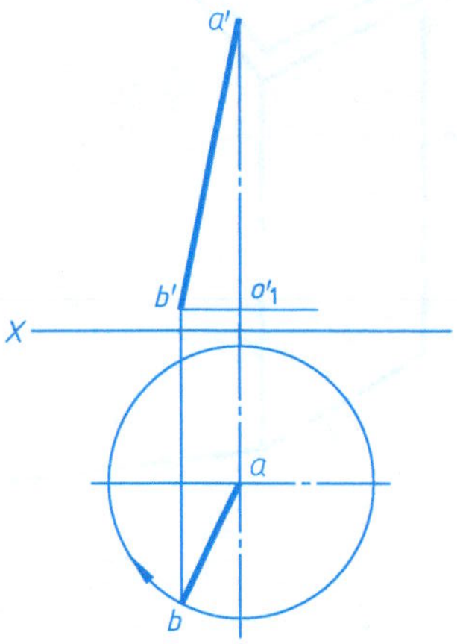

8-2 绘制斜口四棱柱的展开图

8-3 绘制圆柱相贯的表面展开图

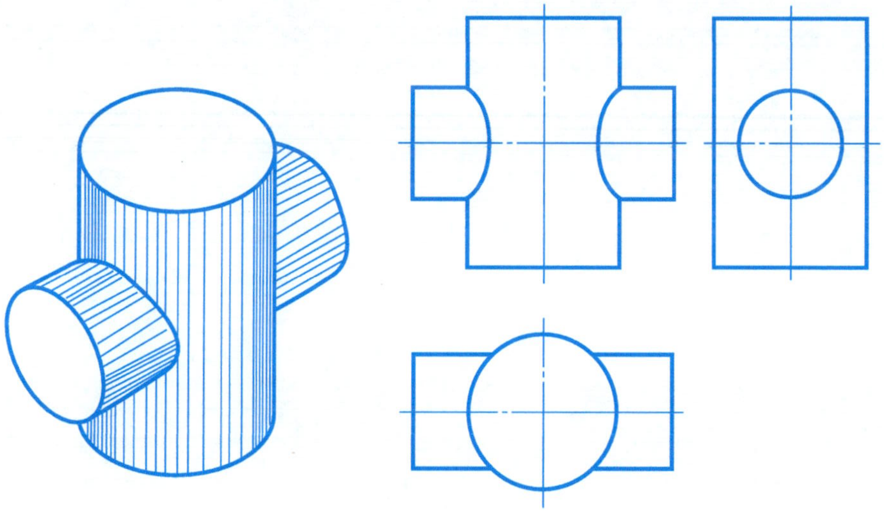

8-4　绘制圆台表面的展开图

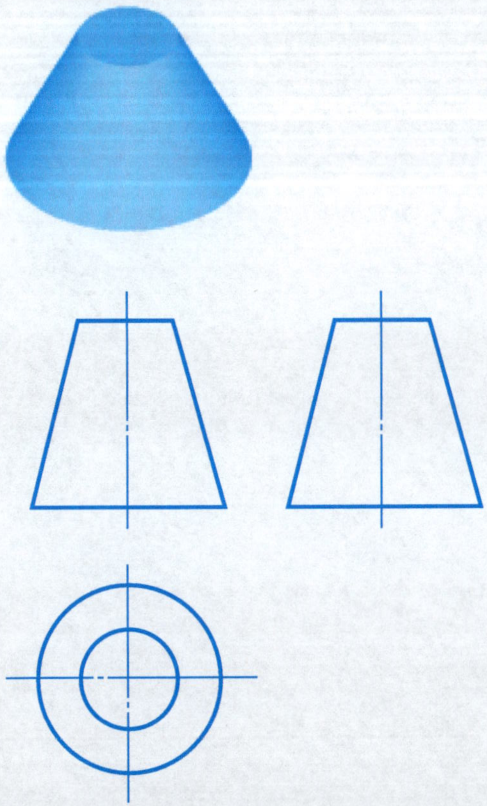

8-5　绘制方圆接头的展开图

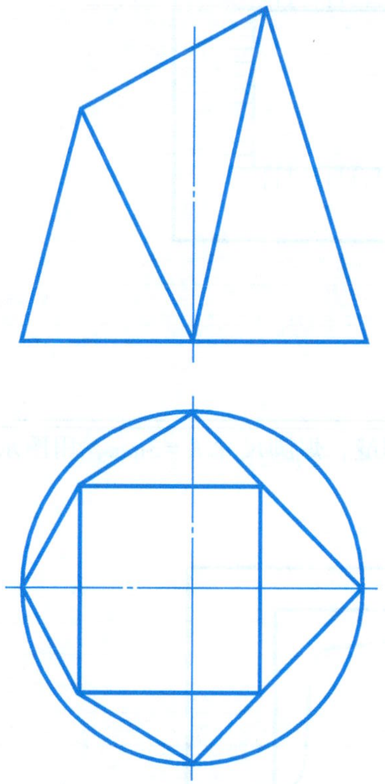

8-6 标注焊缝符号

1. 双面 V 形焊缝。

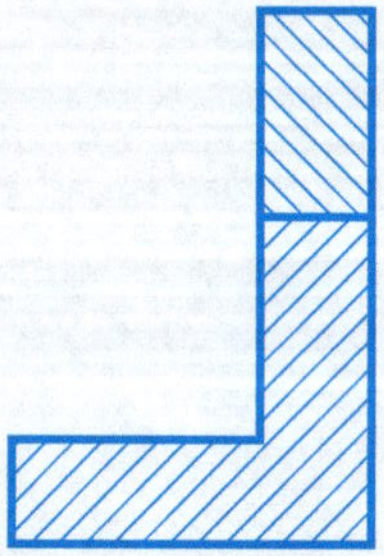

2. 单边角焊缝，焊脚尺寸 $K=5$mm，现场焊条电弧焊。

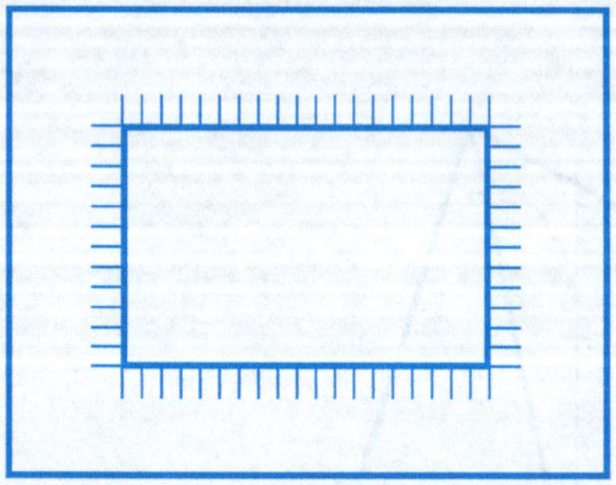

3. 圆管外侧周围与底板为角焊缝，焊脚尺寸 $K=5$mm。

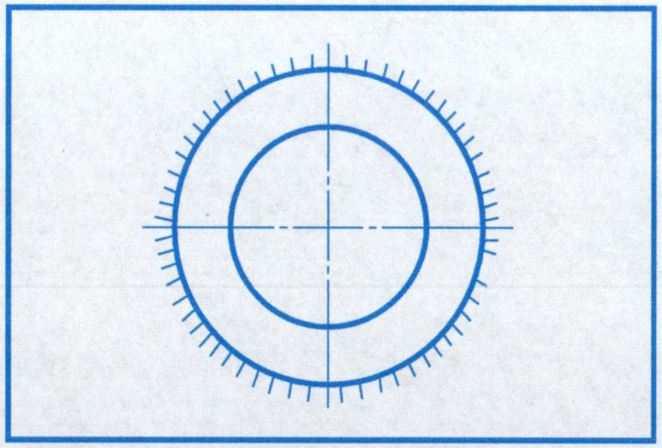

4. 角钢两外侧与底板为角焊缝，焊脚尺寸 $K=3$mm，用图示法表示焊缝，标注焊缝符号。

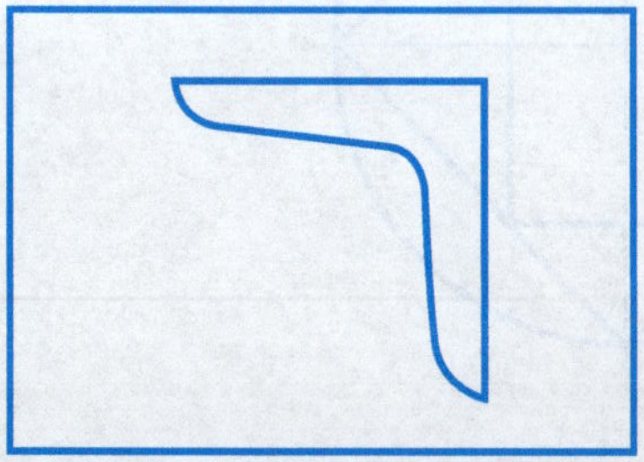

8-7 焊缝的图示法

1. 根据焊缝符号画出焊缝图形，并标注焊缝尺寸。

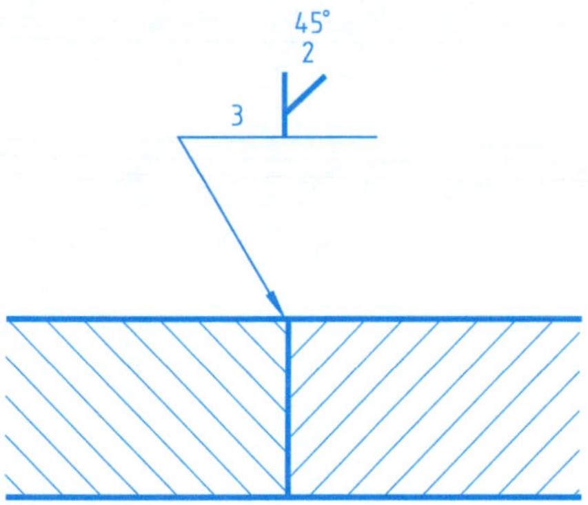

2. 根据焊缝符号画出焊缝图形，并标注焊缝尺寸。

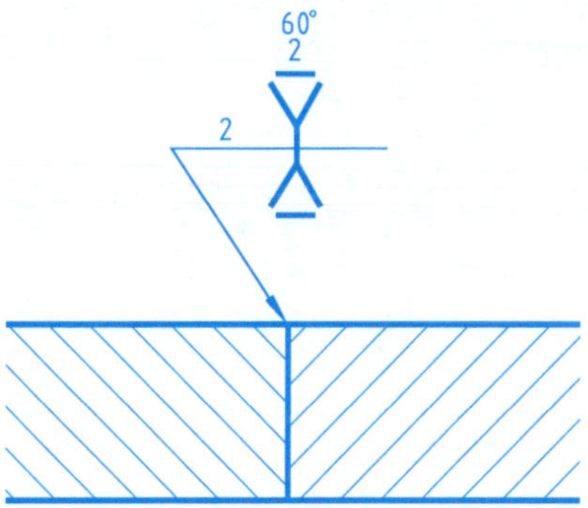

3. 将图中焊缝的符号表示法改为图示表示法。

4. 说明图中焊缝符号的含义。

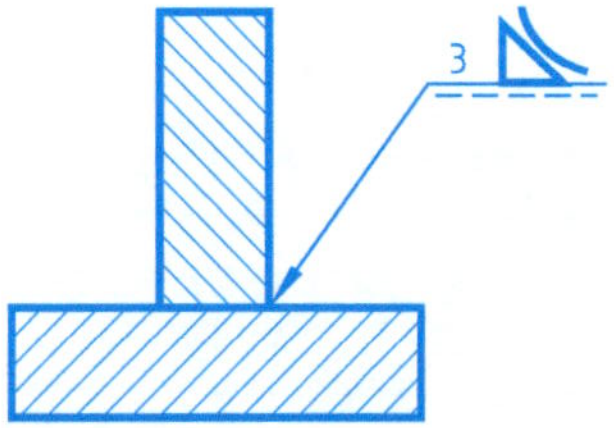

____侧____焊缝，焊脚尺寸为____，焊缝表面为____面。